中央编译局文库编辑委员会

主　　任：贾高建
副 主 任：魏海生　柴方国　季正聚　崔友平
委　　员（按姓氏笔画排序）：
　　　　　冯　雷　牟建君　杨雪冬　沈红文　张凤宝
　　　　　陈家刚　胡长栓　郗卫东　葛海彦

马克思主义经典著作研究读本
主　编　杨金海　李惠斌

马克思《1861—1863年经济学手稿》研究读本

李怀涛

《马克思主义经典著作研究读本》顾问委员会

贾高建　俞可平　柴方国　庄福龄　陈先达　赵家祥　詹汝琮
李洙泗　张钟朴　冯文光　安启念　韩庆祥　李小兵　张曙光

《马克思主义经典著作研究读本》编委会

主　编　杨金海　李惠斌
副主编　薛晓源　林进平
编　委（按姓氏拼音排序）
　　　　　曹典顺　冯　章　韩立新　江　洋　姜海波
　　　　　李百玲　吕梁山　苗永姝　聂锦芳　闫月梅
　　　　　杨学功　姚　颖　张　盾　张云飞　郑　锦

总　序

呈献给读者的这套"马克思主义经典著作研究读本"丛书，旨在立足于21世纪中国和世界发展的现实，对马克思、恩格斯、列宁重要著作以及有关专题思想重新进行较为深入的研究和解读，供广大读者特别是致力于深入研究马克思主义经典作家原著的读者阅读使用。计划出版40种，三年内陆续完成编写和出版工作。

马克思主义经典著作是学习和研究马克思主义理论的基础文本，历来为人们所重视。在我国学术史上，曾编写和出版过不少关于经典著作的读本，包括各种注释性读本和导读性读本，对学习和研究马克思主义理论发挥过重要作用。然而，随着时代的发展，这些读本也越来越显出历史局限性。比如，以往对经典著作的解读视角较旧，对马克思主义理解不够全面；解读的经典著作范围较小，视野有限；解读所依据的文献不足，深度不够等。进入新世纪以来，特别是自2004年中央实施马克思主义理论研究和建设工程以来，马克思主义经典著作的教学、研究以及普及工作不断加强，这就迫切要求对经典著作重新进行解读。

同时，这些年我国学界有关经典著作的翻译和研究成果不断推出，为更好地解读经典著作提供了可能。改革开放以来，特别是进入新世纪以来，随着我国社会主义现代化建设以及人类文明的深入推进，我们对马克思主义的理解以及对经典著作的研究不断深化，解读视角发生重大转变，对马克思主义的理解更加全面。例如，以往由于受革命实践的影响，我们较多地从社会主义"革命"视角去解读，而较少从社会主义"建设"视角去解读，因此，较多地注重研究其中的阶级斗争、无产阶级革命和无产阶级专政等理论，而较少研究社会和谐发展、人的全面发展等思想。革命胜利后，仍然沿袭了这种解读模式。这就造成了对马克思主义理解的片面性。实际上，马克思主义经典著作中有丰富的新社会建设思想，恰恰是这些长期被忽视的思想对我们今天的社会主义建设实践来说更有意义。近些年来，我国学者自觉地从"建设"视角研究经典著作基本观点，取得了一系列可喜成就。又如，过去对经典著作的解读主要限于对若干重要经典著作的解读，如对《共产党宣言》等五六部名著有较为详细的解读，对其他著作的解读不多。即使有收文较多的导读性读本，但常常由于篇幅所限，也只能对这些著作进行简要介绍，不可能对每一部著作展开研究。近些年来，这种情况在逐步发生变化。研究经典著作的专题成果越来越多。再如，近年来新的经典著作编译成果和相关研究成果不断推出，大大拓宽了人们对经典著作基本观点的理解。加之这些年我国学界一大批优秀的中青年学者成长起来，他们的外语水平较高，知识储备较多，研究方法较新等，对经典著作的研究和理解也更有新意。这些都为更好地解读经典著作提供了新的时代条件。

为了继承前人研究的成果，弥补以往研究的不足，总结这些年我国学界编译、研究经典著作的成果和经验，比较全面系统地解读和阐释经典著作的基本观点，中央编译局专门成立了"马克思主义经典著作及其重大理论问题研究"课题组，并对该项研究提供了基金资助。课题组不仅在局内组织力量进行研究，而且向社会公开招标，争取到社会力量的支持，一批有造诣的中青年专家参与到课题研究中来。经过课题组同仁两年多努力，已经形成一批研究成果，并将继续补充、完善并陆续推出。这套"马克思主义经典著作研究读本"丛书就是这些成果的集中体现。

本丛书力求体现如下特点，这也是丛书编著工作所力求遵循的原则：第一，体现全面性和系统性。本丛书不仅对经典作家的名著进行解读，也对其他重要著作进行解读，还要对经典作家的一些重要思想，如马克思的人类学思想、列宁的新经济政策理论等，进行专题梳理和解读。不仅从"革命"视角，而且从"建设"视角，全面、系统地梳理经典作家的思想观点。力求使这套丛书成为收文最全面、解读最系统、最能够反映经典作家著作全貌的学术成果。第二,突出文献性和考证性。每一研究读本的写作,力求充分反映国内外有关研究成果,特别是要充分反映我国新时期在经典著作翻译和研究方面所发现的新文献、取得的新成果。在此基础上,要对经典著作形成的历史背景、国内外传播、原著重要思想观点及其流变,以及后人对这些观点的理解等,进行考证研究。如果说过去的解读主要是"注"的话,那么,这套读本则要进一步体现"疏"的特点。通过这种"注疏"性考据研究,不仅使读者知其然,也知其所以然。这样,也能够为学界进一步研究提供尽可能丰富的文献资料。第三,力求权威性和准确性。一方面,研究读本所依据的经典著作文本力求具有权威性和准确性。主要依据中央编译局所编译的最新译本,如《马克思恩格斯全集》第二版、《马克思恩格斯文集》、《列宁全集》第二版、《列宁专题文集》等。对还没有新译文的文本,可以采用旧译文。同时,适当参照外文版本,进行比较研究。另一方面,所依据的其他文献资料,也力求具有权威性和准确性。要选择国内外在该研究领域最具权威性的专家学者的最具代表性的观点和最有影响力的文章。

基于上述考虑,本丛书采取大致统一的研究和写作框架。除导论外,各个读本均有五个部分组成。一是历史考证部分,其中包括写作背景、国内外主要版本和传播考证等;二是研究状况部分,包括对国内外已有的研究情况进行梳理;三是当代解读部分,包括对经典著作的内容简介,对已有研究观点的疏正,对重要理论观点及其当代意义的阐述;四是原著选编部分,根据经典著作的不同情况,或采取全选的形式,或采取节选的形式,均采用中央编译局的最新译本,个别读本同时选编原著的旧文本,以方便比较研读;五是附录部分,包括3到5篇关于本著作的国内外有一定权威性的研究文章,以及进一步研究需要参考和阅读的文献资料。

需要说明的是,对于经典著作的研究,往往会有仁者见仁、智者见智的情况。所以,尽管我们在组织编写工作中努力体现上述原则,但这些读本的观点不一定都具有代表性,更不可能与每一位读者的观点完全一致。加之作者研究角度不同，水平各异，每一读本的结构、篇章、内容、观点都不尽相同，其权威性程度也不尽一致。其中很可能有疏漏和错误之处，谨请读者批评指正。

该丛书在编写和出版过程中，得到了各个方面的大力支持。中央编译局对此项工作高度重视，始终给予鼎力支持。国家出版基金将该丛书列入2012年资助项目。中央编译出版社为该丛书申报国家出版基金项目并最终立项，以及为丛书出版做了大量工作。本丛书中收入的译著和文章的译者、作者和出版者同意我们使用相关的著作版权。该项目顾问委员会的专家对丛书的编写工作给予热情指导，编委会成员和课题组同仁为丛书的编写付出了辛勤劳动。在此一并致以衷心的谢意！

《马克思主义经典著作研究读本》
编辑委员会
2013年6月16日

目 录

导 论 ·· 1

第一部分 历史考证 ·· 7

第一章 写作背景 ·· 9
一 《1861—1863年经济学手稿》的形成背景 ·········· 9
二 手稿写作的有关准备工作 ·························· 17

第二章 写作与传播 ······································· 19
一 写作计划 ··· 19
二 写作过程 ··· 21
三 正式文本的编排 ··································· 28
四 出版与传播 ·· 31

第二部分 研究状况 ·· 41

第三章 国外研究情况 ··································· 43
一 手稿内容的研究 ··································· 43
二 手稿方法的研究 ··································· 47
三 介绍几篇外文论文 ································· 49

第四章 国内研究情况 ··································· 59
一 出版专著对手稿的研究 ··························· 59
二 发表论文对手稿的研究 ··························· 65

第三部分 当代解读 ······ 79

第五章 生产劳动和非生产劳动理论的创立 ······ 81
- 一 马克思对斯密生产劳动和非生产劳动理论的批判 ······ 81
- 二 马克思对斯密理论拥护者及其庸俗化代表的批判 ······ 85
- 三 马克思关于生产劳动和非生产劳动的理论内容 ······ 88

第六章 价值理论的发展 ······ 91
- 一 马克思对斯密的价值理论的批判 ······ 91
- 二 马克思对李嘉图的价值理论的批判 ······ 94
- 三 马克思劳动力商品的价值规定 ······ 100

第七章 广义剩余价值论的确立 ······ 104
- 一 马克思对重农学派的剩余价值理论的批判 ······ 104
- 二 马克思对斯密的剩余价值理论的批判 ······ 106
- 三 马克思对李嘉图理论的分析批判 ······ 107
- 四 马克思的广义剩余价值理论的价值 ······ 123

第八章 地租理论的创立 ······ 130
- 一 马克思对李嘉图地租规律发现史的评论 ······ 130
- 二 马克思对李嘉图地租理论的分析批判 ······ 135
- 三 手稿中的地租理论的价值 ······ 142

第九章 积累、再生产与危机理论形成 ······ 145
- 一 资本积累和原始积累理论的形成 ······ 145
- 二 再生产理论和危机理论的制定 ······ 149

第十章 对庸俗经济学的批判 ······ 158
- 一 庸俗经济学的演变 ······ 158
- 二 手稿中对庸俗经济学的批判 ······ 160
- 三 庸俗经济学的根源 ······ 168

第十一章 手稿的方法研究 ······ 171
- 一 日本学者对手稿方法的研究 ······ 171
- 二 苏联学者对手稿方法的研究 ······ 179
- 三 国内学者对手稿方法的研究 ······ 184

第四部分　经典著作选编 ... 191

卡·马克思　政治经济学批判（1861—1863 年手稿）
第一部分（节选） ... 193

卡·马克思　政治经济学批判（1861—1863 年手稿）
第二部分（节选） ... 226

卡·马克思　政治经济学批判（1861—1863 年手稿）
第三部分（节选） ... 255

卡·马克思　政治经济学批判（1861—1863 年手稿）
第四部分（节选） ... 360

恩格斯　致卡尔·考茨基 ... 377

恩格斯　致劳拉·拉法格 ... 380

第五部分　附　录 ... 383

附录Ⅰ　《剩余价值学说史》编者序 ... 385

附录Ⅱ　研究文献精选 ... 395

一　〔德〕曼弗雷德·缪勒：《1861—1863 年〈政治经济学〉手稿的价值》（节选） ... 395

二　〔苏〕C.M. 格里哥里扬：《马克思〈1861—1863 年经济学手稿〉中关于技术进步问题的论述》 ... 415

三　李善明：《〈剩余价值理论〉手稿与〈资本论〉第四卷》 ... 427

四　汤在新：《〈资本论〉第二稿的写作阶段和思想进程》 ... 438

五　张钟朴：《马克思的一八六一——一八六三年经济学手稿》 ... 450

附录Ⅲ　参考文献 ... 457

导 论

《1861—1863年经济学手稿》在马克思的著作中具有十分重要的地位。曾长期被看作《资本论》"三大手稿"①之一的《1861—1863年经济学手稿》，在《资本论》的形成过程乃至在整个马克思主义理论中，都占据极其重要的地位。正是在《1861—1863年经济学手稿》中，马克思解决了广义剩余价值论的相关问题，并完成了对历史上的资产阶级经济学的批判。在这篇光辉著作过去了140多年之后，尤其在经过了中国的改革实践之后，我们重新来研究这篇著作，研究它的背景、它的文本、它的意义、思想和理论，更是具有一种不同的感受。研究这些历史和文献，我们从来没有感觉到它们的时代感有如此的强烈。通过一种历史和同时代文献的对比研究，我们会对一些文字的意义产生出更加明确的认知；对比今天的时代，我们会对这些文献的现实意义，有一种更加亲切的感受。

一 关于本书收入的国内外重要研究文献

考茨基根据恩格斯指示所整理出版的《剩余价值学说史》对我们的研究具有重要价值。在《剩余价值学说史》序言中，考茨基叙述了

---

① 学界曾长期将《1857—1858年经济学手稿》、《1861—1863年经济学手稿》与《1863—1865年经济学手稿》看作《资本论》"三大手稿"，但随着MEGA²《资本论》及其准备著作15卷23册的出版，学界开始对传统的《资本论》"三大手稿"的观点提出质疑。有部分学者提出，《资本论》初稿部分应划分为"1857—1861年手稿"、"1861—1863年手稿"和"1863—1867年手稿"三部分，此外"1867—1882年手稿"可以看作《资本论》的"整理、修改稿"。有部分学者则一方面坚持旧的"三大手稿"划分，另一方面则把"1867—1882年手稿"看作《资本论》的"第四手稿"。无论采取哪种划分方法，《1861—1863年经济学手稿》都被学界作为独立的手稿加以研究。

恩格斯对《1861—1863年经济学手稿》的编辑要求，回顾了手稿编辑工作的历程，特别是自己在编辑出版的过程中所遭遇的困难。在这篇序言中，考茨基阐释了自己对手稿与《资本论》关系的理解，并指出，手稿的出版必然会对社会主义和资本主义的经济学家们同时产生重大影响。

考茨基对手稿的这一评价在今天仍具有现实意义。手稿中对科技革命与生产力关系的论断，社会个人所有制的预言等，都为我们建设有中国特色社会主义的伟大事业提供了理论指导。同时，手稿中对资本主义生产关系的分析，对资本主义经济危机的预见等，也再一次为新世纪的世界经济形势所证明。手稿中对不同流派的资产阶级经济学家思想的批判，特别是对李嘉图学派解体后庸俗经济学家思想的批判，更应激起东西方学术界的重视。

本书还选取了恩格斯在对手稿的整理过程中与考茨基、劳拉·拉法格的通信两篇。在恩格斯与考茨基的通信中，恩格斯透漏了将手稿作为《资本论》第三卷，即我们所知的未出版的第四卷出版的想法。在恩格斯与劳拉的通信中，恩格斯回顾了自己对手稿的整理工作，并表示受身体状况限制，不得已而希望由年轻人代替自己将手稿整理下去。通过这两篇书信，我们可以初步判断恩格斯对手稿与《资本论》关系的构想。

本书收入了弗雷德曼·缪勒的《1861—1863年〈政治经济学〉手稿的价值》一文。这篇长文从几个方面论述了手稿的意义，指出，手稿是《资本论》的一部重要准备著作，它揭示了资本主义生产方式的基本矛盾，较全面系统地对资产阶级政治经济学进行了批判。

尤尔根·容尼克尔的《〈政治经济学批判〉（1861—1863年手稿）中的相对剩余价值理论》较全面地分析了手稿中有关相对剩余价值问题的论述，对我们研究手稿中的剩余价值问题具有一定的启发。在国外研究者中，容尼克尔对手稿的研究比较具有代表性，其观点我们在书中还会经常涉及。

C. M. 格里哥里扬的《马克思〈1861—1863年经济学手稿〉中关于技术进步问题的论述》一文重点分析了手稿中有关机器等科学技术的应

用所产生的社会影响的论述。手稿中的这一论述特色鲜明，并对我国社会主义现代化建设具有很强的指导意义，更做出了与"科学技术是第一生产力"这一著名论断相类似的表述，因此，我们收入该文，供读者继续研究时作为参考。

李善明的《〈剩余价值理论〉手稿与〈资本论〉第四卷》一文详细分析了手稿与《资本论》第四卷的关系，指出手稿既不同于《资本论》第四卷又包含了其中应包含的全部内容；汤在新的《〈资本论〉第二稿的写作阶段和思想进程》重新确定了手稿的写作阶段，首次全面探讨了手稿的思想进程。这两篇文章都探讨了在手稿研究中必须明确的前提性问题，也是本书将要研究的重要内容。因此，我们不但全文收入这两篇文章，也会在对手稿的研究现状的论述中对其作出解读。

张钟朴的《马克思的一八六一——一八六三年经济学手稿》一文对手稿的写作历程与具体内容作出了概括，为我们的研究工作提供了很大便利，是国内研究手稿不可多得的参考文献，文章已经在网上广泛传播，我们同样将其收入书中。

二 关于本书收入的经典著作文本

由于新版《马克思恩格斯全集》中有关《1861—1863年经济学手稿》的出版工作尚未完成，本书在"第四部分 经典著作选编"中仅节选了部分新版全集第32—35卷中已出版的内容；同样由于新版全集出版工作尚未完成，本文论述中所引用的部分手稿内容采用《马克思恩格斯全集》中文第1版译文。

编者认为，手稿大致可以被分为"理论"和"历史批判"（或曰"理论史"）两部分。针对"理论"部分，本书节选了"1. 货币转化为资本的""增补"部分中"从整体来看的资本的生产过程分为两个阶段"和"3. 相对剩余价值"中的"机器。自然力和科学的应用"全文。因为在前者中，马克思叙述了劳动转化为资本的相关问题，并指出,"资本关系的全部秘密就在于劳动向资本的这种转化"①;在后者中,马克思论述了科技发展对生产关系的影响,这一论述对我们理解"科学技术是第一生产力"论断很有帮助,却一直以来为学界所忽视。

在"历史批判"部分中,本书首先收录了"(c)亚当·斯密"中"生产劳动和非生产劳动的区分"一文。围绕这一问题,斯密以后的资产阶级经济学家们,特别是庸俗经济学家们,曾经产生过许多错误的理解,马克思对该问题做出了详细的澄清。一百多年后的今天,"生产劳动和非生产劳动的区分"问题依然是国内外理论界所关注的研究热点。

本书还收录了手稿中马克思对李嘉图理论的大量论述,具体来说包含"(h)李嘉图"中马克思对李嘉图理论所做的概述,以及马克思对李嘉图的"平均价格或费用价格和市场价格"、地租理论和剩余价值理论所做的批判的大量内容。李嘉图的政治经济学理论包含许多正确思想,其"平均价格"、"级差地租"和"利润率下降规律"更对马克思主义政治经济学的创建起到了不可忽视的启发作用。

在"各种收入及其源泉"中,马克思着重分析了"生息资本"。该部分的写作虽然纯粹是为了解决政治经济学问题,却包含了马克思主义的分析与综合、抽象与具体的方法,因而也被收录于本书之中。

三 鸣 谢

随着 MEGA 等国外机构对马克思手稿的发掘,马克思的《1861—1863年经济学手稿》逐渐为中国学术界所知,并在国内有了近半个世纪的历史;若从郭大力翻译《剩余价值学说史》开始,则要追溯到1940年春。在如此长的历史时期内,有许多学术界的前辈和组织作了大量的翻译和研究工作。本研究是在前人的工作基础上进行的,因此,大量地采用了前人的研究成果。编者在引用和使用过程中尽量注明了出处以对前人的工作表示尊重。其中尤其是中央编译局的前辈的研究成

---

① 《马克思恩格斯全集》第32卷,北京:人民出版社1998年版,第181页。

果，是量最大的，这些同志有的已经过世，他们一生都在无私和默默地从事翻译和研究工作。本书经典著作部分采用了中共中央编译局集体编译的《马克思恩格斯全集》中译本第2版，书中收入的恩格斯的两篇书信则是中共中央编译局集体编译的中译本第1版。书中收入的三篇国外论文出自前德国统一社会党中央马列主义研究院、马丁·路德大学（哈雷—维腾堡）编的《论〈资本论〉第二稿——分析·观点·论据》与陈征、严正编撰的《〈资本论〉创作史研究——〈资本论〉教学研究参考资料（一）》，我们对于这两部书的编译者和出版者表示感谢！感谢本书所引用文献的作者、译者和出版者同意本书收入他们的著作和译文作为研究参考文献！

首都师范大学政法学院哲学系的刘大皓、张希、尚玄、孙赫以及孙妍同学在有关资料的整理和外交文献的翻译方面做了大量工作。在此一并致谢！

第一部分　历史考证

第一章 写作背景

《1861—1863年经济学手稿》是马克思为了写作《资本论》而形成的"四部手稿"①之一,对于其写作的背景、目的、过程的考察,都应放在《资本论》的写作这一整体框架下进行。在对《资本论》的写作有了一定了解的基础上,我们才能进一步分析《1861—1863年经济学手稿》的写作情况。

一 《1861—1863年经济学手稿》的形成背景②

马克思对政治经济学的研究开始于1843年年底,他的世界观转变,特别是在1844年年初受到恩格斯和赫斯影响之后,从政治批判转向经济批判开始,到去世的1883年,这40年的政治经济学研究成果是其思想体系的核心。这段时间,大致可以划分为三个小时期;具体到《资本论》的写作上,又可以划分为四个阶段。

第一个时期,1844年年初到1845年写作《费尔巴哈提纲》之前。该时期的基本特征是政治经济学的哲学人本学批判,不是从资本主义的内在矛盾出发,而是从政治经济学的外部的伦理的、人道主义的、人本主义的批判出发。马克思的世界观还没有彻底地转变,其根源在于他在

---

① 随着MEGA² "《资本论》及其准备著作" 15卷23册的出版,部分学者对传统的《资本论》"三大手稿"的观点提出质疑,指出1867年《资本论》第一卷出版之后撰写的经济学手稿,即1867—1882手稿,是《资本论》的第四手稿。参看卫华:《马克思为〈资本论〉》写了多少手稿,载《光明日报》,2014年4月28日,第011版。

② 此部分写作得益于南京大学姚顺良教授的授课笔记,特此致谢。

哲学和历史观上还处于费尔巴哈人本学世界观的影响之下，也就是哲学社会主义和哲学共产主义。

第二个时期，以1845年《费尔巴哈提纲》和1845—1846年的《德意志意识形态》为标志，马克思完成了世界观和历史观的转变。这一时期，马克思以实践唯物主义及其指导下的唯物主义历史观取代了原来的人本学的历史主义，从哲学共产主义转变到科学共产主义，其政治经济学批判也就从前科学时期进入了科学时期。他不再用伦理价值人道主义和人本主义来评价经济现实和经济理论的表现，而是从经济关系本身的历史发展，和这种发展的理论表现本身去揭示它的内在矛盾，变为政治经济学的自我批判，所以它不是对政治经济学进行批判，而是转到了政治经济学的自我批判。这就表明哲学的转变，新的哲学范畴的获得，开辟了马克思政治经济学批判的一个新的时期。

这一阶段更具体一些，从马克思科学的、独特的政治经济学的形成这一角度来看，即马克思主义政治经济学形成的角度来看，可以分为三个小时期，称之为巴黎时期、布鲁塞尔时期和伦敦时期，这三个时期是标志性的。

巴黎时期包括两个贡献，一个是巴黎笔记，一个是巴黎手稿，这一时期是马克思主义政治经济学的史前史，从科学的理论的角度讲，这是一个史前期，还谈不上是真正的政治经济学。巴黎笔记是他的研究过程，巴黎手稿是一个成果，但只是一个流产的、未完成的手稿。

第二个时期是布鲁塞尔时期，马克思此期的主要成果是两个笔记，一个是布鲁塞尔笔记，一个是曼彻斯特笔记。这一时期的成果是三本关于政治经济学的著作：《哲学的贫困》、《关于自由贸易的演说》、《雇佣劳动和资本》。这个时期是孕育期，是一个形成的过程，这主要是新的政治经济学方法论的奠基，这个方法论的奠基主要是把唯物史观进一步化为政治经济学的观点、对象、方法的具体规定，也就是说从哲学具体化为经济哲学，用《哲学的贫困》的标题就是变成了政治经济学的形而上学。

这一点不仅体现在《哲学的贫困》中，还体现在《雇佣劳动和资本》当中。首先,马克思从历史观立场上,将社会划分为古代的、封建的、资本主义的社会,并认为是社会关系构成了社会。

第二是转到李嘉图的劳动价值论的立场上,并且开始加进了一些新的因素,初步有所改造。如果说前面还站在斯密的立场上,那么现在就是站在李嘉图的立场上。马克思称斯密的价值论有三四种,那么到了这个时期马克思更彻底地贯彻了李嘉图的立场。这是一个大进步,已经站在古典政治经济学的最高成就之上,体现在把价值(或者价值的体现者货币等)都看作是社会关系,加进了社会性和历史性。他在《哲学的贫困》中批判了古典政治经济学家奇怪的观点,过去是历史的,现在也是历史的,体现了非历史主义和反历史主义的观点,这是加进去的新的东西。

第三个成果就是马克思在这个时期开始初步地抓住了资本主义的核心之处,就是工人与资本家的关系,雇佣劳动与资本的关系,并且开始初步揭示剩余价值的秘密。在劳动价值论上还基本是在李嘉图之内的,价值本身的规定是最优条件下最少的劳动决定的价值,这是指工业;而农业则是最劣条件下的最多劳动,个别劳动决定价值,这是一个缺陷。第二货币数量论,第三地租理论上,还存在着土地地租递减论,基本上李嘉图的缺陷他都有,但是有进步就在于强调它是历史关系和社会关系。

那么在剩余价值上由于没有区分劳动的两重性,因而不能彻底地区分劳动和劳动力,因而也不能解决导致李嘉图理论破产的第一个难题。李嘉图认为资本与劳动交换,也就是死劳动与活劳动的交换是不等价的交换,少量的死劳动可以换取更多的活劳动。这种不等量交换与等量交换的价值规律相矛盾,这个矛盾就得通过劳动的二重性,即劳动力和劳动的区分,然后将生产过程和交换过程相区分,这个矛盾才能解决。因为在流通领域是等价交换,并不是少量的死劳动换得更多的活劳动,而是换得了潜在的劳动力,劳动力商品和货币、商品是等价交换的。但是问题在于付出了劳动力商品的价值的等价,换得了商品的使用价值,使用价值可以创造大于自身的价值,所以问题这样才能解决。

在政治经济学批判的基础上，还有第二个问题，就是导致李嘉图理论破产的又一个难题，即价值规律与等量资本获取等量利润之间的矛盾。等量资本因为其有机构成不同，因而它推动的活劳动不一样，因为活劳动力能够创造价值，那么不等量资本会带来不等量的利润，但是实际上来看等量资本带来等量利润，这个又是他一个没有解决的问题。所以马克思在《雇佣劳动和资本》中还没有区分生产费用的三层含义，虽然他已经排除了斯密关于劳动的价值不是由工资决定，但是生产费用既有劳动耗费，又有资本耗费，又有生产价格的耗费三重含义。只有作了这种区分之后才能解决第二个矛盾。

以上是布鲁塞尔时期，是从 1845 到 1848 年，其实上是从 1846 年到 1847 年，这是新的政治经济学的孕育期。在这种情况下，新的方向已经制定，新的方法已经制定，但是还没有完成；劳动价值论还是停留在李嘉图的水平上，只是加进了历史的和社会的因素，剩余价值论还有几个问题没有解决。

第三个时期是伦敦时期，是马克思主义政治经济学的成熟期和完成期，主要体现在两个成果当中，前提和基础就是伦敦笔记，在伦敦笔记研究的基础上创作了伦敦手稿。伦敦时期马克思主要进行了三项工作，第一是进行了政治经济学研究，第二是创立了马克思政治经济学学说，第三就是进行了《资本论》的写作。

《资本论》写作可分为四个时期：

第一个时期是 19 世纪 50 年代，从 1850 年的 8 月一直到 1859 年，这包括《伦敦笔记》和《1857—1858 年经济学手稿》，再加上 1859 年《政治经济学批判》（第一分册）。人们通常讲马克思的《资本论》有三个手稿，即三个手稿论。1857—1858 以政治经济学来命名，这是一个直接研究过程，就是在科学的政治经济学研究时期的直接研究过程，这是一次全面的研究，就是《1857—1858 年经济学手稿》。《伦敦笔记》是马克思政治经济学的准备阶段，1859 年《政治经济学批判》（第一分册）是研究的成果。

第二个时期是从 1861 年到 1863 年，此期只有一部手稿《1861—

1863年经济学手稿》，这是经济学界和《资本论》的研究学界曾经认为的"三大手稿"的第二部手稿。这个时期的特点是从政治经济学批判到《资本论》的过渡时期。1861年年底，马克思在致恩格斯和拉萨尔的信中，1859年《政治经济学批判》（第一分册）主要论述了商品货币，这里接着论述第三章资本一般，开始准备用"资本论"做标题，用"政治经济学批判"做副标题，这时虽然没有放弃六册的打算，但是已经出现了放弃的趋势。马克思说，这一部分是精髓部分，讲述完这部分之后，要么继续论述下面的部分，要么把这一部分与1859年《政治经济学批判》（第一分册）合成一本书——《资本论》。这个时期实际上是一个再研究的过程。

《1861—1863年经济学手稿》解决了导致李嘉图理论破产的第二个难题，即劳动创造价值和剩余价值，因而只有可变资本是利润的源泉，等量资本由于其资本构成不同，因而它所推动的可变资本即活劳动的量是不同的，但是资本主义等量资本创造了等量利润，这一点又与劳动价值论相矛盾。马克思通过广义剩余价值理论，即剩余价值转化为利润，利润转化为平均利润，价格表现为平均价格，来解决了这个难题。

马克思写作结构发生了演变。《1857—1858年经济学手稿》的开头分篇是五篇，明显带有从一般到具体的一般逻辑的色彩，这种抽象带有黑格尔抽象哲学的特点。黑格尔的抽象对象是价值，在瓦格纳看来，价值分为两个方面，一个是交换价值，一个是使用价值，这是纯抽象的东西；而马克思的抽象保留了某些具体的规定，他的抽象的对象即商品是一种具体的价值，其内容存在着交换价值和使用价值，所以只能从商品开始，而从抽象一般分化为交换价值和使用价值是错误的。所以后来马克思把五篇变成六册，实际上就是把第一篇取消了，第二篇就是后来的前三册（资本、劳动、土地所有权），后三篇就变成了后面的三册（国家、对外贸易、世界市场）；把第一篇分为交换价值和一般生产两个部分，马克思把交换价值一部分置于商品一册之中，把一般价值置于资本主义商品生产二重性的第一重，是具体历史下的一般劳动过程的体现。马克思写作结构变化的原因在于他在《1857—1858年经济学手稿》中创立了劳动二重性原理，使导言之中的劳动一般变成了《1857—1858年经济学手稿》和1859年《政治经济学批判》（第一分册）生产商品的劳动的二重性，也就是说这是从具体的劳动二重性开始，而不是从抽象的劳动一般开始，由劳动一般转变为生产劳动的两重性，这是五篇向六册转变的原因。

马克思写作结构的变化具体发生在《1861—1863年经济学手稿》，资本一般、资本特殊、资本个别这都是总的资本一般，然后再根据竞争等划分。这时论述的资本一般不像后来《资本论》论述的那么多，还是具体的资本一般，在第一卷和第二卷中还是使用这个概念，但是到了这三卷就发生了变化。正是资本一般的具体化，不能只阐述总体资本，不阐述个别资本，而是应该通过个别资本中去讲述总体资本；同时也不能只阐述资本的一般形态，而是应该通过特殊资本去讲述一般资本。相对于个别资本和特殊资本，资本一般置于抽象的生产过程或者资本主义生产的总过程，这样就变成了具体的东西，这时马克思只是完成了六册中的第一册的第一部分。正是马克思把资本的抽象一般变成了具体的一般，因此在《1861—1863年经济学手稿》中就发生了变化。

从五篇到六册是一种结构的转变，但是六册和四卷之间的关系是什么关系呢？有人认为马克思放弃了六册的结构；有人认为马克思并没有放弃六册，但是他没有时间去完成，马克思在四卷中提到了六册的所有内容，后面几册的内容（如对外贸易等）虽然没有具体阐述，但是都包括于四卷的内容之中。其实这两种说法都有片面性，这并不是马克思一成不变地把六册并到四卷之中，马克思实际上完成的只是第一册的一个部分，但是由于资本一般的概念发生变化，所以他阐述了基本理论部分，但是也吸收了后来的部分（土地、竞争、土地所有权），但只是在阐述资本一般时需要才被吸收进来，例如他所涉及的工人劳动都是生产过程之中的工人劳动，这个劳动给资本家带来了生产的利润，而非生产过程中的工人劳动就没有涉及，这个劳动为资本家带来了收入的交换，是与收入进行交换的劳动。

第三个时期就是在第二个时期的基础上重新拟定了第一篇和第三篇

(六册中第一册的第一篇和第三篇,即《资本的生产过程》和《资本和利润》,或者称作《资本与结果实的东西》),即后来的第一卷和第三卷。这时第二篇还没有形成,只是一些局部的东西。所以马克思重新拟定了提纲,开始写作,这是从政治经济学批判到资本论的再研究过程。这个时期是1863—1867年,我们可以称之为《资本论》时期,这是一个理论表述和结构确立的时期,已经从研究过程转化成理论结果的凝结。这个时期主要是表述时期,它所表述的《资本论》第一卷早已成熟,马克思只是把这一研究成果表述出来,把研究过程转变为叙述过程,也就是把历史观点和辩证方法的研究过程凝结起来。马克思的历史观点和辩证方法已经融入了这个"先验的结构",不能直接地被找到。这个时期的第二个特点是,他又把本质的东西转化为现象层面,直接可以变成一种实践的东西。正是在这一过程中,马克思在1865年《工资、价格和利润》中把《资本论》的思想预先地表述出来,甚至可以成为一种直接与第一国际的分裂思想进行论战的思想。在《资本论》第一卷出版之后,当时的一些工人组织已经把《资本论》第一卷涉及工作日的内容直接印成传单散发。综上所述,这个时期从过程走向结果,从本质走向现象。

第四个时期是从《资本论》续卷到《人类学笔记》,这个时期是成果拓展的时期,从1867年到1881年,当然可以把下界划在1883年,但是主体只到1881年。从1881年开始马克思着重地整理《资本论》第三卷的一些片段,从1867年到1881年主要是整理第二卷,其中在1870年写了第二稿《资本主义认识过程》,即当时所谓的第二册,我们将第二稿称为七十年代手稿,这是一个完整而又成熟的稿子,因此也可以把第四个时期的期限划到1870—1881年。后来马克思做出标记,在整理复印时以第二稿为基础,后来马克思又写了第三稿到第八稿,这些都是对局部的片段进行了改动。

1867年马克思《资本论》第一卷出版。1884年,恩格斯按照马克思本人的观点(当然其中也包含了恩格斯的观点),以第二稿为基础,利用第三至第八稿的一些片段,整理出《资本论》第二卷。恩格斯在每一部分都标明其内容摘自哪一稿,从《马克思恩格斯全集》第 24 卷中可以看出。恩格斯发现第三卷的内容已经大体上形成,所以第三卷很快于 1894 年出版了,即恩格斯去世的前一年。《资本论》第三卷主要讲述了 1863—1865 年即第三个阶段的内容。恩格斯对此做了很多增补和变化,有人就批评说恩格斯对马克思的观点进行了篡改。恩格斯在修改第三卷时感觉到自己来日不多,分身乏术,就决定寻找接班人,他认为其他人难以认识马克思的字迹,于是把第四卷的稿子交给伯恩斯坦和考茨基整理。

第四卷的稿子是 1861—1863 年的手稿。在恩格斯去世之前,考茨基完成了 1/8 到 1/6,但是恩格斯去世时指定的整理马克思和恩格斯遗稿执行人却没有考茨基。这些稿子最后还是交给了考茨基,他于 1905—1910 年分三卷整理出版了《社会价值学说史》,这是由马克思著,考茨基编,但是并没有将此作为第四卷,而是与《资本论》三卷平行的一部著作。理由在于马克思这个稿子本来就不是一个出版稿,而是一个插论。如果将之插在第三卷,它涉及剩余价值理论,但是最起码它没有涉及商品与货币的学说史。如果由马克思本人来整理,他就会把商品、货币、利润、地租、资本、剩余价值等具体的东西都要发挥出来,那就会从一个插论成为历史的理论再研究,就会变成重新思考理论。考茨基认为,如果把这个手稿当作《资本论》的第四卷,那么重复的地方太多,他鉴于自己地位不够,就没有把那些重复的地方修改并作为第四卷出版,而是单独作为一本。

由于意识形态的斗争,在列宁的影响之下,苏联在 50 年代把考茨基定为叛徒:一是违背了马克思的意愿,马克思曾明确说过《资本论》要出四卷,二是内容上有些变化,他把一些插论插了起来,改变了原有的次序。考茨基是想把剩余价值理论扩展为经济学说史,《资本论》不能仅仅为剩余价值理论为基础,尽管剩余价值理论是其核心,因为在剩余价值中讨论了商品、地租、价值等概念,这些都可以分离出来。《马克思恩格斯全集》第 26 卷中可以看出,关于剩余价值理论还是按照马克思的原稿阐述出来的。

有人（如汤在新）指出考茨基对 1861—1863 年手稿的截止日期不合理，实际上在这一卷没有不合理之处，但是在第 47、48 卷时就出现问题，因为归结到这两卷的内容应该归结到后面的几卷中。马克思的剩余价值理论，即第四卷，作为学说史完全是一个素材，不是一个成型的稿子，还不如第三卷完整，因而考茨基把这一卷的稿子分离出来是完全正确的。把《资本论》写成四卷只是马克思的一个构想，如果确定要写成四卷，那么就要删掉商品货币学说、剩余价值理论以及其以剩余价值的形式阐发的地租等，这样才是一个完整的体系，这将包括商品、货币、剩余价值、利润、利息、地租等。

可以将马克思《资本论》第一卷比作是足月生的婴儿，第二卷是八七个月的早生儿，在恩格斯剖腹产的帮助下才产生，第三卷则是一个六七个月大的早生儿，是恩格斯在保温箱里帮其出版，而第四卷根本就是一个胚胎，考茨基对其稍作整理做成标本。马克思《资本论》的一些顺序是颠倒的，只有第二卷比较成熟，第三卷的成稿时间早于第二卷，第四卷的成稿时间又早于第三卷。

二 手稿写作的有关准备工作

手稿中所运用的材料，主要是在《政治经济学批判大纲》的基础上形成的《七个笔记本的索引》、《我自己的笔记本的提要》和《资本章提纲草稿》。

《七个笔记本的索引》第一稿形成于 1858 年 6 月，最终完成于 1860 年初。它最初包含《（Ⅰ）价值》、《（Ⅱ）货币》和《（Ⅲ）资本一般》三部分，其中《（Ⅲ）资本一般》在 1861 年形成的《资本章提纲草稿》中被列入单独的笔记本中。对于"资本一般"部分的草稿的成文时间，学术界尚存在一些争议，本书在此不做拓展。重点在于，《（Ⅲ）资本一般》在提纲草稿中被具体化了，马克思把《政治经济学批判大纲》的第Ⅱ至Ⅶ笔记本归纳为《Ⅰ. 资本的生产过程》《Ⅱ. 资本的流通过程》和《Ⅲ. 资本和利润》三部分，即我们在《1861—1863

年经济学手稿》中看到的结构。

在《资本章提纲草稿》写作之前，1861年6月，马克思整理了一份《我自己的笔记本的提要》，对《政治经济学批判大纲》的各稿本和《政治经济学批判》第一分册准备阶段中已完成的各笔记本做出了概括。《资本章提纲草稿》对《（III）资本一般》的一些具体化说明，《我自己的笔记本的提要》，特别是其中的初稿笔记本和《政治经济学批判大纲·导言》，这些是起草《资本章提纲草稿》的先决条件。

1859年2月28日，马克思着手继续撰写《政治经济学批判大纲》第VII笔记本，从该笔记本的第63a和第64a页开始记录新的资料摘录或已加工的材料。这一笔记本在1863年初得以完成，共计227页，其内容被应用在《剩余价值理论》手稿中。

在1859年初和1860年分两次完成的《引文笔记本》共92页。马克思为了完成该笔记本逐一查阅了1850—1853年间的24本伦敦笔记，40年代的巴黎、布鲁塞尔和曼彻斯特笔记，以及第VII摘录笔记本的前181页，并为部分内容增加了标题。《引文笔记本》的内容主要被应用于手稿第I—V笔记本的写作中。

1860年初，为了解决《引文笔记本》在补充后出现的标题与内容不符的问题，马克思又起草了《引文笔记本索引》，并为《引文笔记本》标注了页码。该索引的意义不在于能为《1861—1863年经济学手稿》提供多少直接内容，而在于使资产阶级经济学家的观点进一步系统化了，这为手稿的写作提供了便利。

1863年5月到7月，马克思完成了《补充笔记本A—H》。这八本笔记本共768页，其中绝大多数内容是从相关政治经济学著作中直接摘录的原文，它们主要被用于手稿的"历史批判"部分，成为进一步研究资产阶级政治经济学的形成与发展的材料；此外，其中还有一些关于原始积累问题的摘要。

第二章　写作与传播

《1861—1863年经济学手稿》的写作并非一蹴而就的，甚至其写作计划本身也曾被多次改动。对手稿写作计划变动的梳理，以及对手稿写作阶段的划分，有助于我们进一步理解手稿的写作思路，把握手稿中各理论部分间的相互联系。此外，手稿最终编排、出版情况也具有一定的研究价值，苏联俄文第一版至 MEGA^2 以来，不同版本的手稿编排反映了各国马克思主义翻译家、理论家们对手稿的不同理解范式。

一　写作计划

如上文所述，在伦敦时期马克思计划写一部自己的政治经济学巨著，他命名为《政治经济学批判》。马克思最初打算把他的经济学确定为"五篇结构"，但是由于"第一篇"写作过于抽象，其内容被一分为二，而后四篇的前提转变为第二篇第一章"资本一般"的前提，这样，第一篇就被取消了。第二篇则分成三册，加上原来的后三篇，构成了"六册"结构。第一册"资本"又分为四篇，第一篇为"资本一般"，其中包括三章：（一）商品，（二）货币或简单流通，（三）资本一般。马克思在写第一分册，即"资本"册的第一篇《资本一般》所包括的三章时，单是《商品》和《货币》两章就超过了一个分册的篇幅。马克思曾写到："因为真正的战斗正是从第三章开始，我认为一开始就使人感到害怕是不明智的"[①]，于是他先把前两章作为《政治经济学批判》

[①]《马克思恩格斯全集》第29卷，北京：人民出版社1972年版，第568页。

第一分册出版了,然后再把第三章《资本一般》写成第二分册。

简言之,马克思在写作《政治经济学批判大纲》时曾计划以不定期出版分册的方式发表他对资产阶级政治经济学的批判。他计划第一册应包含《商品》、《货币》和《资本一般》,但在1858年完成"政治经济学批判"初稿后,马克思意识到不可能用较短篇幅来完成对这些内容的论述,于是他决定同时发表两个分册,于是在1859年发表了《政治经济学批判。第一分册》,其中包含《商品》和《货币或简单流通》。另外,他还写作了《资本一般》的相关内容,并以此为基础形成了《1861—1863年经济学手稿》。

马克思1859年1月写完《政治经济学批判。第一分册》之后,针对当时工人阶级革命斗争的情况,暂时放下政治经济学的写作,在1860年用了一年的时间写成了《福格特》这一论战著作。1861年,马克思继续写作《政治经济学批判》第二分册,包括第三章《资本一般》。为了写作《资本一般》这一部分,马克思做了大量的准备工作,在1861年夏草拟了一份提纲。他不但力图按照这一提纲进行手稿的写作,而且尽可能地将增补的部分与提纲中的内容相对应。马克思在他的"提纲草稿"中把第三章《资本一般》分为:《资本的生产过程》、《资本的流通过程》、《资本和利润》以及《其他问题》。我们现在研究的《1861—1863年经济学手稿》,就是马克思根据"提纲草稿"写的。写作过程中,由于笔记本空白有限,马克思不得不把一些内容分散到不同笔记本的部分页码中,他采取标注时间和增加标题的方式对增补部分做出说明,这对我们考证手稿的内容结构带来了一定障碍。

1862年4月,马克思完成了前五个笔记本的写作,并对自己下一步的写作过程做出了估计:"至于我的书,没有两个月是完不成的";"此外,我还有这样一个特点:要是隔一个月重看自己所写的一些东西,就会感到不满意,于是又得全部改写"[1]。事实上,他之后的写作过程确实如此。

---

[1] 《马克思恩格斯文集》第10卷,北京:人民出版社2009年版,第180页。

从第 VI 笔记本开始，马克思基本结束了对《资本一般》等内容的理论阐述，开始了对《剩余价值理论》的写作。在《剩余价值理论》手稿中，马克思一方面批判地分析了资产阶级政治经济学的观点，另一方面相对完整地阐释了自己的价值和剩余价值理论，以及平均利润和生产价格理论、地租理论等。在写作中，马克思再次拓展了自己论述的内容，并对已完成的内容做出了反复修改，其篇幅远超最初的计划。《剩余价值理论》手稿被许多研究者看作对整个资产阶级经济学的批判，相当于《资本论》的第四卷。

《1861—1863 年经济学手稿》写于 1861 年 8 月到 1863 年 7 月，共 23 个笔记本，1472 页。为了便于研究，可以将其看作"政治经济学批判（1861—1863 年手稿）"和"剩余价值理论（1861—1863 年手稿）"两部分，大致相当于本书所划分的"理论"部分与"历史批判"部分。对于手稿写作过程的划分，大体有"三阶段说"与"四阶段说"两种观点。

二 写作过程

（一）"三阶段说"[①]

《马克思恩格斯全集》国际版的编委们认为手稿的写作应划分为三阶段，这种观点也为包括中国学者在内的国际上大多数研究者所接受。具体来说，第一阶段是从 1861 年 8 月到 1862 年春天，马克思在第 I—V 笔记本上写的是《I. 资本的生产过程》理论部分，在 1861 年 12 月到 1862 年 1 月，在后来编码的第 XVI 和 XVII 笔记本前七页上写的是《III. 资本和利润》理论部分，主要论证了剩余价值和利润之间的差别；第二阶段是从 1862 年春到 1863 年 1 月，马克思在第 VI—XV 笔记本上写了《剩余价值论》，其中它前半部分主要包括《I. 资本的生产过程》

[①] 参看〔苏〕维·索·维戈茨基：《〈资本论〉创作史》，福州：福建人民出版社 1976 年版；李善明主编：《〈资本论〉第二稿研究》，济南：山东人民出版社 1992 年版。

理论史部分，后半部主要包括《Ⅲ. 资本和利润》理论史部分。接着在第 XVII 笔记本的第 1029—1038 页上续写第 XV 笔记本关于商业资本的内容。马克思在这一阶段还写了第 XVIII 笔记本。第三阶段是从 1863 年 1 月到 1863 年 7 月，马克思在第 XIX—XXIII 笔记本上，再次写了《Ⅰ. 资本的生产过程》理论部分，并接着写了第 V 笔记本关于机器的论述。

第一阶段：

头五个笔记本是马克思在 1861 年 8 月到 1862 年春天写的，这五个笔记本属于《Ⅰ. 资本的生产过程》。马克思在第 Ⅰ 笔记本的第一页上写有标题《政治经济学批判。第三章。资本一般》。所以这五个笔记本是马克思巨著六册结构的第一册《资本》第一篇《资本一般》第三章《资本一般》的开头部分，即《政治经济学批判》第二分册的开头部分。马克思把这五个笔记本分为三个部分：《1. 资本转化为资本》《2. 绝对剩余价值》《3. 相对剩余价值》。马克思在这一阶段还写了第 XVI 笔记本和第 XVII 笔记本的前七页即《资本和利润》部分，主要关涉利润和利润率的内容。

对于《货币转化为资本》这一部分，马克思列了八个小标题：(a)《G—W—G。资本的最一般形式》，(b)《由价值的本性产生的困难等等》，(c)《与劳动的交换。劳动过程。价值增殖过程》，(d)《劳动能力的价值。最低限度的工资或平均工资》，(e)《劳动过程》，(f)《价值增殖过程》，(g)《劳动过程和价值增殖过程的统一（资本主义生产过程）》，(h)《货币转化为资本这一过程的两个组成部分》，最后附有《增补》。这是对《1857—1858 年经济学手稿》的《资本章》第一篇《资本的生产过程》第一部分《货币变成资本》进一步的整理和细化。

对于《绝对剩余价值》这一部分，马克思列了五个小标题：(a)《应当把剩余价值看成只是同一定的、即用于工资的资本部分的关系》，(b)《剩余价值与必要劳动的比例。剩余价值量》，(c)《过度劳动的利益》，(d)《同时并存的工作日》，(e)《剩余劳动的性质》，最后附有"补充"和"剩余价值率"。

马克思把《相对剩余价值》分为：(a)《协作》，(b)《分工》，

(c)《机器。自然力和科学的应用》。需要注意的是在（a）《协作》之前有一个关于相对剩余价值的一般论述："我们把迄今为止所考察的剩余价值形式称为绝对剩余价值，因为它的存在本身，它的增长率，它的任何增加同时就是创造出来的价值（生产出来的价值）的绝对增殖。"①这句话不仅适用于《I. 资本的生产过程》中《绝对剩余价值》这一部分，而且适用于《货币转化为资本》这一部分的后半部分。

对于第 XVI 笔记本和第 XVII 笔记本的前七页马克思主要写了《资本和利润》这一部分，他在第 XVI 笔记本中列了 7 个小标题，在第 XVII 笔记本的前七页以"其他"为标题。

第二阶段：

1862 年 3 月，当马克思写到《I. 资本的生产过程》部分的《3. 相对剩余价值》中的《（c）机器。自然力和科学的运用》时，中断了机器部分的写作。此时马克思转向了第三篇《资本和利润》部分的写作，在第 XVI 笔记本和第 XVII 笔记本的前七页中。后来马克思直接在第 VI 笔记本上写了《剩余价值理论》。

《剩余价值理论》是第 VI—XV 笔记本，写于 1862 年春到 1862 年 11 月。马克思在写《剩余价值理论》这一部分时，越写篇幅越长，这部分的篇幅，在总篇幅为 200 个印张的手稿中，占了一半以上，达到了 110 个印张。马克思把这一部分分为从（a）到（o）共 14 部分（其中缺 j），最后有一个补充部分《收入及其源泉》，即（a）《詹姆斯·斯图亚特爵士》，(b)《重农学派》，(c)《亚当·斯密》，(d)《内克》和（e）《兰盖》，(f)《布雷》、(g)《洛贝尔图斯》、(h)《李嘉图》、(i)《马尔萨斯》、(k)《李嘉图学派的解体》、(l)《以李嘉图理论为依据反对经济学家的反对派》、(m)《拉姆赛》、(n)《舍尔比利埃》、(o)《理查·琼斯》和补充部分《收入及其源泉》。我们可以以(h)《李嘉图》为中心把《剩余价值理论》这部分划分为三部分：从（a）到（e）是第一部分，主要论述重农学派和斯密的理论；(g) 和 (h) 是第二部分，主要论述李嘉图的理

---

① 《马克思恩格斯全集》第 32 卷，北京：人民出版社 1998 年版，第 264 页。

论；从（i）到（o），以及补充部分《收入及其源泉》，加上（f）《布雷》是第三部分，主要论述李嘉图学派的解体和庸俗经济学家的理论。

为了更好地介绍这一写作过程，我们在这里引用维戈茨基关于马克思创作《剩余价值理论》的年表，便于读者更好地把握其时间线索，理清马克思的写作思路，利于以后的研究工作。

马克思创作《剩余价值理论》年表

（1862年1月—1863年7月）

1862年1月　马克思着手写作《剩余价值理论》。

1月—2月　马克思第一次批判所谓"斯密的教条"，表述了后来在《资本论》第二卷中详细论述的再生产理论的基本原理。

3月—4月　马克思阐述了关于资本主义社会中生产劳动和非生产劳动的理论。

6月　马克思批判洛贝尔图斯《新的地租理论》，也批判李嘉图的地租理论。

6月—8月　马克思建立自己的平均利润率和生产价格学说，以及资本主义地租（级差地租和绝对地租）理论。

9月　批判了李嘉图的积累理论，发展了自己的资本主义积累和经济危机理论。

1863年1月　马克思结束《剩余价值理论》正文的写作。

3月—7月　马克思撰写一些批判性的评论，这些评论成了《剩余价值理论》正文的补充。

马克思在写《政治经济学批判》第一分册的时候，在每个理论部分之后都会有一个理论史附论。比如在第一章《商品》之后有《A. 关于商品分析的历史》，第二章《货币或简单流通》的《I. 价值尺度》之后有《B. 关于货币计量单位的学说》，在第二全章末尾有《C. 关于流通手段和货币的学说》。同样，在《政治经济学批判》第二分册的《手稿》的《I. 资本的生产过程》中，也要在剩余价值理论部分之后设剩余价值理论史附论，所以《（5）剩余价值理论》是《I. 资本的生产过程》理论史的附论，它阐述的是剩余价值理论史。

虽然《（5）剩余价值理论》是作为《I.资本的生产过程》的理论史附论来写的，但是马克思在写作过程中发现它的内容大大超出了《I.资本的生产过程》的论述范围。马克思以前的所有经济学家如斯密和李嘉图，他们是以利润、利息和地租的形式来考察剩余价值的，没有把剩余价值本身抽象出来考察。因此，马克思必须批判资产阶级经济学家的地租和利润的理论才能批判他们的剩余价值理论，而这些则属于《III.资本和利润》的理论史部分的范围。马克思在《1857—1858年经济学手稿》中还没有阐述自己的地租学说，他关于平均利润和生产价格的学说也还没有系统地创立。所以，在《（5）剩余价值理论》中，马克思是边批判资产阶级经济学家的地租学说、利润学说，边创立自己的地租学说、平均利润和生产价格学说，结果在《III.资本和利润》的理论史部分中又出现了它的理论部分。所以《（5）剩余价值理论》不仅是《I.资本的生产过程》理论史的附论，而且还是《III.资本和利润》的理论史部分和理论部分。

马克思在这段时间接着第XVII笔记本的第1029—1038页上续写了第XV笔记本有关商业资本和生息资本的内容，所以第XVI和第XVII笔记本完全属于《III.资本和利润》的理论部分。马克思在第XVIII笔记本除了写《III.资本和利润》的理论部分之外，在余下的60页中写下了《剩余价值理论》的最后部分即（1）《以李嘉图理论为依据反对经济学家的反对派》、(m)《拉姆赛》、(n)《舍尔比利埃》、(o)《理查·琼斯》等。他在第XVIII笔记本中写了《资本论》第一部分的计划、《资本论》第三部分的计划和《资本论》第三部分第二章的计划。这就给后来《资本论》第一卷和《资本论》第三卷打下了基础。

第三阶段：

1863年1月至同年7月，马克思写了第XIX—XXIII笔记本。马克思在第XIX笔记本的封面上注明了开始的时间：1863年1月。而且在封面加有一个注："第V笔记本的续篇"。从这里可以看出第XIX笔记本是接着马克思第V笔记本写到机器时暂停后继续写的。马克思在

1863年1月28日致恩格斯的信中写道:"我正在对机器这一节作些补充。在这一节里有些很有趣的问题,我在第一次整理时忽略了。为了把这一切弄清楚,我把我关于工艺学的笔记(摘录)全部重读了一遍,并且去听威利斯教授为工人开设的实习(纯粹是实验)课(在杰明街地质学院里,赫胥黎也在那里讲过课)"①。关于机器的论述马克思一直写到第XX笔记本第1282页。这之后,马克思按照原计划写了"相对剩余价值和绝对剩余价值",从第XX笔记本的1283页到第1291a页是关于相对剩余价值和绝对剩余价值的论述。接下来,第XX笔记本的1291a页至第XXI笔记本的1301页,是《剩余价值理论》部分,主要是对霍布斯、配第、洛克、诺思、休谟和马西的论述。到这里马克思才真正写完了他《剩余价值理论》这部分的全部内容。

从第XXI笔记本的1301页到1316页马克思写了"劳动对资本的形式上的从属和实际上的从属",这与马克思在1863年1月在第XVIII笔记本的第1140页上写的《资本论》第一篇的计划中的第五章是一致的。第XXI笔记本的1317—1331页马克思写的内容为"资本的生产性,生产劳动和非生产劳动"。第XXI笔记本的1332—1345页的内容为马克思在资本章计划草稿的《其他》篇。第XXII笔记本的1346—1406页的内容为"历史部分:配第"、"剩余价值再转化为资本"、"再生产"、"所谓原始积累"。最后第XXIII笔记本的1407—1472页的内容仍为资本章计划草稿的《其他》篇,马克思在XXIII笔记本标明了日期"1863年6月"。这样马克思就结束了《1861—1863年经济学手稿》的全部的写作部分。

(二) 写作过程"四阶段说"②

除"三阶段说"外,以沃尔夫冈·福克为代表的部分理论家提出

---

① 《马克思恩格斯文集》第10卷,北京:人民出版社2009年版,第199页。
② 参看沃尔夫冈·福克:《马克思手稿的写作过程、编排及其写作日期问题》,转引自前德国统一社会党中央马列主义研究院、马丁·路德大学(哈雷-维滕堡):《论〈资本论〉第二稿——分析·观点·论据》,王锡君、张钟朴、王全民、左海娴、柴野、章丽莉、卢晓萍、王燕华译,济南:山东人民出版社1993年版,第352—356页。

了"四阶段说"。在他们对手稿写作过程的划分中，前两个阶段与"三阶段说"大致相同，但对手稿写作的最后阶段有不同看法，其具体划分如下。

第一阶段从 1861 年 8 月到 1861 年 12 月，这是马克思专心从事理论研究的阶段。在这一阶段，马克思完成了《1. 货币转化为资本》《2. 绝对剩余价值》和《3. 相对剩余价值》的写作。需要注意的是，这三部分写作直至 1862 年 3 月才彻底完成，但根据 MEGA 的考证，马克思 1862 年 1 月便已开始写作《剩余价值理论》，因而福克将第一阶段的下限确定在 1861 年 12 月。第一阶段马克思严格遵守了 1861 年夏提纲中拟定的分篇结构，直到写到"机器"及相关内容时这种结构才被打破。

第二阶段从 1862 年初持续到当年年底，在这一阶段马克思主要从事理论史研究。在这一阶段，马克思研究了詹姆斯·斯图亚特和重农学派，亚当·斯密和大卫·李嘉图为代表的古典政治经济学，李嘉图学派的解体，以及庸俗政治经济学等。这些内容占据了手稿大约一半的篇幅，较全面地阐释了资产阶级政治经济学的剩余价值理论发展史，因而被命名为《剩余价值理论》。

第三阶段从 1862 年 12 月到 1863 年 1 月，在该阶段"马克思完成了后来《资本论》第三卷的基本篇章的初稿、有关资本主义再生产中货币回流运动的一个插入部分以及对资产阶级经济学家的某些分析"①。沃尔夫冈·福克认为，第 XVI、XVII 笔记本上的"最后一本"和"最后第二本"的标注说明马克思已经决定结束手稿写作，但马克思最终在随后的笔记本里重新对之前的内容做出了新的研究。

第四阶段是 1863 年 1 月到 7 月。在该阶段马克思在第 V 笔记本对相对剩余价值的分析的基础上，接着写了该笔记本第 211—219 页，并在第 XIX、XX 笔记本中做出了进一步研究。随即，在第 XXI—XXIII 笔记本中，马克思又论述了工资和剩余价值的关系，以及劳动对资本形式

---

① 前德国统一社会党中央马列主义研究院、马丁·路德大学（哈雷-威滕堡）：《论〈资本论〉第二稿——分析·观点·论据》，王锡君、张钟朴、王全民、左海娴、柴野、章丽莉、卢晓萍、王燕华译，济南：山东人民出版社 1993 年版，第 354 页。

上和实际上的从属，生产劳动和非生产劳动，剩余价值再转化为资本，积累和再生产问题。最后，马克思又整理和摘录了一些材料。

三 正式文本的编排[①]

手稿本身只是写作的准备工作，这要求我们对手稿不同部分间的逻辑关系做到一定程度的理解，逐渐探索出正确的内容顺序。对于手稿的编译、出版者而言，更要对马克思可能做出的手稿编排顺序做出精准的把握，以更好地完成手稿的出版工作。沃尔夫冈·福克认为，要完成对这一问题的考证，必须在内容上和编年顺序上准确地把握理论史的发展情况。

（一）第 I—V 笔记本

前五个笔记本是按照马克思1861年拟定的计划进行写作的，其中各章节已经具有初步的系统研究性质，并且其中的表述也是成熟的。可以看出，前五个笔记本是连续完成的，其内容是纯理论的论述，除必要的引用、说明外不涉及对资产阶级经济学的批判。这样，手稿前五个笔记本的编排顺序是明确的，不需要再做出人为的变动。需要我们做出考察的是随后的"增补"部分。

沃尔夫冈·福克认为，"增补"部分内容有四种性质，即①理论上的直接补充或进一步分析；②针对所讨论的问题对资产阶级政治经济学观点的分析，以及马克思对其成就的评价；③例证性增补，如英国工厂视察员的报告，用于证明马克思所指出的"剩余价值生产对工人阶级所产生的社会经济影响"；④部分增补中包含的思想具有插入部分的性质，即马克思在手稿上标以"增补"字样，但未必指出了要

[①] 参看沃尔夫冈·福克：《马克思手稿的写作过程、编排及其写作日期问题》，转引自前德国统一社会党中央马列主义研究院、马丁·路德大学（哈雷-维腾堡）：《论〈资本论〉第二稿——分析·观点·论据》，王锡君、张钟朴、王全民、左海娴、柴野、章丽莉、卢晓萍、王燕华译，济南：山东人民出版社1993年版，第357—359页。

插入何处。

除此之外，还有一些未曾标记"增补"但明显具有增补性质的内容，这些内容散布于笔记本的空白页、里封，甚至夹页中，这说明它们写作于这部分手稿完成后，是马克思在重新审视已完成的手稿时增添进去的。由于这些内容没有任何编排说明与页码标注，MEGA 的编者们将其直接插入了手稿中与其内容相对应的地方，并标明为"最后的增补"，以表示它们写作于"增补"之后。

MEGA 编委在编辑手稿时，还重新对第 V 笔记本的完成日期做出界定。他们通过对马克思手迹的鉴定，手稿上的标注、引文，以及马克思的通信的研究，指出，第 V 笔记本的前 211 页是在 1862 年 3 月，而非学界过去认为的 1861 年 12 月完成的。

(二)《剩余价值理论》手稿

沃尔夫冈·福克认为，除第 X 笔记本外，《剩余价值理论》手稿从第 VI 到第 XV 笔记本是不间断地完成的；第 X 笔中间有两处插入部分，分别是《插入部分。魁奈的经济表》和《(g) 洛贝尔图斯。插入部分。新的地租理论》，后者在第 XI 笔记本中才最终完成，即《(g) 洛贝尔图斯。插入部分。评所谓李嘉图规律的发展史》。

第 VI 到第 XV 笔记本采用的是连续编码，但手稿原件表明，马克思曾在 VI 至 X 笔记本原页上重新标码，并在这种标码过程中利用了笔记本上原有的标码。这种新旧标码混杂的行为对我们研究手稿编排顺序造成了一定障碍，迫使我们通过写作内容，而非内容上的标码来判断马克思的写作情况。通过这种抛开页码的研究，我们发现，原计划中的资产阶级经济学家及其理论无法满足论述的需要是马克思增添插入部分的主要原因。

在写作第 VI 笔记本时，马克思曾设想，手稿的历史批判部分应该是理论部分的附录，他根据这种设想来写作了第 VII 至 IX 笔记本，即对斯图亚特、重农学派和斯密的批判。按照该计划，其后应该继续评述奈克尔和李嘉图的观点，第 IX 笔记本确实也结束了对斯密的论述，摘录了部分奈克尔的著作并加以评论，但马克思发现虽然自己一再增加对斯密的论述，却依然无法在计划框架内完全回答包括社会总资本的再生产和流通在内的一些问题，这迫使他插入计划外的人物及其理论。

（三）《补充部分：收入及其源泉》部分后的变动

1862年秋，马克思在第XV笔记本中，重新将论述要点由"历史批判"转向理论研究，形成了《补充部分：收入及其源泉》。按马克思在第XIV笔记本里所列目录，手稿到此应结束《剩余价值理论》部分，转写《以李嘉图理论为依据的无产阶级反对派》，但马克思再次偏离了自己的计划。他不但打断了对托马斯·霍吉斯金的著作的研究，还在第XV笔记本的末尾着手对商业资本进行分析。

第XV笔记本中对商业资本的分析后来在第XVII和XVIII笔记本中得以继续，而紧接第XV笔记本的第XVI和XVII笔记本的开头则是《资本和利润》，可以看出，对商业资本的分析中断过；此外，第XVII笔记本中《补充部分。资本主义再生产中的货币回流运动》再次打断了对商业资本的分析。沃尔夫冈·福克认为，对商业资本分析虽然两次被打断，但只有第一次才是真正的中断，而《补充部分。资本主义再生产中的货币回流运动》只是对商业资本的引申研究。

到第XVIII笔记本，马克思重新回到了对霍吉斯金的著作的论述，开始了原计划中的《以李嘉图理论为依据的无产阶级反对派》的写作，开始了原定在第XIV笔记本中的对拉姆赛、舍尔比利埃和琼斯观点的研究，正式回归原写作计划，《剩余价值理论》手稿重新由侧重理论研究转回对资产阶级经济学家观点的分析，即"历史批判"。

（四）"资本的生产过程"的终结性研究

根据马克思在1861年3月制定的关于第一篇《资本的生产过程》的计划草稿，1863年所写作的部分，即我们所见到的第XIX到XXIII笔记本，内容应该是对资本的生产过程的终结性研究。我们看到，这部分手稿多数内容都类似 I—V 笔记本中的补充和插入部分，可以被看作这些部分的继续论述；同时，这部分手稿中的历史附录，如《休谟和马西》等，也与其他笔记本中相应的部分存在不可分割的联系。

由第 XXII 中的历史附录和第 XXIII 笔记本中对威廉·配第等人著作的摘录，及对配第观点的重新研究可以看出，马克思写作到此，已经开始把他对政治经济学史的研究扩大到 17 世纪末至 18 世纪中叶。正是因为研究范围的扩大，马克思在写作这些笔记本的同时完成了《补充笔记本 A—H》，对他所加工的那部分政治经济学有关的文献做出了摘录，并将其中重要的部分写进了第 XXI 至 XXIII 笔记本。

四　出版与传播

（一）国外出版与传播情况

恩格斯、考茨基等与日后该手稿的"国际版""俄文版"等版本编译者通过对手稿内容的研究、对手稿写作计划变动的考证、对手稿写作阶段的划分来揭示其文本结构，进而完成《1861—1863 年经济学手稿》的出版工作。

考茨基以《剩余价值学说史》之名，而非恩格斯所指示的"《资本论》第四卷"的名义，将手稿中《剩余价值理论》部分单独出版。考茨基认为，该部分手稿"不能算是《资本论》的第四卷，不能算是前三卷的续篇"，而是"与前三卷并行的著作，像第一辑《经济学批判》与《资本论》第一卷第一篇相并行一样"[1]，因而要单独出版。但他同时承认，"《资本论》第四卷应当包括的一切，都可以在这里见到"[2]。正是出于后一条原因，学术界依然将该手稿及考茨基所出版《剩余价值学说史》看作《资本论》第四卷。

但是，考茨基的《剩余价值学说史》并未包含《1861—1863 年经

---

[1] 参看《编者序》，〔德〕考茨基：《剩余价值徼说史》第一卷，上海：三联书店 1957 年版，第 4 页。

[2] 同上。

济学手稿》中的全部内容,而仅仅整理了所谓的"历史批判"① 部分;而"理论"部分,特别是在手稿中所完成的广义剩余价值论,并未得以出版。这一缺陷后来为苏联学者所弥补。

苏联1932年秋对《剩余价值理论》手稿进行了照相复制,1936年又买到了完整的《1861—1863年经济学手稿》,使其有条件重新出版《剩余价值理论》,可惜出版工作被"二战"所耽搁。1954年夏,《剩余价值理论》俄文版第1册出版,至1964年第3册出版为止,苏联学者将手稿中李嘉图以前的经济学家、李嘉图的理论和李嘉图以后的经济学家三部分分三册出版完毕。这一版本被译为多种文字,但依然不包括手稿的理论部分。

附表1 新版《剩余价值理论》及其译本出版情况②

	第一册	第二册	第三册
德文版(单行本)	1954	1957	1961
俄文版(全集本)	1962	1963	1964
德文版(单行本)	1956	1959	1962
德文版(全集本)	1965	1967	1968
英文版	1963	1968	1971
日文版(全集本)	1969	1970	1970
日文版(文库本)	1970	1970	1971
中文版(全集本)	1972	1973	1974
法文版	1974	1976	1978
西班牙版	共二册,于1965年在古巴出版		
国际版	1977	1978	1979

1976年到1982年,《马克思恩格斯全集》新国际版第二部分第三

---

① 为将手稿《第一部分政治经济学批判》与手稿全名相区别,本文将《第一部分政治经济学批判》称为"理论部分",而将《第二部分剩余价值理论》、《第三部分剩余价值理论(续)》《第四部分剩余价值理论(结尾)》等内容统称为"历史批判部分"。——编者注

② 〔日〕冈本博之、宇佐美诚次郎、横山正彦、木原正雄、林直道主编:《马克思〈资本论〉研究》,刘焱、赵洪、陈家英译,济南:山东人民出版社1993年版,第456页。

卷的 6 个分册相继出版,这标志着手稿的"国际版"出版工作彻底完成。"国际版"手稿第一次按原文完整发表了《1861—1863 年经济学手稿》,补全了手稿的理论研究部分。

附表 2　MEGA 第 II 部分第 3 卷第 1—6 册的编排情况

册次	收录的笔记本	写作时间	主要内容
第 1 册	I—V,第 211 页	1861.08—1861.12	货币转化为资本;绝对剩余价值;相对剩余价值
第 2 册	VI—X	1862.03 至年底	剩余价值理论
第 3 册	X—XIII		
第 4 册	XIII—XV		
第 5 册	①XV 部分	1862.12—1863.01	①关于商业资本
	②XVI—XVII,前 7 页		②资本和利润
	③XVII,第 8 页—XVIII		③续商业资本及其他补充材料
第 6 册	①V,第 211—219 页	1863.01—1863.07	①②关于机器的论述
	②XIX—XX,第 1282 页		
	③XX,第 1283 页—XXIII		③相对剩余价值理论的补充

但是,"国际版"编者在对手稿写作过程的考证上,依然存在部分疏漏。例如,对"资本和利润"部分的写作时间,"国际版"编者断定马克思所标记的日期是错误的,认为第 XVI、XVII 册笔记本写作于"1862 年 12 月"和"1863 年 1 月"。随着对手稿研究的深入,学术界重新认识到马克思的标记是正确的,"国际版"编者将写作时间推迟了一年。① 这种误读在"俄文版"中同样存在。

1955 年至 1966 年出版的"俄文版"《马克思恩格斯全集》中,《1861—1863 年经济学手稿》的理论部分大多被编订到第 47、48 卷之中,少部分被编入第 26 卷等其他卷本,作为历史批判部分的补充;手稿的历史批判部分则直接采用了上文提到的新版《剩余价值理论》,并

---

① 参看李善明主编:《〈资本论〉第二稿研究》,济南:山东人民出版社 1992 年版,第 11 页。

将其作为全集第 26 卷出版。这种编排方式把部分理论批判作为历史批判部分的附录，将批判的理论与批判的对象相连结，便于读者理解马克思对资产阶级理论的批判，具有一定的价值。但是，这种做法也破坏了马克思所拟定的手稿总体结构，割裂了理论部分的内部联系。

附表 3　俄文版（及中文第一版）全集中的编排情况

卷　　次		收录的笔记本	主要内容
第 26 卷	第一册	以 VI—X 为主，包含其他	剩余价值理论
	第二册	以 X—XIII 为主，包含其他	
	第三册	VII—X，XIII—XV，XVIII	
第 47 卷		I—V，第 211 页	货币转化为资本；绝对剩余价值；相对剩余价值
		V 的结尾	关于机器
		XX 部分	相对剩余价值理论
第 48 卷		XVI，XVII，XXI—XXIII，XXV，XXVIII 部分	资本的生产过程中；商业资本、平均利润；资本和利润

考茨基主张使庸俗经济学回到古典资产阶级政治经济学的传统，在这一种立场下，他并没有理解马克思在《1861—1863 年经济学手稿》中从资产阶级政治经济学的发展中所得出的重要结论。而罗莎·卢森堡对《1861—1863 年经济学手稿》的历史意义以及它在阶级斗争中地位的认识，和考茨基有着本质的区别。她认为《1861—1863 年经济学手稿》的出版不仅可以尽量争取广大群众在形式上承认社会民主主义的纲领，而且可以使这些群众的思想方式通过马克思的理论而彻底革命化。列宁更是创造性地运用了《1861—1863 年经济学手稿》，认为可以把这部经济学手稿运用到无产阶级及其政党的斗争之中。

马克思《1861—1863 年经济学手稿》出版以后的反应证明，手稿给了人们以真正的鼓舞，人们可以更科学准确地把握马克思主义理论，有力地促进了马克思主义思想的传播。马克思恩格斯的理论遗产对当今工人阶级和一切进步力量具有特殊意义，他们的著作以越来越多的各种形式传播。在工人运动一开始,手稿部分内容就以未加注释的读本形式出版,并得到了广泛的传播。而随着各种版本的出版进一步满足了各国不同读者的要求。不仅在国际工人运动中发挥了巨大的作用,还有很多理论研究者围绕手稿在报纸杂志上发表了许多新的文章,还写作了各种硕士、博士论文和书籍。手稿以其科学性表明了马克思主义的内在统一性,为马克思主义思想传播作出了重要贡献。

《1861—1863 年经济学手稿》蕴含的思想已经成为一切反抗资本主义和各种剥削压迫,争取社会进步和人类自由的人们共同的思想资源。从第二国际时期开始一直到今天西方激进的左派政治思潮都从其中得到启示。手稿出版后的广泛传播、宣传和普及,不仅对当时的欧洲工人阶级的运动,而且对于今天科学分析、批判资本主义社会都有重要理论价值。

(二) 国内出版与传播情况

马克思主义传入中国以来,国内一些有志之士便曾通过种种尝试,希望能完成《资本论》这部将马克思主义哲学、政治经济学、科学社会主义融为一体的鸿篇巨制的翻译工作,但由于种种原因,都未能完成。直至 1928 年,郭大力与王亚南在国民党白色恐怖最严重的时期,耗时五年完成了《资本论》一至三卷的翻译工作。1940 年春,郭大力又开始独立进行《剩余价值学说史》的翻译工作,经过六年的写作和数年间反复修改、校订,1949 年 5 月,四册的中文版《剩余价值学说史》终于出版。

1956 年起,中文第一版《马克思恩格斯全集》50 卷陆续出版,该版本是根据俄文第二版和俄文版补卷转译的。在该版中,第 26 卷分三册整理出版了《1861—1863 年经济学手稿》的历史批判部分,补卷第 47、48 卷中则整理出版了手稿的理论部分个别章节。1986 年起,中共中央马克思恩格斯列宁斯大林著作编译局根据马克思原文手稿对《马克思恩格斯全集》重新编译,出版了中文第二版。该版参照《马克思恩格斯全集》1976、1980 年历史考证版第 2 部分第 3 卷第一册和第五册的一部分进行了校订,第一次将手稿按照马克思本人的写作顺序将理论部分和历史批判部分作为一个整体共同出版。

附表 4　新版全集中对手稿的编排方案①

卷次	收载笔记本及中文页数	写作时间	说明
32	I—V 的第 211 页，共 392 页	1861 年 8—12 月	载于 MEGA 第 II 部分第 3 卷第 1 册，中文第一版第 47 卷，相当于《资本论》第 1 卷的内容
	XVI—XVII 的前七页，共 97 页（全卷正文 490 页 + 注释、索引约 90 页，总计约 580 页）	1861 年 12 月至 1863 年 1 月（这是近几年学术界新确认的日期）	载于 MEGA 第 5 册，但根据新确认的日期，它们应放在第 VI—XV 笔记本之前，因此编入这一卷。相当于《资本论》第 3 卷的内容
33	VI—X，约 410 页（全卷总计 470 页）	1862 年 3 月—年底	这三卷完全与 MEGA 的第 2—4 册相同，是《剩余价值理论》部分，中文第一版第 26 卷第 I—III 册
34	X—XIII（全卷总计约 670 页）		
35	XIII—XV（全卷总计约 500 页）		
36	XV 的一部分，共约 81 页。	1862 年 12 月—1863 年 1 月	载于 MEGA 第 II 部分第 3 卷第 5 和 6 册。中文第一版第 48 卷和第 26 卷 I、III 册。由于第 5 册中的第 XVI 和 XVII 本前七页移到第 32 卷中去了，将第 6 册中关于机器的论述部分移入这一卷，因此这一卷的内容相当于《资本论》第 3 和 1 卷的
	XVI 的第 VIII 页始至 XVIII 共约 270 页		
	V 的结尾第 211—219 页 + XIX—XX 的 1282 页，共 210 页（全卷约 630 页）	1863 年 1 月—	
37	XX 的 1283 页始至 XXIII 共有 320 页（全卷总计约 570 页）	继上一卷中第 XX 本的第 1282 页之后，至 1863 年 7 月	载于 MEGA 第 6 册，中文第一版第 48 卷。相当于《资本论》第 1 卷的内容。本卷配有整部手稿的总名目索引，配有整个手稿各笔记本所在卷次页码的检索表

截至本书写作之日，中文第二版《马克思恩格斯全集》对手稿的

---

① 卢晓泮：《马克思的 1861—1863 年经济学手稿在〈马克思恩格斯全集〉中文第二版中的编排情况》，载《当代经济研究》1997 年第 2 期。

出版情况如下:

1998年1月出版的第32卷,编译出版了手稿的理论部分,即第I—V笔记本、第XVI笔记本和第XVII笔记本的前七页内容。该部分主要探讨了"资本一般"中的"资本的生产过程"(第I—V笔记本)问题,以及"资本和利润"问题。与1956年版《马克思恩格斯全集》相比,新版本的理论部分基本维持了马克思手稿的原貌,既没有打乱其写作顺序,也没有将个别具体论述当作历史批判部分的补充。

自2004年6月出版的第33卷开始,到尚未出版的第36卷、37卷为止,是手稿的历史批判部分。其中第33卷出版了手稿的第VI—X笔记本;第34卷出版了手稿第X—XIII笔记本;2013年6月,第35卷出版,收录了手稿第XIII—XV笔记本;第36卷、37卷尚未出版。这样,新版全集第33至37卷内容基本可以看作1956年版全集第26卷第1至3册的再版,但在具体内容的编排上则完全打乱了56年版的顺序。经过对照,两版全集中手稿的历史批判部分主要有以下几点差别:

1. 部分文章编排顺序不同

新版全集将中文第一版(俄文版)中被打乱的理论部分重新还原,并把被不同笔记本分开的同一理论史情况重新联系起来。两版中文版全集中对手稿编排的差别,及与其他版本手稿编排的差别,可以参照下表。

附表5　不同版本手稿编排情况对照①

笔记本序号	写作时间	MEGA第1—6册	《全集》英文版第30—34卷	手稿日文版第4—9册	《全集》中文第二版第32—37卷	《全集》俄文版(中文第一版)第26、47、48卷
I—V	1861.8—12	第1册	第30卷	第4册	第32卷	主要在第47卷,其中有两页在第26卷I

---

① 卢晓萍:《马克思的1861—1863年经济学手稿在〈马克思恩格斯全集〉中文第二版中的编排情况》,载《当代经济研究》1997年第2期。

续表

笔记本序号	写作时间	MEGA 第1—6册	《全集》英文版第30—34卷	手稿日文版第4—9册	《全集》中文第二版第32—37卷	《全集》俄文版（中文第一版）第26、47、48卷
VI—X	1862.3—年底	第2册	主要在第30卷，少部分在第31卷	第5册	第33卷	主要在第26卷I，一部分在第26卷II、III
X—XIII	包括在以上时期内	第3册	前一部分在第31卷，后一部分在第32卷	第6册	第34卷	主要在第26卷II，一部分在第26卷I、III
XIII—XV	同上	第4册	第32卷	第7册	第35卷	主要在第26卷III，一部分在第26卷II和第48卷
XVI—XVII 的前七页	1861.12—1862.1	第5册	第33卷	第8册	第32卷	主要在第48卷，一部分在第26卷I、III
XV 的结尾，XVII 的第8页—XVIII	1862年底—1863年初				第36卷	
V 的结尾	1863年初	第6册	前部分在第33卷，后部分在第34卷	第9册	前一部分在第36卷，后部分在第37卷	第47卷
XIX—XXIII	1863.1—7					主要在第48卷，少部分在第26卷I

2. 对具体内容的条目划分不同

以《剩余价值理论》部分中的"重农学派"与"亚当·斯密"两部分为例。1956年版《马克思恩格斯全集》第26卷第1册中为"重农学派"增加了"（1）把剩余价值的起源问题从流通领域转到生产领域。把地租看成剩余价值的唯一形式"等9个小条目，这有利于读者对该部分的理解；"亚当·斯密"一节不但增加了"［（1）斯密著作中两种不同的价值规定：价值决定于商品中包含的已耗费劳动量；价值决定于用这个商品可以买到的活劳动量］"等11个小条目，还在"［（10）研究年利润和年工资怎样才能购买一年内生产的、除利润和工资外还包含不变资本的商品］"下添加了"［（a）靠消费品生产者之间的交换不可能补偿消费品生产者的不变资本］"等三个下级条目。

新版《马克思恩格斯全集》"重农学派"一节则没有细分条目,而"亚当·斯密"一节则划分为"［研究年利润和年工资怎样才能购买一年内生产的,除利润和工资外还包含不变资本的商品］""［生产劳动和非生产劳动的区分］""收入和资本的交换"①三部分,这都与1956年版《马克思恩格斯全集》有很大差距。我们认为,1956年版《马克思恩格斯全集》为手稿增添条目试图帮助读者去理清文本;而新版《马克思恩格斯全集》则基本保持了手稿原貌。

3. 具体文句考证上的差异

以"重农学派"为例,新旧版本在译文的开始就有不同。1956年版全集将该部分首句译作"重农学派的重大功绩在于,他们在资产阶级视野以内对资本主义进行了分析"②;而新版全集则译作"在资产阶级视野以内对资本进行分析,从本质上来说是重农学派的功绩"③。显然这两种译法存在一定差异。

分析这种差异不难看出,1956年版全集的译法意味着译者认为重农学派分析的是"资本主义",而新版全集的译者则认为重农学派分析的是"资本";非但"重农学派"一节的译法发生了这种改变,前后章节中也有类似修改。新版全集的译法更为准确。因为披着"封建主义外衣"的重农学派本身并未意识到自己的资本主义性质,其研究也不以资本主义为目的。事实上,虽然重农学派的研究实际上是以资本主义为指向,但这种研究在表现上更接近于前资本主义时期的"商业资本"。这种变化表明,新版全集编辑人员对手稿有了更高水平的理解。

中共中央马克思恩格斯列宁斯大林著作编译局还在2009年出版了十卷本《马克思恩格斯文集》。其中,第五、六、七卷分别收录了《资本论》的第一、二、三卷,第八卷《资本论手稿选编》则节选了包括《1861—1863年经济学手稿》在内的当时所认为的《资本论》"三大手稿"的部分内容。这种编排方式便于读者了解《资本论》的写作过程。

---

① 参看《马克思恩格斯全集》第33卷,北京:人民出版社2004年版。
② 《马克思恩格斯全集》第26卷第1册,北京:人民出版社1972年版,第15页。
③ 《马克思恩格斯全集》第33卷,北京:人民出版社2004年版,第15页。

《1861—1863年经济学手稿》翻译和出版是国内马克思主义理论研究和建设的重要事情，手稿的编译工作在译文的准确性、编辑体例的创新完善性上有了进一步的提高。手稿的翻译和出版对国内马克思主义的学术研究，以及用科学的理论教育引导广大群众的传播方面起到了重要作用。

《1861—1863年经济学手稿》体现了对实证主义和旧形而上学的批判，它对资产阶级经济学的剩余价值理论的批判分析，体现了马克思主义唯物史观和辩证方法的科学性。这为我们坚持中国特色社会主义的道路，坚持发展社会主义市场经济提供了科学指南。这对于我们学习、研究和传播、运用马克思主义具有重要意义。

第二部分　研究状况

第三章 国外研究情况

国外对《1861—1863年经济学手稿》的手稿研究起步较早，最早可以追溯到恩格斯、考茨基等经典马克思主义理论家对这一部分的整理。恩格斯、考茨基等人的研究与日后该手稿的"国际版""俄文版"[①]等版本编译者的研究一样，都以对手稿的整理、出版为目的，试图通过对手稿内容的研究、对手稿写作计划变动的考证、对手稿写作阶段的划分来揭示《资本论》的文本结构，进而完成相关部分的出版工作。在对《1861—1863年经济学手稿》的研究方面，苏联的马克思恩格斯研究起着主导作用。早在20世纪30年代，苏共中央马列主义研究院就开始着手《1861—1863年经济学手稿》的研究工作。到今天关于这部著作的研究工作一直没有停止过，我们这里仅择取一些重要内容作简单介绍。

一 手稿内容的研究

在前人对手稿的整理、出版的基础上，少数研究者也对手稿的写作过程做出梳理。以苏联学者维·索·维戈茨基[②]为例，他在其著作《〈资本论〉创作史》中指出，"马克思对资产阶级政治经济学所作的历

[①] 本文所述"国际版"与"俄文版"手稿，指新国际版（MEGA^2）《马克思恩格斯全集》与俄文版《马克思恩格斯全集》中整理、出版的《1861—1863年经济学手稿》部分，即新国际版《马克思恩格斯全集》第二部分第三卷的六个分册，与俄文版《马克思恩格斯全集》第47、48卷等。——编者注

[②] 旧译"维哥德斯基"。——编者注

史批判的研究是和制定经济理论的紧张劳动同时进行的"①，沃尔夫冈·福克也曾在其《马克思手稿的写作过程、编排及写作日期问题》一文中表现出类似看法。该论断有助于我们理解马克思的政治经济学批判思想的形成过程。

维戈茨基针对列昂节夫认为在《资本论》第三卷中展开的关于利润和生产价格学说的最重要原理，在《1857—1858年经济学手稿》中已经制定完成的观点提出异议。他认为马克思虽然已经非常接近生产价格论，但在《1857—1858年经济学手稿》中关于平均利润和生产价格理论还没有得到进一步的阐发，甚至还没有生产价格这个范畴。"在这里没有市场价值范畴，没有把竞争区分为部门内竞争和部门间竞争，也没有生产价格范畴。上述的分析是在1861—1863年手稿即《剩余价值理论》中实现的。在这里第一次揭示了价值转变为生产价格的深刻机制。"②

相对剩余价值理论是手稿研究的重要课题。尤尔根·容尼克尔在《〈政治经济学批判〉（1861—1863年手稿）中的相对剩余价值理论》一文中指出，马克思在《政治经济学批判大纲》中"已经完成了相对剩余价值的第三种生产方式即机器的重要部分"③，而在《1861—1863年经济学手稿》中，马克思不但再次详细分析了资本与劳动能力的交换、劳动过程和价值增值过程，还首次系统研究了必要劳动时间缩短、剩余劳动时间延长的过程，即协作、分工和机器三个阶段，也就揭示了相对剩余价值实现的历史过程。容尼克尔认为，在关于"机器。自然力和科学的应用"的论述形成后，剩余价值理论才真正成熟。

针对"机器。自然力和科学的应用"，意大利人 M. 利萨基于对手

---

① 〔苏〕维·索·维戈茨基：《〈资本论〉创作史》，福州：福建人民出版社1976年版，第93页。
② 陈征、严正、林述舜：《评价国外部分学者对〈资本论〉的研究》，福州：福建人民出版社1986年版，第227页。
③ 〔德〕尤尔根·容尼克尔：《〈政治经济学批判〉（1861—1863年手稿）中的相对剩余价值理论》，卢晓萍译、冯文光校，转引自陈征、严正编：《〈资本论〉创作史研究——〈资本论〉教学研究参考资料（一）》，福州：福建人民出版社1983年版，第235页。

稿该部分"意译本"——《马克思的〈资本论〉与技术》的理解,将"资本"、"生产方式"与"机器"相链接,探讨了科技与生产方式、社会制度的关系,强调了马克思"机器……在物质上作为**资本同工人相对立**"①的论断,阐释了手稿中是如何对斯密、浦鲁东关于"机器是劳动工具的结合"的观点进行批判的。利萨以分工为突破口,梳理了手稿中关于机器的产生与发展的论述,进而揭示了"工人在制造业和大工业时期的地位、作用不同"②的现实。

苏联学者 C. M. 格里哥里扬进一步论述了手稿中有关技术进步的问题,重申了马克思"科学的力量也是不费资本家分文的另一种生产力"③论断。格里哥里扬在《马克思〈1861—1863 年经济学手稿〉中关于技术进步问题的论述》一文中指出,马克思"揭示了技术进步的辩证法和作为生产力发展因素的技术发展同资本主义生产关系之间的矛盾"④,指出了技术是生产力的最活跃因素,技术的发展在职能和社会地位上产生了不利于工人的变革,并改变了工人阶级的结构。

技术进步的后果还包括资本主义危机的形成,德国理论家米夏埃尔·亨利希对此作出了探讨。在亨利希的论文看来,当时学界所主张的"三大手稿"都体现了马克思的危机理论,其中《1861—1863 年经济学手稿》主要体现了对古典和谐论的批判。由于古典和谐论并不否认危机的客观存在,仅仅是否认危机的必然趋势,马克思在手稿中的批判也不以证明危机的存在为目的,而着重从理论上论证了危机的必然性与可能性,并初步提出了"危机是平衡运动"⑤的设想。

---

① 《马克思恩格斯全集》第 31 卷,北京:人民出版社 1998 年版,第 93 页。
② 〔意〕M. 利萨:《评介马克思 1861—1863 年手稿——"工具"与"机器"篇》,杨国顺译,载《国外社会科学》1984 年第 8 期。
③ 〔德〕卡尔·马克思:《机器·自然力和科学的应用(1861—1863 年)》,北京:人民出版社 1978 年版,第 190 页。
④ 〔苏〕C. M. 格里哥里扬:《马克思〈1861—1863 年经济学手稿〉中关于技术进步问题的论述》,刘焱译,转引自陈征、严正编:《〈资本论〉创作史研究——〈资本论〉教学研究参考资料(一)》,福州:福建人民出版社 1983 年版,第 259 页。
⑤ 〔德〕米夏埃尔·亨利希:《存在马克思的危机理论吗?——进一步理解马克思〈政治经济学批判〉手稿中的"危机"概念》,夏静译,载《马克思主义与现实》2009 年第 4 期。

苏联学者 И. Г. 卡兹米娜在《关于马克思制定平均利润和生产价格理论的历史》一文中对手稿中的平均利润和生产价格理论作出了探讨。她认为，平均利润和生产价格理论是在手稿《剩余价值理论》部分和第 XVI 笔记本中制定的，主要包括利润、生产费用和利润率下降趋势规律等问题。她认为，马克思在对李嘉图等资产阶级理论家的批判中阐明了四点原理：①平均利润率的一般规律，表现在利润总额决定于垫支资本量；②平均利润的内容是剩余价值的转化形式；③资本量决定了利润总量或剩余价值总量的分摊；④按照一定的垫支资本量获得平均利润是通过竞争而实现的普遍规律。①

值得注意的是苏联学者 П. Н. 柯冈对手稿中所体现的异化问题的探讨，其论述虽然谈不上多么深刻，却比多数同类论文更加全面。他认为，相对于《1857—1858 年经济学手稿》，《1861—1863 年经济学手稿》将以前论述过的社会关系人格化的思想具体化了。"人格化是社会关系存在的这样一种形式，即人所具有的真正的、各种各样的个人品质都为人的社会职能和使命作出牺牲；人格化是异化的必然结果——个人失去自己的个性，没有自己的特征，成为一种抽象的职能"②。关于这个问题，他特别强调了工人和资本家都被人格化了的观点。

进一步地，柯冈阐释了马克思劳动异化导致劳动时间与自由时间的对立理论，并在此基础上提出了关于消除异化和社会主义条件下的异化的设想。他指出，"革命地消除异化以后，唯有自由的劳动才是工人个性发展的主要途径和基本空间"③；在共产主义实现之前，不但生产资料，甚至生活资料也是"同工人敌对的、对立的力量"④。受这种对立

---

① 〔苏〕И. Г. 卡兹米娜：《关于马克思制定平均利润和生产价格理论的历史》，马健行摘译，转引自陈征、严正编：《〈资本论〉创作史研究——〈资本论〉教学研究参考资料（一）》，福州：福建人民出版社 1983 年版，第 281 页。
② 〔苏〕П. Н. 柯冈：《论〈政治经济学批判〉和 1861—1863 经济学手稿中的异化问题》，宣燕音译，载《哲学译丛》1985 年第 1 期。
③ 同上。
④ 同上。

的影响，即便在进入社会主义之后，"劳动产品属于别人、不属于工人的这种异化已被消灭；然而，远非所有社会成员都意识到自己创造的产品是公有财产，自己是这些财产的共有者"①，因为商品的存在会带来物质欲和消费主义。

二 手稿方法的研究

各国的理论家在研究《资本论》的过程中，不可避免地要作出对《资本论》的方法的考察，而挖掘手稿中所体现出的方法则是这些考察中的重要环节。我们选取日本与苏联学者的一些著作，以及美国学者的一篇论文为例，对国外学者在手稿方法问题上的研究作出简单介绍。

日本学者对《资本论》及其手稿的方法研究较多，更涌现出了见田石介、冈本博之、宇佐美诚次郎、横山正彦、木原正雄和林直道等较有影响力的研究者。日本学者一方面批判了考茨基《剩余价值学说史》对手稿的删节与编排方式，另一方面分析了《剩余价值理论》各分册内容及其所应用的方法。冈本博之等日本学者通过比较马克思与亚当·斯密和李嘉图的研究方法，清晰地认识了马克思的科学方法，指出，马克思在研究中结合了分析的方法和发生论的方法。

日本学界曾流行一种观点，"马克思的辩证法方法在原则上是逻辑的进程和历史的进程相一致的观点"②。见田石介指出，根据这种观点，历史规定了经济关系，任何对这种历史的、经济的和社会的关系进行分析都是毫无意义的；资本发展的标志就是经济范畴，两者是相一致的。他认为这种理论在本质上是错误的，它模糊了劳动、商品、地租之类的经济学概念的确切含义和定义；"马克思是分析了历史地规定了的经济关系，才发现使用价值、需要、劳动、剩余劳动、劳动基金、社会生产

---

① 〔苏〕П. Н. 柯冈：《论〈政治经济学批判〉和1861—1863年经济学手稿中的异化问题》，宣燕音译，载《哲学译丛》1985年第1期。

② 〔日〕见田石介：《〈资本论〉的方法》，张小金、郑桦、尹栾玉、邓习议译，北京：中国书籍出版社2013年版，第1页。

等的种种自然规律的"①。

苏联学者艾·瓦·伊林柯夫的《马克思〈资本论〉中抽象和具体的辩证法》是少数专门研究过手稿的方法的著作。具有讽刺意味的是，伊林柯夫本身并不赞同手稿研究，认为"如果不是根据《资本论》而是根据马克思遗留下来的大量手稿和设想来再现马克思的研究方法，这只能使工作复杂化"②，但他在研究《资本论》的方法时却不得不大量引用手稿中的内容来作为自己的论据。

伊林柯夫考察了古典经济学家们对价值的探讨，指出，资产阶级的代表古典政治经济学家探索到了正确的道路，但是没有理解真正的含义，他们的指导思想——洛克哲学——也没有提供解决问题的现实途径，反而使他们陷入矛盾状态，遇到很多原则性的问题。以李嘉图为例：李嘉图在进行研究的时候没有使价值完全摆脱竞争、利润、工资等现象，没有摆脱剩余价值生产过程中的相互作用，这体现了"他缺乏抽象力，他在考察商品价值时无法忘掉利润这个从竞争领域来到他面前的事实"③。

伊林柯夫认为，只有马克思成功地解决了古典政治经济学家们遇到的困难，他与古典政治经济学家们有一个根本区别：古典经济学家在考察价值的时候，是通过"商品—货币—商品"的模式为出发点进行考察的，而马克思跳过货币，直接考察商品同商品的交换，在抽象掉了剩余价值、利润和地租等其他一切的价值形式之后，正确揭示了"价值"的科学规定性。这种不同说明，抽象和具体的辩证法是促使马克思的经济学思想超越古典政治经济学的重要方法。

美国学者诺曼·莱文在《黑格尔与〈资本论〉1861—1863年手稿》一文中认为，"马克思毕生与黑格尔哲学的联系以两个时期为特征。第

---

① 〔日〕见田石介：《〈资本论〉的方法》，张小金、郑桦、尹栾玉、邓习议译，北京：中国书籍出版社2013年版，第1页。
② 〔苏〕艾·瓦·伊林柯夫：《马克思〈资本论〉中抽象和具体的辩证法》，济南：山东人民出版社1993年版，第114页。
③ 《马克思恩格斯全集》第34卷，北京：人民出版社2008年版，第210、211页。

一时期是从1841年到写作《哲学的贫困》的1847年，我把它称为'马克思对黑格尔的第一次吸收'时期。第二时期从写作《大纲》（Grundrisse）的1857—1858年开始，一直到1883年马克思去世，这是'马克思对黑格尔的第二次吸收'时期。"① 而手稿正是"第二次吸收"的实例。

莱文以马克思在手稿中对"资本"概念的定义的变化为例，指出，马克思对"资本"的理解逐渐超越李嘉图的体系，进而把握到"资本的增殖"、"劳动的积累"和"再生产"这种动态的解读，与其对黑格尔《逻辑学》的理解密不可分。手稿中所体现的系统的辩证法表明，阿尔都塞所断定的《德意志意识形态》后开始显现马克思与黑格尔的"认识论断裂"是错误的，马克思没有借用黑格尔的辩证范畴不等于这些范畴对马克思没有影响；恰恰相反，"黑格尔在'马克思对黑格尔的第二次吸收'时期继续发挥着主要的影响力"②。

三 介绍几篇外文论文

（一）《对马克思剩余价值理论的评判——智力劳动的作用》（"A critique of the Marxist theory of surplus values; the role of intellectual labor"）③

居泽伊·屈尔沙特（Kursat Guzey）在论文中认为马克思的剩余价值理论建立的不严谨。毋庸置疑，人们公认剩余价值理论是马克思的最核心的成就。根据马克思的说法，剩余价值理论为资产阶级和无产阶级的敌对斗争提供了具体的内容。因此，基本的马克思主义是建立在剩余价值理论之上的。他的批判是：工人的劳动，特别是无产阶级工人的劳

---

① 〔美〕诺曼·莱文：《黑格尔与〈资本论〉1861—1863年手稿》，赵辛译，载《马克思主义与现实》2002年第2期。

② 同上。

③ 本文是居泽伊·屈尔沙特提交给阿灵顿德克萨斯学院的硕士论文。

动不是全部经济价值的来源,因为自然科学、工程学、组织能力同样创造经济价值,这些并不来自工人阶级。这意味着:继承了黑格尔的辩证分析方法的马克思在评价人类实践的时候没有认识到智力劳动的重要性。对剩余价值理论的批判同样能推广到分析马克思主义的其他范畴,比如:资本、劳动和资产阶级。对这些概念的分析显示:对剩余价值理论的任何批判都会导致对马克思主义其他维度的批判。首先,如果剩余价值理论不能像《资本论》中所辩论的那样,那么无产阶级和资产阶级的敌对斗争理论就不能建立在其上,马克思主义的革命理论的物质基础将会动摇,建立在阶级斗争基础上的共产主义理想建构必定不会实现。

从苏联解体之后,虽然没人对马克思理论进行批判但是基本认定马克思理论是错误的,至少是无用的。对马克思理论的批判性研究从来没有深入,只是说它已经过时了。一些批评认为"马克思主义里面没有个体存在",这是站不住脚的。总体上来说,批评马克思理论的有两种路径。一种认为马克思理论没有错,但是它的应用和解释起不到很好的作用。另一种认为马克思关于资本主义时代的划分是正确的,但是资本主义历史发展使它陷入困境。屈尔沙特认为:革命氛围支配了马克思,因此马克思为了证明工人阶级在革命中的地位的合法性塑造自己的概念。这样马克思就创造了剩余价值理论,认为工人的劳动是价值的唯一来源,根据剩余价值理论推理出持续的、对立的工人阶级和资产阶级的斗争。这种敌对的斗争源自资本主义内部,根据马克思主义理论,在资本主义生产方式下是不可能超越的。

传统理解认为在剩余价值理论里面,阶级斗争表述的最严谨。人类历史上被压迫阶级和统治阶级之间的斗争有不同形式,剩余价值理论决定了不同阶级斗争形式的实现。既然在马克思主义理论中,无产阶级被指定为实现人类历史最后的革命并变革整个世界,那么革命阶级需要一个科学的社会理论武装自己,剩余价值理论提供了这个基石。剩余价值理论的建立以无产阶级作为它的历史主体。它的建立以无产阶级反对剥削为革命特色,这决定了无产阶级担任解放所有形式的剥削和压迫的历史任务。剩余价值理论给无产阶级提供支持马克思主义意识形态的有力的理由，他们相信资本主义制度在披着合法的外衣对工人进行残酷的剥削，他们应该站起来反对资本主义，在人间建立天堂。马克思幻想反对资本主义的斗争将终结所有反对剥削的斗争。

作者对此有不同看法。虽然马克思试图解决的问题现在依然存在，甚至更甚，但是对历史主体的概念（无产阶级是历史变化的代理人），作者有不同的看法。对马克思剩余价值理论的推翻颠覆了无产阶级作为革命主体地位的认识，任何想回答马克思明确表达的问题都必须尝试寻找一个新的历史主体代替无产阶级的地位。价值和使用价值、劳动和抽象劳动、剩余价值是马克思发现的基本概念而且马克思的整个体系都是建立在这些概念之上的，那么对马克思剩余价值理论的批判将是根本性的和极具创伤性的。至于对马克思的剩余价值理论批判之后，马克思其余的理论不在作者的讨论范围之内，同时也不包括马克思主义的发展与变化，以及世界资本主义的发展。

屈尔沙特认为马克思主义理论里有一个谬误，这引起了一系列无法解决的问题。既然马克思认为剩余价值的唯一来源是劳动，如果能证明劳动不是剩余价值的唯一来源，那么马克思主义理论就会不攻自破。既然剩余价值理论不成立，那么无产阶级反对资产阶级的革命就失去了合法性依据，建立自由人的联合体的理想就会破灭，没有阶级的共产主义社会更不会实现。整个对剩余价值理论的批判指出：1. 马克思仅仅把无产阶级的手工劳动作为劳动的概念；2. 剩余价值理论的提出是为了确立无产阶级在革命中的地位；3. 马克思没有把生产方式的概念和剩余价值理论关联起来。所有这些揭示存在着两个自相矛盾的马克思主义，一个是革命的马克思主义，一个是分析社会的马克思主义。另外马克思从无产阶级的观点出发衡量资产阶级，无法分辨智力劳动和手工劳动的区别（或者说马克思没有遗漏这一点，只是没有涉及）。一旦对马克思的剩余价值理论的批判成立，那么以下的结论是不言自明的：1. 马克思主义不能宣称自己是科学社会主义，因为它的阶级斗争理论失去了具体的理由；2.《资本论》中关于资本的定义失去效力；3. 随之，无产阶级从革命领导者的位置上退下；4. 指责国家对低级阶级的压迫是无意义，宣传理想的社会形态从阶级斗争实现也是无意义的；5. 革命变革理论对无产阶级不在有吸引力，或者说，马克思主义不能宣称自己是无产阶级的意识形态。

最后，屈尔沙特认为马克思的剩余价值理论是不严谨的，劳动不是剩余价值的唯一来源。在黑格尔和马克思之间有一个继承，这是马克思劳动理论的基石。黑格尔的主人和奴隶（master、slave）的辩证法被马克思用具体的历史的内容发展了。作为人类本质的劳动是马克思从黑格尔那里继承过来的，马克思批判黑格尔只关注智力劳动，但是他自己去走向了另一种极端，只注重体力劳动。屈尔沙特反对马克思著作中的剩余价值理论的主要论据如下：在一件劳动产品的生产过程中，不改变劳动的任何数量和质量，只改变劳动过程的组织形式，可能会增加或减少产品的重量，这说明不像马克思所坚信的那样：剩余价值的唯一来源是劳动。在15世纪的英国，改变一种体力劳动的组织形式，一个人可能轻易地生产更多的产品，但是这个过程的组织形式，不是根据劳动者的数量设计的。在历史的几乎任何阶段，生产的组织形式都不能仅仅由体力劳动者创造，马克思在《资本论》中的剩余价值理论不能得到有效的辩护。在马克思的那个年代有大量的事实可以证明智力劳动在生产过程中产生的影响。确实，马克思已经看到了现代资本的这种特性，但是没有把它和他的阶级斗争、生产的模型理论、实践理论相联系。文章指出马克思之所以忽视智力劳动，是因为他与工人阶级紧密地联系在一起。他完全站在工人阶级的立场，这在他的理论里达到顶峰，以至于他把劳动仅仅归为体力劳动。最后文章批判了由马克思主义理论带来的一系列的后果。首先，阶级斗争是建立在剩余价值理论上的，但是却没有原因。因此，马克思主义的革命学说对工人阶级来说失去了吸引力。因为资产阶级和无产阶级的斗争没有具体的经济的基础，所以无产阶级不能在社会革命中担任领导人。如果理解成为一种革命理论，马克思就不能为他的激进态度做辩护。最终，工人阶级无缘建构社会主义社会，更别说共产主义社会。其次，可以看出，马克思在对劳动理论的处理和体力劳动和智力劳动的交叉和连接的地方并不一致。这个问题在马克思主义哲学中展现了两个方面。一方面,体力劳动和智力劳动在人类的目的性活动中已经相连;在另一方面,在无产阶级的革命理论中,体力劳动相对于智力劳动有绝对的优越权。从这一论点出发,在某种程度上存在两个马克思,一个揭示了人类社会的机制,另一个讨论了无产阶级的革命理论。社会中的国家理论在马克思主义里是一个占统治地位的论点,国家的功能不能根据至高无上的阶级利益来确证,因为无产阶级和资产阶级没有包含这一点。另外,在马克思著名的著作中,资本的概念在生产过程中没有描述智力劳动的地位,但是却包含在对劳动的普遍性描述中。资本分成可变资本和不可变资本与智力劳动没有任何关系。如果智力劳动确实创造价值(就连马克思在资本论中都认为智力劳动创造价值),应该被认为是可变资本,但是因为马克思的革命意识形态,他把智力劳动从资本理论中祛除了。

(二)《马克思的价值、交换和剩余价值理论——建设性解读》("Marx's Value, Exchange and Surplus Value Theory; A Suggested Interpretation")①

简·卡尔特里耶(Jean Cartelier)探讨了有关马克思经济理论的价值理论、交换理论和剩余价值理论等相关问题,这为我们理解手稿的剩余价值理论提供了一些参考。

在论文中,卡尔特里耶指出,商品的概念,基于特定的社会分工(私人劳动和社会劳动的对立)和剩余价值的商品的概念,这是马克思的经济理论在处理资本主义的经济时所提出的最具有智慧的理论成果。他试图探讨商品价值、剩余价值这些概念所固有的理论命题的一致性。他指出,马克思经济理论有关交换理论和剩余价值理论的内部批判导致了马克思理论在一个新的框架内进行重申。这个被称为货币道路的框架,代表了一种价值理论的改变。

卡尔特里耶的论文共分为两部分。第一部分将重点放在马克思的价

---

① 本文是简·卡尔特里耶提交给巴德学院杰罗姆·利维经济研究所的研究论文。

值理论，特别注重价值分析的形式这一内容。他假设，马克思并未成功地将商品转换为货币。那么，货币，如果有的话，不得不在同一时间被假定为一种特殊分工。如果这样做的话，就打破了价值理论的典型抽象理念，用货币的量的大小来取代价值。前者被认为是表达社会的本质，与前者相比，后者所指出的是表面现象。后者指出了一个逻辑矛盾，正是这一逻辑矛盾导致了剩余价值理论与理论的初衷不相符合。这样，卡尔特里耶论文中心便是重申经济关系中货币所扮演的角色。

卡尔特里耶认为，再次阐述马克思的价值理论是毫无必要的，我们只需将精力集中在价值分析的形式上，价值分析的形式似乎是整个一系列理论中最薄弱的一环。他首先列出了一些我们所认可的观点：商品的生产是劳动特殊分工的结果；商品价值与私人劳动所具有的共同点就是二者都是一个社会必要劳动的数量；交换关系是价值的社会角色的表现。作为社会劳动力的数量和市场交换的外在现实，在价值的深层概念中所包含的联系已经建立起来了。市场是货币扮演重要角色之处。从最基本的价值形式再到最复杂的价值形式，无论哪一种商品都用一种特殊商品来表现他们的交换价值，这一特殊的商品就是贵金属。简单地说，选择黄金的原因就是黄金可以一种具体的形式表现抽象形式的价值。价值形式理论的目标就是带来一个有效的交换关系的环境。卡尔特里耶在马克思价值理论的内在矛盾的基础上指出，要想以更加一致的方式重申马克思的分析，我们不得不承认一般等价物的存在是商品劳动分工的一部分。同时，他指出，货币方法似乎更符合马克思剩余价值理论的一致性。

众所周知，马克思的剩余价值理论是以两种循环的对比为起点进行阐述的。一方面，C—M—C 对应的是简单商品生产，另一方面，M—C—M 对应的是资本的循环。卡尔特里耶指出，很少有人意识到这两种循环是以不同的基础转换为资本的。C—M—C 是马克思进行非常谨慎和严格的推理后得出的结论，这一结论试图阐明马克思提出的基本前提，即私人和社会劳动之间的矛盾，以及循环所表现的形式，与此相比，M—C—M 仅是作为纯粹的经验证据提出的。卡尔特里耶在该文中重申了马克思剩余价值理论的九个重要的相联系的理论观点，指出了其中的逻辑矛盾，并引入了工资来进一步证明自己的观点，同时强调了货币的重要作用。

（三）《马克思剩余价值分配理论的发展》（"The development of Marx's theory of distribution of surplus-value"）[①]

英国霍利约克山大学经济学系的弗雷德·摩斯利（Fred Moseley）认为，马克思的剩余价值的生产和分配理论有一个基本的方法论前提：剩余价值的总额是由它所被分成独立的几部分预先决定的。在明确这一前提后，就可以根据事先把剩余价值总额分成的几个级别，来确定各个部分的剩余价值在后续阶段的分析。这一前提贯穿马克思的经济学手稿始终，特别是在以剩余价值理论为主题和论述重点的第三卷中，表现得尤为明显。

他认为，马克思对剩余价值总量做出的区分突出体现了这一基本前提。在对"资本一般"和"竞争"的不同分析中，剩余价值总量出现了明显的差别，根据这些差别，马克思对剩余价值总量做出预先区分。资本一般指的是所有的资本都有共同的本质特征，其中最重要的共同点在于，它们都具备自我扩张的能力，即产生剩余价值的能力。因此，对剩余价值总量做出预先区分的关键在于，如何分析在资本主义经济整体中所测定的剩余价值总量所产生的资本一般。竞争是资本间的关系，特别是资本间的剩余价值分配关系，主要是指在不同生产部门，尤其是在产业利润、商业利润、金融利润和地租等更深入的剩余价值划分中的分配关系。

虽然研究马克思的经济学思想的著作可谓汗牛充栋，但它们都忽视了这一基本前提。尤为遗憾的是，这个前提未能被引入学界长期以来对所谓"转换问题"的争论中。弗雷德·摩斯利在他之前的文章中曾试图展示，这一前提在马克思的平均利润率和生产价格理论中占据重要地位，它揭示了马克思对"转换问题"的解决方法。在文中，他阐述了

[①] 本文来源于网络搜索，参见 file：///A｜/MOSELEY2.htm。

部分研究者对马克思的线性生产理论的普遍解释存在的质疑,并将其称为"新李嘉图式解读"。

弗雷德·摩斯利认为这一解读是错误的,因为它忽视了马克思的经济学理论本应坚持的基本前提,并代之以一个根本不同的前提。在马克思的理论中,利润率是一个抽象范畴,是由剩余价值总量和投入到资本主义经济中的全部资本的比例决定的。在"新李嘉图式解读"中,利润率是由生产价格决定的,而忽略了生产价格分析中的利润率问题也是先定的;此外,这一解读中抽象层面的资本一般和竞争是相同的。从这种错误认识出发,"新李嘉图式解读"批评马克思对"转换问题"的解决方法是不合逻辑的和矛盾的。

为了证明在马克思那里剩余价值的生产和分配中存在这一重要的方法论前提,弗雷德·摩斯利考察了《资本论》的各手稿。他认为,无论是马克思的平均利润率理论,还是剩余价值理论的其他方面,都贯穿了这一理论前提。为证明这一观点,他对《政治经济学批判大纲》、《资本论》第一、三卷,马克思与恩格斯的通信集等著作进行了审视,并着重考察了《1861—1863年经济学手稿》。

弗雷德·摩斯利分析了马克思有关洛贝尔图斯、李嘉图经济学理论的探讨,并回顾了马克思关于收入及其源泉、商业资本、资本和利润等问题的论述,从五个方面考察了手稿中的方法论前提。

早在论述洛贝尔图斯的理论时,马克思就强调其地租理论必须与整个生产的各个分支利润率衔接起来理解。他还勾画出他的利润率和生产价格相均衡理论的细节(即这部分手稿中所说的"平均价格"或"成本价格")。在这些草稿中,马克思指出,剩余价值总额,一般由资金的事前分析确定,各种资本被视为一个"总资本的股东",并根据其自身的大小衡量其所占的总剩余价值的比例。资本家就像"敌对的兄弟彼此之间占有对方的劳动战利品"。一般来讲,这个"战利品"的总规模是由资本事先决定的。地租是总剩余价值的一部分,而总剩余价值是土地拥有者所有而不是在资本家之间进行分配。

马克思在讨论洛贝尔图斯的理论后得出的主要结论是,洛贝尔图斯和里卡多都随着斯密犯了错误,他们假设个别商品的成本价(或生产价格)等于其价值,这个错误的假设导致了他们错误的租金理论。因此,马克思接下来讨论了"李嘉图和斯密的生产价格理论"。在这部分,马克思认为,李嘉图无法提供令人满意的生产价格理论,因为他未能在剩余价值的生产和分配上遵循正确的逻辑方法。李嘉图简单地假设给定的利润率,认为价格由劳动时间决定,而不是事先确定剩余价值和一般利润率的总金额。在探讨了李嘉图的地租理论,斯密的地租理论和李嘉图的剩余价值理论后,马克思回到了李嘉图的利润理论。在这里,马克思强调正确理解相等的利润率需要一"中间环节",即事先决定的剩余价值总额。

《1861—1863年经济学手稿》的下一个重要部分是"收入及其来源。庸俗政治经济学",这后来成为《资本论》第3卷第7部分的第一稿。在这一部分,马克思对利息首次进行了广泛的讨论,指出利息是利润和地租以外剩余价值分配的另一种形式。这样,马克思就将总剩余价值划分为利润、地租、利息。

在英文版的《马克思恩格斯文集》第33卷中,新近刊登了《1861—1863年经济学手稿》的一个组成部分,作为"收入及其来源"的直接延续。这部分手稿首先对商业资本进行了简单的讨论,并在接下来的三节中对从它派生出来的商业资本和商业利润两部分进行了更广泛的讨论。

在"资本和利润"一节中,马克思讨论了商业资本两个部分之间的关系。根据马克思的政治经济学批判大纲的写作计划,在资本一般部分,他将写作三个章节:(1)资本的生产过程。(2)资本的流通过程。(3)资本和利润。在长达一年的第1章的初稿写作之后,马克思在书中并入了"剩余价值理论"和上面讨论剩余价值分配的各个方面,并决定将其作为第3章的草稿。因为内容相关,这部分触及了平均利润率的确定问题,但仍以对资本一般的抽象探讨为主。写作"第3章"草案的动机可能是,马克思一直在努力探索本章与剩余价值分配各方面之间的关系。草案中"资本和利润"的主题是利润率的下降趋势,马克思认为，这是"本节中的最重要的问题"。在这里，马克思还讨论了"剩余价值转化为利润的两个转变"，以及更多有关剩余价值分配的主题。

弗雷德·摩斯利认为，以上内容都可以作为文本证据，支持自己提出的马克思《资本论》各手稿中关于剩余价值分配的理论贯穿了一种基本前提的观点。如果说以上内容有什么区别的话，就是马克思越来越清楚在这一前提下的具体理论中，自己所划分的不同形式的收入导致剩余价值总额计算结果中存在差别。

既然马克思在"转换问题"上就没有逻辑错误，"新李嘉图式解读"的坚持者们就应解释他们对马克思的理论，特别是"转换问题"的不恰当解释。否则，只能得出结论说，他们对马克思的理论的批评事实上不适用于马克思的理论，至少是不适用于马克思的逻辑方法；相反，这恐怕只适用于他们错误地解读出的所谓马克思的线性生产理论。

第四章　国内研究情况

《1861—1863年经济学手稿》是马克思广义剩余价值论形成的标志。随着对《资本论》研究的深入，为了适应《资本论》编辑、出版工作的需要，理论界对《资本论》写作过程的研究日益重视，相应地对《1861—1863年经济学手稿》的研究也逐渐增多。"在1861—1863年经济学手稿中，马克思第一次广泛地论述了他的绝对剩余价值和相对剩余价值理论，并确立了其再生产理论、积累理论和危机理论的基础。在这部手稿中，他发展了自己关于工资、生产价格和平均利润以及地租、商业利润和利息的学说"[①]；"《资本论》计划的形成以及后来《资本论》涉及的所有根本问题的解决，都属于1861—1863年经济学手稿中最重要的成果"[②]。这对手稿的理论价值与历史地位作出了较为全面地评价。

一　出版专著对手稿的研究

（一）对于手稿文本的研究

以中外手稿整理者的出版工作为基础，国内学者针对手稿的内容与方法展开了比较深入的研究，其中较有影响的有汤在新的《马克思经济学手稿研究》，李善明的《〈资本论〉第二稿研究》，陈文通的《〈资本论〉第四卷概要》，周成启主编的《〈资本论〉第四卷研究》，孙承叔的

[①] 孙常敏：《〈马恩全集〉新国际版完整发表〈资本论〉第二稿》，载《现代外国哲学社会科学文摘》1984年第1期。

[②] 同上。

《〈资本论〉及其手稿当代解读》及《〈资本论〉三大手稿的当代意义》等著作。

我们选取李善明主编的《〈资本论〉第二稿研究》与陈文通的《〈资本论〉第四卷概要》为例，对理论界对手稿的文本研究作出简介。通过这两部著作，以及周成启主编的《〈资本论〉第四卷研究》的标题可以发现，手稿即《资本论》第四卷的看法似乎已经成为多数研究者的共识。李善明虽然严谨地将手稿称作"《资本论》第二稿"，却同样在其论文中表示，《剩余价值理论》部分已经包含了《资本论》第四卷的全部内容①。

两本著作最明显的区别在于，《〈资本论〉第二稿研究》是以整个《1861—1863年经济学手稿》为研究对象的；而《〈资本论〉第四卷概要》则遵从考茨基《剩余价值学说史》的编排方式，仅以手稿的历史批判部分为研究对象，将手稿部分理论内容作为附录放在了各分册后面。

《〈资本论〉第二稿研究》分主题介绍了手稿的主要内容并对其作出了评价。在这部书中，章节作者张钟朴首先梳理了手稿的写作过程，随即指出了手稿的主要理论成就，即：（1）关于劳动力商品的价值规定；（2）系统阐述相对剩余价值理论；（3）关于生产劳动和非生产劳动的论述；（4）资本积累和原始积累理论的形成；（5）社会资本再生产理论和经济危机理论的制定；（6）平均利润和生产价格理论的制定；（7）地租理论的崭新成果；（8）商品资本和货币资本理论；（9）关于政治经济学史的全面论述。

根据手稿以上内容，联系手稿的写作过程，便可以得出手稿在《资本论》写作中的地位，即"《资本论》四卷本结构开始形成"②。正是在手稿写作过程中，马克思原来设想的"资本一般"的内容被不断丰富和拓展，马克思的写作计划也逐渐由"六册结构"向"四卷结构"

---

① 参看李善明：《应当充分肯定〈剩余价值理论〉的历史地位——与陈实同志商榷》，载《马克思主义研究》1987年第4期。

② 李善明主编：《〈资本论〉第二稿研究》，济南：山东人民出版社1992年版，第38页。

转变。但必须注意，"四卷结构"没能完全包含"六册结构"中的"竞争"、"信用"、"股份资本"等篇和"土地所有制"、"雇佣劳动"等册的全部内容，更缺少了"国家"、"对外贸易"和"世界市场"，因而在研究中不能用它来代替"六册结构"。

这种结构的变化和内容的突破共同构成手稿在《资本论》写作过程中的转折性地位。通过对手稿的内容分析可以得知，正是在手稿中，社会再生产理论、平均利润和生产价格理论、绝对地租理论分别得以建立，经济理论的科学体系得以确定。章节作者郭继严认为，正是由于在手稿中马克思自己的经济体系得以形成，马克思才在1863年7月结束手稿的写作后立刻转入了《资本论》的创作之中。

《〈资本论〉第四卷概要》按照《剩余价值理论》中所呈现出来的分人物与流派进行历史批评的顺序再现了手稿的内容，是一部真正以介绍为目的的著作，基本做到了对手稿的历史批判部分写作结构的重现。在这部著作中，陈文通将手稿的历史批判部分分为三册，显然是受到上文所述的苏联新版《剩余价值理论》三册结构的影响。

该著作第一册分七章整理了手稿由"詹姆斯·斯图亚特爵士"到"兰盖"的历史批判内容，及两篇附录，这可以看作是苏联新版《剩余价值理论》中所述的李嘉图之前的经济学家部分。第二册分十一章整理了手稿由"洛贝尔图斯。新的地租理论（插入部分）"到"李嘉图的其他方面。约翰·巴顿"，相当于苏联新版《剩余价值理论》中李嘉图的理论部分。第三册用七章整理了手稿从"托·罗·马尔萨斯"到"附录：收入及其源泉。庸俗政治经济学"，相当于苏联新版《剩余价值理论》中李嘉图之后的经济学家部分。

必须指出的是，陈文通在这部著作中完全将手稿的《剩余价值理论》部分与《资本论》第四卷相等同，其依据主要有两点。（1）恩格斯曾表示，"这个手稿的批判部分，除了许多在第二册和第三册已经包括的部分之外，我打算保留下来，作为《资本论》第四册出版"[①]。

[①] 《马克思恩格斯全集》第45卷，北京：人民出版社2003年版，第4页。

(2) 苏联新版《剩余价值理论》的书名中就带有"《资本论》第四卷"的副标题。关于能否将二者等同，本书将在"对手稿的当代解读"部分作出探讨。

(二) 对于手稿方法的研究

国内对手稿中所应用的方法研究相对较少，但对《资本论》的方法研究成果丰硕。通过对这些研究的借鉴，我们也可以初步探寻手稿中所使用的方法。刘炯忠的《〈资本论〉方法论研究》和褚一纯的同名著作都曾对手稿中部分内容作出大幅度引用，我们以这两本著作为例，对手稿方法的研究作出简要介绍。

刘炯忠在其著作《〈资本论〉方法论研究》中认为，《资本论》中主要体现了：（1）"归纳和演绎"；（2）"分析和综合的辩证统一"；（3）"抽象法"和"从抽象上升到具体的方法"；（4）"逻辑和历史一致的方法"四种主要方法[1]。除此之外，刘炯忠还特意考证了《资本论》逻辑起点的问题。在说明这些方法时，他都大量引用了手稿中的论述。

刘炯忠指出，《资本论》中的逻辑，"主要是指辩证逻辑，它既体现为一般的辩证逻辑，又体现为应用的辩证逻辑，或者说，它是一般的辩证逻辑在政治经济学中的运用、发展和具体化"[2]；在《资本论》的逻辑中，马克思特别注意概念的确定性、同一性。为论证这一看法，他引用手稿中对李嘉图"价值"概念的矛盾的批判来加以说明。

在考察了逻辑前提后，刘炯忠首先探寻了马克思"归纳和演绎"的方法。他认为，配第开始将归纳应用于政治经济学领域，李嘉图更在其著作中同时运用了归纳和演绎的方法，但马克思之前的经济学家们都不能正确地把握这两种方法的关系。此外，古典政治经济学的演绎方法"把一般形式直接等同于特殊性，完全抹杀了类别差别的存在"[3]，其体

---

[1] 参看刘炯忠：《〈资本论〉方法论研究》，北京：中国人民大学出版社1991年版。
[2] 同上书，第59页。
[3] 同上书，第83页。

系不过是完全按照"资本家所特有的逻辑发议论"①。马克思扬弃了他们的演绎体系,注意到了价值在发展中的差异性,以及"价值规律随着资本的形成而发生的**特殊**发展"②,提供了整个资本主义生产方式发展逻辑的演绎体系。

刘炯忠随即分析了马克思的分析与综合的方法。他认为,马克思对生产费用的分析体现了辩证分析的特点在于"揭示对象、现象中的差别的同一性、根源性"③。古典政治经济学的错误在方法上源于没有辩证地理解分析方法。刘炯忠以手稿中的危机理论为例,指出马克思的综合的方法同样也是辩证的。这样,手稿体现了马克思从分析走向综合,创造了包括分析和综合的辩证统一在内的唯一科学的辩证逻辑方法。他指出分析与综合的辩证统一同时体现了从抽象到具体的方法。手稿中对"价值"概念的论述既批判了资产阶级经济学"强制的抽象",又反映辩证唯物主义的抽象法。马克思批判了资产阶级经济学"强制"地使一般等同于特殊的做法,一方面提出了科学的抽象法,另一方面以"中介"为工具创立了科学的上升方法,实现了从抽象到具体的方法在政治经济学中的应用。刘炯忠还论述了《资本论》中逻辑与历史相一致的方法。

褚一纯在同名著作中认为,马克思在研究资本主义政治经济学的时候使用了科学抽象法,在这一点上他的看法与伊林柯夫观点相近。褚一纯认为,科学的抽象方法应包括"透过现象,探明本质"、"剖开形式,分析内容"、"重视偶然性,揭示必然性"与"依据因果联系,把握运动趋势"四项基本因素,应遵循"选好逻辑起点,循序进展"、"把握中间环节,承前启后"、"贯彻扬弃原则,推陈出新"、"归纳与演绎,相互补充"、"分析和综合,交替使用"五项原则。④

---

① 《马克思恩格斯全集》第34卷,北京:人民出版社2008年版,第242页。
② 《马克思恩格斯全集》第33卷,北京:人民出版社2004年版,第65页。
③ 刘炯忠:《〈资本论〉方法论研究》,北京:中国人民大学出版社1991年版,第129页。
④ 参看褚一纯:《〈资本论〉方法论研究》,合肥:安徽大学出版社1999年版。

科学抽象法的第一个要素是：透过现象，探明本质。褚一纯指出，马克思特别重视现象上升为本质的过程，而斯密和李嘉图在他们进行政治经济学研究中，虽然用了不少抽象的方法，透过现象看到了一些本质和规律，但是依然含有不少非科学的见解。以李嘉图为例，他的理论体系的缺陷是在对资本主义生产现象分析的时候，只停留在表面现象，没有探索现象和本质之间的内在关系；"是因为他总想证明不同的经济范畴或关系**同价值理论并不矛盾**，而不是相反地从这个基础出发，去**阐明**这些范畴以及它们的表面上的矛盾，换句话说，去揭示这个基础本身的发展"①。

褚一纯认为，马克思以科学的抽象法，严密的逻辑体系，彻底地批判了庸俗经济学，发展了资产阶级政治经济学的合理成分，形成了系统的科学体系。科学抽象法要求我们一定要拨开现象的层层迷雾，揭示事物的内在规律。在研究的过程中，由现象上升到本质，由感性认识上升到理性认识。褚一纯指出，政治经济学的抽象方法就是要剖析一个个经济范畴的形式，分析蕴含的内容，探索其中的动因。斯密和李嘉图的错误产生的原因不仅仅是因为他们是资产阶级的政治经济学家的局限性，还和他们不理解劳动的二重性，不会运用唯物辩证的分析思维方法有关，或者是运用的不彻底有关。

褚一纯认为，科学抽象法的原则是：把握中介环节，承前启后。从抽象上升到具体，并不是机械地进入，二者之间没有直接的通道；所有试图从抽象直接进入具体的做法都是形而上学的经验主义，抽象和具体只能是辩证的统一。马克思指出，"决不能不通过任何中介环节，而把一般的抽象形式同它的任何一个特殊形式混淆起来"②，而这正是古典政治经济学家们所犯的错误。

---

① 《马克思恩格斯全集》第34卷，北京：人民出版社2008年版，第165页。
② 《马克思恩格斯全集》第26卷第1册，北京：人民出版社1972年版，第72页（这句话在新版全集中被译作"决不能把一般的抽象形式直接同它的任何一个抽象形式混淆起来"——《马克思恩格斯全集》第33卷，北京：人民出版社2004年版，第70页。虽然没再明确使用"中介"这一词，但从"直接"一词，及前后文论述可以看出，新版全集的译法依然隐含着"中介"的意味——编者注）。

马克思在手稿中以斯密为例，指出，"亚当虽然实质上是考察剩余价值，但是他没有清楚地用一个不同于剩余价值特殊形式的特定范畴来阐明剩余价值，因此，后来他不通过任何中介环节，直接就把剩余价值同更发展的形式即利润混淆起来了；这个错误，在李嘉图和以后的所有经济学家的著作中，仍然存在"。褚一纯认为，正是由于古典政治经济学家们妄图跳过中介环节，才"摔坏了自己培育成长的劳动价值论的结构体系"①。

二 发表论文对手稿的研究

虽然近年来《资本论》研究相对较热，但对《1861—1863年经济学手稿》的研究尚未形成规模，很多问题都没有得到展开，甚至相关论文数量严重不足。以在"中国知网"的检索结果为例，剔除关联不大的论文后，手稿研究论文共计56篇，主要关键词与检索结果情况，论文主要内容划分如下：

附表6 "中国知网"检索主要关键词与论文数

关键词	"《资本论》第二稿"	"《资本论》第四卷"	"1861—1863年手稿"	"《政治经济学批判》"+"1861—1863年手稿"	"《剩余价值理论》"+"1861—1863年手稿"	"《资本论》手稿"+"1861—1863年手稿"	"经济学手稿"+"1861—1863年手稿"
论文数	2	5	6	5	11	一百余篇（多数仅仅是涉及手稿）	19

附表7 56篇论文内容情况

主要内容	整体研究	编排出版	科技与产业	劳动与资本	评价	方法	其他
论文数	8	4	5	29	4	1	5

---

① 褚一纯：《〈资本论〉方法论研究》，合肥：安徽大学出版社1999年版，第77页。

附表8 "劳动与资本"类论文情况

主要内容	价格与利润	生产劳动	剩余价值	所有制	异化	分工	其他
论文数	3	2	14	2	2	1	5

当然,这种统计方法会出现较多遗漏,若以具体内容进行搜索则可以得到较多论文,如以"经济表"为关键词配合"1861—1863年手稿"进行搜索则有7篇论文,其中仅有1篇在我们的检索结果之中;若单纯以"马克思"与"经济表"为关键词则有二十余篇。由于我们主要以手稿本身为研究对象,故不做涉及。

由"附表6"统计可知,学界对手稿的研究多与《资本论》写作的整体过程相连结,在《资本论》研究中涉及某些问题时才会引用手稿,对手稿本身的专门研究相对欠缺;由"附表7"可知,在手稿研究中,"劳动与资本"方面论文最多,而对手稿的方法研究严重不足;由"附表8"则可以看出,"劳动与资本"类论文中,有关"剩余价值"的论文占了较大比重,当然这很大程度上是受手稿的《剩余价值理论》之名影响。

我们选取其中较有影响或较有特色的部分论文加以介绍:

(一)围绕《剩余价值理论》的地位,即手稿与《资本论》第四卷的关系产生的争论

围绕这一问题,学术界曾产生过持续而深入的探讨,其中以李善明与陈实的观点最有代表性。陈实认为,《剩余价值理论》不是《资本论》第四卷,因其并非"政治经济学史"而仅仅是狭义的剩余价值理论史;李善明虽然同样认为不能将《剩余价值理论》与《资本论》第四卷相等同,但强调前者包含了后者所应包含的一切内容,是后者的"初稿"。

陈实在《〈剩余价值理论〉是〈资本论〉的第四卷吗?》一文中提出,《剩余价值理论》不是《资本论》第四卷,不是《资本论》的历史部分,而仅仅是剩余价值学说史。对此,他提出了两点论据:从创作过

程来看，马克思"不是把《剩余价值理论》手稿当作《资本论》第四卷来写作"①的，当时四部分结构或四卷结构尚未形成；从内容结构来看，"《剩余价值理论》的手稿实质上是'资本的生产过程'的历史附录"②。

针对第一点，陈实从两个方面进行考察。从我们所能看到的手稿内容来看，马克思在手稿中并未真正探讨剩余价值理论之外的内容，对于整个价值理论和其他理论"仅仅是提到而已"，因而手稿仅仅是狭义的剩余价值理论史，不是"政治经济学史"。从马克思本人的写作计划来看，"剩余价值理论"是"资本的生产过程"的附录，这一写作目的决定了它不可能包含更多内容。

针对第二点，陈实指出，出版了《剩余价值学说史》的考茨基本人便认为，《剩余价值理论》与《资本论》第四卷在内容上相平行。参考考茨基对手稿整理过程中恩格斯要求他删除理论部分的回忆，陈实断定，手稿的内容结构说明它并非《资本论》第四卷，而是《资本论》第一卷的历史附录；之所以会产生将手稿当作《资本论》第四卷的观点，是因为恩格斯把狭义的剩余价值理论史当作整个政治经济学史了。

李善明则在《应当充分肯定〈剩余价值理论〉的历史地位——与陈实同志商榷》及《〈剩余价值理论〉手稿与〈资本论〉第四卷》两篇文章中提出了不同的观点，他主张手稿是《资本论》第四卷的初稿，包含了《资本论》第四卷中应包含的全部内容。他针对陈实的文章提出了四点看法：

首先，"马克思实际上是把《剩余价值理论》手稿当作政治经济学史来写作的"③。马克思最初的确只是在叙述剩余价值理论的起源与发展，但他在写作中不断对手稿内容进行扩充，使之逐渐包含了价值、费

---

① 陈实：《〈剩余价值理论〉是〈资本论〉的第四卷吗?》，载《马克思主义研究》1987年第2期。
② 同上。
③ 李善明：《应当充分肯定〈剩余价值理论〉的历史地位——与陈实同志商榷》，载《马克思主义研究》1987年第4期。

用价格、积累、危机、地租、利润、工资、资本、生产劳动与非生产劳动等多种理论,早已不再是狭义的剩余价值学说史。而且,李善明认为陈实对马克思写作计划的考察也存在错误,马克思并未把"剩余价值理论"单纯看作"资本的生产过程"的附录;手稿写作在前,《资本论》四卷本结构形成在后的现实并不能影响手稿在《资本论》中所处的位置。

其次,"马克思已经确认《剩余价值理论》手稿是整部《资本论》的历史部分或《资本论》的第四卷"①。李善明引用马克思与济格蒙德·肖特、齐格弗里特·迈耶尔的两封通信证明道,马克思本人曾打算在《资本论》一二卷(事实上第二卷被分为两卷出版)出版后再出版相关历史批判部分即第三卷(也就是我们所说的《资本论》第四卷);马克思虽然早已开始了对历史批判部分的写作,但最先完成出版的是《资本论》第一卷,第二、三卷当时依然处在手稿状态。这足以说明《剩余价值理论》手稿即马克思所说的第三卷手稿,也就是《资本论》第四卷。

再次,"考茨基并未否定《剩余价值理论》手稿包括《资本论》第四卷的全部内容,而且实际上也是把手稿当作政治经济学史来编辑、出版的"②。李善明指出,考茨基也曾试图将手稿作为《资本论》第四卷出版,并且他从未否认手稿包含《资本论》第四卷所应包含的全部内容。而且,根据考茨基的分析,手稿中所罗列的理论史的确有一部分可以被看做是《资本论》第一卷的历史附录,但手稿同样也包含了《资本论》第二、三卷的历史附录。考茨基最终没把手稿作为《资本论》第四卷出版,不是因为手稿内容不足,而是因为其理论与理论史相交织,超出了考茨基所理解的理论史的范围。

最后,陈实的观点"既有损于《资本论》的整个体系和马克思的原来风格,也歪曲了《剩余价值理论》手稿本来的历史面貌,贬低了

---

① 李善明:《应当充分肯定〈剩余价值理论〉的历史地位——与陈实同志商榷》,载《马克思主义研究》1987年第4期。

② 同上。

它应有的历史地位"①。

编者认为,陈实认为"剩余价值理论"是"资本的生产过程"的附录,这一点的确存在误判,理论界二十余年来对手稿写作过程的考证,特别是 MEGA² 的整理工作已经揭示了马克思真实的写作计划。但同时,在考茨基对手稿的理解问题上,李善明与陈实同样引用了《剩余价值学说史》序言中的个别语句来证明自己的观点,这并不能彻底驳倒对方,因而对此问题尚需进一步研究。但总的来说,李善明提出的手稿包含《资本论》第四卷所应包含的一切内容的观点是正确的。

(二) 围绕恩格斯对《剩余价值理论》手稿的理解深度问题产生的争论

由于考茨基将手稿的《剩余价值理论》部分作为《剩余价值学说史》出版是受恩格斯的影响,对手稿地位和手稿与《资本论》第四卷关系的争论便必然会引出另一项争论:恩格斯对《剩余价值理论》手稿的理解是否存在失误?从李善明与陈实的两篇论文中已经能够看出这一点。围绕这一问题,李善明与顾海良曾做出过持续而深入的探讨。

上文曾经说过,陈实认为《剩余价值理论》手稿是《资本论》第一卷的附录,只是恩格斯错误地把它当做《资本论》一、二、三卷的总附录,即《资本论》第四卷。李善明反对这种看法,认为在手稿与《资本论》第四卷关系的问题上,恩格斯的理解总体上是正确的;但他同时认为,恩格斯的理解同样也存在一定的问题,尤其是不该试图把手稿的理论部分提出去。

李善明在《恩格斯并不完全了解〈剩余价值理论〉手稿——兼评考茨基和苏联学者的有关论点》一文中指出,恩格斯并不清楚手稿的写作过程,因此他对手稿的理解上存在一些问题,主要有三点:首先,他将手稿的第 VI—XV 笔记本作为《剩余价值理论》的主体,这是不确切的,这几个笔记本中存在其他内容,其他笔记本中也存在《剩余价值理

---

① 李善明:《应当充分肯定〈剩余价值理论〉的历史地位——与陈实同志商榷》,载《马克思主义研究》1987 年第 4 期。

论》中不可或缺的部分；其次，他将手稿的第 VI—XV 笔记本作为《资本论》第四卷的看法也是不正确的，整个《1861—1863 年经济学手稿》中的历史材料都应是《资本论》第四卷的内容；第三，他不应该试图删除与《资本论》第二、三卷重复的理论内容，因为手稿的理论与理论史部分紧密结合、不可分割。

顾海良在《正确评价恩格斯对〈剩余价值理论〉的理解——与李善明同志商榷》一文中提出了不同观点。他认为李善明判断的大前提就存在问题，恩格斯只是开始不了解手稿写作过程，但后来却逐渐有了深入了解；而且，恩格斯对手稿三大部分的划分至今仍为我们所遵循，这本身便说明恩格斯对手稿有了深入的研究。至于恩格斯将第 VI—XV 笔记本看作《剩余价值理论》主体的理解，顾海良认为这是正确的。对于恩格斯要求剔除在手稿中重复的理论，顾海良认为，不能因为考茨基无力做到便认定理论与理论史真的不可分割，更不能据此认定恩格斯理解有误。

李善明认为顾海良的文章并不能否定自己的结论，他在《再谈恩格斯对〈剩余价值理论〉手稿的评述——答顾海良同志》中做出了回应。李善明认为，恩格斯在马克思逝世后才发现手稿的存在，的确如顾海良所说，恩格斯对手稿的理解有一个不断深化的过程，但恩格斯晚年也曾承认自己未能"更好地弄清楚手稿情况"[①]，甚至没有证据证明恩格斯曾经通读全稿。在此基础上，李善明进一步阐释了自己认定的恩格斯在手稿理解上存在失误的表现。

关于李善明与顾海良围绕恩格斯对《剩余价值理论》手稿的理解深度问题的争论，编者认为大致可以从以下方面进行考察。

首先，二人都试图从恩格斯本人的论述中证明其对手稿的理解程度，这种方法有一定价值，但不能作为主要证据。恩格斯一开始并不完全理解手稿内容，其理解有一个不断深入的过程，这一点从其作品与书信中可以得到肯定；但恩格斯最终是否完全理解了手稿内容，并不能依

[①]《马克思恩格斯全集》第 37 卷，北京：人民出版社 1971 年版，第 516 页。

据他本人的论述进行判断。我们既不能以某些正确的语句为依据断定恩格斯已经完全理解了手稿内容,也不能因其自谦而断定他不理解手稿。我们所能确定的是,对手稿三大部分的划分说明恩格斯的理解已经达到了一定高度,但他在手稿出版过程中所表现出来的理解是否正确尚且存疑。

其次,恩格斯将《剩余价值理论》理解为手稿第 VI—XV 笔记本的做法值得商榷。我们知道,马克思在写作中的确存在将一个笔记本写满后把内容补充在有剩余页的笔记本上的情况,MEGA^2 的研究不但证实了这一点,也重新整理、划分了各笔记本的论述内容,因而在《剩余价值理论》主体的界定上,恩格斯确实存在失误。按照这种划分,《剩余价值理论》不但不是政治经济学史,甚至也不是完整的剩余价值理论史,这就不能作为《资本论》第四卷。

最后,不能以恩格斯在对《剩余价值理论》主体部分的划分上存在的问题断定其理解的深度。编者认为,恩格斯所作出的"主体部分"的划分并不意味着在出版工作中会排除手稿的其他笔记本,恩格斯自己也没确定"可用的部分有多少"①。李善明的批评事实上是建立在考茨基《剩余价值学说史》的基础上,而考茨基并未达成恩格斯对手稿整理、出版的要求,因而不能以考茨基在"序言"里的记叙断言恩格斯的理解必然存在问题。要全面评价恩格斯对手稿的理解深度,不应拘泥于单个著作与个别词句,而要看他对《1861—1863 年经济学手稿》,甚至四部手稿(不仅仅是传统意义上的"三大手稿")的整体把握。

(三)围绕《剩余价值理论》起点所产生的争论

既然恩格斯将《剩余价值理论》主体部分理解为第 VI—XV 笔记本的做法引起了学术界的争议,就必然会引出另一个问题:《剩余价值理论》的起点应该是第几笔记本?或者说手稿中所提到的哪些人的理论可以作为政治经济学史的起点?针对这一问题,学界大多将目光集中到以

---

① 《马克思恩格斯文集》第 10 卷,北京:人民出版社 2009 年版,第 681 页。

下人身上：威廉·配第、布阿吉尔贝尔与詹姆斯·斯图亚特。

学术界最初都遵循苏联在这一问题上的看法，认为《剩余价值理论》是从重农学派开始的，手稿历史批判部分的第一章"詹姆斯·斯图亚特爵士"的作用仅仅是引出重农学派的功绩。较极端的，苏联学者图舒诺夫的《〈剩余价值理论〉及其在马克思的经济学说中的地位》一书甚至将斯图亚特一章并入重农学派部分之中，将其当作一篇"引言"①。图舒诺夫的这一观点在国内理论界具有很大影响。

兰宗政最早开始对此产生怀疑，他在《〈剩余价值理论〉研究的起点问题》、《〈剩余价值理论〉是从配弟开始研究的吗？》、《〈剩余价值理论〉不是从重农学派开始研究的》等论文中对理论界将重农学派作为《剩余价值理论》起点的做法产生了质疑。他认为，《剩余价值理论》的起点应是斯图亚特而非配第；斯图亚特一章并非重农学派部分的"引言"，而是一个独立的政治经济学史阶段，即重商主义。

兰宗政特别指出，不应以篇幅长短来判断斯图亚特一章的地位，而要看"斯图亚特是否有必要作为重商主义的代表单独划为一章作为资产阶级政治经济学史上的一个独立阶段"②。他认为真正的序言是"所有经济学家都犯了一个错误"③ 这一段，而斯图亚特一章是一个独立阶段，这是由五点决定的。

（1）重商主义产生在重农学派之前；（2）通过《资本论》第三卷的描述可知，马克思是把重商主义作为独立的理论发展阶段的；（3）在分析"生产劳动"的时候，马克思曾提到重商主义是重农学派的重要思想来源；（4）恩格斯将重商主义作为一个独立阶段，而马克思的政治经济学研究是受恩格斯影响的；（5）作为佐证，《反杜林论》事实上是把重商主义看作一个独立阶段的。

---

① 〔苏〕图舒诺夫：《〈剩余价值理论〉及其在马克思的经济学说中的地位》，北京：人民出版社1982年版，第9页。

② 兰宗政：《〈剩余价值理论〉不是从重农学派开始研究的》，载《学术月刊》1989年第3期。

③ 《马克思恩格斯全集》第33卷，北京：人民出版社2004年版，第7页。

李善明则坚持以重农学派作为《剩余价值理论》的起点，他在《政治经济学史的起点绝非斯图亚特》一文，及与杨致恒合著的《关于〈剩余价值理论〉手稿的起点问题》《再论〈剩余价值理论〉手稿的起点问题》等文中提出，兰宗政观点的理论前提——斯图亚特是一名重商主义理论家——与事实不符。李、杨二人认为，斯图亚特是带有重商主义思想残余的古典经济学家，马克思本人便曾将其与斯密、李嘉图并列，斯图亚特经济学思想的主体也属于古典经济学范畴。更重要的是，重商主义本身也不能作为政治经济学史的一个阶段，因为重商主义本质上是与封建社会的商业资本相联系的。

在反驳兰宗政的观点后，李善明、杨致恒提出了他们的观点："政治经济学史的起点应当是古典政治经济学的创始人配第"①。他们之所以做出这种判断，是因为唯有配第符合马克思对政治经济学起点的以下描述：（1）"真正的现代经济科学，只是当理论研究从流通过程转向生产过程的时候才开始"②，最早这样做的，正是配第和布阿吉尔贝尔；（2）"政治经济学作为一门独立的科学，是在工场手工业时期才产生的"③，而配第比斯密"更肯定地指出了工场手工业分工的资本主义性质"④；（3）"马克思还明确指出：政治经济学是在十七世纪中叶或末期产生的，这都是指的配第"⑤。

编者认为，比较而言，李善明、杨致恒二位对《剩余价值理论》起点的考证更令人信服，他们不但对斯图亚特在政治经济学史上的地位作出了定位，更精确地指出《赋税论》与《货币略论》才是马克思所认定的政治经济学起点。同时，兰宗政的"问题不在于篇幅的长短，而在于斯图亚特是否有必要作为重商主义的代表单独划为一章作为资产阶

---

① 李善明、杨致恒：《再论〈剩余价值理论〉手稿的起点问题》，载《财经科学》1989年第3期。
② 《马克思恩格斯全集》第46卷，北京：人民出版社2003年版，第377页。
③ 《马克思恩格斯全集》第44卷，北京：人民出版社2001年版，第422页。
④ 同上。
⑤ 李善明、杨致恒：《再论〈剩余价值理论〉手稿的起点问题》，载《财经科学》1989年第3期。

级政治经济学史上的一个独立阶段"的方法本身是正确的,并在破除对苏联理论权威的迷信方面具有一定价值。

(四) 对手稿的写作过程与编排,及其在《资本论》结构形成过程中的地位的考察

由于上文已经对手稿的出版情况有所介绍,这里不再选取介绍手稿编排的论文,仅对学术界近年来对手稿写作过程的考察作出简单介绍。就目前来看,无论研究者对手稿具体内容的写作过程存在怎样的看法,有一点基本共识是,手稿的写作过程关系到《资本论》写作结构的形成,并在其中具有重要地位。以汤在新的三篇论文为引子,我们能够初步窥见理论界对这一问题的探讨的不断深入。

1981 年,汤在新发表了《〈剩余价值理论〉和〈资本论〉结构的形成》一文。在此文中,汤在新认为,《资本论》的基本结构已经在 19 世纪 50 年代末基本形成,但在写作和出版过程中,马克思逐渐拓展了自己的写作内容,最终决定将自己著作的各部分不定期分别出版。待《1861—1863 年经济学手稿》基本完成后,1865 年底之前,《资本论》结构基本形成,并被划分为理论与历史批判两部分。

之所以会形成这种划分,主要有两点原因:"《资本论》理论部分结构的最后形成和不定期地分册出版理论著作计划的改变";"《剩余价值理论》实际上已形成为从总体上与《资本论》前三卷相配合的历史批判著作"①。汤在新在 1987 年发表的《马克思 1861—1863 年手稿对〈资本论〉第 3 卷结构形成的重大意义——评俄文版〈马克思恩格斯全集〉第 48 卷的编排》一文中重申了这一观点,认为手稿"解决了标志着马克思经济学说最后完成的关于广义剩余价值理论的一系列重大理论问题,并在此基础上第一次完整地拟定了《资本论》第 3 卷的结构"②。

---

① 汤在新:《〈剩余价值理论〉和〈资本论〉结构的形成》,载《四川大学学报(哲学社会科学版)》1981 年第 4 期。

② 汤在新:《马克思 1861—1863 年手稿对〈资本论〉第 3 卷结构形成的重大意义——评俄文版〈马克思恩格斯全集〉第 48 卷的编排》,载《中国社会科学》1987 年第 1 期。

基于这种认识，汤在新认为，将《剩余价值理论》视作《资本论》第四卷是"恰当的和必要的"①。

在1987年的这篇论文中，汤在新已经注意到了俄文版全集在编排上所存在的问题，此时他也注意到了国际版全集的编排同样值得商榷，这促使他进一步研究手稿真实的写作过程与顺序。1991年，他发表了《〈资本论〉第二稿的写作阶段和思想进程》一文来叙述自己对这一问题的考证。这篇论文"首次全面探讨了手稿的思想进程"②，并指出研究这种思想进程有助于理解《1861—1863年经济学手稿》本身以及整个《资本论》的内容与结构。限于篇幅，我们不再复述他对手稿各部分写作时间的具体考证。

当然，在汤在新做出"全面探讨"之前，国内学界早已开始了对手稿写作过程的考证。马健行最早注意到了这一问题，他在《1861—1863年经济学手稿第XVI本和第XVII本前七页写作时间考》③一文中指出，马克思对"资本和利润"部分的写作时间的标注是正确的，国际版编者对其作出了错误的修改。马健行的观点已经被汤在新、李善明等人赞同，现在已基本成为理论界的主流观点。

对手稿的写作过程作出正确考证后，我们才能较好地把握手稿在《资本论》结构形成过程中的历史地位，进而确定它在整个《资本论》创作史上的历史地位。郭继严在《〈政治经济学批判（1861—1863年手稿）〉在〈资本论〉创作史上的历史地位》一文中将手稿看作"由《资本论》最初草稿过渡到成熟草稿的转折点"④。具体来说，他认为手稿有四方面历史地位，即"（1）建立了社会资本再生产理论的基本原理；（2）系统地建立起了平均利润和生产价格理论；（3）建立了绝对

---

① 汤在新：《〈剩余价值理论〉和〈资本论〉结构的形成》，载《四川大学学报（哲学社会科学版）》1981年第4期。
② 汤在新：《〈资本论〉第二稿的写作阶段和思想进程》，载《经济学家》1991年第4期。
③ 参看《〈资本论〉研究资料和动态》第7集，南京：江苏人民出版社1986年版，第109—116页。
④ 郭继严：《〈政治经济学批判（1861—1863年手稿）〉在〈资本论〉创作史上的历史地位》，载《马克思主义研究》1985年第1期。

地租理论；(4) 确立了马克思经济理论的理论体系"。①

编者认为，随着 MEGA² 对马克思原文手稿整理的不断深入，学术界对手稿写作过程的考证必然日益精确，对手稿内各部分的写作顺序可以多作进一步探讨，不宜过早定论。同时，在手稿在《资本论》结构形成过程中的地位问题上，学术界总体上持相同理解，其差别仅仅在于对具体时间与个别理论的考察上，因而暂时难以产生大跨度的理论突破。

(五) 针对手稿具体内容的研究

对手稿具体问题的研究论文较多，且水平参差不齐。我们选取几个内容比较重要、视角较为独特，或同类著述较少的问题作出简略介绍，即：(1) 平均利润和生产价格理论的形成过程；(2) 马克思的科学技术思想；(3) "社会个人所有制"思想；(4) 生产劳动与非生产劳动划分。每个问题我们选取一篇论文。

商德文在《马克思的平均利润和生产价格学说》一文中指出，马克思在《1857—1858 年经济学手稿》中有关平均利润、生产费用、生产价格等问题的探讨只是其平均利润和生产价格理论的萌芽，这一理论直至《1863—1865 年经济学手稿》才得以完成。在《1861—1863 年经济学手稿》中，马克思不但完成了对李嘉图的平均利润、费用价格理论从内容到结构、方法上全面系统地批判，还"确立了关于平均利润和生产价格学说的机制，形成了关于两种竞争和两种价格 (值) 的学说，论述了资本有机构成与利润率变动的因素，提出了生产价格规律的要点"②，这说明其平均利润和生产价格学说在该手稿中已基本形成。这样，可以认定《1861—1863 年经济学手稿》是马克思的平均利润和生产价格学说的奠基之作。

---

① 郭继严：《〈政治经济学批判 (1861—1863 年手稿)〉在〈资本论〉创作史上的历史地位》，载《马克思主义研究》1985 年第 1 期。

② 商德文：《马克思的平均利润和生产价格学说》，载《马克思主义研究》1987 年第 3 期。

颜鹏飞在《马克思关于产业革命的理论——〈政治经济学批判（1861—1863）〉研究》一文中提出，手稿"第一次较为集中地阐述了产业革命，以及它与资本主义生产力发展三阶段理论、科学革命、技术革命和社会革命之间的辩证关系"[1]。他认为手稿对"产业革命"的概念作出了界定，并指出了产业革命的前提与起点、实质与内容、后果和影响，并对生产力的发展规律作出了精湛概括。

林慧勇的《论马克思社会个人所有制思想来源与内涵》一文认为，《资本论》第一卷中的"重建个人所有制"指的是手稿中的"社会个人所有制"。他认为"社会个人所有制"一方面扬弃了资本主义前所有制关系，保留其"个人所有制"来解决资本主义所有制带来的人的异化；另一方面也扬弃了资本主义所有制关系，保留其社会化生产来克服"古代所有制的分散、孤立与生产的狭隘性"。

丁冰《怎样划分生产劳动和非生产劳动》一文指出，生产劳动与非生产的划分必须在具体社会形态范畴内。生产物质产品的劳动就是生产劳动，但它必然体现社会关系，因而在资本主义条件下，"生产劳动是直接增殖资本的劳动或直接生产剩余价值的劳动"[2]，"只有使那种同劳动能力相对立的、独立化了的物化劳动的价值保存并增殖的劳动，才是生产劳动"[3]。同样，在社会主义条件下，生产劳动也应生产物质产品，"道德和精神"因素不应出现在"按劳分配"之中。

---

[1] 颜鹏飞：《马克思关于产业革命的理论——〈政治经济学批判（1861—1863）〉研究》，载《南开经济研究》1987年第4期。

[2] 〔德〕卡尔·马克思：《直接生产过程的结果》，田光译，北京：人民出版社1964年版，第105页。

[3] 《马克思恩格斯全集》第26卷第1册，北京：人民出版社1972年版，第426页。

第三部分　当代解读

第五章　生产劳动和非生产
　　　　劳动理论的创立

马克思关于生产劳动和非生产劳动理论在《1857—1858 年经济学手稿》中就曾经讨论过，在《1861—1863 年经济学手稿》中写于 1862 年 3—4 月间的这部分手稿，关涉生产劳动与非生产劳动，通过对斯密和庸俗经济学派有关理论的系统批判，创立了较完整的理论，并把这一思想贯穿于以后的文本中。

一　马克思对斯密生产劳动和非生产劳动理论的批判

斯密曾经区分了生产劳动和非生产劳动。对于生产劳动和非生产劳动斯密提出了两种见解，斯密说："有一种劳动，加入到他所操作的对象中去时，会使这个物品的价值提高，另一种劳动则不会有这样的作用。前一种劳动可以当做生产劳动来称呼，因为它会生产一个价值；后一种劳动，则可以当做非生产劳动来称呼。一个制造业工人的劳动，照例会把它自己的生活费用的价值和他的雇主的利润加入到他所操作的材料中去。与此相反，一个侍仆的劳动，却不会把任何价值加入。虽然制造业工人也要由他的雇主的垫付得到工资，但实际毫无所费于他的雇主，因为这种工资的价值，照例会由他的劳动借以投入的物品的价值加大，而带一个利润再回来。一个侍仆的维持费用，却永远不会再回来。一个人会由许多制造业工人的使用而变得富裕，但会由许多侍仆的维持而变得贫穷。"① 这是斯密对于生产劳动和非生产劳动的区分的第一种见解，这种见解马克思特别赞赏，并给予了高度的评价，马克思说斯密在这里触及到了本质的问题。

斯密的第二种见解是，他说："当然，后者（即侍仆——引者）的劳动一样应该得到报酬，但制造业者的劳动，会固定在、实现在一种特殊的物品或可卖品上，那至少在劳动完成以后，还保留一个期间。……一个侍仆的劳动却不会固定或实现在一种特殊物品或可卖品中。他的服务，通常是做了完了，很少会留下什么痕迹或价值可以在以后用来获得等量的服务。"② 从这里可以看出，斯密认为生产劳动是生产商品的劳动，而非生产劳动是提供服务的，很少留下痕迹的劳动。

（一）马克思对斯密第一种见解的批判

马克思指出，斯密的第一种见解是正确的，而第二种见解是错误的，但是斯密又把这两种见解混淆在一起了。马克思认为，在斯密的第一种见解中生产劳动除了生产维持自己的生活的价值以外，还生产了剩余价值，这种剩余价值就是企业主的利润。马克思对于斯密的第一种见解给予了高度的赞赏，他说："这里，从资本主义生产的观点给生产劳动下了定义，亚·斯密在这里触及了问题的本质，抓住了要领。他的巨大科学功绩之一（如马尔萨斯正确指出的，斯密对生产劳动和非生产劳动的区分，仍然是全部资产阶级政治经济学的基础）就在于，他下了生产劳动是直接同资本交换的劳动这样一个定义，也就是说，他根据这样一种交换来给生产劳动下定义，只有通过这种交换，劳动的生产条件和一般价值即货币或商品，才转化为资本（而劳动则转化为科学意义上的雇佣劳动）。"③

---

① 〔英〕亚当·斯密：《国民财富的性质和原因的研究》上卷，第 303 页；转引自〔德〕考茨基《剩余价值学说史》第 1 卷上，郭大力译，上海：三联书店 1957 年版，第 145—146 页。

② 〔英〕亚当·斯密：《国民财富的性质和原因的研究》上卷，第 303—304 页；转引自〔德〕考茨基《剩余价值学说史》第 1 卷上，郭大力译，上海：三联书店 1957 年版，第 152—153 页。

③ 《马克思恩格斯全集》第 33 卷，北京：人民出版社 2004 年版，第 141 页。

紧接着马克思得出了非生产劳动的定义,他说,"什么是非生产劳动,因此也绝对地确定下来了。那就是不同资本交换,而直接同收入即工资或利润交换的劳动(当然也包括同那些靠资本家的利润存在的不同项目,如利息和地租交换的劳动)"①。马克思对于斯密的第一种见解又指出,"这些定义不是从劳动的物质规定性(不是从劳动产品的性质,不是从劳动作为具体劳动的规定性)得出来的,而是从一定的社会形式,从这个劳动借以实现的社会生产关系得出来的"②。所以马克思认为只要是同资本交换的劳动就是生产劳动,同收入交换的劳动就是非生产劳动。马克思补充说这里的生产劳动和非生产劳动是从资本家的角度分析的。马克思进一步对生产劳动和非生产劳动进行分析,他认为生产劳动者和非生产劳动者的劳动能力对本人来说都是商品,但是生产劳动者为买者生产商品,而非生产劳动者为买者只生产使用价值。所以马克思认为生产劳动中劳动同资本交换,为资本家创造利润,而非生产劳动中劳动同收入交换,是一种支出,是对收入进行消费。

(二) 马克思对斯密第二种见解的批判

上文已经讨论过,斯密对生产劳动和非生产劳动的第二种见解是,生产劳动的劳动是物化在商品中的,而非生产劳动的劳动是一经提供就消失的,是很少留下痕迹的。马克思在他的资本论第二稿中说道,"〈非生产劳动者的劳动〉不生产任何价值","不能使价值有任何增加","〈非生产劳动者的〉生活费永远得不到偿还","它**不固定或不实现在一个特定的对象或可以出卖的商品中**"。相反,"他的服务通常一经提供随即消失,很少留下某种痕迹或某种以后能够用来取得同量服务的价值"。最后,"它不固定或不实现在**任何耐久的对象或可以出卖的商品中**"。③ 马克思接着说到:"一个劳动者,只要他用自己的劳动把他的工资所包含的那样多的价值量加到某种材料上,提供一个等价来代替

---

① 《马克思恩格斯全集》第33卷,北京:人民出版社2004年版,第141页。
② 同上书,第142页。
③ 同上书,第147页。

已消费的价值,他的劳动就是生产劳动。这里就越出了形式有关的范围,越出了用劳动者对资本主义生产的关系来给生产劳动者和非生产劳动者下定义的范围。"① 马克思认为斯密之所以产生这种误解,是因为他受到重农学派的影响。

下面就是马克思对斯密的第二种见解具体地批判。

第一,斯密所认为的"固定和物化在可以出卖或交换的商品中"的劳动,指的是生产商品所需要的一切人员的劳动,制造商品必须有这些人员的共同的劳动,马克思在这儿提出了疑问,这在多大程度上适用于银行家等人呢?

第二,马克思认为同一种劳动可以是生产劳动也可以是非生产劳动,不管这种劳动是物化在商品中还是一经提供就消失的劳动。资本家购买该劳动并创造利润,那么该劳动就是生产劳动;花费收入消费该劳动的使用价值,那么该劳动就是非生产劳动。

第三,马克思指出了斯密第二种见解中的矛盾,他说"从一方面说,所谓非生产劳动有一部分体现在物质的使用价值中,这些使用价值同样可能成为商品('可以出卖的商品'),从另一方面说,一部分纯粹的服务(它不采取实物的形式,不作为物而离开服务者独立存在,不作为价值组成部分加入某一商品),能够(由直接购买劳动的人)用资本来购买,能够补偿自己的工资并提供利润。总之,这些服务的生产有一部分从属于资本,就像体现在有用物品中的劳动有一部分直接用收入来购买,不从属于资本主义生产一样"②。

第四,马克思把整个"商品"世界分为劳动能力和不同于劳动能力本身的商品。马克思认为教师和医生的服务是为了训练和修复劳动能力的,为生产商品的劳动能力服务的,因此也算作是生产商品的劳动中的,是加入到生产商品的费用中的,因此他们的劳动也属于生产劳动。

马克思对斯密的第二种见解又给予了一定的肯定。他说,"商品表

---

① 《马克思恩格斯全集》第33卷,北京:人民出版社2004年版,第147页。
② 同上书,第152—153页。

现为过去的、物化的劳动这个说法还是对的，因而，如果它不表现为物的形式，它就只能表现为劳动能力本身的形式，但永远不能直接表现为活劳动本身（只有通过某种曲折的途径，才能表现为活劳动本身，这种途径在实践上似乎是无关紧要的，但在确定各种不同的工资的时候，则不然）。由此可见，斯密本应承认，生产劳动或者是生产商品的劳动，或者是直接把劳动能力本身生产、训练、发展、维持、再生产出来的劳动。亚·斯密把后一种劳动从他的生产劳动项目中除去了；他是任意这样做的，但他受某种正确的本能支配，意识到，如果他在这里把后一种劳动包括进去，那他就为各种冒充生产劳动的谬论敞开了大门"①。马克思进一步指出，"商品是资产阶级财富的最基本的元素形式。因此，把'生产劳动'解释为生产'商品'的劳动，比起把生产劳动解释为生产资本的劳动来，符合更基本得多的观点"②。在这里马克思认为由于历史的发展，在斯密那里剩余价值就表现为商品的形式，所以斯密认为生产劳动就是生产商品的劳动。

二 马克思对斯密理论拥护者及其庸俗化代表的批判

马克思对古典经济学家中拥护斯密生产劳动和非生产劳动理论和其后的庸俗经济学派反对斯密的有关理论进行了系统的批判。

（一）马克思对斯密关于生产劳动问题的见解的拥护者的批判

李嘉图和西斯蒙第都认同斯密关于生产劳动和非生产劳动区分的看法。其中李嘉图认为，"剩余价值（利润、地租）的所有者把剩余价值消费在'非生产劳动者'（例如家仆）身上，比他们把剩余价值花在'生产工人'所创造的奢侈品上，对于'生产工人'要有益得多"③。西斯蒙第认为，"生产阶级和非生产阶级的实际区别在于，'前者总是

---

① 《马克思恩格斯全集》第33卷，北京：人民出版社2004年版，第158页。
② 同上书，第159页。
③ 同上书，第163页。

以自己的劳动同国民资本交换，后者总是以自己的劳动同一部分国民收入交换'。"①

马克思认为其实在重农学派之前，比如戴维南特和配第，已经区分了生产阶级和非生产阶级。戴维南特借用了雷哥里·金的一个图表，雷哥里·金在图表中将人民分为两个阶级：一个是"增加王国财富"的生产阶级，另一个是"减少王国财富"的非生产阶级。配第提出了生产劳动者的概念，他认为土地耕种者、海员、士兵、手工业者和商人都属于生产劳动者。最后马克思认为约翰·斯图亚特·穆勒也对生产劳动和非生产劳动进行了研究，但是马克思说："他除了断言把劳动能力本身生产出来的那种劳动也是生产的以外，对斯密的（第二种）解释没有增添什么东西"②。

（二）马克思对资产阶级政治经济学在生产劳动问题上的庸俗化的批判

对于斯密的生产劳动和非生产劳动的区分，一些二流人物对其进行激烈的论战，所以马克思对于反对这个论战也是从二流人物进行的。马克思认为这场论战的原因主要有以下几点。

1. 可以总结为资本家意识形态阶级在理论上为了恢复地位

马克思说，"有一大批所谓'高级'劳动者，如国家官吏、军人、艺术家、医生、牧师、法官、律师等等，他们的劳动有一部分不仅不是生产的，而且实质上是破坏性的，但他们善于依靠出卖自己的'非物质'商品或把这些商品强加于人，而占有很大部分的'物质'财富。对于这一批人来说，在经济学上被列入丑角、家仆一类，被说成靠真正的生产者（更确切地说，靠生产当事人）养活的食客、寄生者，决不是一件愉快的事"③。

马克思接着说："如果上述'非生产劳动者'……成为必要，或者

---

① 《马克思恩格斯全集》第 33 卷，北京：人民出版社 2004 年版，第 163—164 页。
② 同上书，第 167 页。
③ 同上书，第 161 页。

自己使自己成为必要，部分地是因为人们存在肉体上的伤病（如医生）或精神上的虚弱（如牧师），部分地是因为个人利益的冲突和民族利益的冲突（如政治家、一切法学家、警察、士兵）；如果这样，那么，在亚·斯密看来，就像在产业资本家本身和工人阶级看来一样，他们就表现为生产上的非生产费用，因此必须尽可能地把这种非生产费用缩减到最低限度，尽可能地使它便宜。资产阶级社会把它曾经反对过的一切具有封建形式或专制形式的东西，以它自己所特有的形式再生产出来。因此，对这个社会阿谀奉承的人，尤其是对这个社会的上层阶级阿谀奉承的人，他们的首要业务就是，在理论上甚至为这些'非生产劳动者'中纯粹寄生的部分恢复地位，或者为其中不可缺少的部分的过分要求提供根据。事实上这就宣告了意识形态阶级等等是依附于资本家的。"①

2. 持正确看法的资产阶级经济学家和脑力劳动者须向庸俗经济学家作出妥协

马克思说："有一部分生产当事人（物质生产本身的当事人），时而被这一些经济学家，时而被那一些经济学家称为'非生产的'。例如，代表工业资本利益的那部分经济学家（李嘉图）把土地所有者称为'非生产的'。另一些经济学家（例如凯里）把本来意义的商人称为'非生产的'劳动者。后来甚至又有一些人把'资本家'本人也称为非生产的，或者至少企图把资本家对物质财富的要求归结为为'工资'，即归结为一个'生产劳动者'所取得的报酬。脑力劳动者中间的许多人，看来都倾向于对资本家的生产性持这种怀疑观点。因此，已经是作出妥协并且承认不直接包括在物质生产当事人范围内的一切阶级都具有'生产性'的时候了。"②

3. 庸俗经济学家要求依附于资本的生产领域为资本家服务

马克思说，"随着资本的统治的发展，随着那些和创造物质财富没有直接关系的生产领域实际上也日益依附于资本，——尤其是在实证科

---

① 《马克思恩格斯全集》第33卷，北京：人民出版社2004年版，第162页。

② 同上。

学（自然科学）被用做物质生产手段的时候，——政治经济学上的阿谀奉承的侍臣们便认为对任何一个活动领域都必须加以推崇，并且进行辩护说，这些领域是同物质财富的生产'联系着'的，它们是生产物质财富的手段；他们对每一个人都表示敬意，把他说成是'第一种'意义的'生产劳动者'，即为资本服务的、在这一或那一方面对资本家发财致富有用的劳动者，等等"①。

三 马克思关于生产劳动和非生产劳动的理论内容

马克思结束对反对斯密生产劳动和非生产劳动的庸俗经济学家的批判后，对斯密的生产劳动和非生产劳动理论进行了总结。首先，马克思引用了斯密的两段话对斯密关于生产劳动和非生产劳动区分的第一种见解进行了总结评论。第一段话主要是斯密发泄对非生产的政府的憎恨，马克思评论说："这是还具有革命性的资产阶级说的话，那时它还没有把整个社会、国家等等置于自己支配之下。所有这些卓越的历来受人尊敬的职业——君主、法官、军官、教士等等，所有由这些职业产生的各个旧的意识形态阶层，……在经济学上被放在与他们自己的、由资产阶段以及有闲财富（土地贵族和有闲资本家）豢养的大批仆从和丑角同样的地位。他们不过是社会的仆人，就像别人是他们的仆人一样。他们靠别人劳动的产品生活。因此，他们的人数必须减到必不可少的最低限度。国家、教会等等，只有在它们是管理和处理生产的资产者的共同利益的委员会这个情况下，才是正当的；这些机构的费用必须缩减到必要的最低限度，因为这些费用本身属于生产上的非生产费用。"② 这种观点具有历史的意义，一方面，它同古代的奴隶制的见解相对立，另一方面，它又同由于中世纪瓦解而产生的专制君主国或贵族君主立宪国的见解形成尖锐的对立。

---

① 《马克思恩格斯全集》第33卷，北京：人民出版社2004年版，第163页。
② 同上书，第363—364页。

马克思接着说:"但是,一旦资产阶级占领了地盘,一方面自己掌握国家,一方面又同以前掌握国家的人妥协,一旦资产阶级把意识形成阶层看做自己的亲骨肉,到处按照自己的本性把他们改造成为自己的伙计;一旦资产阶级自己不再作为生产劳动的代表来同这些人对立,而真正的生产工人起来反对资产阶级,并且同样说它是靠别人劳动生活的;一旦资产阶级有了足够的教养,不是一心一意从事生产,而是也想从事'有教养的消费';一旦连精神劳动本身也愈来愈为资产阶级服务,为资本主义生产服务;——一旦发生了这些情况,事情就反过来了。这时资产阶级从自己的立场出发,力求在'经济学上'证明它从前批判过的东西是合理的。加尔涅等人就是资产阶级在这方面的代言人和良心安慰者。此外,这些经济学家(他们本人就是教士、教授等等)也热衷于证明自己'在生产上的'有用性,'在经济学上'证明自己的薪金的合理性。"① 在这段话中,马克思对庸俗化的生产劳动理论进行了历史唯物主义评价。

第二段话中,斯密力图证明为什么工业等等进步要以自由劳动为前提。对于斯密的生产劳动和非生产劳动的区分的第二种见解,马克思认为他回到了货币主义的分区上去了。他说,"可见,斯密所说的实质上同货币主义所说的一样。货币主义认为,只有生产货币,生产金银的劳动,才是生产的。在斯密看来,只有为自己的买者生产货币的劳动才是生产劳动。所不同的只是,斯密在一切商品中看出了他们具有的货币性质,不管这种性质在商品中怎样隐蔽,而货币主义则只有在作为交换价值的独立存在的商品中才看出这种性质"②。

马克思强调资本主义生产劳动是指与可变资本相交换的雇佣劳动,以此区别于同作为收入的货币相交换的劳动。资本主义的生产劳动就是生产剩余价值的劳动。劳动的物质规定性同划分生产劳动和非生产劳动无关,而是主要基于生产关系。直接生产剩余价值的劳动,才是生产劳

---

① 《马克思恩格斯全集》第33卷,北京:人民出版社2004年版,第364—365页。
② 同上书,第367页。

动,而资本主义生产是劳动过程与价值增殖过程的统一。马克思认为:"从资本主义生产的意义上说,生产劳动是雇佣劳动,它同资本的可变部分(花在工资上的那部分资本)相交换,不仅把这部分资本(也就是自己劳动能力的价值)再生产出来,而且,除此之外,还为资本家生产剩余价值。仅仅由于这一点,商品或货币才转化为资本,才作为资本生产出来。只有生产资本的雇佣劳动才是生产劳动。(这就是说,雇佣劳动把花在它身上的价值额以增大了的数额再生产出来,换句话说,它归还的劳动大于它以工资形式取得的劳动。因而,只有创造的价值大于本身价值的劳动能力才是生产的)"[①]。在这里马克思是从资本主义生产的意义上来说的,认为只有生产剩余价值的雇佣劳动,才是生产劳动。

马克思强调区分生产劳动和非生产劳动的问题,必须从一定的社会形式出发,从一定的社会生产关系出发,他分析了资本主义社会与共产主义社会下的生产劳动及非生产劳动。这些原理和方法对于我们社会主义社会解决生产劳动和非生产劳动有重要价值。

[①] 《马克思恩格斯全集》第33卷,北京:人民出版社2004年版,第136页。

第六章 价值理论的发展

马克思在对古典经济学家斯密和李嘉图的批判继承中完善了自己的价值理论。如确立了关于劳动力商品的观点,进一步完善了劳动价值论,对以前的理论有了重要发展。

一 马克思对斯密的价值理论的批判

斯密在他的分工理论、交换理论和货币理论之后提出了他的价值理论。价值理论主要是研究交换价值由什么来决定的问题,斯密写道:"我现在要讨论人们在以货币交换货物或以货物交换货物时所遵循的法则。这些法则决定所谓商品相对价值或交换价值。"①

斯密说:"价值一词有二个不同的意义。它有时表示特定物品的效用,有时又表示由于占有某物而取得的对他种货物的购买力。前者可叫做使用价值,后者可叫做交换价值。"② 在这里他把使用价值和交换价值区别开了。但是斯密没有把交换价值和使用价值结合起来考察,而是撇开了使用价值来研究交换价值。他指出:"使用价值很大的东西,往往具有极小的交换价值,甚或没有;反之,交换价值很大的东西,往往具有极小的使用价值,甚或没有。"③

那么交换价值到底由什么来决定的呢?斯密进一步研究指出:"自

---

① 〔英〕亚当·斯密:《国民财富的性质和原因的研究》上卷,北京:商务印书馆1974年版,第25页。
② 同上。
③ 同上。

分工完全确立起来，各人所需要的物品，仅有极小部分仰给于自己劳动，最大部分却须仰给于他人劳动。所以……一个人占有某货物，但不愿自己消费，而愿用以交换他物，对他说来，这货物的价值，等于使他能够购买或能支配的劳动量。因此，劳动是衡量一切商品交换价值的真实尺度。"① 这里斯密提出的劳动的概念是生产商品可以购买得到的劳动量。斯密又说："任何一个物品的真实价格，既要取得这物品实际上所能付出的代价，乃是获得它的辛苦和麻烦。"② 这里斯密又把决定交换价值的劳动界定为生产商品所消耗的劳动量。所以斯密在研究劳动决定交换价值的时候，既把劳动说成是生产商品可购得的劳动又把劳动说成是生产商品所消耗的劳动，把两者混淆了。

由于斯密既说交换价值决定于生产商品所消耗的劳动量，又说交换价值决定于可购买得到的劳动量，把两者混淆了，产生了一系列的问题，所以后面他认为劳动价值论只适用于前资本主义社会中，而在资本主义社会，交换价值是由工资、利润和地租决定的，他说："工资、利润和地租，是一切收入和一切可交换价值的三个根本源泉。"③ 所以斯密又提出了他的第二种价值学说，认为三种收入决定交换价值，导致了他的价值理论的二元性。

虽然斯密的价值理论陷入了二元论，但是在后面的研究中，他往往坚持他的劳动价值论，马克思所说："斯密的这种摇摆不定以及把完全不同的规定混为一谈，并不妨碍他对剩余价值的性质和来源的探讨，因为斯密凡是在发挥他的论点的地方，实际上甚至不自觉地坚持了商品交换价值的正确规定，即商品的交换价值决定于商品中包含的已耗费的劳动量或劳动时间。"④

在手稿中，马克思对斯密的价值理论作了深刻的批判：

---

① 〔英〕亚当·斯密：《国民财富的性质和原因的研究》上卷，北京：商务印书馆1974年版，第26页。
② 同上书，第26页。
③ 同上书，第47页。
④ 《马克思恩格斯全集》第33卷，北京：人民出版社2004年版，第47页。

马克思对斯密的价值理论中价值决定问题的批判。他指出,"亚·斯密在交换价值的规定上摇摆不定:一方面认为**商品**的价值决定于生产商品所必要的劳动量,另一方面又认为商品的价值决定于可以用来买进商品的活劳动量,或者同样可以说,决定于可以用来买进一定活劳动的商品量;他时而把第一种规定同第二种规定混淆起来,时而以后者顶替前者。在第二种规定中,斯密把劳动的**交换价值**当做商品的价值尺度,实际上就是把**工资**当做商品的价值尺度,因为工资等于用一定量活劳动可以购得的商品量,或者说,等于用一定量商品可以买到的劳动量。但是,劳动的价值,或者确切些说,劳动能力的价值,也和其他任何商品的价值一样,是变化的,它和其他商品的价值没有什么特殊的区别。这里把价值本身当做价值标准和说明价值存在的理由,因此成了循环论证"①。马克思对斯密在两种不同的交换价值规定之间摇摆不定的原因进行了分析,马克思指出,在资本主义生产方式下,"一定量对象化在商品中的劳动所支配的活劳动量,大于该商品本身包含的活劳动量"②。所以斯密认为价值规律失效了,由此他认为劳动时间不再决定商品的交换价值。

因此,斯密后来错误地认为工资、利润和地租是一切交换价值的源泉。马克思指出,"土地所有权和资本,对于它们的所有者来说,是收入的源泉,也就是说,使它们的所有者有权占有劳动创造的价值的一部分,可是它们并不因此就成为它们的所有者占有的价值的源泉。但是,说工资构成交换价值的原始源泉,同样是不正确的,虽然工资,或者确切些说,劳动能力的不断出卖,也构成工人的收入的源泉"③。最后马克思指出,劳动才是唯一的价值源泉。但是斯密在后面的研究中不自觉地坚持了劳动时间决定商品的交换价值,这在他后面关于剩余价值的问题中体现出来。

---

① 《马克思恩格斯全集》第33卷,北京:人民出版社2004年版,第46—47页。
② 同上书,第48页。
③ 同上书,第72页。

二 马克思对李嘉图的价值理论的批判

（一）李嘉图的价值理论

李嘉图的价值理论是从评论斯密的价值理论开始的。这表明，李嘉图认为要弄清资本主义的分配关系，价值论作为基础是必须的。李嘉图认为，对商品价值的研究是考察财富分配的钥匙，价值理论是他的全部理论体系的基础。李嘉图的理论继承了斯密的劳动决定价值的观点，并且指出了斯密理论体系中的错误。他批判了斯密在劳动价值论方面的不彻底性，始终并一贯地坚持了劳动价值论。

1. 使用价值与交换价值

斯密在区分使用价值与交换价值时，虽然提出了一些正确的观点，但同时又认为，没有使用价值的东西也有交换价值。这一论述表明，斯密虽然注意到了使用价值与交换价值的区别，但是没有看到二者之间的联系。李嘉图接受了斯密关于使用价值和交换价值的区分，但是他比斯密更前进了一步。他说："一种东西如果全然没有用处，或者说，如果无论从哪一方面说都无益于我们欲望的满足，那就无论怎样稀少，也无论获得时需要费多少劳动，总不会具有交换价值。"① 李嘉图认为，有些使用价值很大的东西可以没有交换价值，如水、空气等。一方面，由于不同的人对使用价值有不同的估价，无法用任何已知的标准对使用价值进行衡量，因此，使用价值不能作为交换价值的尺度。另一方面，没有使用价值的东西，无论怎样稀少，无论获得时需要耗费多少劳动，都不会具有交换价值。在这一论述中，李嘉图已经认识到使用价值是交换价值的前提条件，实际上认为使用价值是交换价值的物质承担者。

在区分完使用价值和交换价值之后，李嘉图转而研究怎样确定交换价值。他继承了斯密的观点，认为政治经济学应当研究的不是使用价

---

① 〔英〕彼罗·斯拉法主编：《政治经济学及赋税原理》，郭大力、王亚南译，北京：商务印书馆1997年版，第63页。

值，而是交换价值。他把商品分为两类，第一类商品的交换价值只由它们的稀少性决定，如古董、古书、罕见的雕像等，这类商品的数量是人们的劳动无法增加的。李嘉图认为这类物品的价值与原来生产的必要劳动量无关。显然，李嘉图认为决定第一类商品价值的关键因素，是买者的购买力和消费者的偏好。但第一类商品在商品总额中只占极少的份额，所以不是政治经济学研究的对象。与第一类商品相比，第二类商品的交换价值是由所耗费的劳动等决定的。因为这类商品的数量可以由人类劳动无限增加。第二类商品占日常交换商品的绝大多数，因此是政治经济学的研究对象。李嘉图说："说到商品、商品的交换价值以及规定商品相对价格的规律时，我们总是指数量可以由人类劳动增加、生产可以不受限制地进行竞争的商品。"①

李嘉图的一个功绩，就是能把自己的研究限定于能够无限制再生产的商品的价值，并认为这类商品的价值是由生产时所耗费的劳动时间决定的。生产时所耗费的劳动量与商品的交换价值成正比，耗费劳动量大的商品交换价值就大，反之亦然。商品价值量的大小与劳动生产率成反比。"如果体现在商品中的劳动量规定商品的交换价值，那么，劳动量每有增加，就一定会使在其上施加劳动的商品的价值增加，劳动量每有减少，也一定会使之减少"。② 李嘉图根据这一见解对斯密提出了批评：斯密没有将耗费的劳动决定价值的观点坚持到底。李嘉图指出，斯密在论述价值时既用耗费劳动又用购买劳动，实际上提出了两个不同的价值标准尺度。

李嘉图对斯密同时树立两种标准的批评是正确的，但是他并不真正了解斯密的错误。李嘉图认为耗费劳动不等于购买劳动，斯密也并未承认二者相等，相反，斯密认识到了劳动决定价值的原理在前资本主义社会和资本主义条件下表现有所不同。斯密认为，在资本主义生产方式之前，商品交换价值只由劳动者所耗费的劳动构成，但在资本主义生产方

---

① 〔英〕彼罗·斯拉法主编：《政治经济学及赋税原理》，郭大力、王亚南译，北京：商务印书馆1997年版，第8页。
② 同上书，第9页。

式下，商品的交换价值不仅包括工人劳动的工资收入，还包括地租和利润，所以，在资本主义生产方式之前，斯密认为商品价值由耗费劳动决定，而在其后，就要由能购买或支配的劳动决定。斯密的错误在于不能区分劳动与劳动力，不了解与劳动力价值等量的商品可以支配一个更大数量的活劳动。李嘉图同斯密一样，不能区分劳动与劳动力，所以，他未能指出斯密的真正错误所在。

李嘉图还批评了斯密的三种收入决定商品价值的观点。斯密认为，商品的价值量决定于耗费的劳动量这一原理仅适用于简单商品生产的社会，但在资本主义社会，价值量是由三种收入决定的。与斯密相比，李嘉图旗帜鲜明地论证了土地私有制和资本的存在并不否定劳动价值论。李嘉图认为，劳动时间决定价值的原理不仅适用于简单商品生产的社会，也适用于资本主义社会。收入在各阶级之间的分配，不会影响商品的价值，因为商品先形成价值，然后才能分配。价值是第一性的，收入是价值的派生，是第二性的。所以，商品价值无论怎样分配，都不会影响劳动时间决定价值的原理。这就把价值决定与价值分解明显区分开来。因此，马克思称赞他把交换价值决定于劳动时间这一规定作了最透彻的表述和发挥。

但李嘉图在批评斯密的观点时，错误地认为原始社会也有资本。他说："即使是在亚当·斯密所说的那种早期状态中，虽然资本可能是由猎人自己创造和积累的，但他总是要有一些资本才能捕猎鸟兽。没有某种武器，就不能捕猎海狸和麋鹿。所以这类野物的价值不仅要由捕猎所需的时间和劳动决定，而且也要由制备那些协助猎人进行捕猎工作的资本（武器）所需的时间和劳动决定。"[①] 因此，在李嘉图的观点中，原始猎人一下子就是以商品生产者的身份出现，而他们手中的工具与资本主义社会资本家手中的资本没有什么差别。所以，在一定程度上李嘉图比斯密后退了。但是，李嘉图比斯密进步的地方在于，他从纯粹的逻辑

---

① 〔英〕彼罗·斯拉法主编：《政治经济学及赋税原理》，郭大力、王亚南译，北京：商务印书馆1997年版，第17—18页。

出发，认为价值规律不会因为资本家和雇佣工人之间的交易而失效。

2. 简单劳动与复杂劳动、直接劳动与间接劳动、个别劳动与必要劳动

李嘉图在考察价值形成过程中，还对决定商品价值的劳动作了进一步阐述。

李嘉图区分了简单劳动和复杂劳动，复杂劳动是多量的简单劳动。李嘉图说："宝石匠一天的劳动比普通劳动者一天的劳动价值更大。"[①] 他实际承认了复杂劳动等于倍加的简单劳动。

李嘉图区分了直接劳动和间接劳动。李嘉图说："影响商品价值的不仅是直接投在商品上的劳动，而且还有投在协助这种劳动的器具、工具和工厂建筑上的劳动。"[②] 同时，他还指出，间接耗费的劳动只能作为旧价值转移到新产品中去，直接耗费的劳动才能创造新价值。也可以说，商品价值不仅包括人们在生产该产品时耗费的活劳动，即新创造的价值，还包括生产资料的价值，即物化劳动。他批驳了同时代的萨伊的庸俗观点，萨伊认为资本、土地等生产要素也具有创造价值的能力。但李嘉图观点的局限之处在于，他不了解同一劳动过程中新价值的创造与旧价值的转移是如何同时进行的。

李嘉图区分了个别劳动和必要劳动。他认为，决定商品价值的劳动是必要劳动，而不是每个生产者实际耗费的劳动。在李嘉图的理论论述中，他虽然未明确提出"社会必要劳动量"的概念，但在论证中实际上已经包含了"社会必要劳动"这一思想。

3. 价值与交换价值

李嘉图把价值理解为生产过程中耗费的劳动量的体现，把交换价值理解为两种商品的交换关系。他认为，商品在不交换时，没有交换价值，但商品的价值还存在。交换价值和价值可以作不同方向变动：价值不变，交换价值可以改变，也可以说，交换价值不变，价值可以改变。价值和交换价值可以同方向变动，也可以反方向变动。这种区分在经济

---

① 〔英〕彼罗·斯拉法主编：《政治经济学及赋税原理》，郭大力、王亚南译，北京：商务印书馆1997年版，第15页。

② 同上书，第17页。

学史上是一个进步。

4. 李嘉图价值理论的两大矛盾

马克思说:"李嘉图体系的第一个困难是,资本和劳动的交换如何同'价值规律'相符合。第二个困难是,**等量资本**,无论它们的有机构成如何,都提供**相等**的**利润**,或者说,提供**一般利润率**。实际上这是一个没有被意识到的问题:价值如何转化为费用价格"。① 这两大矛盾最终导致了李嘉图体系的崩溃。

第一个矛盾,价值规律同资本与劳动相交换的矛盾。

假定资本与劳动的交换符合价值规律,是等价交换,则工资等于同量的劳动创造的价值,无法产生利润;如果上述假定不成立,利润得以产生,但却破坏了价值规律。因此,第一个矛盾实质上是价值规律与利润规律的矛盾。

第二个矛盾,价值规律同等量资本获得等量利润的矛盾。

当资本构成不同的资本生产的产品进行交换时,若按价值交换,则等量资本无法得到等量利润;若等量资本得到等量利润,则商品无法按照价值进行交换。第二个矛盾实质上是价值规律与平均利润率的矛盾。

(二) 马克思对李嘉图价值理论的批判

1. 对李嘉图著作及其观点的总体评价

首先,马克思在手稿中集中对李嘉图的理论进行了总体的评价。

李嘉图理论的出发点是劳动量决定商品的交换价值。马克思指出:"李嘉图的方法是这样的:李嘉图从商品的价值量决定于劳动时间这个规定出发,然后**研究**其他经济关系是否同这个价值规定相**矛盾**,或者说,它们在多大程度上使这个价值规定发生变形。人们一眼就可以看出这种方法的历史合理性,它在政治经济学史上的科学必然性,同时也可以看出它在科学上的不完备性,这种不完备性不仅表现在叙述的方式上

---

① 《马克思恩格斯全集》第 26 卷第 3 册,北京:人民出版社 1974 年版,第 192 页。

(形式方面），而且导致错误地结论，因为这种方法跳过必要的中介环节，企图**直接**证明各种经济范畴相互一致"。①

因此，由于李嘉图的理论从研究商品的价值量的起点出发，从而揭示其他经济关系是否同价值规律相矛盾，因此我们可以这样理解，"李嘉图的研究方法，一方面，具有科学的合理性和巨大的历史价值；但另一方面，它在科学上缺陷也是很明显的。他的著作的非常奇特的、必然谬误的结构，也是由此而来"②。

2. 李嘉图对各种不同的价值规定的混淆

第一种，交换价值，即"购买其他货物的能力"③。

第二种，相对价值，第一种含义是取决于劳动时间的交换价值，另一种意义是用其他商品的使用价值表现该种商品的交换价值，即"比较价值"。

第三种，绝对价值，即"实际价值"。

李嘉图受限于自身资产阶级立场、观点和方法，对价值仅是进行了量的分析，却没有进行质的研究。他不能历史地考察价值，因此，当他遇到资本主义社会中价值转化为生产价格的问题时，陷入了困境。李嘉图混淆了价值和生产价格的原因有二：第一，他在研究过程中缺乏历史观点，将资本主义进行了绝对化，抹杀了简单商品生产和资本主义商品生产之间的根本区别。在资本主义生产条件下，剩余价值转化为利润，利润又转化为平均利润，此时，商品已经不再按照耗费的劳动时间所决定的价值出售，而是按照生产费用加上平均利润，即生产价格出售。但是，李嘉图仍然认为在资本主义条件下商品是按照耗费的劳动时间所决定的价值出售，市场价格还是围绕价格上下波动。第二，李嘉图进行研究时，应用抽象法不充分，没有将剩余价值的转化形式，即平均利润与剩余价值区分开来，导致他混同了价格和生产价格。

---

① 《马克思恩格斯全集》第34卷，北京：人民出版社2008年版，第182页。
② 陈文通：《〈资本论〉第四卷概要》，北京：中央党校出版社1999年版，第123页。
③ 《马克思恩格斯全集》第34卷，北京：人民出版社2008年版，第188页。

三 马克思劳动力商品的价值规定

马克思在这部手稿中研究了劳动力商品,第一次揭示并论述了劳动力价值规定中的历史和道德因素的作用。资产阶级古典经济学从重农学派就有最低工资的观点,认为工资额只决定于维持工人的个体所必需的、不变的生活资料的价值,所以工资是固定不变量。恩格斯和马克思在早期经济学理论中也是认同这种观点。马克思在《1861—1863年经济学》手稿中第一次对劳动力价值的货币表现——工资进行了论述。

斯密没有认识到劳动能力本身也是商品。马克思说,"亚·斯密的巨大功绩在于:他正是在第一篇的几章(第六、七、八章)中,即在从简单商品交换及其固有的价值规律转到物化劳动同活劳动之间的交换,转到资本和雇佣劳动之间的交换,转到从一般形式来考察利润和地租,总之,转到剩余价值的起源问题的那几章中,就感觉到已经出现了缺口;他感觉到,——不管他所不理解的中介环节是怎样的,——从结果来看,规律实际上是失效了:较大量的劳动同较小量的劳动相交换(从工人方面说),较小量的劳动同较大量的劳动相交换(从资本家方面说)。斯密的功绩在于,他强调指出了下面这一点(而这一点也把他弄糊涂了):随着资本积累和土地所有权的产生,随着同劳动本身相对立的劳动条件的独立化,发生了一个转变,价值规律似乎变成了(从结果来看,也确实变成了)它的对立面。如果说,亚·斯密的理论的长处在于,他感觉到并强调了这个矛盾,那么,他的理论的短处在于,这个矛盾甚至在他考察一般规规律如何运用于简单商品交换的时候也把他弄糊涂了;他不懂得,这个矛盾之所以产生,是由于劳动能力本身成了商品,作为这种特殊的商品,它的使用价值本身(因而同它的交换价值毫无关系)是一种创造交换价值的能力"[①]。

李嘉图没有解决资本同劳动交换与价值规律的关系。

---

① 《马克思恩格斯全集》第33卷,北京:人民出版社2004年版,第64—65页。

马克思首先评论了《政治经济学及赋税原理》的第一章《论价值》的第一节的标题——"商品的价值或这个商品所能交换的任何其他商品的量,取决于生产这个商品所必需的劳动的相对量,而不取决于付给这一劳动的报酬的多少。"李嘉图实际上提出了这样一个论点:商品价值取决于劳动时间与工资并不矛盾。马克思接着评论道:"显然,A 和 B 两个商品包含的相应的劳动量,同生产商品 A 和 B 的工人从自己的劳动产品中得到多少,是绝对没有关系的。商品 A 和 B 的价值决定于生产它们所花费的**劳动量**,而不决定于商品 A 和 B 的所有者花费的**劳动费用**。劳动量和劳动价值是两个不同的东西。商品 A 和 B 包含的相应的劳动量,同 A 和 B 包含多少由 A 和 B 的所有者**付酬的**,甚至是他们**自己完成的**劳动,是毫无关系的。商品 A 和 B 不是按照它们所包含的有酬劳动的比例相互交换,而是按照它们所包含的既包括有酬劳动也包括无酬劳动的劳动总量的比例相互交换。"① 马克思肯定了李嘉图的论点,也就是说,将劳动量和劳动的价值进行区别。这里的劳动的价值实际上是劳动力的价值,劳动力价值的货币表现就是工资。

但是,李嘉图与斯密都没有区分物化劳动和活劳动,没有区分一般商品交换同资本与活劳动的交换。因此,马克思指出:"只要我们谈的是**对象化劳动**,**劳动的价值**和**劳动量**就依然是'意思相同的说法'!一旦**对象化劳动和活劳动**交换,这两种说法就不再是意思相同的说法了。"② 一般商品交换是按照商品包含的物化劳动进行交换,也就是物化劳动等量交换。这样,劳动时间就是商品价值的"尺度",所以一般商品的"价值的大小同它们所能交换的这种标准尺度的量的多少成比例"。但是,劳动力商品不同于一般商品。马克思指出:"雇佣劳动是一种商品。它甚至是作为商品的产品进行生产的基础。原来,价值规律不适用于雇佣劳动。那就是说,这个规律根本不支配资本主义生产。"

马克思将上述矛盾归结为这样一个问题:为什么劳动同劳动所交换

---

① 《马克思恩格斯全集》第 34 卷,北京:人民出版社 2008 年版,第 447 页。
② 同上书,第 448 页。

的商品不按价值规律进行交换，不按劳动的相对量进行交换？马克思认为这个问题他们两人无法回答的原因在于，他们两人已价值规律作为前提，将劳动力同商品相对立，也即是将直接劳动本身与物化劳动相对立。"按照马克思的意思，既然把价值规律作为前提，那就应该把劳动力看作商品；如果把劳动与资本的交换看作不同于一般商品的交换，用价值规律就无法解决"①。

进一步，马克思又指出：虽然李嘉图肯定了"影响商品的价值，不仅是直接花费在商品上的劳动，而且还有花费在协助这种劳动的器具、工具和建筑物上的劳动。"但是，与此同时，李嘉图并未阐明物化劳动和活劳动的差别对于资本同活劳动交换的意义。马克思说："商品的价值既决定于为生产该商品所需要的**对象化的（过去的）**劳动量，同样也决定于为生产该商品所需要的**活的（现在的）**劳动量。换句话说：劳动量完全不受劳动是物化劳动还是活劳动、过去劳动还是现在（直接）劳动这种**形式差别**的影响。如果这种差别对于决定商品价值是没有意义的，为什么当过去劳动（资本）同活劳动交换时，这种差别就有了决定性意义呢？既然这种差别**本身**，正像在商品的场合表现出来的那样，对于决定价值没有意义，它为什么在这里就一定会使价值规律失效呢？李嘉图没有回答这个问题，他甚至没有提出这个问题。"② 正是由于李嘉图没有从本质上研究劳动，未历史地区分劳动和劳动力，导致了他无法解释价值规律不适用于劳动与资本交换的原因。

李嘉图没有正确说明劳动力的价值是如何决定的。

李嘉图认为，劳动的价值是由在一定社会中为维持工人生活并延续其后代通常所必需的生活资料决定的。他将工资分为名义工资和实际工资，实际工资的价值就等于必需品的价值，也就是说，必需品的价值等同于这一工资所能支配的劳动。斯密也提出了类似的理论，他认为价值的标准尺度是劳动的价值和谷物的价值。商品的价值由其所支配的谷物

---

① 陈文通：《〈资本论〉第四卷概要》，北京：中央党校出版社1999年版，第161—162页。

② 《马克思恩格斯全集》第34卷，北京：人民出版社2008年版，第451—452页。

量来表现，该谷物量的价值由其所支配的劳动量来表现，同时其他商品的价值由其所支配的劳动量来表现，这一劳动量又由自身所支配的谷物量来决定。这样，斯密就陷入了循环论证。同时，斯密还将劳动与货币混淆，将价值的内在尺度与价值的外在尺度混淆。李嘉图也犯了同样的错误。

马克思批判道："但李嘉图却犯了双重错误，因为第一，他不懂得导致斯密犯错误的问题，第二，他自己完全忘记了商品的价值规律，而求助于供求规律，因而不是用花费在生产**劳动力**上的劳动量来决定**劳动的价值**……而后者由什么决定呢？支付的货币量由什么决定呢？由支配一定量劳动的使用价值量决定，或者说，由一定量劳动支配的使用价值量来决定。结果，李嘉图就**一字不差地**重犯了他指责亚当·斯密犯过的那种前后矛盾的错误。"①

马克思在这里明确主张劳动力商品价值会随一定的历史文化水平发展而发生变化。工人所需要的生活资料在不同的国家地区是不同的。这就对劳动力价值作出了科学的分析，为工人阶级争取提高工资和缩短工作日的斗争提供了理论依据。工资作为劳动力价值的转化形式，是由资本主义生产关系造成的。现实生活中的工资形式不过是掩盖了工人受剥削的实质。马克思就透过现象揭露了工人受剥削的本质。

---

① 《马克思恩格斯全集》第34卷，北京：人民出版社2008年版，第456页。

第七章 广义剩余价值论的确立

我们知道,马克思的《1861—1863年经济学手稿》是在写作"剩余价值理论"历史插论的过程中,看到资产阶级经济学家没有抽象出一般的"剩余价值"概念,而是在利润、利息、地租等特殊形式下来讨论剩余价值的,因此马克思远远超出了原定计划而写下了这个巨幅手稿。他将狭义剩余价值理论的历史再批判,扩展成了广义剩余价值理论的理论再探讨。如果说《1857—1858年经济学手稿》论述了纯粹形态的剩余价值,完成了狭义的剩余价值理论,那么本手稿就在批判重农学派及古典经济学尤其是李嘉图理论的基础上,确立了生产价格理论,研究了剩余价值的各种转化形式及其分配的一般规律,完成了广义的剩余价值理论。广义剩余价值理论的制定成为手稿的标志。

一 马克思对重农学派的剩余价值理论的批判

马克思认为,重农学派把剩余价值的起源的研究从流通领域转到了生产领域,所以为研究资本主义的生产过程奠定了基础。马克思对重农学派肯定说到:"他们完全正确地提出了这样一个基本论点:只有创造**剩余价值**的劳动,即只有劳动产品中包含的价值超过生产该产品时消费的价值总和的那种劳动,才是**生产的**"[1]。所以重农学派认为资本主义生产的实质是创造剩余价值。

马克思接着又对重农学派进行了批判,马克思认为,重农学派的生

---

[1] 《马克思恩格斯全集》第33卷,北京:人民出版社2004年版,第19页。

产劳动的唯一形式就是农业劳动,那么地租就是剩余价值的唯一形式。他们认为价值是由"土地、自然以及这个物质的各种变态构成的"①。马克思进一步指出了重农学派中的矛盾,他认为重农学派"实际上这是第一个对资本主义生产进行分析,并把资本在其中被生产出来又在其中进行生产的那些条件当作生产的永恒自然规律来表述的体系。但在另一方面,这个体系宁可说是封建制度即土地所有权统治的资产阶级式的再现;而资本最先得到独立发展的工业部门,在它看来却是'非生产'劳动部门,只不过是农业的附庸而已。资本发展的第一个条件,是土地所有权同劳动分离,是土地——这个劳动的最初条件——作为独立的力量,作为掌握在特殊阶级手中的力量同自由劳动者相对立。因此,在这种解释中,土地所有者表现为真正的资本家,即剩余劳动的占有者。可见,正如农业被看做成唯一进行资本主义生产即剩余价值生产的生产部门一样,封建主义是在资产阶级生产的形式上得到再现和说明的。这样,封建主义就被资产阶级化了,资产阶级社会获得了封建主义的外观"②。

所以马克思认为重农学派存在着矛盾:"它最先用对于他人劳动的占有来解释**剩余价值**,并且根据商品交换来解释这种占有,但是在它看来,价值不是社会劳动的形式,剩余价值不是剩余劳动;价值只是使用价值,只是物质,而剩余价值只是自然的赐予,——自然还给劳动的不是既定量的有机物,而是较大量的有机物"③。因此马克思认为重农学派对剩余价值的解释存在二重性,一方面认为剩余价值是劳动创造的,一方面又认为是自然的赐予。马克思认为这是资本主义生产初期的矛盾,资产阶级还处于初期阶段,没有真正的摆脱封建社会的影响,所以暂时还只能以资产阶级来解释这个封建社会,还没有找到封建社会本身的形式。

---

① 《马克思恩格斯全集》第33卷,北京:人民出版社2004年版,第19页。
② 同上书,第23页。
③ 同上书,第25页。

二 马克思对斯密的剩余价值理论的批判

斯密了解了剩余价值的真正起源。斯密认为,在资本主义生产方式下,企业主"出售'成品'时所得的利润,不是从**出售**本身产生的,不是由于商品**高于**它的价值出售而产生的,它不是'让渡利润'。工人加到材料上的价值即劳动量分成两部分。一部分支付工人的工资……另一部分构成资本家的利润,它是资本家没有支付过代价而拿去出售的一定量劳动"①。斯密自己反驳了自己认为的价值规律失效的看法,但是斯密看到了剩余价值的真正起源。而且斯密还把剩余价值理论一般化。马克思说,"在对剩余价值的分析上,因而在对资本的分析上,亚·斯密比重农学派前进了一大步。在重农学派的著作中,创造剩余价值的,仅仅是一个特定种类的实在劳动——农业劳动。因此,他们考察的是劳动的使用价值,而不是作为价值的唯一源泉的劳动时间,一般社会劳动。而在这特定种类的劳动中,实际上创造剩余价值的又是**自然**,即土地,而剩余价值被归结为物质(有机物质)的增加,归结为生产出来的物质超过消费了的物质的余额。他们还只是在十分狭隘的形式中考察问题,因而夹杂着空想的观念。相反,在亚·斯密的著作中,创造价值的,是一般社会劳动(它表现为哪一种使用价值,是完全无关紧要的),仅仅是必要劳动的量。剩余价值,无论它表现为利润、地租的形式,还是表现为派生的利息形式,都不过是劳动的物的条件的所有者在同活劳动的交换中占有的这种劳动的一部分。因此,在重农学派看来,剩余价值只表现为地租形式,而在亚·斯密看来,地租、利润和利息都不过是剩余价值的不同形式"②。

斯密把剩余价值同利润这一剩余价值的形式混淆了。马克思认为,斯密是在用利润这一形式来阐述剩余价值的,没有把剩余价值给抽象出

---

① 《马克思恩格斯全集》第33卷,北京:人民出版社2004年版,第55页。
② 同上书,第62页。

来单独考察。马克思认为这是错误和荒谬的,由于斯密把剩余价值同利润混淆起来,就推翻了他前面提出的剩余价值起源的规律。最后马克思总结指出,"因为亚·斯密不仅把剩余价值归结为利润,而且归结为地租,——这是剩余价值的两个特殊种类,它们的运动取决于完全不同的规律——所以仅仅这一点本来就应当使他看到,决不能把一般的抽象形式直接同它的任何一个特殊形式混淆起来。不论是斯密,还是后来所有的资产阶级经济学家,照例都缺乏对于理解经济关系的形式差别所必要的理论认识,——他们都是粗略地抓住现成的经验材料,只对这些材料感兴趣"①。

三 马克思对李嘉图理论的分析批判

马克思在手稿中用了大量的篇幅对李嘉图的理论进行了深入分析批判,在对其分析批判中确立起广义剩余价值理论的体系。

马克思在阐明了从剩余价值过渡到平均利润的各个环节。他指出,平均利润的形成是由于两种竞争的作用造成的。一是同一部门内部各资本家之间竞争的结果而确立的这个部门的市场价值。二是各个部门之间由于市场价值不同,资本从在不同部门之间转移而形成同一的平均利润率。资本于是可以按照统一的平均利润率取得平均利润。平均利润结合生产成本就形成生产价格。于是,商品价格不再是围绕着价值波动,而是围绕着生产价格波动。这样,马克思就令人信服地说明了平均利润恰恰是剩余价值的必然结果。

(一) 剩余价值理论

马克思指出,李嘉图既未研究剩余价值的起源和本质,也未研究绝对剩余价值。

李嘉图正确地定义了平均工资,他认为平均工资取决于为生产这些

---

① 《马克思恩格斯全集》第33卷,北京:人民出版社2004年版,第70页。

生活资料所花费的劳动时间，取决于物化在工人得到的生活资料中的劳动量，也就是所谓的实际工资。但是，马克思指出，工人的生活资料的等价物，取决于劳动的社会生产率，而不是个别生产部门的生产率。他说："但是，这样一来，由于他没有把工人的**工作日的一部分直接**说成是用于再生产工人自己劳动能力的价值的工作日部分，他就造成了困难，模糊了对关系的明确理解。由此便发生了双重的混乱。**剩余价值的起源**变得不清楚了，因而后来的经济学家责备李嘉图没有理解、没有阐明剩余价值的性质。部分地也是由于这个原因，他们便尝试经院式地解释剩余价值的起源。但是，由于没有明确地把握剩余价值的起源和性质，便把剩余劳动加必要劳动，简单地说，也就是**总工作日**，看作某种固定的量，却忽略了剩余价值量方面的差别，不理解资本的生产性，不**理解资本强制要求剩余劳动**"，"因而没有阐明资本在历史上的合理性。相反，亚当·斯密已经提出了正确的公式。把剩余价值归结为剩余劳动，和把价值归结为劳动，具有同等重要的意义，并且措辞明确"。① 李嘉图在考察剩余价值的起源和性质时，不仅没有前进，反而出现了模糊和混乱。

李嘉图商品价值大于工资价值的差额即剩余价值，错误地理解为利润。马克思说："在李嘉图看来，产品的价值大于工资的价值，这是事实。这个事实究竟是怎样产生的，仍然不清楚"。"因此，李嘉图错误地假定**总工作日的量是固定的**，并从这里直接得出了错误地结论。因此，李嘉图只能用生产必需品的社会劳动的生产率的提高或降低来说明剩余价值的增加或减少。这就是说，李嘉图只知道相对剩余价值。"② 由于李嘉图自身的阶级局限性，他假定工人工作时间的总量是固定的，没有考虑资本家人为延长工作时间的情形，因而未能发现绝对剩余价值。

马克思指出，资本主义生产存在的原因是要具有一定量的剩余劳

---

① 《马克思恩格斯全集》第 34 卷，北京：人民出版社 2008 年版，第 458 页。
② 同上书，第 459 页。

动。"但是，同样明显的是，如果说在劳动时间既定（工作日长度既定）的情况下，劳动生产率可以大不相同，那么，另一方面，在劳动生产率既定的情况下，劳动时间即工作日长度也可以大不相同。其次，很明显，如果说剩余劳动能够存在，必定以劳动生产率的一定发展水平为前提，那么，这种剩余劳动的单纯的**可能性**（就是说，劳动生产率的那种必要的最低限度的存在）并不就造成它的**现实性**。为此，首先还要**强迫**工人进行超过上述限度的劳动，而资本就是强迫工人这样做。这在李嘉图的著作中并没有谈到，因而也没有谈到争取规定正常工作日的全部斗争"①。

马克思指出，工作日是一个变量，此时，剩余价值和工资可以以相同的速度或不同的速度增长，并且一部分的增长并不以另一部分的减少为条件，反之亦然。剩余价值在劳动的价值减少的情况下也可能增加。马克思说："李嘉图完全没有注意到这一点，因为他既不研究剩余价值的起源，也不研究绝对剩余价值，因而把工作日看作某种既定的量。可见，就上述场合来说，**他所说的**剩余价值和工资（他错误地说成利润和工资）就交换价值来看只能按反比例增加或减少**这个规律是错误的**"②。

进一步，马克思指出，在考察剩余价值时，应当区分剩余价值和剩余价值率。在剩余价值不变且工作日不等的情况下，剩余价值率可能不同。在工作日和必要劳动时间既定，使剩余价值率既定的情况下，剩余价值量取决于同一资本同时雇佣的工人的人数。由于资本的有机构成和使用的工人人数不同，生产的剩余价值一定不等。马克思说："我们一开始就看到，把剩余价值提高或降低的规律与利润提高和降低的规律等同起来是极端错误地"③。

最后，马克思指出，随着资本主义的发展，不变资本对可变资本的比例在增长。他说："随着不变资本对可变资本的比例的增长，劳动生产率也增长，已生产出来的、社会劳动借以发挥作用的生产力也

---

① 《马克思恩格斯全集》第34卷，北京：人民出版社2008年版，第459页。
② 同上书，第462页。
③ 同上书，第464页。

增长。诚然，由于劳动生产率的这一增长，现有不变资本的一部分将不断贬值，因为它的价值不是决定于它原先已花费的劳动时间，而是决定于可以把它再生产出来的劳动时间，而这种劳动时间随着劳动生产率的增长会不断减少。因此，不变资本的价值虽然不是同它的量成比例地增长，但毕竟在增长，因为不变资本的量的增长快于它的价值的减少"。①"随着社会劳动生产率的进步以及伴随而来的不变资本的增长，资本本身，在劳动的全部年产品中所占的部分，相对说来将越来越大，因而资本财产（撇开资本家的收入不说）将不断增大，单个工人，甚至工人阶级所创造的那部分价值所占的份额，与现在作为资本同他们对立的他们的过去劳动的产品相比，将越来越少。因此，劳动能力和作为资本而独立化的劳动客观条件之间的异化和对立不断增长"。②

马克思指出，实际上李嘉图是在利润的名义下考察了相对剩余价值。

马克思指出："相对剩余价值——这实际上是李嘉图在**利润**名义下阐述的剩余价值的唯一形式"③。同时，马克思还指出："分析相对工资，或者说，比例工资，并把它作为范畴确定下来，是李嘉图的巨大功绩之一"。④

马克思还对李嘉图的下列观点进行了肯定：李嘉图"提出了一个正确的原理，就是说：一切分工、机器的改进、运输工具的完善、由对外贸易引起的改良，一句话，一切缩短制造和运输商品的必要劳动时间的方法，由于并且只要它们降低劳动的价值，都会增加剩余价值（就是说，也会增加利润），从而使资本家发财致富"⑤。这揭示资本家剥削工人的本质。

---

① 《马克思恩格斯全集》第34卷，北京：人民出版社2008年版，第470页。
② 同上书，第470页。
③ 同上书，第472页。
④ 同上书，第474页。
⑤ 同上书，第478—479页。

(二) 生产价格理论

1. 李嘉图不懂得生产过程中资本有机构成的差别，因而把价值和费用价格混淆起来了

马克思说："李嘉图在任何地方都没有离开剩余价值的特殊形式——利润（利息）和地租——来单独考察**剩余价值**。因此，他对具有如此重要意义的资本有机构成的考察，只限于从亚当·斯密（其实是从重农学派）那里传下来的，由流通过程产生的资本有机构成的差别（固定资本和流动资本）；而生产过程本身内部的资本有机构成的差别，李嘉图在任何地方都没有涉及，或者根本就不知道。就是由于这个缘故，他把**价值**和**费用价格**混淆起来了，提出了错误的地租理论，得出了关于利润率提高和降低原因的错误规律等等"①。

由于李嘉图运用抽象法研究并不彻底，他没有发现利润仅是剩余价值的特殊形式，因此在对资本的有机构成进行说明时，仅是继承前人的理论在资本的流通过程中进行考察，并未涉及资本的生产领域的有机构成，这也就造成了李嘉图将费用价格与价值相混淆，从而得出了错误的结论，导致了整个理论体系的崩溃。

2. 李嘉图不懂得价值和平均价格（费用价格）、剩余价值（利润）和平均利润的差别，不是价值引出平均价格，而是把平均利润和平均价格作为假定前提

李嘉图因为不能历史地区分费用价格、剩余价值以及平均利润，所以他颠倒了价值与平均价格的因果关系。

李嘉图认为，商品价值决定劳动时间，但在计算劳动时间时，他将属于原料的劳动时间漏掉了，因此没有形成不变资本的概念。马克思说："不变资本加入商品的比例，并不影响商品的**价值**，并不影响商品包含的相对劳动量，但是，这种比例直接影响包含等量劳动时间的商品

---

① 《马克思恩格斯全集》第34卷，北京：人民出版社2008年版，第419页。

所包含的不同的**剩余价值量**，或者说，**剩余劳动量**。因此，这种不同的比例就造成不同于价值的**平均价格**"。① 也就是说，不变资本比例的改变，仅是影响了剩余劳动量，不变资本的不同比例造就了异于价值的平均价格。

进一步，马克思指出："李嘉图不去研究不同生产领域中同一资本量的组成部分由不变资本和可变资本构成的比例这种极为重要的、影响**剩余价值直接生产**的差别，却专门去研究资本形式的差别和同一资本采取这些不同形式的不同比例，研究从**资本的流通过程**产生的**形式差别**，即固定资本和流动资本、固定程度较大或较小的资本（即具有不同耐久程度的固定资本）和资本的不等的流通速度或周转速度。并且，李嘉图研究的方法是这样的：他为等量的各种投资，或者说，为使用等量资本的不同生产领域，假定**一个一般利润率**，或者说，一个**等量的平均利润**，或者也可以说，他先假定利润和不同生产领域使用的资本的量成比例。其实，李嘉图不应该**先假定**这种**一般利润率**，相反，他倒是应该研究一般利润率的**存在**究竟同价值决定于劳动时间这一规定符合到什么程度，这样，他就会发现，一般利润率同这一规定，乍看起来倒是**矛盾的**，而不是符合的，所以，一般利润率的存在还须要通过许多中介环节来阐明，而这样做与简单地把它归到价值规律下是不大相同的。这样，李嘉图会得到一个关于利润本质的完全不同的认识，而不会把利润直接同剩余价值等同起来"。②

正是由于李嘉图困囿于资本流通过程中产生的形式差别，即固定资本和流动资本，造成了他未能揭示平均利润产生的根源，因而将利润直接等同于剩余价值。

因此，上述内容导致了李嘉图体系的两大困难。

---

① 《马克思恩格斯全集》第 34 卷，北京：人民出版社 2008 年版，第 192—193 页。
② 同上书，第 192—193 页。

3. 李嘉图只说明不同生产领域市场价值的相互关系，没有说明每个特殊领域市场价值的形成过程

马克思指出："商品——它是某个特殊生产领域的产品——的价值，决定于为这个生产领域的**全部**商品**量**即商品**总额**所需要的劳动，而不决定于这个生产领域内部单个资本家或雇主所需要的特殊劳动时间。"①即商品的价值是由社会必要劳动时间决定的，而不是由单个资本家的劳动时间决定的。

在实际生产过程中，单个资本家进行生产的特殊条件可以分为三类：（1）中等生产条件，也就是一般生产条件或平均生产条件；（2）高于平均条件；（3）低于平均条件。在第一种情况下，个别价值同一般价值一致；在第二种情况下，个别价值低于一般价值；在第三种情况下，个别价值高于一般价值。一个生产领域所需的产品量，不是一个固定量，而是一个价格界限内的需要量，这三类中究竟由哪一类最后确定平均价值，正是取决于这几类的数量或数量的比例关系，取决于哪一类的数量占优势。在这一情形下，"一般的结果是：这一类的产品具有**一般**价值，对所有这种产品都是**相同的**，不管它对每一个别商品的个别价值的比例如何。这种**共同的**价值，就是这些商品的**市场价值**，就是它们进入市场时具有的价值。这种市场用货币表现出来就是**市场价格**，正如价值用货币表现出来就是价格一样。实际的市场价格，有时高于这种市场价值，有时低于这种市场价值，只是偶然同市场价值一致。但是在一定时期内，波动会互相抵消，因此可以说，实际市场价格的平均数，就是表现**市场价值**的**市场价格**。不管实际市场价格在当时**按其大小来说，从数量来说**是否同这种市场价值一致，市场价格总是同市场价值有一个共同的**质的**规定，即同一生产领域的所有在市场上的商品（自然假定它们的质是相同的）都具有同一价格，或者说，它们实际上代表这个领域的商品的**一般价值**"②。

---

① 《马克思恩格斯全集》第 34 卷，北京：人民出版社 2008 年版，第 225—226 页。
② 同上书，第 227 页。

因此，该生产领域内竞争必将发生。"竞争——部分地是资本家之间的竞争，部分地是商品的买者同资本家的竞争以及商品的买者之间的竞争——在这里就导致这样的结果：某一特殊生产领域的每一个别商品的价值决定于**这一特殊社会生产领域的商品总量**所需要的**社会劳动时间总量**，而不决定于**个别商品的个别价值**，换句话说，不决定于个别商品的**特殊**生产者和卖者为这一个别商品花费的劳动时间。""因此，竞争并不是通过把一个生产领域**内部的各种利润平均化**的办法来确定**市场价值或市场价格**。""相反，竞争在这里正是通过容许各个个别利润之间的差别，即各个资本家的利润之间的差别，通过容许有个别利润对该领域平均利润率的偏离，把**不同的个别价值**平均化为同一的、**相等的、没有差别的市场价值**。竞争甚至通过为那些在有利程度不同的生产条件下，因而在劳动生产率不同的条件下生产出来，因此代表个别的、**不等量的劳动时间**的商品确立**同一的市场价值**，来造成这种偏离"①。

进一步，马克思将上面的内容归纳为："竞争在**同一生产领域**所起的作用是：**使这一领域生产的商品的价值**决定于这个领域中平均需要的劳动时间；从而确立**市场价值**。竞争在**不同生产领域**之间所起的作用是：把不同的市场价值平均化为代表不同于实际市场价值的**费用价格**的市场价值，从而在不同领域**确定同一的一般利润率**。因此，在这第二种情况下，竞争决不是使商品价格去适应商品价值，而是相反，使商品价值归结为不同于商品价值的费用价格，取消商品价值同费用价格之间的差别"②。由于李嘉图将费用价格等同于价值，因此他是这样理解上述第二种情况下的运动的：商品价格通过竞争，又还原为商品价值。正是这一原因，使李嘉图在论述自然价格与市场价格的思路极其肤浅，他的思路是这样的：由供求关系的变动引起的商品价格偶然和暂时的变动。

---

① 《马克思恩格斯全集》第 34 卷，北京：人民出版社 2008 年版，第 227—228 页。
② 同上书，第 230 页。

4. 李嘉图所考察的是实际市场价格围绕费用价格的运动,而又同价值转化为费用价格的运动相混淆

马克思认为,应当首先思考怎样确定同一部门中价格的一般水平和不同部门之间的利润的一般水平。在这样的情况下,李嘉图会看到"后一种活动已经以资本的不断来回交叉游动为前提,或者说,以由竞争决定的、**全部社会资本在不同投资领域之间的分配**为前提。既然已经假定,在不同领域中市场价值或者说平均市场价格归结为提供同一平均利润率的**费用价格**","某些特殊领域中发生的市场价格对费用价格的经常偏离,即高于或低于费用价格的情况,就会引起社会资本的新的转移和新的分配。第一种转移的发生是为了确立不同于**价值**的**费用价格**;第二种转移是为了在市场价格高于或低于费用价格的时候使**实际市场价格**同费用价格趋于一致。一种是价值转化为费用价格。第二种是不同领域中实际的偶然的市场价格围绕费用价格旋转,费用价格现在表现为'**自然价格**',虽然它不同于价值,它只是社会活动的结果"①。资本在不同生产领域的转移形成平均利润,又进一步形成费用价格,此时,市场价格不再围绕价值旋转,而是以费用价格为基准进行上下波动。"这种趋势促使社会劳动时间总量按社会需要**在不同生产领域之间**进行分配。同时,不同领域的价值由此转化为费用价格,另一方面,各特殊领域的实际价格对费用价格的偏离也拉平了"②。

5. 李嘉图以"自然价值"为中介,把价值和费用价格等同起来,把费用价格作为最后的调节者

李嘉图始终坚持:"持久的价格决定于**费用价格**,而不决定于**需求和供给**,因此,只是由于商品**价值**决定费用价格,持久的价格才决定于商品价值。假定商品的价格经过调节,都提供10%的利润,那么,商品价格的任何持久的变动都将决定于商品价值的变动,决定于生产商品所需要的劳动时间的变动。正如这种价值继续决定一般利润率一样,它的

---

① 《马克思恩格斯全集》第 34 卷,北京:人民出版社 2008 年版,第 231 页。
② 同上书,第 232 页。

变动也继续决定费用价格的变动，尽管这肯定**不会取消这种费用价格和价值之间的差额**。取消的只是超出这一差额的东西，因为价值和实际价值之间的差额不应大于**一般利润率造成的费用价格和价值之间的差额**。随着商品的价值的变动，商品的费用价格也发生变动。于是便形成**新的自然价格**。"① 在这里，李嘉图是将"自然价格"即费用价格等同于"自然价值"即劳动时间决定的价值，这一混淆使李嘉图将"生产费用"作为价格的最后调节者。

马克思指出："李嘉图的整个错误和由此而来的对地租等的错误论述，以及关于**利润率**等的错误规律，都是由于他没有区分**剩余价值**和**利润**而造成的，总之，是由于他像其余的政治经济学家那样粗暴地、缺乏理解地对待**形式规定**而造成的"②。

6. 李嘉图反对斯密教条，但又被斯密的"自然价格"引入歧途

马克思对李嘉图的著作进行研究后，得出如下结论："由上所述，很清楚：亚当·斯密把**商品的自然价格**，或者说，**费用价格和商品的价值**等同起来，是由他事先抛弃了他对**价值**的正确观点，而代之以由竞争现象所引起的、来源于竞争现象的观点。在竞争中，并不是**价值**，而是**费用价格**作为**市场价格**的调节者，可以说，作为**内在价格**——商品的价值出现。而这种费用价格本身，在竞争中又作为由工资、利润和地租的既定平均率决定的某种既定的东西出现。因此，斯密也就试图离开商品的**价值**而独立地确定工资、利润和地租的平均率，更确切地说，把这种平均率确定为自然价格的要素。李嘉图的主要任务是推翻斯密的这种谬误说法，可是他也接受了这种说法的必然的，而如果他前后一贯的话，对他来说是**不可能有的后果——把价值和费用价格等同起来**"③。从上述内容可以理解"李嘉图是怎样被俘虏"。

---

① 《马克思恩格斯全集》第 34 卷，北京：人民出版社 2008 年版，第 236 页。
② 同上书，第 239 页。
③ 同上书，第 260—261 页。

（三）利润理论

马克思指出，李嘉图在两种意义上考察利润，第一种是将利润同全部预付资本相比较，另一种是将利润同可变资本相比较。前者是真正意义上的利润，后者实际上是剩余价值。由于李嘉图将利润同剩余价值混淆，他的利润理论可以说是剩余价值理论。李嘉图在分析利润时，常常撇开不变资本，将工资同利润联系起来。所以，马克思说李嘉图有真正的剩余价值理论。

对于利润问题，李嘉图认为，利润是商品价值中扣除工资后的余额，并把利润视为剩余价值的基本形式。他说："商品的全部价值只分成两部分，一部分构成资本利润，另一部分构成劳动工资。"① 在考察利润与工资时，李嘉图撇开不变资本，将全部资本直接花费在工资上。此时，利润成为用于工资的可变资本的增加额。马克思说："就这一点来说，他考察的是剩余价值，而不是利润，因而才可以说他有剩余价值理论。"②

对于利润量的变化规律，李嘉图根据利润的定义，认为利润的大小取决于工资的高低，利润与工资呈反向变动关系。工资上升，利润下降；工资下降，利润上升。他说："工资上升，利润就会成比例地降低"③，"工资增加时，总是牺牲利润；工资跌落时，利润总会提高"④。

李嘉图实际上分析了相对剩余价值生产的问题，他认为劳动生产率的变动是利润与工资反向变动的根本原因。劳动生产率的变动首先引起工资的变动，工资的变动随后引起利润的变动。劳动生产率提高，生活资料价格下降，工资下降，利润提高；与此相反，劳动生产率下降，生活资料价格上升，工资上升，利润降低。因此，李嘉图认为，工资变动是原因，利润变动是结果。

---

① 〔英〕彼罗·斯拉法主编：《政治经济学及赋税原理》，郭大力、王亚南译，北京：商务印书馆1997年版，第92页。
② 《马克思恩格斯全集》第34卷，北京：人民出版社2008年版，第419页。
③ 〔英〕彼罗·斯拉法主编：《政治经济学及赋税原理》，郭大力、王亚南译，北京：商务印书馆1997年版，第346页。
④ 同上。

李嘉图还研究了利润率变动趋势，认为，随着社会不断进步，人口不断增加，社会对粮食的需求不断增加，土地耕种必然会从优等土地逐渐转向劣等土地，从而，农产品价格不断上涨，耕种随之提高，导致利润率不断下降。并且，他认为，地租的上升必然导致利润率的下降，由此，揭示了资本家与地主阶级利益的对立。在分析地租、工资和利润三者间比例变化的趋势及其原因时，李嘉图指出："地租和工资的提高以及利润的跌落通常是同一原因的必然结果；也就是食物的需求增加，生产食物所必需的劳动量增加以及由此引起的劳动价格腾贵这一原因的必然结果"①。

同时，李嘉图还指出，在利润率下降时，利润总量是有可能增加的。他说："不论资本的利润率怎样由于土地上的资本积累以及工资上涨而减小，利润总额也会增加……虽然增加率是递减的"，"这种情况只有在一定的时候才是正确的"，"当资本已经积累到巨大数额，利润已经减低之后，进一步的积累就会减少利润总额"②。

马克思在对李嘉图理论的分析批判中确立利润理论：

1. 李嘉图混淆了利润和剩余价值的区别，从而歪曲了剩余价值理论和剩余价值规律

李嘉图在论述工资与利润的关系时，常常撇开不变资本，假定将全部资本都直接花费在工资上了。因此，他实际上考察的是剩余价值。也就是说，李嘉图只是从对可变资本即花费在工资上的那部分资本的关系来考察利润，他将利润与剩余价值混淆。

由李嘉图的全部利润学说，我们得出这样一个结论：利润同资本成比例，而不同所使用的劳动成比例。与此相比，马克思区分了利润和剩余价值，得出如下结论：假定剩余价值率既定，剩余价值量必然总是取决于所使用的劳动量；假定平均利润率既定，利润量必然总是

---

① 〔英〕彼罗·斯拉法主编：《政治经济学及赋税原理》，郭大力、王亚南译，北京：商务印书馆1997年版，第352—353页。

② 同上书，第104页。

取决于所使用的资本的量。利润率的大小,"取决于整个资本家阶级的资本所使用的劳动总量,取决于所使用的无酬劳动的相对量,最后取决于耗费在劳动上的资本同只是作为生产条件再生产出来的资本之间的比例"①。

2. 李嘉图错误地认为利润率仅仅取决于剩余价值率

马克思指出,利润率取决于剩余价值量,而不是取决于剩余价值率。在剩余价值率、剩余劳动率既定时,资本的有机构成决定剩余价值量;在资本的有机构成既定时,剩余价值率决定剩余价值量。

进一步,马克思还指出,"不仅可变资本和不变资本的差别影响利润率,而且,固定资本和流动资本的差别也影响利润率。在不变资本的较大部分由固定资本构成的地方,利润率会低得多,在资本的较大部分由流动资本构成的地方,利润率会高得多;在可变资本较大(与不变资本相比),同时在不变资本中固定部分又较小的地方,利润率最高"②。即流动资本比例的增加会提高利润率。所以,"如果不变资本中的流动资本和固定资本之间的比例在不同的资本中是**相同的**,那就只有可变资本和不变资本之间的差别是决定的因素了。如果可变资本与不变资本的比例是相同的,那就只有固定资本和流动资本之间的差别,即不变资本本身内部的差别是决定的因素了"③。由此可知,固定资本与流动资本的比例也是影响利润率的重要因素之一。

马克思指出了关于绝对地租和一般利润率关系。他认为工业的进步使一般利润率下降,可能提高绝对地租。工业的进步是使社会生产力进一步提高,降低了工业产品的平均价格,使农产品价值相对增加,导致农产品的价值与自身的费用价格之间的差额增大,引起地租的提高,利润率可能降低。与此同时,工资的提高也会导致利润率的下降。

---

① 陈文通:《〈资本论〉第四卷概要》,北京:中央党校出版社1999年版,第156页。
② 同上书,第158页。
③ 《马克思恩格斯全集》第34卷,北京:人民出版社2008年版,第442页。

3. 李嘉图把利润和剩余价值、利润率和剩余价值率等同起来,从而导致庸俗观点

首先,马克思指出:"剩余价值规律,或者更确切地说,剩余价值率规律(假定工作日既定),不是像李嘉图所解释的那样,直接地、简单地同利润规律相一致,或者说,可以直接地、简单地适用于利润规律;李嘉图错误地把剩余价值和利润等同起来;只有在全部资本都由可变资本组成,或者说,全部资本都直接用于工资的场合,剩余价值和利润才是等同的;因此,李嘉图在'利润'名义下考察的,一般来说只是剩余价值。也只有在上述这种场合,总产品才会简单地归结为工资和剩余价值。李嘉图显然同意斯密关于年产品的**总价值**归结为收入的观点。因此,他也把价值和费用价格混淆起来了"①。

同时,马克思指出,李嘉图的剩余价值理论和利润理论有一定的庸俗观点。但在李嘉图著作的个别地方,他没有将利润与剩余价值、利润率与剩余价值率等同起来。这也说明了李嘉图在利润理论上的混乱。

4. 李嘉图把一般剩余价值率和一般利润率混淆起来,并用供求关系来解释平均利润

李嘉图混淆了一般剩余价值率即一般剩余劳动率与一般利润率。马克思明确指出,"剩余价值是相对可变资本而言的,利润是相对总资本而言的;一般剩余价值率是同价值相联系的,一般利润率是同费用价格相联系的"②。首先,一般剩余价值率相同时,商品若按照自身的价值出卖,那么不同生产部门的利润率一定是完全不同的。其次,一般利润率等于总资本与生产出来的剩余价值的比,由于个别资本的有机构成不同,按照各自资本的量的大小,从剩余价值中获取自己的股息,此时就形成了平均利润,也就是形成了加入每一部门的费用价格的一般利润率。

李嘉图引入了供求关系来解释平均利润。但事实并不是这样。"首

---

① 《马克思恩格斯全集》第34卷,北京:人民出版社2008年版,第481页。
② 陈文通:《〈资本论〉第四卷概要》,北京:中央党校出版社1999年版,第171页。

先，在一般利润率已经确立的情况下，在个别生产部门，由于工作日较长，绝对剩余价值提高，利润率也可能提高。其次，如果出现了一个新的生产部门，使用的活劳动很多，同积累劳动不成比例，因此这个部门的资本构成大大低于决定平均利润的平均构成，那么，供求关系就可能容许这个新的部门高于产品的费用价格，以比较接近于产品实际价值的价格出卖商品。但绝不是高于它的价值出卖。价值要把这种利润拉平，但决不是恢复到原来的水平，而是提高到一个新的水平"①。

最后，马克思指出："李嘉图所以犯这一切错误，是因为他想用强制的抽象来贯彻他把剩余价值率和利润率等同起来的观点。庸俗经济学家由此得出结论说，理论上的真理是同现实情况相矛盾的抽象。相反，他们没有看到，因为李嘉图在正确抽象方面做得不够，才使他采取了错误的抽象"②。

5. 李嘉图对利润率下降规律作了错误的解释，依据了错误地前提

李嘉图的理论发生错误的原因，是因为该理论的两个前提是错误的。"第一个错误前提是：地租的存在和增加以农业生产率不断降低为条件；第二个前提是：利润率（在李嘉图那里就等于相对剩余价值率）的提高或下降只能同工资的提高或下降成反比"③。马克思指出："利润率下降——虽然剩余价值率这时保持不变或提高——是因为随着劳动生产力的发展，可变资本同不变资本相比减少了。因此，利润率下降不是因为劳动生产率降低了，而是因为劳动生产率提高了。利润率下降不是因为对工人的剥削减轻了，而是因为对工人的剥削加重了，不管这是由于绝对剩余时间增加，还是——在国家对此进行阻挠时，从而使相对剩余时间增加"④。

另外，马克思还批判了李嘉图关于一个国家不会发生生产过剩的错误论点。他说："李嘉图没有看到，商品必须转化为货币。工人的需求

---

① 陈文通：《〈资本论〉第四卷概要》，北京：中央党校出版社1999年版，第172页。
② 《马克思恩格斯全集》第34卷，北京：人民出版社2008年版，第495—496页。
③ 陈文通：《〈资本论〉第四卷概要》，北京：中央党校出版社1999年版，第173页。
④ 《马克思恩格斯全集》第34卷，北京：人民出版社2008年版，第497页。

是不够的，因为利润之所以存在，正是由于工人的需求小于他们的产品的价值，而相对说来，这种需求越小，利润就越大。资本家彼此提出的需求同样是不够的。生产过剩不会引起利润的**持续**下降，但是它具有持久的周期性。随着生产过剩，就出现生产不足等等。生产过剩的起因恰好在于：人民群众所消费的东西，永远也不可能大于必需品的平均量，因此人民群众的消费不是随着劳动生产率的提高而相应地增长"①。

马克思在对李嘉图学派和庸俗经济学派地批判中进一步确立利润和生产价格理论：

马克思以李嘉图的理论为基础，指出其中的矛盾，并运用阶级观点和唯物主义辩证法解决了这些矛盾，建立了自己的理论。李嘉图的学说是资产阶级经济学在认识上所能达到的极限，但这并不能解决古典经济学的两大矛盾，并且李嘉图的认识日益被陈旧的观点代替，导致了李嘉图学派的解体。马克思从下列方面对李嘉图学派和庸俗经济学派进行探讨和批判，促使了平均利润和生产价格理论的进一步完善：

第一，马克思从罗伯特·托伦斯的理论出发，论述李嘉图学派的解体。斯密认为，在资本主义制度以前价值规律是决定性的，托伦斯用李嘉图的预感来解释这一观点。马克思指出，斯密和李嘉图的矛盾是一条认识的上升线，而在托伦斯那里却是他们的衰落。② 马克思阐明了历史地继续发展的资产阶级理论形成过程的内在逻辑，资产阶级经济学在接近对本质的认识后，又必然会离开这一认识。

第二，在对托伦斯进行探讨和批判的同时，马克思对生产费用的各种不同概念进行系统的说明。托伦斯的功绩是他引发了对生产价格这一问题的讨论。马克思通过一系列科学分析指出，工人阶级才是资本主义生产费用的承担者。

第三，马克思以生产费用等于 $C+V+$ 平均利润的定义为基础，总结了之前章节的对价值和生产价格的内在联系的评论："因此很清楚，虽

---

① 《马克思恩格斯全集》第34卷，北京：人民出版社2008年版，第532页。
② 参看《马克思恩格斯全集》第26卷第3册，北京：人民出版社1974年版，第74页。

然大多数商品的费用价格必定偏离它们的价值,就是说,虽然它们的'生产费用'必定偏离它们包含的劳动总量,但是,不仅这种生产费用和费用价格由商品的价值决定,并同价值规律相符合(而不是和它相矛盾),而且甚至生产费用和费用价格的存在本身,也只有在价值和价值规律的基础上才能理解,没有这个前提,它们的存在就是不可思议和荒谬的"①。

第四,马克思对庸俗经济学的三位一体公式进行了探讨,并结束了对生产费用的论述:"可以把**预付**,即资本家支付的东西叫做**费用**〔Kosten〕。按照这种说法,利润就表现为超过这些费用的余额。这个与个别生产价格有关。而由预付决定的价格就可以叫作**费用价格**〔Kosten-Preise〕。由平均利润决定的价格,也就是由预付资本的价格加平均利润决定的价格,可以叫作**生产费用**〔Produktionskosten〕,因为这一利润是再生产的条件,是在不同领域之间调节商品供给和资本分配的条件。这种价格就是**生产价格**〔Produktionspreise〕。"②

总之,马克思的平均利润和生产价格学说对于无产阶级完成自己的历史使命具有非常重要的意义。在完成这一学说的过程中,马克思指出了资产阶级和无产阶级的斗争的不可调和的客观原因,并且揭示了资产阶级的意识形态必然以商品拜物教的形式出现的客观原因。

四 马克思的广义剩余价值理论的价值

马克思已经在《1857—1858 年经济学手稿》中,以劳动价值论为基础说明了资本财富是如何形成的,使唯物主义历史观这一天才般的猜想成为得到证实的理论,并且纯粹形式的剩余价值的发现也证实了唯物主义历史观。马克思的理论科学地指出资产阶级追求利润的本能及其居于统治地位的所有制关系导致资产阶级对工人的剥削不断价值,引发生

---

① 《马克思恩格斯全集》第 26 卷第 3 册,北京:人民出版社 1974 年版,第 83 页。
② 同上书,第 570 页。

产力和生产关系之间的矛盾。马克思在《政治经济学批判》的《导言》中指出："于是这些关系便由生产力的发展形式变成生产力的桎梏。那时社会革命的时代就到来了。"①

在《1861—1863年经济学手稿》中，马克思指出了导致资产阶级古典经济学解体和消亡的两大矛盾：资本和劳动之间按照价值规律交换。一般利润率的形成。把剩余价值和利润等同起来。不理解价值和费用价格的关系。马克思为了解决这两大矛盾，在《1861—1863年经济学手稿》中完成了广义剩余价值学说，即论述了剩余价值与其具体形式的关系，剩余价值的具体形式包括竞争学说中的平均利润、信用学说中的利息以及土地所有权学说中的地租。

市场价值、平均利润和生产价格理论的制定，为工人阶级完成解放全人类的历史使命提供了科学的理论依据。马克思用剩余价值规律揭示了工人阶级与资产阶级之间的矛盾的不可调和性，并且在《1861—1863年经济学手稿》中运用平均利润率表明，不仅工人受到资本家的剥削，而且工人阶级也受到资本家阶级的剥削。马克思指出："因此，我们在这里得到了一个像数学一样精确的证明：为什么资本家在他们的竞争中表现出彼此都是假兄弟，但面对整个工人阶级却结成真正的共济会团体"②。在这一历史情形下，只有在所有被剥削的劳动人民积极参加争取共产主义的斗争中，共产主义才能取得胜利。马克思对剩余价值转化的分析，为城乡劳动人民实行联盟的政策的必要性揭示了其物质依据，并且指出这一物质依据不仅存在于帝国主义这一垄断资本主义制度下，还以不断扩大的规模再现出来。

马克思在《1861—1863年经济学手稿》中指出，虽然古典经济学未能揭示纯粹形式的剩余价值，但是其杰出代表亚当·斯密及大卫·李嘉图实际上已经提出了剩余价值理论，这是由于他们认识到了劳动是利润的源头，抛开表面形式，触及到了剥削的本质。随后由于其自身的阶

---

① 《马克思恩格斯全集》第31卷，北京：人民出版社1998年版，第412—413页。
② 《马克思恩格斯全集》第46卷，北京：人民出版社2003年版，第220页。

级局限性，导致了古典政治经济学理论体系的解体，庸俗经济学开始。此时，"研究的范式越来越只限于考察价格问题而不是考察价值，同时以主观的价值规定来代替客观的价值规定"①。

1846—1847年，随着对政治经济学的深入研究，马克思从辩证唯物主义和历史唯物主义的观点出发，在《哲学的贫困》、《雇佣劳动与资本中》十分清楚地区分了经济规律本身以及规律的实现方式——竞争的波动："竞争实现了产品的相对价值由生产它的必要劳动时间来确定这一规律"②。但此时，马克思仍然将李嘉图理论中的剩余额等同于平均利润，将价值等同于生产价格。

1850年至1853年间，马克思同时研究了政治经济学和资产阶级经济学，并在《李嘉图学派的解体》一文中作了总结。在这一时期，马克思已经意识到两大矛盾成为李嘉图的论敌攻击其理论的焦点。马克思试图厘清对李嘉图理论的批评，虽然在认识上有重大进步，但还未实现突破。这一认识上的重大进步为《1857—1858年经济学手稿》作了铺垫，马克思在《1857—1858年经济学手稿》中认识到资本家购买的不是工人的劳动而是工人的劳动力，资本始终划分为c+v。在方法论上，马克思明显超越了李嘉图，他明确区分了规律本身和规律的实现形式："李嘉图把他认为是**偶然的东西**抽象掉了。然而叙述**实际过程**，则是另一回事，因为在这个过程中，不论是他成称为偶然的运动但却是稳定和现实的东西，还是它的**规律**，即平均关系，两者同样都是本质的东西"③。马克思严格地对竞争的表现形式进行抽象，为劳动的二重性和纯粹形式的剩余价值的发现提供了重要的方法论前提，从而能够阐明剩余价值、平均利润和生产价格、市场价值的联系与区别。

马克思是在对古典经济学理论批判中确立了广义剩余价值理论。

马克思认为要研究剩余价值，应对剩余价值的表现形式进行抽象。"各种不同形式的收入（撇开工资不谈），如利润、利息、地租等等

---

① 海因茨·阿本德：《论〈资本论〉第二稿》，第277页。
② 《马克思恩格斯全集》第4卷，北京：人民出版社1958年版，第128页。
③ 《马克思恩格斯全集》第44卷，北京：人民出版社1982年版，第108页。

（还有赋税）只是**剩余价值**在各阶级中进行分配而分解成的不同组成部分。在这里，暂时只能在剩余价值的一般形式上对它们加以考察"①。马克思在《1857—1858年经济学手稿》中已经论述了资产阶级政治经济学的劳动理论史的发展，总结了从重商主义到李嘉图的关于剩余价值的理论，并对其进行了科学而细致的批判②。马克思指出，李嘉图并未区分剩余价值与利润，"利润只是剩余价值的**第二级的**、派生的和变形的形式，只是资产阶级的形式，在这个形式中，剩余价值起源的痕迹消失了。李嘉图自己根本不理解这一点"③。

在第三章《资本和利润》的写作过程中，马克思一方面批判政治经济学机器方法，另一方面又构思自己的经济理论，他认识到阐述理论与阐述理论史是不可分割的。李嘉图的理论分析的是成熟的资本主义关系，并且其著作中的问题表现为逻辑矛盾，马克思认识到这一逻辑矛盾是"资产阶级实践中固有的辩证矛盾"④。这一认识促使马克思必须找到"资本总过程"的历史地位和逻辑地位。

詹姆斯·斯图亚特对重商主义进行了总结，指出商业中的加价并未创造新的价值。重农学派重视农业生产，因此只分析地租，"重农学派把关于剩余价值起源的研究从流通领域转到直接生产领域，这样就为分析资本主义生产奠定了基础"⑤。"因此，在重农学派那里不存在真正的**资本利润**，地租本身只不过是这种利润的一个分支。重农学派认为利润只是一种较高的工资，这种工资由土地所有者支付，并且由资本家作为收入来消费……它增大原料的价值"⑥。

亚当·斯密的理论比重商主义和重农学派更加进步，"他抛开了创造财富的活动的一切规定性，——干脆就是劳动，既不是工业劳动，又

---

① 《马克思恩格斯全集》第44卷，北京：人民出版社1982年版，第180页。
② 参看《马克思恩格斯全集》第46卷，北京：人民出版社1979年版，第41—43页。
③ 《马克思恩格斯全集》第30卷，北京：人民出版社1995年版，第599页。
④ 海因茨·阿本德：《论〈资本论〉第二稿》，第283页。
⑤ 《马克思恩格斯全集》第33卷，北京：人民出版社2004年版，第16页。
⑥ 同上书，第20页。

不是商业劳动,也不是农业劳动,而既是这种劳动,又是那种劳动"①。斯密"从工人超出他用来支付(即用等价物来补偿)工资的那个劳动量之上所完成的劳动,引申出利润。斯密这样就认识到了剩余价值的真正起源"②。"然而,他并没有把剩余价值本身作为一个专门范畴同它在利润和地租中所具有的特殊形式区别开来"③。"这个错误,在李嘉图和他的所有的后继者的著作中,仍然存在"④。

马克思通过对洛贝尔图斯的理论进行批判,阐述了自己的绝对地租理论,并在绝对地租上发现了剩余价值的原始表现形式。绝对地租形成的前提是最劣等的、为满足需求所必要的土地,也必须为资本主义租地农场带来平均利润,马克思由此入手研究价值、平均利润和生产价格的关系。在**竞争**中,不仅市场价格暂时和偶然偏离价值,而且价值的形态也发生了变化。"在竞争中,应当区分两种平均化运动。在同一生产领域**内部**,各个资本把这个领域**内部**生产的商品的价格平均化为同一**市场价格**,而不管这些商品的价值同这个市场价格的关系怎样。如果没有不同生产领域之间的平均化,**平均市场价格**就应当**等于**商品的[市场]价值。这些不同领域之间的竞争,在各个资本的相互作用不被第三种力量——土地所有权等等——阻碍、破坏的情况下,把[市场]价值平均化为**平均价格**"⑤。平均利润率形成的前提是统一的市场价值的形成。马克思在《1861—1863年经济学手稿》中强调,生产部门内部的竞争导致市场价值,而市场价格的偶然波动则是供给和需求的结果。"竞争——部分地是资本家之间的竞争,部分地是商品的买者同资本家的竞争以及商品的买者之间的竞争——在这里就导致这样的结果:某一特殊生产领域的每一个别商品的价值决定于**这一特殊社会生产领域的商品总量**所需要的**社会劳动时间总量**,而不决定于**个别商品的个别价值**,换句

---

① 《马克思恩格斯全集》第30卷,北京:人民出版社1995年版,第45页。
② 《马克思恩格斯全集》第33卷,北京:人民出版社2004年版,第56页。
③ 同上书,第59页。
④ 同上书,第66页。
⑤ 《马克思恩格斯全集》第34卷,北京:人民出版社2008年版,第137页。

话说，不决定于个别商品的**特殊**生产者和卖者为这一个别商品花费的劳动时间"①。即市场价值是同类商品的社会价值。同时，马克思指出，平均利润率的实现只适用于整个生产部门。

同时，马克思认识到价值和生产价格实质上相同，数量上不同。竞争促使不同的个别的利润率平均化为一般利润率，趋向于平均。"各个资本的竞争力图把每个资本作为总资本的一部分来对待，并且根据这一点来调节每个资本取得剩余价值的份额，也就是说，调节利润。竞争通过它的平均化作用或多或少达到了这个目的。（竞争在个别领域中遇到特殊障碍的原因不应在这里研究。）直截了当地说，这无非是资本家们努力（而这种努力就是竞争）把他们从工人阶级身上榨取的全部无酬劳动量（或这个劳动量的产品）在他们之间相互分配，而且这种分配不是根据每一个**特殊**资本直接生产多少剩余劳动，而是根据：**第一**，这个特殊资本在总资本中占多大部分；**第二**，总资本本身生产的剩余劳动总量。资本家们既作为同伙又作为敌手来瓜分赃物——他们所占有的他人劳动，于是他们每个人占有的无酬劳动，平均说来，同其他任何一个资本家占有的一样多"②。

马克思指出，由于土地私有制的垄断作用阻碍着农业生产的较高利润加入平均利润率的形成过程，因此，农业生产出来的剩余价值与投入的资本所获得的平均利润之间存在差额，这一差额就是绝对地租的源泉。"就这一点来说，那些从**垄断**得出地租的人是正确的；正如唯有资本的**垄断**使资本家能从工人身上榨取剩余劳动一样，土地所有权的垄断也使土地所有者能从资本家那里榨取那部分能够形成经常的**超额利润**的剩余劳动。那些从垄断得出地租的人的错误，在于他们相信垄断使土地所有者能够把**商品价格**抬得**高于商品价值**。相反，垄断在这里的作用，是把**商品价值**保持在**高于商品的平均价格的水平**，是使商品能够**按照**它的价值而不是**高于**它的价值出卖。"③

---

① 《马克思恩格斯全集》第34卷，北京：人民出版社2008年版，第227—228页。
② 同上书，第24—25页。
③ 同上书，第100页。

在《1861—1863年经济学手稿》中，马克思遵循从抽象上升到具体的原则，对理论史的逻辑加以说明。马克思对理论史进行了下列概括：斯密在研究"自然价格"时，从研究本质转到了竞争领域；李嘉图将价值和费用价格等同起来，其著作的内部矛盾比斯密的著作显露地更加清楚。这也引发了资产阶级内部的理论争论。马克思将斯密和李嘉图的有关价值和生产价格相互关系的理论进行对比论述并不是偶然的，"如我们在前面看到的，亚·斯密起初对价值以及作为这一价值组成部分即利润、工资等的关系发表过正确的观点，后来走上了相反的道路，把工资价格、利润价格、地租价格假定为某种既定的东西，试图把它们规定为独立的量，并把它们加起来得出**商品的价格**。这种向相反观点的转变意味着：斯密起初是从事物的**内部联系**考察事物，后来却从**它们在竞争中表现出来的颠倒了的形式**去考察事物。他天真地把这两种考察方法交织在一起，没有觉察到它们之间的矛盾。相反，李嘉图为了把握**规律本身**，有意识地抽象掉了竞争形式，抽象掉了竞争的表面现象。"①。但是，李嘉图由于过度抽象而没有发觉矛盾背后隐藏的科学问题，斯密意识到了价值和生产价格的矛盾，但他仅从外在的解释方法上为自己寻找出路。

马克思广义剩余价值理论的确立有巨大的理论意义和现实意义。他指出了整个资本阶级在剥削工人阶级方面是一致的，工人不是同个别资本家相对立，而是同整个资本家阶级相对立，因此，工人阶级只有联合起来反对资产阶级，才能取得消灭资本主义制度的最终胜利。

---

① 《马克思恩格斯全集》第34卷，北京：人民出版社2008年版，第115页。

第八章　地租理论的创立

马克思地租理论的创立,特别是对级差地租与绝对地租的阐述,是《1861—1863年经济学手稿》中另一项重要理论成果。马克思考察了李嘉图地租理论的出发点、地租理论与费用价格理论的关系等,进而指出,李嘉图地租理论的前提与地租的定义都存在谬误,这导致了他无法正确认识资本主义条件下的地租问题。在手稿中,马克思结合生产价格理论全面地探讨了绝对地租理论,完成了广义剩余价值论;同时,他还论述了自己的级差地租理论,证明价值规律在资本主义农业中也是起作用的以及如何作用的。

一　马克思对李嘉图地租规律发现史的评论

(一) 李嘉图的地租理论

李嘉图的地租理论是他的整个理论体系中非常出色的部分。他详细而细致地分析了地租的来源,并且始终一贯地坚持了以劳动价值论为基础的地租的来源,这使古典政治经济学的地租理论达到了顶峰。

在《古典政治经济学及赋税原理》的第2章《地租论》、第3章《矿山地租论》中,李嘉图详细阐述了有关地租的理论。李嘉图详细地分析了地租的产生、性质以及其涨落等问题。首先,在李嘉图考察地租的性质时,他提出了"纯地租"的概念。李嘉图认为:真正的地租"是为使用土地的原有和不可摧毁的生产力而付给地主的那一部分产品"[①]。也就

[①] 〔英〕大卫·李嘉图:《政治经济学及赋税原理》,郭大力、王亚南译,北京:商务印书馆1962年版,第55页。

是说，地主从出租土地中得来的收入，即名义上的地租收入，并不都是地租。名义地租中存在着土地资本的利息和资本家的利润，即其中有一部分改良土地以及修建必需的建筑设施而投入的资本而支付的，人们应该把真正的地租与名义地租中包含的土地投资的利息进行区分。李嘉图从"纯地租"的定义出发，指出了地租是地主阶级取得的寄生收入。因为，如果地租是使用土地的"原有地力"而支付的代价，那么占有土地的地主阶级，除了依靠自身占有的土地之外，在整个社会生产中没有做出任何贡献。

李嘉图实际上考察的是级差地租，他的地租理论实际上是级差地租理论。所以，他也按级差地租对地租下了定义——"地租总是由于使用两份等量资本和劳动而获得的产品之间的差额"①。在古典政治经济学中，李嘉图最充分地分析了级差地租的问题，他的贡献在于他提供了以劳动价值论为基础的地租学说。他将地租的产生和涨落建立在劳动价值论的基础之上，论证了地租同样是价值规律作用的结果。他认为，一个国家总是首先耕种肥沃程度较高和位置较好的土地，然而随着人口的增加和人们对农产品需求的增长，人们不得不去耕种肥沃程度较低和位置较差的土地，但是耕种较差的土地必然要投入更多的生产费用，即投入同样的生产费用只能获得较少的产量，所以每单位农产品中包含的劳动量必然会增加，农产品的价值是由最劣等的土地的劳动耗费决定的，因此农产品的价值也就必然会上升。

根据上述论述，李嘉图提出了关于地租来源的与斯密完全相反的见解。农产品价格上涨的原因不是地租，与此相反，农产品价格上涨的结果才是地租。李嘉图说："农产品的相对价值之所以会上升，只是因为所获产品的最后一部分在生产中使用了更多的劳动，而不是对地主支付了地租。……谷物价格高昂不是因为支付了地租，相反地，支付地租倒是因为谷物昂贵。"② 同时，李嘉图还批评了斯密将地租看作是自然力产物的观点。他指出，在工业生产中，风力、水力、空气压力以及蒸汽

---

① 〔英〕大卫·李嘉图：《政治经济学赋税原理》，郭大力、王亚南译，北京：商务印书馆1962年版，第59页。

② 同上书，第64页。

力都能给人以帮助并且不求报酬,因此,工业劳动和农业劳动并没有什么不同,地租也是劳动创造出的价值的一部分。

李嘉图考察了资本主义级差地租的两种形态。在论述级差地租的第一种形态,即级差地租Ⅰ时,李嘉图说:"如果一切土地都具有相同的特性,数量是无限的,质量也完全相同,那么使用时就无需支付代价,除非是它在位置上具有特殊便利"。① 他认为,级差地租的第一种形态的存在必须具备两个前提条件,首先是土地的有限性,其次是土地在肥沃程度和位置上相同。没有上述两个前提条件,地租就不可能产生。

与地主阶级利益的代言人提出的地租是"自然的赐予"的观点相比,李嘉图认为地租来源于自然的吝啬。如上面所述,正是由于地租来源于自然的吝啬,人口的增加导致社会对农产品的需求增加,人们不得不利用次等土地,使同量资本和劳动所生产的产品产生了差额,该差额为肥沃程度较高和位置较好的土地提供了地租。

李嘉图还考察了级差地租的第二种形态——级差地租Ⅱ,即由追加等量资本和等量劳动的生产率不同而产生的地租。在论述级差地租Ⅱ时,李嘉图正确地指出了第二种形态的级差地租是由于追加投资而获取的超额利润,并且指出了级差地租Ⅱ在租赁土地的租约期限届满之前可以留在租地的农户手中,只有在租约期限届满之后地主提高租金金额时才落入地主手中。李嘉图接受了土地收益递减的观点,并将这一观点作为基础对级差地租Ⅱ进行说明。他说:"假使土地的肥力是没有限度的,假使在同一土地上,资本一笔接着一笔地投入,可以取得同样的产量,这就不会产生地租"。② 事实上,李嘉图的关于土地耕种顺序是从优到劣的观点就是土地收益递减的观点。他说:"每当我们有必要在土地上追加一份生产报酬较少的资本时,地租就会增加。"③

---

① 〔英〕大卫·李嘉图:《政治经济学及赋税原理》,郭大力、王亚南译,北京:商务印书馆1962年版,第57页。
② 〔英〕大卫·李嘉图:《李嘉图著作和通信集》第二卷,蔡受百译,北京:商务印书馆1979年版,第208页。
③ 〔英〕大卫·李嘉图:《政治经济学及赋税原理》,郭大力、王亚南译,北京:商务印书馆1962年版,第61页。

李嘉图的地租理论指出了地租与利润的矛盾和对立。他通过工资对这一点进行说明。人口增加,导致食物需求增加,农产品的价格由于劣等土地投入了耕种而上升,因此地租增加。与此同时,农产品价格的上涨使工资提高,导致了利润的下降,因此,地租的增加也就是利润的减少。由此,李嘉图认为,随着社会的发展,工人的利益没有改变,地主获利最多,而资本家却吃亏。如果工人工资的增加速度没有赶上农产品价格上涨的速度,那么工人也会吃亏。李嘉图在谈到农产品价格与社会各阶级之间的关系时说:"除了地主之外,一切阶级都将因为谷物腾贵而受损失"。① 在李嘉图的观点中,工资与利润的对立,来源于地租与利润的对立。所以,工人与资本家的矛盾是由地主与资本家的矛盾引起的。李嘉图在地租与利润的对立中实际上揭示了地主阶级与资产阶级的矛盾与对立,这使他的地租理论为当时的工业资产阶级反对《谷物法》提供了理论武器。

(二) 李嘉图关于绝对地租的观点

在李嘉图的理论体系中,不容许绝对地租的存在。因为,如果承认存在绝对地租,也就是承认等量的劳动由于投入不同的要素,或者是由于加工不同的材料,也会创造出不同的价值。所以,李嘉图认为,不应存在绝对地租,只可能存在级差地租。

否认级差地租可以表现为两种说法。"第一,最坏的土地不能提供地租,因为最坏的土地没有等级差别。如果它提供地租就违反价值决定。第二,最初的耕地不能提供地租。最初的耕地是没有差别的耕地,如果能提供地租,整个价值论就要被推翻"。② 但是,李嘉图没有意识到价值与平均价格的不同,只是将价值与平均价格的等同作为出发点。由于在资本各有机组成部分之间的比例不同的条件下,这种价值与平均价格的等同并不存在,李嘉图将这一等同假定为还未得到解释的、由竞

---

① 〔英〕大卫·李嘉图:《政治经济学及赋税原理》,郭大力、王亚南译,北京:商务印书馆1962年版,第287页。
② 陈文通:《〈资本论〉第四卷概要》,北京:中央党校出版社1999年版,第115页。

争引起的事实。所以，他从未想到过为什么农产品的价值不能平均化为平均价格这一问题。于此相反，李嘉图是从农产品的价值会平均化这一观点出发提出问题的。

（三）李嘉图关于农产品价格随着需求增加而上涨的看法

在李嘉图的理论中存在这样一个问题：人口增加，导致社会对农产品的需求增加，因此农产品的价格也上涨。在工业中，情况也是如此。但是，农产品与工业产品的不同之处在于，在价格上涨之后，工业由于供给的增加使产品价格回落，农业的情况于此相反，农产品的价格不断上涨。李嘉图无法解释这一现象。

马克思说，农产品价格的上涨，既不能用地租的绝对增加进行解释，也不能用货币贬值来解释，也不能认为是利润率下降的结果。马克思强调，农产品价格的上涨是由于开垦费用的增加。在一段时间内，人口的增加所导致的食物的增加的较大部分是由新耕地生产的，同时原有产品的价格上升或不变，这并不能证明土地肥力的下降。这仅仅证明，土地肥力提高的程度未能足以补偿生产费用的新要素，该新要素就是使未被耕种的土地提高到已经被耕种的土地在当时的发展阶段所具备的通常生产条件的水平而花费的资本的利息。

马克思说："由此可见，如果在不同时期新耕地的相对量不同，即使**价格不变或上涨**，也不能证明新地贫瘠或提供的**产品较少**，而只是证明，有一个费用要素加入它的产品价值，这个费用要素在早先已耕地上已经消失；只是证明，这个新的费用要素仍然在起作用，尽管在新的生产条件下，开垦费用与过去为了把老地从肥力的**原始的自然**状态改变成现在的状态所必需的费用比较起来，已经大大降低"。① 同时，马克思还定义了绝对地租与相对地租。"**绝对地租**是原产品**价值**超过**平均价格**的余额。**级差地租**是比较肥沃的土地上生产的产品的**市场价格**超过这种

---

① 《马克思恩格斯全集》第 34 卷，北京：人民出版社 2008 年版，第 157 页。

比较肥沃的土地自己产品的**价值**的余额"①。

二 马克思对李嘉图地租理论的分析批判

马克思认为,李嘉图地租理论的主要方面已经在考察洛贝尔图斯的理论时进行了说明,但在第四卷中还作了一些补充。对李嘉图地租理论的分析,马克思分为十一、十二、十三共三章。马克思首先阐述了李嘉图地租理论的出发点、地租理论与费用价格理论的关系,以及地租的定义。

(一) 李嘉图地租理论的出发点的局限

首先,马克思指出,由于李嘉图与安德森考察地租历史环境有所不同,所以他们观察到的经济现象也就不同,看法也会不同。"李嘉图认为,自由发生作用的地租规律必定会——在一定疆域之内——使比较不肥沃的土地投入耕种,从而使农产品价格上涨,使地租靠损害工业和广大居民的利益而上涨。马克思说,李嘉图在这里无论从实际方面或历史方面来说都是对的。相反,安德森认为,谷物法(他也赞成进口税)必然会在一定疆域内促进农业的均衡发展;农业的均衡发展需要加以保证;因此,这种前进的发展过程本身,由于安德森所发现的地租规律的作用,必然会引起农产品平均价格的下降"。②

但是,李嘉图与安德森考察地租的出发点是一致的,即"(1)根本不存在妨碍对土地进行任意投资的土地所有权;(2)从较好的土地向较坏的土地推移(李嘉图认为是绝对的,安德森认为是相对的);(3)始终都有资本,都有足够数量的资本用于农业"③。

对于第一个出发点,马克思用两点加以解释。"第一,英国的'公有地圈围法'有它的特点,同大陆上的瓜分公有地毫无共同之处。第

---

① 《马克思恩格斯全集》第34卷,北京:人民出版社2008年版,第156页。
② 陈文通:《〈资本论〉第四卷概要》,北京:中央党校出版社1999年版,第135页。
③ 同上书,第135页。

二，英国和世界上的任何其他地方都不同，英国是世界上最革命（指资产阶级革命）的国家。从历史上遗留下来的一切关系，凡是同农业的资本主义生产条件相矛盾或不相适应的，都被毫不怜惜地一扫而光。联合王国的常用术语'清扫领地'，在任何一个大陆国家都是听不到的"。① 马克思说："一切生产条件都不是按照它们传统的样子接受下来，而是按照它们在每一场合怎样最有利于投资历史地**创造出来**。因此，就这一点来说，**不存在土地所有权**；土地所有权让资本——租地农场主——自由经营，因为土地所有权关心的只是货币收入"。②

关于第二个前提条件——从较好的土地向较坏的土地推移，李嘉图认为这种推移是绝对的，安德森认为这种推移是相对的。马克思认为，对于劳动生产力的每一个发展阶段来说，都是相对的，而不是绝对的。李嘉图关于从较好的土地向较坏的土地推移是绝对的这一观点产生的前提，只有在英国这样一个国家才会产生。首先，在几个世纪的时间里，资本在英国这样一个相对狭小的空间内残酷实行着统治，极力使一切传统农业的农业关系完全适合自己。其次，英国人从殖民地中得到了该观点。在殖民地中，殖民者首先建立商业企业，而不是谋生。殖民者的出发点是生产商品，这也是资产阶级生产的动机。李嘉图将这一观点转移到世界历史的整个进程，他把资本主义生产方式看作是农业的先决条件，从殖民地更加鲜明地看到了资本主义生产方式在农业中占据统治地位。

关于第三个前提条件，即资本不断从一个生产部门流向另一个生产部门，马克思认为这实际上就是发达的资本主义生产占统治地位。

（二）李嘉图地租理论混淆了费用价格和价值

在考察李嘉图的地租理论前，马克思首先说明两点：第一，对李嘉图所说的级差地租进行了理论界定，"我所说的级差地租，是指由于不

---

① 陈文通：《〈资本论〉第四卷概要》，北京：中央党校出版社1999年版，第135页。
② 《马克思恩格斯全集》第34卷，北京：人民出版社2008年版，第263页。

同等级土地的肥力不同而产生的地租量的差别——较多或较少的地租"①。第二，应当考察的仅是真正的农业地租，即提供主要植物性食物的土地地租。

随后，马克思指出，由于李嘉图认为价值等于费用价格，所以他否定绝对地租的存在。

马克思指出，李嘉图在论述地租问题时"犯了双重历史错误：一方面，把农业和工业中的劳动生产率看成**绝对相等**，因而否定它们在一定发展阶段上的仅仅是**历史的**差别，另一方面，认为**农业生产率绝对降低**，并把这种降低说成是农业的发展规律。他这样做一方面是为了把最坏土地的**费用价格**同**价值**等同起来；另一方面是为了说明较好等级土地的产品的[**费用**]**价格**同**价值**之间存在差额。全部错误的产生都是由于混淆了**费用价格和价值**"②。

马克思还对比分析了亚当·斯密的有关地租理论的观点，他肯定：（1）斯密对地租的定义，地租是"为使用土地而支付的价格"。（2）斯密反对将投在土地上的资本的利息同地租相混淆。（3）土地所有权有权要求地租。

但是，斯密认为地租不同于工资和利润，它以不同的方式加入价格。斯密将价格分类为自然价格、普通价格和足够价格。自然价格是市场价格，足够价格实际上是生产价格。地租不是商品交换价值的构成要素。工资和利润是价格的原因，而地租是价格的结果。但是，这就推翻了斯密的"自然价格"学说。地租以前是"自然价格"的构成要素，现在是超过"自然价格"的差额；以前是价格的原因，现在是价格的结果。这里的"自然价格"已经不是价值，而是生产价格，也就是"足够价格"。斯密在论述地租时，陷入了重农主义；将地租的性质解释为由于需求超过了供给；接着，他又奇特地将价值用劳动量和"劳动价格"混淆衡量。

---

① 陈文通：《〈资本论〉第四卷概要》，北京：中央党校出版社1999年版，第137页。
② 《马克思恩格斯全集》第34卷，北京：人民出版社2008年版，第270页。

(三) 李嘉图的地租定义的缺陷

马克思指出:"李嘉图把地租理论同**价值**规定直接地、有意识地联系起来,这是他的理论贡献。在其他方面,**第二章《论地租》**可以说比威斯特的论述还要差"①。随后,马克思评论和阐述了李嘉图的地租定义。

首先,马克思定义了农业地租,并将农业地租与其他地租相区别。"就……真正的农业地租来说,地租是为了获得许可**在土地这个生产要素上投资**,以资本主义方式进行生产而支付的东西。土地在这里是**生产要素**。至于例如建筑物、瀑布等的地租,情况就不同了。这里,获得支付〔地租〕的自然力,是作为**条件**加入生产的,不论是作为生产力或者是作为不可缺少的条件,但是它们不是这一特定生产领域本身的**要素**。其次,说到矿石、煤矿等的地租,土地则是可从其中取出使用价值的储藏库。这里为土地支付地租,并不是因为土地像在农业中那样作为可以在其上进行生产的**要素**,也不因为土地像瀑布和建筑地段那样作为生产条件之一**加入生产**,而是因为土地作为储藏库蕴藏着有待通过勤劳来取得的**使用价值**"②。也就是说,农业地租就是为使土地作为生产要素,对其进行投资,使其能够进行资本主义生产而支付的代价。

李嘉图对于地租的定义是,地租是为使用土地原有的和不可摧毁的力而支付给土地所有者的那一部分土地产品。马克思指出了该定义的令人不满之处:首先,土地不具有"原有的"力,土地是自然历史过程的产物,根本不是所谓的"原有的"东西;其次,土地也不具有"不可摧毁的力"。同时,马克思肯定了李嘉图关于地租是为"使用"自然物而支付的代价的观点。

关于李嘉图的地租定义的另一个问题是,李嘉图排除了斯密都承认的为原始森林的木材支付的地租以及为采矿和采石场支付的地租,并且

---

① 《马克思恩格斯全集》第34卷,北京:人民出版社2008年版,第270—271页。
② 同上书,第271页。

将这部分视同为因改良土地而投资的利润和利息。因此,马克思更一般地定义了地租:"**地租**是为了取得使用自然力或者(通过使用劳动)占有单纯自然产品的权利而**付给这些自然力或单纯自然产品的所有者的价格**"。① 马克思在这里实际上指出了所有地租的最初表现形式。随后,这样一个问题产生了:无价值的东西怎样具有价格,怎样同一般价值理论相一致。也就是说,地租使用什么基金支付的?马克思说,"按照正确的理论,问题完全没有困难。用在'生产'[不是再生产]木材、煤和石料上的劳动(这种劳动的确没有创造这些自然产品,但是它把这些自然产品从它们同土地的原始联系中分离出来,因而把它们作为可用木材、煤和石料'生产'出来)或资本显然属于这样的生产领域,在这些生产领域中,资本中投在工资上的部分大于投在不变资本上的部分,直接劳动大于'过去'劳动(其成果用做生产资料)。因此,如果商品在这里按照它的价值出卖,这个价值就高于它的**费用价格**,就是说高于工具的磨损、工资和平均利润。所以,余额可以作为地租付给森林、采石场或煤矿的所有者"②。

(四)马克思对级差地租的说明

马克思对地租率的考察——在资本有机构成不变的前提下地租率不变。

马克思以新老矿场的生产为例,考察了在资本有机构成不变的情形下,地租率的变动情况。马克思考察地租率的变动时,分为三种情况:"(1)需求不变。这时使用的资本会减少,商品总价值下降。(2)有追加需求要满足。但追加需求等于新老矿场富饶程度的差额。这时使用的资本量不变,商品总价值不变。(3)追加需求量很大。新老矿场的差额不能满足这一需求。这时需要追加资本,商品总价值也增加了。"③马克思说:"在所有这些情况下,地租率都**没有**发生**任何变动**,因为使

---

① 《马克思恩格斯全集》第34卷,北京:人民出版社2008年版,第273页。
② 同上书,第276页。
③ 陈文通:《〈资本论〉第四卷概要》,北京:中央党校出版社1999年版,第142页。

用的资本的**有机构成**没有**变动**（不论资本的**量**如何**变动**）。相反，如果变动是由于资本有机构成的变动，是由于投在工资上的资本同投在机器等方面的资本相比有所减少……因为商品的费用价格和价值之间的差额缩小了。在上面考察的三种情况中，这个差额没有缩小。"① 也就是说，正是资本有机构成的变动造成了地租率的变动。

进一步，马克思又提出："由此可见，如果劳动生产率提高——或者说，生产出来的一定量商品的价值减少——仅仅是由于自然要素的富饶程度的变动引起的，是由于土地、矿山、采石场等的自然富饶程度不同引起的，那么，地租量可以由于追加需求而保持不变；地租量可以由于追加需求大于原来使用的自然要素和现在使用的自然要素的富饶程度之间的差额而增长。但是，地租率只有在使用的资本的有机构成发生变动的情况下才能增长。"②

（五）李嘉图不存在土地所有权的前提的荒谬

李嘉图以初始的殖民地作为该前提的例证。马克思指出："这里是假定不存在土地所有权。虽然这个过程的描述，对现代民族的殖民来说**接近于**正确，但是，第一，它不适用于发达的资本主义生产；第二，如果把这个过程设想为旧欧洲的**历史**发展进程，那就错了"。③ 进一步，马克思又指出："问题的关键在于：如果土地对资本来说作为自然要素而存在，那么，资本在农业方面的活动就会同它在其他任何生产部门的活动完全一样。在这种情况下就不存在土地所有权，不存在地租。至多在一部分土地比另一部分土地肥沃的时候，像在工业中一样，能够有超额利润存在。在农业中，这种超额利润由于有土地的不同肥沃程度为自然基础而作为级差地租固定下来。""相反，如果土地（1）是有限的，（2）是被占有的，如果资本遇到作为前提的**土地所有权**——在资本主义生产发展的国家，情况正是这样，而在那些不是像旧欧洲那样存在着

---

① 《马克思恩格斯全集》第 34 卷，北京：人民出版社 2008 年版，第 278 页。
② 陈文通：《〈资本论〉第四卷概要》，北京：中央党校出版社 1999 年版，第 142 页。
③ 《马克思恩格斯全集》第 34 卷，北京：人民出版社 2008 年版，第 343 页。

这种前提的国家,资本主义本身为自己创造这种前提,例如美国就是这样——那么,土地对资本来说一开始就不是自然要素那样的活动场所。因此,就会有[绝对]地租存在;这里撇开级差地租不谈。但是从一个等级的土地推移到另一个等级的土地,不论是按上升序列(Ⅰ、Ⅱ、Ⅲ、Ⅳ)还是按下降序列(Ⅳ、Ⅲ、Ⅱ、Ⅰ),也都和**李嘉图**的假定下发生的情况不同。""李嘉图提出的**不存在土地所有权**这一前提,当然排除不了由于**受土地所有权的存在**并与**土地所有权的存在**一起存在的这个规律的存在。"①

(六)李嘉图把土地的富饶或肥沃作为不支付地租的前提是错误的

李嘉图在阐述初始殖民地不支付地租的原因时,着重强调了土地的富饶和肥沃。马克思对这一前提作了如下批判:首先,"不是土地的富饶或肥沃成为不支付地租的前提,而是土地的数量无限、没有被占有以及质量相同(不管**这个**质量在肥沃程度上可能是什么样),才是这种前提"②;其次,"李嘉图的从比较肥沃地区向比较不肥沃地区按下降序列推移的假定,完全是悄悄地塞进来的"③;最后,"李嘉图(当然他已经打算用这一点来说明一般利润率下降的趋势)之所以作出这样的假定,是因为他否则就不能解释**级差地租**,尽管级差地租完全不取决于从Ⅰ推移到Ⅱ、Ⅲ、Ⅳ还是从Ⅳ推移到Ⅲ、Ⅱ、Ⅰ的情况"④。

(七)马克思的绝对地租的观点

马克思说:"在**土地所有权**——实际上或法律上——**不存在**的地方,不会有绝对地租存在。土地所有权的恰当表现,是绝对地租,而不是级差地租。如果说,在存在着土地所有权和不存在土地所有权的地方,都

---

① 《马克思恩格斯全集》第34卷,北京:人民出版社2008年版,第344—345页。
② 同上书,第346页。
③ 同上书,第347页。
④ 同上书,第348页。

是同一些原理支配着地租,那就等于说,**土地所有权的经济形式**同土地所有权存在与否是没有关系的。"① "说利润是资本主义生产的惟一调节者,那是完全正确的。因此,说生产如果**完全**受资本调节,就不存在绝对地租,那也是正确的。绝对地租恰恰产生在这样的地方:地那里,生产条件使土地所有者有权限制资本对生产的排他性的调节。"②

三 手稿中的地租理论的价值

在马克思的《1861—1863年经济学手稿》中,地租理论在内容和篇幅上都居于十分重要的地位。在手稿中,马克思结合生产价格理论全面地探讨了绝对地租理论,完成了广义剩余价值论。同时,他还论述了自己的级差地租理论,证明价值规律在资本主义农业中也是起作用的,以及如何作用的。资本主义租地农场主和土地所有者在剥削农业工人的过程中,通过残酷的竞争来分享他们剥削的剩余价值。在研究绝对地租的同时,马克思还研究了地租的几种特殊表现形式,并通过对地租的研究,证明了平均利润理论和生产价格理论的正确性和科学性。

资本主义的地租不仅对农民和农民阶级产生影响,而且影响了所有劳动人民的生活状况。资本主义地租的存在提高了农产品的价格,同时地租构成了土地价格的基础,与租金的形成密切相关。较高的地租提高了租金,使劳动人民的生活水平下降。通过论述地租理论,马克思"揭示了大地主所有者、资本家所有制及其在经济上的实现之间的一切相互关系"③。

马克思从剖析洛贝尔图斯的理论出发,开始论述自己的地租理论,并用自己的地租理论来证明平均利润理论和生产价格理论的正确性。马克思的绝对地租理论,前提是对作为社会关系的资本进行彻底分析。马克思运用从抽象上升到具体的方法,"揭示了土地所有制在经济上实现

---

① 《马克思恩格斯全集》第34卷,北京:人民出版社2008年版,第371页。
② 同上书,第376—377页。
③ 罗兰德·尼措尔德:《论〈资本论〉第二稿》,第310页。

的条件,并且通过这种方法认识到作为剩余价值的特殊表现形式的地租的原因"①。

马克思在手稿中证明了,绝对地租在价值规律的基础上是如何产生的。资本主义农业生产出来的剩余价值在农业中同样被瓜分掉,影响了农产品的价格。农产品按照高于社会生产价格的市场价值出售。同时,资本主义土地所有权的垄断妨碍了农业生产出的剩余价值加入平均利润率的形成,这一差额转为土地所有者所有。这就是绝对地租。"平均化只有通过资本同资本的互相作用才会发生,因为只有互相起作用的各个资本才有力量实现资本的内在规律。就这一点来说,那些从**垄断**得出地租的人是正确的;正如唯有资本的**垄断**使资本家能从工人身上榨取剩余劳动一样,土地所有权的垄断也使土地所有者能从资本家那里榨取那部分能够形成经常的**超额利润**的剩余劳动。那些从垄断得出地租的人的错误,在于他们相信垄断使土地所有者能够把**商品价格**抬得**高于商品价值**。相反,垄断在这里的作用,是把**商品价值**保持在高于**商品的平均价格的水平**,是使商品能够**按照**它的价值而不是**高于**它的价值出卖"②。马克思同时提出了绝对地租存在的客观证明,因为任何一个土地所有者都不会将自己的土地转让给别人经营却不收取地租。

绝对地租理论在《1861—1863年经济学手稿》中占据了大量篇幅,它的特殊作用和意义就是,证明了平均利润理论和生产价格理论的正确性。只有马克思的地租理论,才能够对作为剩余价值的表现形式的地租的产生做出科学的回答,因为这一理论是以正确分析资本主义土地所有权关系为基础建立的。

手稿中的级差地租的论述居于地租理论的次要地位。级差地租是农业工人生产出来的剩余价值的一部分,这是马克思论述级差地租的出发点。马克思在手稿中进一步的论述了级差地租的形成过程。马克思在级差地租的产生上坚持以下的解释:"在比较肥沃的土地上劳动的工人,

---

① 罗兰德·尼措尔德:《论〈资本论〉第二稿》,第312页。
② 《马克思恩格斯全集》第34卷,北京:人民出版社2008年版,第101页。

比起在比较不肥沃的土地上劳动的工人，劳动生产率要高些……在他的产品的超额部分中包含的剩余价值，他的较高的相对劳动生产率，或者说，他的级差剩余劳动，被土地所有者装进了腰包"。① 马克思通过论述级差地租，再次驳斥了马尔萨斯的所谓的土地收益递减规律。

马克思在论述地租理论时，同时论述了垄断理论的重要要素。在自由竞争的资本主义条件下，工业和农业内部都会形成竞争。但垄断并不与自由竞争矛盾，相反，体现了竞争的充满矛盾的发展，这是竞争走向垄断的历史趋势。"资本家们既作为同伙又作为敌手来瓜分赃物——他们所占有的他人劳动，于是他们每个人占有的无酬劳动，平均说来，同其他任何一个资本家占有的一样多"②。

土地所有权的垄断和资本主义土地经营的垄断，促使了绝对地租和级差地租的产生。资本主义土地所有权的垄断阻碍农业生产的额外利润外流，并且组织这一额外利润加入平均利润，因此形成了一个垄断价格。这一垄断价格不仅包含平均利润，还包含垄断的额外利润，即绝对地租。同时，资本主义土地经营的垄断，"这里提供地租的产品的价格也是劳动价格"，是最好的土地的所有者所占有的级差地租存在的原因。列宁从上述的资本主义农业的两大垄断的理论中得到启示，为推动全俄苏维埃第二次代表大会通过土地法，在世界历史上第一次实现了符合劳动人民意愿的土地政策，为进一步向社会主义迈进提供了决定性的前提条件。这是马克思地租理论的实践价值的重大体现。

---

① 《马克思恩格斯全集》第26卷第3册，北京：人民出版社1974年版，第398页。
② 《马克思恩格斯全集》第34卷，北京：人民出版社2008年版，第25页。

第九章　积累、再生产与危机理论形成

马克思在手稿中批判了李嘉图的资本积累理论并制定完善了自己的积累理论。他还进一步完善了社会资本再生产的理论，也就是社会总资本在价值上和实物上如何得到补偿的理论，这也是本手稿的重要理论成就之一。马克思在手稿中关于经济危机的理论也趋于成熟，明确经济危机的实质并不是绝对的生产过剩，而是相对生产过剩。

一　资本积累和原始积累理论的形成

马克思对李嘉图的资本积累理论进行了深刻地批判：他明确指出李嘉图不理解以不变资本形式进行积累的重要性，并制定完善了自己的积累理论。

李嘉图对资本的研究主要集中于数量方面，没有进一步探讨资本本质。李嘉图认为资本等同于生产资料。他说："即使是亚当·斯密所说的那种早期状态中，虽然资本可能是由猎人自己创造和积累的，但他总是要有一些资本才能捕猎鸟兽。没有某种武器，就不能捕猎海狸和野鹿。所以这类野物的价值不仅要由捕猎工作的资本（武器）所需的时间和劳动决定，而且也要由制备那些协助人进行捕猎工作的资本（武器）所需的时间和劳动决定"[①]。

但是，李嘉图认为资本只是把自身的价值转移到新产品上，资本本

[①] 〔英〕大卫·李嘉图：《政治经济学及赋税原理》，郭大力、王亚南译，北京：商务印书馆1962年版，第287页。

身并不创造价值。李嘉图说，假设制造捕猎海狸所需的武器与制造捕猎野鹿所需要的武器"所需的劳动量相等，但它们的耐久性极不相等，则较为耐用的工具只有一小部分转移到商品中去，而较不耐用的工具却有更大的一部分价值实现在它所协助生产出来的商品之中"①。

李嘉图将劳动区分为两种，直接花费在商品上的劳动和花费在协助这种劳动的工具、机器和建筑物等上的劳动。因此，李嘉图也将资本分为两类，第一类是维持劳动的资本，第二类是投入到工具、机器和建筑物上的资本。即前者是可变资本，后者是不变资本。但最终李嘉图未能形成不变资本与可变资本的概念，同时还遗漏了作为原料存在的部分不变资本。

李嘉图同斯密一样，将问题归结为产品是由工人消费还是不由工人消费。他认为难以区别加入资本的那部分收入，是由工人消费还是由非工人消费，并且资本只能由于消费而增加，若资本无法使用更多的劳动，那么，这样增加的消费仍然是非生产地消费。马克思说："同时，这里涉及这样一些商品的**生产消费**，这些商品构成不变资本并作为劳动工具或劳动材料被消费，或者说，这些商品通过消费转化为劳动工具和劳动材料。认为资本积累**是**收入转化为工资，**就是**可变资本的积累，这种见解从一开始就是错误的，也就是片面的。这样，对整个积累问题就得出了错误的解释"②。

马克思首先考察了不变资本的再生产。马克思说："一国使用的不变资本的**比例**愈大，生产不变资本所消费的那部分不变资本也就愈大，这部分不变资本不仅表现为较大的产品量，而且使这个产品量的价值提高"。"如果这部分不变资本增加了，那么不仅年产品量会增加，而且这个年产品量的**价值**也会增加，即使年劳动保持不变。这种增加就是**资本积累**的一种形式，理解这种形式非常重要"③。同马克思的观点相比，李嘉图认为，工业中一定劳动者的劳动总是生产出相同的价值。

---

① 〔英〕大卫·李嘉图：《政治经济学及赋税原理》，郭大力、王亚南译，北京：商务印书馆1962年版，第289页。
② 《马克思恩格斯全集》第34卷，北京：人民出版社2008年版，第534页。
③ 同上书，第537页。

马克思随后考察了资本的扩大再生产,也就是资本积累。资本增值,就是收入转化为资本。马克思说:"使用价值的一部分必须转化为资本,而不是作为收入被消费。它必须一部分转化为不变资本,一部分转化为可变资本。它分成资本的两个不同部分的比例,取决于资本已有的有机构成,因为生产方式不变,两部分之间的价值比例也不变。生产愈发展,转化为不变资本的那部分剩余价值,同转化为不变资本的那部分剩余价值相比,就越大"①。

马克思提出了三种形式的积累:"第一种形式,不变资本相对于可变资本比例的增加;第二种形式,剩余价值转化为资本;第三种形式,用于补偿损耗的固定资本的价值在实际上形成积累基金"②。

马克思强调,仅仅是资本的简单再生产,已经为扩大再生产创造了物质条件和前提,必然地导致资本积累和扩大再生产。马克思说:"**即使在这个生产领域中投入的资本只是进行再生产**,其他生产领域也必须不断进行积累。而其他生产领域的这种不断积累,只有靠机器制造业的再生产,才能不断在市场上现成地找到自己的要素之一。这里,即使一个生产领域本身进行的只是现有资本的再生产,在这个生产领域也经常有商品储备,供其他生产领域用于积累,用于新的追加的生产消费"③。

马克思随后总结了资本积累的条件,他说:"**资本积累的条件同原来生产或再生产资本的条件是完全一样的**","而这些条件就是:用一部分货币购买劳动,用另一部分货币购买能由这种劳动进行**生产消费**的商品(原料、机器等等)"。"这是**市场**的条件,是资本生产和再生产的条件。资本越多,劳动生产率越高,总之,资本主义生产的规模越大,**存在于从生产到消费**(个人消费和生产消费)**的过渡阶段,存在于流通中,存在于市场上的商品量就越多**,每一笔特殊资本在市场上现成地找到自己再生产条件的把握也愈大。情况之所以必然这样,还因为按照资本主义生产的本质,第一,每一笔特殊资本活动的规模,并不决定于个人需

---

① 《马克思恩格斯全集》第34卷,北京:人民出版社2008年版,第541页。
② 陈文通:《〈资本论〉第四卷概要》,北京:中央党校出版社1999年版,第176页。
③ 《马克思恩格斯全集》第34卷,北京:人民出版社2008年版,第545页。

求（订购等，私人需要），而是决定于力求实现尽可能多的劳动，因而实现尽可能多的剩余劳动，并用既定的资本提供尽可能多的商品的欲望；第二，每一笔资本都力求在市场上占据尽可能大的地盘，并竭力排挤、排除自己的竞争者。**资本竞争**"。"可见，新资本积累的条件，只能和已有资本再生产的条件相同"①。马克思还说："为了进行积累，看来所有利益都必须不断追加资本"②。也就是说，一个部门中的积累，也是以其他部门中同时或并行地进行的追加生产为前提。

马克思认为，资本家剩余产品的一部分可以当作自己的资本来使用。他说："**剩余价值**的一部分能否直接转化为不变资本的问题，首先归结为这样一个问题：代表剩余价值的**剩余产品**的一部分能否直接作为生产条件再加入本生产领域，而无须先让渡出去。一般的规律是：只是产品的一部分……能够直接地，不通过中介，作为生产条件，作为劳动资料或劳动材料再加入它从中出来的那个生产领域，那么，这个生产领域中的积累就可能并且必须采取这种形式：剩余产品的一部分不拿出去卖，而是直接（或通过与同一生产领域内以同样方式进行积累的其他专业者相交换）作为再生产的条件重新并入生产过程，所以在这里，积累和更大规模的再生产**直接**一致。它们两者必然到处都是一致的，但是不一定采取这种直接的方式"③。"问题只在于代表剩余劳动的**那种使用价值的性质**，只在于这种使用价值能不能作为生产条件再加入拥有这个剩余产品的资本家的生产领域"，这"表明**使用价值**这个规定对于**经济形式**规定具有重要的意义"④。

马克思总结指出：首先，"剩余产品（因而也就是剩余价值）有很大一部分能够并且必须直接转化为不变资本，以便作为**资本**被**积累起来**，没有这部分剩余产品，就根本不可能有任何资本积累"。其次，"在资本主义生产高度发展，因而劳动生产率水平很高，因而不变资本

---

① 《马克思恩格斯全集》第34卷，北京：人民出版社2008年版，第547—548页。
② 同上书，第549页。
③ 同上书，第552—553页。
④ 同上书，第553页。

很大，特别是由固定资本构成的那部分不变资本很大的地方，**一切领域的固定资本的简单再生产**，以及与此并行的生产固定资本的现有资本的再生产，就会形成一个积累基金，也就是为扩大规模的生产提供机器，提供不变资本"。最后，"**剩余产品**的一部分能不能通过……生产者之间的（通过中介的）交换，即通过不变资本不同组成部分之间的交换，再转化为资本（不变资本）？""在这样的情况下，也有一部分现有的剩余产品，即一部分一年内新加的劳动，直接转化为不变资本，而不用先转化为可变资本。因此，这里可以再一次看到，剩余产品用于生产消费，或者说，积累，决不等于全都剩余产品都用在生产工人的工资上"①。

马克思还指出，"固定资本的具体形式，固定资本用于再生产部门的何种部门和环节，对当前最终产品的生产发生完全不同的影响"②。

马克思还对李嘉图关于积累的途径做了评论。李嘉图对于资本积累的途径提出了两种观点。第一种观点是，在支出不变的情况下，由利润率的提高实现资本的增加，即通过用收入购买的商品降价来减少支出，从而实现积累。第二种观点是，将更大一部分收入从个人消费领域转向生产消费领域，用节约的收入推动更多的生产劳动，从而使积累增加，也就是说，靠节约来实现积累。

马克思指出，资本按量和按价值，都能进行积累。积累不是直接取决于剩余价值率，而是取决于剩余价值与预付资本总额的比例，也就是取决于利润率，更准确地说，是取决于利润总量，同时利润总量取决于预付资本总量。

二 再生产理论和危机理论的制定

（一）社会资本再生产理论

早在《1857—1858年经济学手稿》中马克思就研究了流通领域中

---

① 《马克思恩格斯全集》第34卷，北京：人民出版社2008年版，第553—555页。
② 陈文通：《〈资本论〉第四卷概要》，北京：中央党校出版社1999年版，第180页。

如何实现资本的价值，那时就已经有了关于生产的两大部类的思想萌芽。但限于当时的研究进展，他没有就社会总产品的实现问题做出详细阐发，但是已经有了关于再生产理论的初步认识。

在《1861—1863年经济学手稿》中，马克思的社会资本再生产理论是在批判古典经济学的有关理论，特别是在批判"斯密教条"的基础上，以自己的再生产图式代替了魁奈的经济表，从而建立起了完整的、对资本主义全面运动进行分析的理论，它是马克思的政治经济学科学理论的基础。在再生产中理解生产是马克思理论科学性和完备性的重要理论基础。

斯密最早断言商品价值分解为工资、利润和地租这三种收入，在斯密看来：整个资本作为价值都归结为劳动，也就是一定量的物化劳动。但是，工人的劳动只能分为两部分，一部分是作为工资的有酬劳动，另一部分是作为利润和地租的无酬劳动。但是对于用来补偿已耗费的生产资料的价值额，斯密却无法回答是谁的劳动创造的以及靠什么劳动来购买这个难题，包括李嘉图在内的斯密的后继者们都无法解决，他们也都接受了斯密关于商品价值分解为三种收入的论断。马克思认为，由于斯密把商品价值只归结为三种收入，否定了不变资本的存在，从而在分析社会资本再生产时陷入矛盾之中，这就是斯密教条。

斯密把价值分解为收入，统统归入个人消费，就无法说明消耗了的生产资料的补偿是怎样实现的。从上可见，正是由于斯密坚信价值只由收入构成，从商品价值中排除了不变资本，所以他不能科学地说明社会资本的再生产。

李嘉图受到了"斯密教条"的影响，从商品价值分解为收入的角度出发，将商品价值仅分解为收入，资本积累的源泉就是且只能是收入。李嘉图曾使用"总收入"与"纯收入"的概念，总收入是指工资、利润和地租，纯收入是指利润和地租。但与斯密相区别的是，李嘉图的纯收入概念相当于全部剩余价值。

李嘉图认为，要使生产力不断发展，就要扩大再生产或积累资本。

他说:"一国的产品全部都是要被消费的;但究竟是由再生产另一种价值的人消费,还是由不再生产另一种价值的人消费,这里面的区别是难以想象的。当我们说节约收入以增加资本时,意思就是说:所谓增加到资本中去的那一部分收入,是由生产性劳动者,而不是由非生产性劳动者消费的。如果认为资本能由不消费而增加,便是大错而特错了。"① 这里的"节约收入以增加资本"就是李嘉图所说的资本积累,也就是使剩余价值转化为可变资本部分。

李嘉图认为:"国家财富的增加可以通过两种方式:一种是用更多的收入来维持生产性的劳动——这不仅可以增加商品的数量,而且可以增加其价值;另一种是不增加任何劳动量,而使等量劳动的生产效率加大——这会增加商品的数量,但不会增加商品的价值。"② 李嘉图更加推崇第二种方式,将资本投入以提高劳动效率,增加产品数量,同时不增加必需品的消费。但是,他也无法解决社会资本再生产问题。

马克思的社会资本再生产理论澄清了"斯密教条"的混乱,批判了他的错误。马克思在分析中特别研究了生产资料中不变资本由本部类中的再生产来补偿。虽然马克思当时没有列出 I (v+m) = Ⅱc 的公式,但是已经弄清楚了社会再生产的条件。他还进一步研究了扩大再生产的前提:生产生产资料的部类中的可变资本和剩余价值总额必须超过生产消费资料的部类中被消耗的不变资本。马克思在《剩余价值理论》部分还考察了魁奈的"经济表",在魁奈的启示下,马克思在分析再生产问题的最后制定了自己的经济表,把社会总产品分为两大部类,用几条线表明了在简单再生产下社会资本再生产的整个过程。不过后来在《资本论》第二卷由于有了更科学的再生产公式,马克思的这个经济表没有被保留下来。

---

① 〔英〕大卫·李嘉图:《政治经济学及赋税原理》,郭大力、王亚南译,北京:商务印书馆1962年版,第128页。
② 同上书,第236—237页。

（二）经济危机理论

马克思在19世纪40年代和50年代初，曾经研究过经济危机问题，在《1857—1858年经济学手稿》中，他认为危机反映了资本主义特有的局限性，是由资本主义社会固有的矛盾引起的，会周期性爆发。本手稿中，马克思进一步揭示了经济危机的实质，指出了资本主义经济危机根源在于生产过剩，同时他在批判李嘉图否认生产过剩的危机时还明确，经济危机并不是绝对的生产过剩，而是相对生产过剩。

马克思研究了经济危机爆发的原因，商品生产中买和卖的分离，一切要依赖于市场。商品在卖的过程中的艰难一跃，使债权和债务发生中断而引发危机。在再生产理论分析基础上，他指出资本为了追求剩余价值而拼命生产，盲目地扩大再生产，而有支付能力的需求不足，这就会引起危机。资本主义的基本矛盾是生产的社会性和私人占有之间的矛盾。生产的社会性要求各部门的生产按比例进行，而资本主义私人占有决定了资本主义必然要周期性地爆发危机。

1. 李嘉图的危机理论

李嘉图信从萨伊定律，否认普遍生产过剩危机的可能性，他认为生产创造需求，不会出现产品过剩。他相信人们的欲望是无限的，需求是永无止境的，并且相信工具可以创造需求。李嘉图曾说："我把人类的欲望和爱好看作是无限的。我们都希望增加我们的享受和能力。消费增加我们的享受，积累增加我们的能力，它们同样地促进需求。"① 显然，李嘉图同萨伊一样，认为供给会自动创造需求，需求与供给是同一的，也就是说，生产的扩大必然会使消费在同等程度上增加，生产与消费是完全一致的。李嘉图说："萨伊曾经非常令人满意地说明：由于需求只受生产限制，所以不论一个国家有多少资本都不会不能得到使用。任何人从事生产都是为了消费或销售；销售则都是为了购买对于他直接有用

---

① 〔英〕大卫·李嘉图：《李嘉图著作和通信集》第六卷，胡世凯译，北京：商务印书馆1980年版，第154页。

或是有益于未来生产的某种其他商品。所以一个人从事生产时,他要不是成为自己商品的消费者,就必然成为他人商品的购买者和消费者……因此,他不可能总是生产没有需求的商品。"① 李嘉图认为生产与消费之间不存在矛盾,生产出的商品在市场上一定会被卖出,那么市场上就不会出现生产过剩的问题。在资本主义制度下,生产永远不会超越需求,因此,普遍的商品生产过剩的危机是不可能发生的。

李嘉图说:"每年有十万英镑收入的人如果另外得到一万镑,他决不会把它锁在箱子里;他不是增加开支一万镑,就是自己把它用在生产上。无论在哪一种情形下,需求都会增加,只是目的不同而已。"② 他认为,只要有积累,积累的资本就会继续投入生产,获取利润,因此需求就会不断增加。他明确地指出,生产会随着资本积累的增加而扩大,自然地,需求也会随之生产的扩大而增加,因此,市场上不可能出现生产过剩。

并且,李嘉图认为,假定需求有限,个别商品会发生生产过剩的现象,但就整个社会来说,不存在生产过剩。他曾说:"产品总是要用产品或劳务购买的,货币只是实现交换的媒介。某一种商品可能生产过多,在市场上过剩的程度可以使其不能偿还所用资本;但就全部商品来说,这种情形是不可能有的。"③

由上述内容可知,李嘉图承认可能出现局部的生产过剩,但否认资本主义存在普遍生产过剩的经济危机。

2. 资本主义积累过程形成的经济危机的内在基础

马克思指出,资本积累构成了经济危机的内在基础,资本主义生产方式本身就已经包含了危机。他说:"整个积累过程首先归结为这样的**追加生产**,它一方面适应人口的自然增长,另一方面形成在**危机**中显露出来的那些现象的内在基础。这种追加生产的尺度,是**资本本身**,是生

---

① 〔英〕彼罗·斯拉法主编:《政治经济学及赋税原理》,郭大力、王亚南译,北京:商务印书馆1997年版,第247页。
② 同上书,第247—248页。
③ 同上书,第248页。

产条件的现有规模和资本家追求发财致富和追求资本化的无限欲望，而决不是**消费**。消费早就被破坏了，因为，一方面，人口的最大部分，即工人人口，只能在非常狭窄的范围内扩大自己的消费，另一方面，随着资本主义的发展，对劳动的需求，虽然**绝对地**说是在增加，但**相对地**说却在减少。此外还有一点：一切平衡都是**偶然的**，各个领域中使用资本的比例固然通过一个经常的过程达到平衡，但是这个过程的经常性本身，正是以这个过程中必须经常地、往往是强制地加以平衡的那种经常的比例失调为前提。"①

马克思将危机引起的破坏区分为两种情况。

第一，危机使价值与使用价值消灭，实际资本化为乌有。"只要生产过程停滞，劳动过程缩短或者有些地方完全停顿，**实际**资本就会被消灭。不使用的机器不是资本。不被剥削的劳动等于失去了的生产。闲置不用的原料不是资本。建好不用的建筑物（以及新制造的机器）或半途停建的建筑物，堆在仓库中正在变值的商品，这一切都是资本的破坏。这一切无非是表示再生产过程的停滞，表示**现有**的生产条件实际上没有起生产条件的作用，没有发挥生产条件的效能。这时，它们的使用价值和它们的价值都化为乌有"②。

第二，"危机所引起的**资本**的**破坏**意味着**价值量**的跌落，这种跌落妨碍价值量以后按同一规律作为资本更新自己的再生产过程。这就是商品价格的毁灭性的下降。这时，使用价值没有被破坏。一人之所失就是另一人之所得。作为资本发挥作用的各个价值量无法在同一个人手里作为**资本**更新。原来的资本家遭到破产"。"社会的名义资本，也就是现存资本的**交换价值**，有很大一部分永远消灭了，虽然由于不殃及使用价值，这种消灭正好可以大大促进新的再生产。这同时也是货币所有者靠牺牲产业资本家而发财致富的时期"③。

---

① 《马克思恩格斯全集》第34卷，北京：人民出版社2008年版，第559页。
② 同上书，第562—563页。
③ 同上书，第563页。

3. 发达的商品流通和货币流通包含危机的一般可能性

马克思认为,危机是一定经济关系的产物。在进行直接的物物交换的时候,在生产者的角度来说,是为了满足自己的需要,或者说,在分工发展到一定阶段后,是为了满足他所知道的他们协作生产者的需要。在商品生产的情况下,产品转化为货币,出卖成为了必不可少的条件。马克思说:"卖者——假定他的商品具有使用价值,——的困难仅仅来自于买者可以轻易地推迟货币转化为商品的时间。商品转化为货币即出卖商品的这种困难,仅仅来自商品必须转化为货币,货币却不必立即转化为商品,因此**卖**和**买**可能彼此脱离。我们说过,这个**形式**包含着**危机的可能性**,也就是包含着这样的可能性:相互联系和不可分离的因素彼此脱离,因此它们的统一要以暴力的方式实现,它们的相互联系要通过对它们彼此的独立性发生作用的暴力来实现。此外,**危机**无非是生产过程中已经彼此独立的阶段以暴力方式实现统一。"①

进一步,马克思又指出:"危机的一般的、抽象的可能性,无非就是危机的**最抽象的形式**,它没有内容,没有危机的内容丰富的动因。卖和买可能彼此脱离。因此它们是潜在的**危机**。它们的一致对商品来说始终是生命攸关的因素。但是它们也可能顺利地相互转化。所以,**危机的最抽象的形式**(因而危机的形式上的可能性)始终是**商品的形态变化**本身,在商品形态变化中,包含在商品的统一中的交换价值和使用价值的矛盾以至货币和商品的矛盾,仅仅作为展开的运动而存在。但是,使危机的这种可能性变成危机的起因,并不包含在这个形式本身之中;这个形式本身所包含的只是:危机的**形式**已经存在。"②

马克思又对上述内容进行了总结:"总之,可以说:危机的第一种形式是商品形态变化本身,即买和卖的分离"。"危机的第二种形式是货币作为支付手段的职能,这里货币在两个不同的、时间上彼此分开的时刻执行两种不同的职能。""这两种形式都还是十分抽象的,虽然第

---

① 《马克思恩格斯全集》第 34 卷,北京:人民出版社 2008 年版,第 577 页。
② 同上书,第 577—578 页。

二种形式比第一种形式具体些"①。

4. 经济危机的根源在于资本主义生产方式是为了发财而生产②

马克思认为:"危机就是强制地使已经独立的因素恢复统一,并且强制地使实质上统一的因素变为独立的东西"③。

李嘉图认为,生产是需求的唯一界限,生产只受资本的限制。马克思对此进行了反驳:"进行生产是不考虑消费的现有界限的,生产只受资本本身的限制。而这一点确实是这种生产方式的特点"④。

马克思认为,资本主义生产方式只是追求攫取尽可能多的剩余劳动,所以,"在资本主义生产的本质中就包含着不顾市场的限制而生产"⑤。也就是说,生产过剩,从表象上来说,是由于市场的扩大慢于生产的扩大;从本质上来说,是因为资本主义生产是为了发财而生产,而不是为了所谓的满足社会的私人需要而生产。"如果不仅棉布,而且麻布、丝绸和呢绒都发生生产过剩,那末不难理解,这些为数不多但居主导地位的生产过剩就会在整个市场上引起多少带普遍性(**相对的**)生产过剩。一方面,是再生产的一切条件出现过剩,各种各样卖不出去的商品充斥市场;另一方面,是资本家遭到破产,工人群众忍饥挨饿,一贫如洗"⑥。

马克思指出:所谓的生产过剩,不是产品而是商品的生产过剩。他说:"而构成现代生产过剩的基础的,正是生产力的无限制发展和由此产生的大规模的生产,这种大规模的生产的基础是:一方面,广大的生产者的消费只限于必需品的范围,另一方面,资本家的利润成为生产的界限"⑦。

---

① 《马克思恩格斯全集》第 34 卷,北京:人民出版社 2008 年版,第 578 页。
② 同上书,第 581—601 页。
③ 《马克思恩格斯全集》第 26 卷第 2 册,北京:人民出版社 1973 年版,第 586 页。
④ 《马克思恩格斯全集》第 34 卷,北京:人民出版社 2008 年版,第 590 页。
⑤ 同上书,第 592 页。
⑥ 《马克思恩格斯全集》第 26 卷第 2 册,北京:人民出版社 1973 年版,第 597、598 页。
⑦ 《马克思恩格斯全集》第 34 卷,北京:人民出版社 2008 年版,第 599 页。

马克思随后对资本的生产过剩进行了说明。他说:"什么叫做**资本的生产过剩**呢?就是预定用来生产剩余价值的那些价值量的生产过剩(或者,从资本的物质内容方面来考察,就是预定用来进行再生产的那些商品的生产过剩),——因此,就是**再生产的规模太大**,这同直截了当地说生产过剩是一个意思"①。"更加明确地说,资本的生产过剩无非是,为了**发财**而生产的东西过多了,或者说,不是预定用做收入加以消费,而是预定用来**赚取货币**(进行积累)的那部分产品太多了;这部分产品不是预定用来满足它的所有者的私人需要,而是预定用来为它的所有者提供抽象的社会财富即货币,创造更大的支配他人劳动的权力——资本,或者说,扩大这个权力"②。"至于**生产过剩**,它只是以资本的一般生产规律为条件:以生产力为尺度(也就是按照用一定量资本剥削最大量劳动的可能性)进行生产,而不考虑市场的现有界限或有支付能力的需要的界限。而这是通过再生产和积累的不断扩大,因而也通过收入不断再转化为资本来进行的,另一方面,广大生产者[的需求]却总是被限制在需求的平均水平上,而且根据资本主义生产的性质,必须总是限制在需求的平均水平"③。也就是说,危机的本质是生产的相对过剩。马克思也就深刻地揭示了资本主义经济危机的根源和必然性。

---

① 《马克思恩格斯全集》第34卷,北京:人民出版社2008年版,第604页。
② 同上书,第604页。
③ 同上书,第605—606页。

第十章　对庸俗经济学的批判

马克思在《1861—1863年经济学手稿》中通过对资产阶级庸俗经济学的系统而深入地批判，进一步确立了自己的科学的政治经济学理论体系。

一　庸俗经济学的演变

对于古典政治经济学，前文中已有多处论述，马克思对他们还是高度肯定的。马克思认为资产阶级政治经济学发展反映了资本的产生过程，它的形成始于配第和斯图亚特，中间经过重农学派，一直到古典经济学派的杰出代表斯密和李嘉图为止，马克思把斯密看作"工场手工业时期集大成的政经济学家"。把李嘉图称作英国工业资产阶级的代言人。马克思指出，与只抓住表面现象做文章的庸俗经济学不同，"古典政治经济学力求通过分析，把各种固定的和彼此异化的财富形式还原为它们的内在统一性，并从它们身上剥去那种使它们漠不相关的相互并存的形式；它想了解与表现形式的多样性不同的内在联系"①。

古典政治经济学从1830年开始全面解体。按照马克思的看法，1820年至1830年期间是"英国政治经济学史上形而上学方面最重要的时期"。这一时期出现了马尔萨斯对李嘉图的反动的批判；以及拙劣模仿李嘉图的著作者，由于死搬教条而导致了李嘉图的理论破产。解体过程的主要流派有的公开反对李嘉图的劳动价值论；有的捍卫李嘉图的学

---

① 《马克思恩格斯全集》第26卷第3册，北京：人民出版社1974年版，第555页。

说，但把李嘉图学说教条化，从而加速了它的衰退过程。这种庸俗的经济学家仅仅看到现象世界，并从资产阶级立场出发为之辩护。资产阶级庸俗经济学是古典经济学解体的产物，两者在理论和方法上都具有经验主义、形而上学和非历史性的特征。但是庸俗经济学在方法论上又是对古典经济学的恶性发展，并走向了古典经济学的对立面。在认识方法上，庸俗经济学把经验主义看作"无批判的实证主义"，在动机上也没有去认识经验事实的本质和规律，仍然满足于资本主义生产当事人的实践中。

30年代以前，庸俗经济学还立志于对古典政治经济学的"注释"和"通俗化"；在30年代以后，他们公开攻击古典政治经济学来替资本主义辩护。马克思在《资本论》中指出，从1830年起，日益尖锐的阶级斗争，敲响了科学的资产阶级经济学的丧钟。马尔萨斯、詹姆斯·穆勒、麦克库洛赫、弗雷德里克·巴师夏和让·巴蒂斯特·萨伊等宣告了资产阶级古典学派的瓦解以及庸俗经济学和辩护理论的形成。

19世纪40、50年代，法国的巴师夏，成为庸俗经济学家的典型代表。马克思在把巴师夏同30年代以前的庸俗经济学家萨伊做比较时认为：萨伊同巴师夏比较起来还算是一个批评家，而巴师夏却是一个职业的调和论者和辩护论者。巴师夏只有剽窃，并且在自己的理论中把古典政治经济学与实际不符的方面消除掉。巴师夏之后，以德国罗雪尔为代表的历史学派代表了庸俗经济学发展的新阶段，他们主要以杂乱的历史材料知识来表现其理论特点。在今天来看，19世纪70年代以后兴起的边际效用学派、20世纪30年代兴起的凯恩斯学派，以至战后涌现出来的当代资产阶级经济学，都无一不是为资本主义制度来辩护的庸俗经济学。庸俗经济学由于坚持折衷主义的、肤浅的观点，就同发展中的现实完全对立，因而必然"有意识地越来越成为辩护论的经济学"，他们的理论不仅是"非历史的"，而且是"反历史的"。

马克思后来在《资本论》中写道："在这里，我断然指出，我所说的古典政治经济学，是指从威·配第以来的一切这样的经济学，这种经济学与庸俗经济学相反，研究了资产阶级生产关系的内部联系。而庸俗经济学却只是在表面的联系内兜圈子，它为了对可以说是最粗浅的现象作出似是而非的解释，为了适应资产阶级的日常需要，一再反复咀嚼科学的经济学早就提供了的材料。在其他方面，庸俗经济学则只限于把资产阶级生产当事人关于他们自己的最美好世界的陈腐而自负的看法加以系统化，赋以学究气味，并且宣布为永恒的真理。"①

二　手稿中对庸俗经济学的批判

（一）马克思对马尔萨斯观点的批判

马尔萨斯是英国资产阶级庸俗经济学创始人，是土地贵族利益的代表者，他反对李嘉图，否定劳动价值理论，因为后者理论的矛头指向了封建土地所有权，要求资本主义生产方式无限制地发展。

在马克思看来，马尔萨斯鼓吹的所谓的人口对生产力所造成的压力的实质是生产力对人口的压力，他本末倒置了人口和生产力之间的关系。换言之，马尔萨斯维护资本的利益，把生产力低下归咎于人口过剩，特别是穷人和社会底层的人口过剩。马克思指出马尔萨斯偷用并扭曲了安德森的观点，是为了维护土地所有者的利益。

马尔萨斯在李嘉图生前就批判李嘉图的理论，公开同他论战。他抓住了李嘉图没有解决的剩余价值的来源问题以及平均价格形成的复杂问题。不过他并没有解决李嘉图理论的难题，而是简单接受李嘉图概念体系的矛盾，并利用其混乱来推翻李嘉图的基本观点。马克思在《1861—1863年经济学手稿》中明确指出马尔萨斯不但没有超过李嘉图，反而倒退到李嘉图之前："马尔萨斯不但没有超过李嘉图，反而在他的论述中企图使政治经济学倒退到李嘉图以前，甚至倒退到斯密和重农学派以前。"②

在马尔萨斯看来，在商品买卖的过程中，当买者为购买商品而支付

---

① 《资本论》第一卷，北京：人民出版社2004年版，第99页。
② 《马克思恩格斯全集》第26卷第3册，北京：人民出版社1974年版，第8页。

高于商品实际劳动量的价格的时候，那么多于实际劳动量的部分就是利润。而商品的价值就体现在生产商品本身所需的生产费用和利润总和。由此可见，马尔萨斯武断的将利润和劳动之间内在的联系所割裂，用让渡利润代替利润的概念，从而进一步将流通领域作为利润的起源。因此马尔萨斯把商品的价值混同于商品作为资本的价值增殖，走向了"让渡利润"的庸俗经济学。马克思认为，马尔萨斯不仅从理论上否定利润来自剥削，而且还力图证明寄生阶级存在的合理性。

马尔萨斯认为利润不过是商品价格上的附加额。商品在市场中的价格是否合适，全部是由生产者是否可以偿还他们的资本并同时取得收益来决定的。在他看来，资本也只是一种用来创造劳动的工具，完全等同于不变资本。马克思批评指出：马尔萨斯的理论表明，如果考察的仅仅是资本家他们之间的所谓的商品交换，马尔萨斯的理论就显而易见的变成了一种谬论，即商品的价格成了一种形式，一种附加额，一种被单纯的加上一个所谓的名义上的附加额。因此，他是在撇开真正的商品之间的交换讨论人与人之间货币的交换。

马尔萨斯将劳动量的多少和劳动的价值等同。马尔萨斯认为，工资价值多少是由代表其劳动量的价值来决定的，并因此得出谬论：商品所吸收和包含的直接劳动所创造的价值并不比为它支付的价值大；并且只再生产工资的价值。这样，利润就无需再解释了，因为根本无法解释。

针对马尔萨斯对李嘉图的批判，马克思认为李嘉图的最大功劳其中就包含着关于相对工资的概念，而马尔萨斯却对这个正确的概念提出质疑。其要点为，工资的价值取决于工作日中公认为他自己劳动（为了生产或再生产他的工资）的那一部分和归资本家所有的那一部分劳动时间的比例。这一点在经济学上非常重要，事实上这只是对正确的剩余价值理论的另一种表述。其实，这一点对理解两个阶级的社会关系是很重要的。与此同时，马尔萨斯将费用价格和价值等同起来，提出错误的价值理论。马尔萨斯混淆颠倒了李嘉图关于费用价格和价值的论据。按照马尔萨斯提出的价值规定，商品的价值是由买者所必须支付的货币额来决定的，但这一货币额由什么决定的，他却没有解释。马尔萨斯错在只是看到竞争造成的表面的现象。

马尔萨斯为了证明他所谓的劳动是作为商品的劳动,是一种价值的尺度而非生产所需要的劳动量,居然提出劳动的价值是不变的这样一个荒谬的观点。

最后,马克思对马尔萨斯荒谬价值理论中得出非生产阶级必须不断增长的辩护论观点进行了批判。"在马尔萨斯看来,劳动的价值永远不会变动(这个理念是从亚当·斯密那里继承而来的),变动的只是我用劳动换得的商品的价值"①。马克思举例说如果同时两个工人做同样的工作日的劳动,所获取的报酬一个是另一个的一倍,那么马尔萨斯的观点就是错误的,因为同样的时间和劳动却换来不同的报酬。马尔萨斯似乎只是认为这是资本家的原因,他们付出的报酬时多时少,他没有看到其实工人单位时间的劳动量也是不同的。

总之,马克思认为,马尔萨斯的《人口原理》是一本反对法国革命和同时期的英国改革思想的小册子,它为工人阶级的贫困进行辩解,理论是从唐森等人那里剽窃来的;他的《地租论》维护地主而反对产业资本的理论是从安德森那里剽窃来的;他的《政治经济学原理》是维护资本家利益而反对工人,维护贵族、教会等的利益而反对资本家的小册子,理论是从亚当·斯密那里剽窃来的。至于他自己的发明,则是可怜之至。

(二) 马克思对詹姆斯·穆勒观点的批判

詹姆斯·穆勒是英国资产阶级学者把李嘉图理论庸俗化的代表之一。他不是去分析资本主义生产方式的内在矛盾,而是试图使李嘉图的理论达到"形式上的逻辑一贯"。穆勒努力要做的一方面是把资本主义的矛盾说成是表面的矛盾,另一方面又想排除李嘉图学说中的内在矛盾,他由此把李嘉图体系以及资本主义生产方式说成是绝对的东西。马克思曾评价他:"穆勒是第一个系统地阐述李嘉图理论的人,虽然他的

---

① 《马克思恩格斯全集》第26卷第3册,北京:人民出版社1974年版,第34页。

阐述只是一个相当抽象的轮廓。他力求做到的，是形式上的逻辑一贯性。'因此'，从他这里也就开始了李嘉图学派的**解体**。"①

马克思认为，穆勒从老师李嘉图那里没有学到新的和重要的东西，他所加工的原理和现实背道而驰，他把自己陷入深深的矛盾之中，"穆勒一方面想把资产阶级生产说成是绝对的生产形式，并且从而试图证明，这种生产的真实矛盾不过是表面上的矛盾。另一方面，他力图把李嘉图的理论说成是这种生产方式的绝对的理论形式，并且同样用形式上的理由把有些已为别人所指出、有些是摆在他本人眼前的理论上的矛盾辩解掉。"②。

首先，马克思批判穆勒关于时间的论点以及他对价值规律的错误的理解。

穆勒认为，时间不能够增加价值，时间只不过是一个抽象的术语。无论把一个抽象的单位说成是价值尺度，还是把时间说成是价值的创造者，在逻辑上都同样是荒谬的。由此可见，穆勒认为时间本身是无法生产出价值的，不应该把时间和价值联系起来。这显然是错误的。

马克思指出穆勒和李嘉图一样，将剩余价值和利润等同，而看不到利润只是剩余价值的一种变化发展了的形式。他们只是在谈到平均利润率时，才注意到剩余价值和利润的区别。对此，马克思指出，"其实，在说明不同生产领域的资本之间的**补偿理由**时，问题并不涉及剩余价值的生产，却涉及**剩余价值在不同类别的资本家之间的分配**。因此，在这里有意义的是同**价值规定本身**绝对没有任何关系的观点。在这里，迫使某一特殊生产领域的资本放弃在其他领域可能生产**更多剩余价值**的条件的一切，都是**补偿理由**。"③

穆勒用狭隘的眼光去看待问题，只是抓住了个别现象。马克思认为，只要理解剩余价值和利润的关系，解释清楚利润平均化的现象是十分简单的。但是，如果仅仅是用价值规律而忽视任何中介过程来解释则

---

① 《马克思恩格斯全集》第26卷第3册，北京：人民出版社1974年版，第87页。
② 同上书，第87—88页。
③ 同上书，第89—90页。

是不通的。穆勒只是用诡辩的方式来消除矛盾。

其次,穆勒推翻了李嘉图关于价值的理论,以供求关系去说明劳动价值,并把资本和雇佣劳动之间的交换看作是普通商品的交换。

穆勒主张,资本家以预付的方式把工人的份额支付给工人,这份预付的份额就是工资,当工人以工资形式完全得到了产品中他应该得到的份额时,这些产品的所有权便转移给了资本家,因为资本家事实上已经购买了工人的份额,并以预付的方式把这一份额支付给工人了。对此,马克思指出,穆勒理论最大的特点是,他认为资本主义关系本身同货币一样,都是为了方便而发明的手段:"穆勒想通过这种对工资的观点来回避与这里所考察的关系的特殊形式相联系的特殊困难"[①]。

李嘉图体系认为工人是直接出卖自己的劳动(而不是出卖自己劳动的),对于这一体系来说,其难以解决的困难在于:"既然商品的价值决定于生产该商品所耗费的劳动时间,那末在构成资本主义生产基础的、一切交换中最大的交换——资本家和雇佣工人之间的交换中,为什么这个价值规律不实现呢?为什么工人以工资形式取得的物化劳动量不等于他为换取工资而付出的直接劳动量呢?为了排除这个困难,穆勒把雇佣工人变成了商品所有者,说他向资本家出卖自己的**产品,自己的商品**"[②]。也就是说,穆勒将雇佣工人转变为商品所有者,将资本与劳动的交换转变为商品所有者之间的普通交换,用来弥补李嘉图体系的缺陷。马克思指出,需求和供给固然能够决定市场价格在商品价值上下的波动,但是不能决定商品价值本身;需求和供给如果用来决定价值,那么需求和供给就失去了意义,因为供给和需求决定价值的波动是以价值的决定为前提的。由此看来,穆勒的观点是难以成立的。

再次,穆勒错误地认为农业利润率可以调节其他利润率。

规律是客观的,而穆勒没有看到规律的客观性。他错误的认为,农业的利润率可以调节其他利润率。马克思指出其错误在于:首先,从历

---

① 《马克思恩格斯全集》第 26 卷第 3 册,北京:人民出版社 1974 年版,第 93 页。

② 同上。

史来看，资本主义的发展是在工业革命以后，也就是说，是工业而不是农业直接推动发展了资本主义；其次，关于农业的平均化，资本的注入或者转出是伴随利润率变化的，根本是利润率在起着决定作用，而不是农业本身。

马克思进一步指出，"**平均利润率**在工业中是由于资本利润的平均化以及价值因此转化为**费用价格**而形成的。这种费用价格——预付资本的价值加平均利润——是农业从工业获得的**前提**，因为农业中由于土地所有权的存在，上述平均化是不可能发生的。如果农产品的价值因而高于由**工业的平均利润**决定的费用价格，那末这个价值超过费用价格的余额就形成绝对地租。但是，为了能对价值超过费用价格的这种余额进行衡量，**费用价格**应当是第一性的，也就是说，它应当作为规律由工业强加给农业"[①]。

最后，穆勒将供给和需求等同，推出了供求关系的平衡性，这是愚昧和错误的。

穆勒把供求相结合，认为彼此相互平衡。他认为需求就是产品，需求量取决于该产品的价值量。穆勒认为人们生产中消费的东西就是资本，并且通过消费才成为资本。穆勒用来消除矛盾的逻辑就是："如果某种关系包含着对立，那它就不仅是对立，而且是对立的**统一**。因为，它就是**没有对立的统一**。"[②]。马克思指出：如果拿供给作为出发点，使用价值的供给和有待实现的价值的供给绝不是等同的，因为数量完全不同的使用价值可以表现同量的交换价值。因此，没有丝毫理由认为一种商品按照自己的价值出卖的能力和我所供给的商品量是成比例的。由此不难看出，穆勒将李嘉图著作中不合理的部分保留，自己并没有新的正确的理论建树。

在穆勒身上我们看到了一个天才的学生在无私的老师的鼓励、督促和指导下的成长过程。他对李嘉图学术崇拜成为其学术发展的桎梏。

---

① 《马克思恩格斯全集》第 26 卷第 3 册，北京：人民出版社 1974 年版，第 105—106 页。

② 同上书，第 106 页。

（三）马克思对麦克库洛赫的批判

麦克库洛赫对现实的辩护显示了他彻底的庸俗经济学的立场。马克思对麦克库洛赫及其著作进行了批判和嘲弄，"麦克库洛赫是李嘉图经济理论的庸俗化者，同时又是使这个经济理论解体的最可悲的样版。他不仅是李嘉图的庸俗化者，而且是詹姆斯·穆勒的庸俗化者。而且，他在一切方面都是庸俗经济学家，是现状的辩护士。使他担心到可笑地步的唯一事情，就是利润下降的趋势；他对工人的状况是完全满意的，总而言之，他对沉重地压在工人阶级身上的资产阶级经济的一切矛盾都是满意的。"①

麦克库洛赫混淆了生产劳动和非生产劳动、资本和收入、生产和消费，以及劳动和利润。他将商品同商品的交换等同于商品同劳动的交换，这导致他滑向"让渡利润"的泥淖。

麦克库洛赫确认了李嘉图理论中的实际价值和相对价值的概念。同时，他接受了马尔萨斯的交换价值规定，即交换价值是商品支配的雇佣劳动量。因此，麦克库洛赫对相对价值是这样规定的：相对价值是商品换得的劳动或其他任何商品的量。而李嘉图在考察相对价值时，并未涉及劳动，因为他意识到，要实现利润，商品同劳动的交换是等量劳动的交换是不可能的。"李嘉图在其著作一开头就特别强调指出：商品价值决定于商品中包含的劳动时间，和商品价值决定于商品可以买到的劳动量，这两者是根本不同的。这样，他一方面把商品包含的劳动量同商品支配的劳动量区别开来；另一方面，他从商品的相对价值中排除了商品同劳动的交换。因为一种商品同另一种商品相交换，是等量劳动相交换。商品同劳动本身相交换，则不是等量劳动相交换，而资本主义生产正是以这种交换的不平等为基础的。"② 李嘉图的确没有解释这个例外如何同价值概念相符合的问题。他之后的经济学家们的争论就是由此产

---

① 《马克思恩格斯全集》第 26 卷第 3 册，北京：人民出版社 1974 年版，第 182—183 页。

② 同上书，第 184—185 页。

生的。

按照麦克库洛赫的理论，在供需相符时，实际价值表现为相对价值，此时在交换的两级有着相同的劳动量。因此，通常情况下的商品交换的实质就是雇佣劳动量，该雇佣劳动量等于该商品包含的劳动量。实际上，工人以工资形式得到的物化劳动，恰好等于他在交换时以直接劳动的形式还给资本家的劳动。正如马克思所说："这样，剩余价值的源泉就消失了，李嘉图的整个理论也就瓦解了。可见，库洛赫先生一开头是在使李嘉图理论贯彻到底的外表下破坏这个理论。"①

此外，麦克库洛赫将商品价值决定于劳动时间等同于商品价值决定于支配劳动的能力，企图以此来调和李嘉图的观点和马尔萨斯的观点。

麦克库洛赫采用"贷款"来解释利润的产生。在资本家和工人之间，一方贷出也就是付出商品，另一方借入，即在取得商品后才付出。马克思批判指出：资本家用支付工资的商品与他作为劳动成果取回的商品具有不同的使用价值。此外，麦克库洛赫还用动机来解释利润的产生，即资本家赚取"利润"的动机。在他的理论中，"让渡利润"产生的原因在于买者和卖者都没有按照价值规律来买或卖的"动机"。

最后，麦克库洛赫将生产中物的因素的作用也囊括于劳动中，进一步促使了李嘉图理论体系的解体。

马克思认为，麦克库洛赫不仅抛弃了李嘉图经济理论的基础，并且又进一步破坏了其基础。导致李嘉图理论破产的第二个困难是一般利润率是如何产生的。麦克库洛赫采用了穆勒的说法，认为物在生产中的作用也是劳动，例如葡萄酒放置在酒窖内的时间也可以算作吸收劳动的时间。李嘉图不理解一般利润率是怎样产生的，所以他也不理解价值是怎样转化为生产价格的。这样，麦克库洛赫将李嘉图理论体系的最后一点残余也抛弃了。在这样将李嘉图观点庸俗化的言论中，我们看到了对李嘉图理论的最彻底的破坏。

---

① 《马克思恩格斯全集》第26卷第3册，北京：人民出版社1974年版，第185页。

三 庸俗经济学的根源

马克思指出了庸俗经济学的方法论根源,他说:"当庸俗经济学家不去揭示事物的内部联系却傲慢地断言事物从现象上看不是这样的时候,他们自以为这是做出了伟大的发现。实际上,他们夸耀的是他们紧紧抓住了现象,并且把它当作最终的东西。这样,科学究竟有什么用处呢?"[1] 庸俗经济学这种经验主义的狭隘方法其实根源于古典经济学的方法。

马克思对李嘉图的方法论曾做出评价:"李嘉图把现代社会中存在和表现出来的这个事实也看成**历史上**最初的东西……这是一种误解,资产阶级经济学家们在考察资产阶级社会的一切经济规律时都陷入这种误解,在他们看来,这些规律是'自然规律',因而也表现为历史上最初的东西"[2]。马克思认为,在逻辑方法上,古典经济学的科学抽象和分析方法并不完备,缺少对于中介的分析环节,他说:"在进行这种分析的时候,古典政治经济学有时也陷入矛盾;它往往试图不揭示中介环节就直接进行这种还原和证明不同形式的源泉的同一性。"[3] 比如马克思曾分析了剩余价值的转化形式,以及生产价格的形成等各个中间环节。而古典经济学从抽象的经验出发,无法说明一系列的转化形式,看不到资本主义生产形式的历史性。马克思指出"古典政治经济学的缺点和错误是:它把**资本的基本形式**,即以占有别人劳动为目的的生产,不是解释为社会生产的**历史**形式,而是解释为社会生产的**自然形式**"[4]。古典经济学的理论体系的非历史的观点,随着体系矛盾的不断深化,最终导致了自己的终结。

庸俗经济学比古典经济学在理论上更显得肤浅。庸俗经济学把作为

---

[1] 《马克思恩格斯全集》第32卷,北京:人民出版社1974年版,第542页。
[2] 《马克思恩格斯全集》第26卷第2册,北京:人民出版社1973年版,第168页。
[3] 《马克思恩格斯全集》第26卷第3册,北京:人民出版社1974年版,第556页。
[4] 同上。

古典经济学出发点的矛盾现实都予以否认,对其进行掩盖和辩护。为了实现这一目的,他们采用了诡辩和折衷主义的方法,有时他们还采用文字游戏来避免对这些矛盾的阐述。由于庸俗经济过分维护资产阶级的利益,并没有看到资产阶级的本质,而仅仅去掩盖自身概念、理论、体系的缺憾。马克思说"正当政治经济学本身由于它的分析而使它自己的前提瓦解、动摇的时候,正当政治经济学的对立面也已经因此而多少以经济的,空想的,批判的和革命的形式存在的时候,庸俗政治经济学开始嚣张起来"①。例如詹姆斯·穆勒使用了诡辩的逻辑方法来否认经济危机的必然性,他说,"需求意味着**购买愿望和购买手段**……一个人所提供的等价物品(购买手段)就是需求的工具。他的需求量就是用这个等价物品的价值来衡量的。"② 在这里,詹姆斯·穆勒把买和卖两者直接等同起来,认为不会发生经济危机。他只看到了两者的统一,没有注意两者的对立。而马克思认为,买和卖两者是统一的,也是对立的,在资本主义制度下两者的统一必然通过经济危机才能实现。由此看来,庸俗经济学的产生和古典政治经济学本身的缺陷息息相关的。随着古典政治经济学说的深化扩展,它的庸俗成分就越深入和成熟,最终导致庸俗经济的产生和独立的发展。

从社会现实角度看,庸俗经济学的本质是为资本主义社会现实进行辩护。"与这种情况相适应,庸俗政治经济学也就是有意识地越来越成为**辩护论**的经济学,并且千方百计力图通过空谈来摆脱反映矛盾的思想"③。庸俗经济学对资本主义社会现实做表面的拙劣描述,其目的是为了维护资本主义和为资本主义辩护。这一点从马克思认为巴师夏是一个职业的调和论者和辩护论者中就可以看出。马克思还认为他"只有剽窃,并且力图用自己的论据把古典政治经济学中**不合口味**的方面消除掉"④。继巴师夏之后,边际效用学派、凯恩斯学派等都在维护着庸俗

---

① 《马克思恩格斯全集》第 26 卷第 3 册,北京:人民出版社 1974 年版,第 556 页。
② 同上书,第 106 页。
③ 同上书,第 557 页。
④ 同上。

经济学，其目的还是为了维护资产阶级利益，为社会现状辩护。

庸俗经济学是源于资本主义经济异化颠倒的现实。他们没有认清楚事物现象和本质的辩证关系，将现象当做本质，将假象看成是真相，马克思评论说："因此，它越是在异化的形式上来认识资本主义生产的各种形态，它就越是接近于普通观念的要素，也就是越在它自己的自然要素中浮游"[①]。庸俗经济学站在维护资本主义的理论立场上，恰恰反映了资本主义社会的异化现实。

在阶级立场上，庸俗经济学家在阶级立场上与古典经济学家有很大的区别，他们总是自觉地满足资产阶级的发展需要，维护资产阶级的利益，在理论上为他们进行辩护，无益于无产阶级的革命活动。总地看，庸俗经济学缺乏科学性和批判性，不能揭示资本主义社会的本质和规律，因而受到了马克思的深刻的无情批判。马克思对庸俗经济学的批判，为我们把握他的科学的方法论提供了视角。

---

① 《马克思恩格斯全集》第 26 卷第 3 册，北京：人民出版社 1974 年版，第 559 页。

第十一章 手稿的方法研究

马克思《1861—1863年经济学手稿》体现了唯物辩证法，在《〈政治经济学批判〉导言》阐述了从抽象上升到具体的经济学方法之后，针对资产阶级经济学家关于剩余价值理论阐述的方法论谬误，他在手稿中尤其强调运用抽象法、归纳与演绎、矛盾分析方法等，对黑格尔的辩证法进行了唯物主义的改造。

一 日本学者对手稿方法的研究

见田石介是日本近现代具有代表性的哲学家，其关于马克思政治经济学的著作取得了巨大的成功。在日本国内流行一种普遍的观点："马克思的辩证法方法在原则上是逻辑的进程和历史的进程相一致的观点"①。根据这种观点，历史规定了经济关系，任何对这种历史的、经济的和社会的关系进行分析都是毫无意义的。商品在经济学上是最小的语义单位，不可再分。资本发展的标志就是经济范畴，两者是相一致的。见田石介认为这种理论在本质上是错误的，它模糊了劳动、商品、地租之类的经济学概念的确切含义和定义；"马克思是分析了历史地规定了的经济关系，才发现使用价值、需要、劳动、剩余劳动、劳动基金、社会生产等的种种自然规律的"②。同时，资本结构不是单一面的，资本具有种种的侧面，而且资本的种种侧面也不是一蹴而就的，是在发

---

① 〔日〕见田石介：《〈资本论〉的方法》，沈佩林译，济南：山东人民出版社1992年版，第1页。
② 同上。

展的过程中逐渐形成的,是一个发展变化的统一体。

还有一些研究者从唯物辩证法、社会发展规律和生产力与生产关系的矛盾论述马克思的政治经济学,见田石介对此种现象进行了批评性的考察,他认为:"马克思的辩证法方法总是从已知事实出发,从已知事实分离出本质的东西,根据这样获得的本质的东西来说明已知事实,通过这个说明过程同时又用事实来验证本质的东西的真理性,这就是辩证法的原则"①。见田石介研究《资本论》取得了丰硕的成果,为我们研究《1861—1863年经济学手稿》提供了借鉴,扩展了我们研究的思路。

日本学者冈本博之、宇佐美诚次郎、横山正彦、木原正雄和林直道等人对手稿进行深入的研究。他们认为大英博物馆的丰富的藏书、作为当时世界资本主义中心的伦敦提供的便利条件和资本主义世界市场的建立是马克思研究政治经济学的现实基础。

他们批判了考茨基版本的《剩余价值理论》的根本缺陷,认为考茨基版本的《剩余价值理论》有五大缺点。第一,考茨基在编排出版上,完全违背马克思和恩格斯的计划和意愿。恩格斯认为《剩余价值理论》是《资本论》第四卷,而考茨基否定了他的意见。如果按照《剩余价值理论》里面的结构,论述了资本主义政治经济学史发展的全部过程,所以它可以被认为是政治经济学的通史,因此应当成为《资本论》第四卷的草稿。马克思说:"这种历史的评论不过是要指出,一方面,经济学家们以怎样的形式互相进行批判,另一方面,经济学规律最先以怎样的历史具有决定意义的形式被揭示出来并得到进一步发展"②。同时,马克思在给济格蒙德·肖特的信中也说:"我本人写作《资本论》的顺序同读者将要看到的顺序恰恰是相反的(即从第三部分——历史部分开始写),只不过是我最后着手写的第一卷当即做好了付印的准备,而使其他两卷仍然处于一切研究工作最初阶段所具有的那种初稿形

---

① 〔日〕见田石介:《〈资本论〉的方法》,沈佩林译,济南:山东人民出版社1992年版,第3页。

② 《马克思恩格斯全集》第33卷,北京:人民出版社2004年版,第417页。

式"①。第二，考茨基几乎没有理解马克思手稿中内涵的历史的批判和理论的把握的展开两者是结合在一起的意义。考茨基按照经济学说史的原则，按年代顺序重新组合了手稿的结构，完全忽视了马克思自己标注的内容目录。第三，考茨基毫无理由的删除了马克思的一些原文，其中包含许多重要的论述，尤其是手稿最后关于拉姆塞和舍尔比利埃的论述。第四点，由于马克思的字体比较难以辨认，考茨基错误的辨认了马克思的原文，从而歪曲了马克思的愿意，或者是模糊了马克思的原意。最后，考茨基错误的翻译了手稿中的英语和法语，或增或减或修订，给我们理解马克思的原意造成了极大的困难。

接着，他们研究了《剩余价值理论》的各册中存在的问题。总体上说，《剩余价值理论》有两个特点：第一，作为一部资产阶级经济学说史，马克思始终一贯的研究了经济学说史的阶级根源；第二，确定了经济学说史的认识论和方法论对结论影响的必然性。

关于第一分册中存在的若干问题：第一分册主要是对重农学派和亚当·斯密进行了批评性的分析。马克思赞扬了重农学派的历史贡献在于：把剩余价值的起源由流通领域转移到生产领域，"在重农学派以前，剩余价值——即利润，利润形式的剩余价值——完全是用**交换**，用商品高于它的价值出卖来解释的"②。重农学派首次对资本主义生产方式进行了系统的论述，"重农学派是**资本**和**资本主义生产方式的**最早有系统的（不像配第等只是偶然的）**解释者**"③。"在资产阶级视野以内对**资本**进行分析，从本质上来说是重农学派的功绩。这个功绩使他们成为现代经济学的真正鼻祖"④。

马克思强调重农学派有两大历史功绩：一是最早从生产领域而不是流通领域寻找剩余价值，"重农主义把关于剩余价值起源的研究从流通

---

① 《马克思恩格斯文集》第 10 卷，北京：人民出版社 2009 年版，第 422 页。
② 《马克思恩格斯全集》第 33 卷，北京：人民出版社 2004 年版，第 11 页。
③ 《马克思恩格斯全集》第 34 卷，北京：人民出版社 1972 年版，第 40 页。
④ 《马克思恩格斯全集》第 33 卷，北京：人民出版社 2004 年版，第 15 页。

领域转到直接生产领域,这样就为分析资本主义生产奠定了基础"①。这是认识剩余价值的一个质的飞跃,但是还没有触及到价值的本质,仍然把使用价值、天然产物、物质等混淆在一起,只有农业劳动才是生产劳动。二是魁奈是第一个在国家的层面上研究了社会资本的再生产和流通。马克思高度赞扬了魁奈的《经济表》:"实际上,这是一种尝试:把资本的整个生产过程表现为**再生产**过程,把流通表现为仅仅是这个再生产过程的形式;把货币流通表现为仅仅是资本流通的一个要素;同时,把收入的起源、资本和收入之间的交换、再生产消费对最终消费的关系都包括到这个再生产过程中,把消费者和生产者之间(实际上是资本和收入之间)的流通包括到资本流通中;最后,把生产劳动的两大部门——原料生产和工业——之间的流通表现为这个再生产过程的要素,而且把这一切总结在一张《**表**》上,这张表实际上只有5条线,连结着6个出发点或归宿点。这个尝试是在18世纪30—60年代政治经济学幼年时期做出的,这是一个极有天才的思想,毫无疑问是政治经济学至今所提出的一切思想中最有天才的思想"②。当然重农学派的研究有其认识的局限性,没有认识到资产阶级的历史存在性,认为资产阶级是永恒存在的,采取了一种非历史观的考察方法。

亚当·斯密认识到无论在任何部门,生产任何使用价值,一般社会劳动是价值的来源,利润、地租、工资等表现形式都属于剩余价值。"斯密后来更直接地从工人超出他用来支付(即用等价物来补偿)工资的那个劳动量之上所完成的劳动,引申出利润。斯密这样就认识到了剩余价值的真正起源。同时他还十分明确地指出,剩余价值不是从预付基金中产生的,无论预付基金在现实的劳动过程中如何有用,它的价值不过是在产品中再现而已。剩余价值仅仅是在新的生产过程中从'**工人加到材料上的**'新劳动中产生的"③。

斯密虽然认识到了剩余价值的来源,但是没有从纯理论上掌握它,

---

① 《马克思恩格斯全集》第33卷,北京:人民出版社2004年版,第16页。
② 同上书,第414—415页。
③ 同上书,第56页。

也没有认识到劳动是一种特殊的商品。另外，斯密的理论中存在理论二重性问题，斯密想从理论上揭示资本主义生产的内在联系，但是在论述资本主义生产的现象时，仅仅停留在表面，没有深入。用马克思的话说就是："亚当·斯密的矛盾的重要意义在于：这些矛盾包含的问题，他固然没有解决，但是，他通过自相矛盾使提出了这些问题。后来的经济学家们互相争论时，时而接受斯密的这一解释，时而接受斯密的那一解释，这种情况最好不过地证明斯密在这方面的正确本能"①。

关于第二分册的若干问题：第二分册重要论述了李嘉图的经济学说，特别是地租理论，和亚当·斯密的费用价格和地租理论。李嘉图的地租理论的根本缺陷是否认绝对地租的存在，洛贝尔图斯的新地租理论试图完善李嘉图的地租理论，以失败而告终。马克思对李嘉图的评价是极高的，认为李嘉图是古典政治经济学的最高峰："资产阶级制度的生理学——对这个制度的内在有机联系和生活的理解——的基础、出发点，是**价值**决定于**劳动时间**这一规定。李嘉图从这一规定出发，迫使科学抛弃原来的陈规旧套，要科学讲清楚：它所阐明和提出的其余范畴——生产关系和交往关系——和形态同这个基础、这个出发点适合或矛盾到什么程度；一般说来，只是反映、再现过程的表现形式的科学（因而这些表现本身），同资产阶级社会的内在联系即现实生理学所依据的，或者说成为它的出发点的那个基础适合到什么程度；一般说来，这个制度的表面运动和它的实际运动之间的矛盾是怎么回事。李嘉图在科学上的巨大历史意义也就在这里"②。李嘉图作为资产阶级经济学的代表对资本主义生产的认识已经达到极限，以后始终没有超越这个极限，这是由于李嘉图把资本主义的生产方式认为是人类社会的永远的自然秩序相关的，超越不了形而上学的研究方法，也就无法超越认识的局限性。

马克思认为价值规律的两种变形通过竞争规律的两种形式实现：一

---

① 《马克思恩格斯全集》第33卷，北京：人民出版社2004年版，第135页。
② 《马克思恩格斯全集》第34卷，北京：人民出版社2008年版，第183—184页。

种是在同类生产部门内进行竞争，形成市场价值，"于是，竞争——部分地是资本家之间的竞争，部分地是商品的买者同资本家的竞争以及商品的买者之间的竞争——在这里就导致这样的结果：某一特殊生产领域的每一个别商品的价值决定于**这一特殊社会生产领域的商品总量**所需要的**社会劳动时间总量**，而不决定于**个别商品的个别价值**，换句话说，不决定于个别商品的**特殊**生产者和卖者为这一个别商品花费的劳动时间"①；另一种是在不同生产部门内进行竞争，形成平均利润率。

"直截了当地说，这无非是资本家们努力（而这种努力就是竞争）把他们从工人阶级身上榨取的无酬劳动量（或这个劳动量的产品）在他们相互之间进行分配，而且这种分配不是根据每一个**特殊**资本直接生产多少剩余劳动，而是根据：**第一**，这个特殊资本在总资本中占多大部分；**第二**，总资本本身生产的剩余劳动总量。资本家们既作为同伙又作为敌手来瓜分赃物——他们所占有的别人劳动，于是他们每个人占有的无酬劳动，平均说来，同其他任何一个资本家占有的一样多"②。这样马克思在《剩余价值理论》这本著作中完成了市场价值、平均利润和生产价格等理论，为马克思论述绝对地租提供了理论基础。

同时，马克思从资本主义的基本矛盾——社会化大生产和资本主义私有制之间的矛盾——出发论述了在资本主义制度下经济危机发生的必然性，"危机的**一般条件**，只要不取决于和价值波动不同的**价格波动**（不论这种波动同信用有无关系），就必须用资本主义生产的一般条件来说明"③，"这种追加生产的尺度，是**资本**本身，是生产条件的现有规模和资本家追求发财致富和扩大自己资本的无限欲望，而决不是**消费**。消费早就被破坏了，因为，一方面，人口的最大部分，即工人人口，只能在非常狭窄的范围内扩大自己的消费，另一方面，随着资本主义的发展，对劳动的需求，虽然**绝对地说**是在增加，但**相对地说**却在减少。此外还有一点：一切平衡都是**偶然的**，各个领域中使用资本

---

① 《马克思恩格斯全集》第34卷，北京：人民出版社2008年版，第227—228页。
② 同上书，第25页。
③ 同上书，第584页。

的比例固然通过一个经常的过程达到平衡，但是这个过程的经常性本身，正是以这个过程必须经常地、往往是强制地进行平衡的那种经常的比例失调为前提"①。

关于第三分册的若干问题：在本册中，马克思论述了科学的资产阶级政治经济学的衰败和庸俗政治经济学的兴起。

资产阶级政治经济学的衰败毫无疑问根源于他们的阶级属性导致的认识局限性。在他们的认识中有两个无法解决的根本矛盾"（1）资本和劳动之间的交换，与价值规律相一致。（2）一般利润率的形成。把剩余价值和利润等同起来。不理解价值和费用价格之间的关系。"②古典政治经济学派的衰败从三个方面展开：一是对劳动剩余价值理论进行公开批判；二是李嘉图的追随者们将李嘉图奉为圭臬，从而加速了衰败；三是接受了李嘉图的主要学术成果，并因此引起空想社会主义理论家的批判。

庸俗政治经济学的兴起是和工人阶级的发展相一致的。他们的主要特征是："庸俗经济学家——应该把他们同我们所批判的经济学研究者严格区别开来——实际上只是翻译了受资本主义生产束缚的资本主义生产承担者的观念、动机等等，在这些观念和动机中，资本主义生产仅仅在其外观上反映出来。他们把这些观念、动机翻译成学理主义的语言，但是他们是从进行统治的那一部分即资本家的立场出发的，因此他们的论述不是素朴的和客观的，而是辩护论的。对必然在这种生产方式的承担者那里产生的庸俗观念的偏狭的和学理主义的表述，同诸如重农学派、亚·斯密、李嘉图这样的政治经济学家渴求理解内部联系的愿望，是极不相同的"③。

马克思对李嘉图以后的政治经济学的分析采取全盘否定的态度，比如马克思认为"马尔萨斯不但没有超过李嘉图，反而在他的论述中企图使政治经济学倒退到李嘉图以前，甚至倒退到斯密和重农学派以前"④。

---

① 《马克思恩格斯全集》第34卷，北京：人民出版社2008年版，第559页。
② 《马克思恩格斯全集》第35卷，北京：人民出版社2013年版，第208页。
③ 同上书，第302页。
④ 同上书，第12页。

马尔萨斯试图证明寄生的阶层都有生存的权利。寄生的阶层不从事生产劳动，他们只进行消费，这样工人生产的劳动产品才能进入流通领域。李嘉图学派解体的根本原因是资本主义根本矛盾的凸显和尖锐，之后庸俗经济学派发展起来，科学的资产阶级政治经济学已经名存实亡。

冈本博之、宇佐美诚次郎、横山正彦、木原正雄和林直道等人在马克思的研究中结合了分析的方法和发生论的方法。他们通过比较马克思与亚当·斯密和李嘉图的研究方法，清晰地认识了马克思的科学方法。

斯密"一方面，他探索各种经济范畴的内在联系，或者说，资产阶级经济制度的隐蔽结构；另一方面，他又把在竞争现象中表面上所表现的那种联系，也就是在非科学的观察者眼中，同样在那些被实际卷入资产阶级生产过程并同这一过程有实际利害关系的人们眼中所表现的那种联系，与上述内在联系并列地提出来"①。斯密是一方面想从资本主义生产内部分析内在联系，一方面又停留在资本主义生产的表面现象。

李嘉图相比斯密有了进步，正确提出了劳动价值理论，解决了斯密的混乱。他把价值归为必要劳动量，把握了地租、利润、利息都是劳动价值的不同形式。但是李嘉图的体系有重大的方法论的缺陷。马克思说过"李嘉图的方法是这样的：李嘉图从商品的价值量决定于劳动时间这个规定出发，然后**研究**其他经济关系是否同这个价值规定相**矛盾**，或者说，它们在多大的程度上使这个价值规定发生变形。人们一眼就可以看出这种方法的历史合理性，它在政治经济学史上的科学必然性，同时也可以看出它在科学上的不完备性，这种不完备性不仅表现在叙述的方式上（形式方面），而且导致错误的结论，因为这种方法跳过必要的中间环节，企图**直接**证明各种经济范畴相互一致"②。

在李嘉图的整个理论中有跳过去了中间环节，直接将简单范畴和复杂范畴相连，没有区分剩余价值和它的特殊形式。马克思评价道："在进行这种分析的时候，古典经济学有时也陷入矛盾；它往往试图在没有

---

① 《马克思恩格斯全集》第34卷，北京：人民出版社2008年版，第182页。
② 同上。

中介环节的情况下就直接进行这种还原和证明不同形式的源泉的同一性。但这是它的分析方法的必然结果,批判和理解必须从这一方法开始。它感兴趣的不是从起源来说明各种不同的形式,而是通过分析来把它们还原为它们的统一性,因为它是从把它们作为已知的前提出发的。但是,分析是说明起源,理解实际形成过程的不同阶段的必要前提"①。

李嘉图的研究只对资本主义现象进行了分析,没有进一步的分析这些现象产生的原因,没有研究这些现象产生的过程,缺少发生论的方法。李嘉图之所以有这些缺陷,是因为,他认为资本主义的生产方式是超历史的、永恒存在自然秩序,没有认识到资本主义的生产方式是社会历史发展的结果,也必将随着社会历史的发展而结束,资本主义只是人类社会历史发展的一个阶段。

二 苏联学者对手稿方法的研究

艾·瓦·伊林柯夫在其早年研究了马克思自己称之为从抽象上升到具体的辩证法。他认为:价值范畴不是为了表现概念,而是为了表现商品形式在资本主义形成过程中所起的客观作用的特征。"价值"的概念及其含义不是由重农学派提出也不是由重商学派提出的,它所代表的含义是在当时是一切可以用来交换和买卖的东西。因此政治理论界只是把人们已知的含义提取出来,制定"价值"概念,这当然是错误的概念,他们充其量不过是列举了"价值"所代表的种种现象,然后指出了"价值"这个词的含义而已。配第等人的主要功绩就在于:在考察简单的商品交换的基础上实际地解决了价值实体的问题。在他们进行分析物物交换的现象,试图找到物物交换的现实基础和怎样交换的过程中,提出了价值的概念。"假定有人从秘鲁地下获得1盎司银并带到伦敦来,他所用的时间和他生产1蒲式耳谷物所需要的时间相等,那么,前者是

---

① 《马克思恩格斯全集》第35卷,北京:人民出版社2013年版,第360页。

后者的自然价格"①。在这一段落里面虽然完全没有"价值"出现，只谈到了"自然价格"，但是它其中蕴含着商品的价值是由社会必要劳动时间量决定的意蕴，由此，价值的概念就呼之欲出了。资产阶级的代表古典政治经济学家探索到了正确的道路，但是没有理解真正的含义，他们的指导思想——洛克哲学——也没有提供解决问题的现实途径，反而使他们陷入矛盾状态，遇到很多原则性的问题。

伊林柯夫主张从抽象上升到具体的方法的特征是归纳和演绎、分析和综合的一致，马克思彻底地贯彻了他的系统的科学方法。一般的东西正是从具体的事物中抽象出来的，从一些不重要的事物中抽象出来的。比如对利润的理解，建立一般的抽象概念是可能的，只需要把经验事实观察到的利润现象上升到抽象用语就行。资本家是不需要懂得利润的概念和抽象含义的。他在实践中是自己利益的拥护者，从自己的主观出发区分利润和非利润，任何有关本质的探讨都是脱离实际生活的玄奥的哲学。"每个人都可以把货币作为货币使用，而不知道货币是什么"②。对于从事具体实践的生产者来说，对概念的理解是无关紧要的，也是累赘。在科学的思维中，重要的恰恰是理解，理解现象就是从相互作用的各种具体的社会关系中找出这些现象所必须遵循的"规律"。理解利润就是揭示利润在资本主义生产方式中产生和发展的一般性的规律，和利润其中所起的特殊作用。因此对事物现象具体的理解只能在复杂的抽象系统中完成，运用抽象才能更好的反映纷繁复杂的现象。

约翰·洛克作为经验主义的政治经济学第一批理论家之一，深刻影响了英国的古典政治经济学的发展。"因为洛克是同封建社会相对立的资产阶级社会的法权观念的经典表达者；此外，洛克哲学成了以后整个英国政治经济学的一切观念的基础，所以他的观点就更加重要"③。古典政治经济学家们在运用从洛克那里得来的片面分析方法的时候，没有意识到他们在理论上实际上是从实质上与狭隘主义的事物观原则相矛盾

---

① 《马克思恩格斯全集》第33卷，北京：人民出版社2004年版，第219页。
② 《马克思恩格斯全集》第35卷，北京：人民出版社2013年版，第178页。
③ 《马克思恩格斯全集》第26卷第1册，北京：人民出版社1972年版，第393页。

的一整套理论前提出发的：通过分析来分解经验事实本身。在这里需要一个统一标准作为前提，而洛克把这个前提定义为："人的本性"。古典经济学家自觉地在方法论中采用洛克的哲学，结果造成这样的结果：对事实的理论研究本身总是掺杂着未经批判的经验观念。

这种现象在亚当·斯密的著作中表现的尤其突出，"一方面，他探索各种经济范畴的内在联系，或者说，资产阶级经济制度的隐蔽结构。另一方面，他又把在竞争现象中表面上所表现的那种联系，也就是在非科学的观察者眼中，同样在那些被实际卷入资产阶级生产过程并同这一过程有实际利害关系的人们眼中所表现的那种联系，与上述内在联系并列地提出来。这是两种理解方式，一种是深入研究资产阶级制度的内在联系，可以说是深入研究资产阶级制度的生理学，另一种则只是把生活过程中外部表现出来的东西，按照它表现出来的样子加以描写、分类、叙述并归入图式比的概念规定之中。这两种理解方式在斯密那里不仅安然并存，而且相互交错，不断自相矛盾"①。斯密本人没有察觉到两种方法之间的矛盾之处，根源在于洛克的认识论中恰恰忽略了理论抽象和简单的经验抽象之间的区别。

大卫·李嘉图相比斯密有了进步，第一次有意识的区分了上述两种方法，认为应该从更高的层面来理解经验事实，即从它们的内在联系来理解，并且一贯的坚持了下来。马克思对此进行了高度的评价："……斯密……出现了，他向科学大喝一声：'站住！'资产阶级制度的生理学——对这个制度的内在有机联系和生活过程的理解——的基础、出发点，是**价值**决定于**劳动时间**这一规定。李嘉图从这一规定出发，迫使科学抛弃原来的陈规旧套，要科学讲清楚：它所阐明和提出的其余范畴——生产关系和交往关系——和形态同这个基础、这个出发点适合或矛盾到什么程度；一般说来，只是反映、再现过程的表现形式的科学（因而这些表现本身），同资产阶级社会的内在联系及现实生理学所依据，或者说成为它的出发点的那个基础适合到什么程度；一般说来，这

---

① 《马克思恩格斯全集》第 34 卷，北京：人民出版社 2008 年版，第 182—183 页。

个制度的表面运动和它的实际运动之间的矛盾是怎么回事。李嘉图在科学上的巨大历史意义也就在这里"①。李嘉图已经不再是采用经验归纳的方法,而是完全自觉地采用了对范畴进行理论演绎的方法。他试图把资产阶级的一切理解为生产商品,从价值范畴出发理解一切概念。

伊林柯夫认为:李嘉图的研究方法有明显的不足,在进行研究的时候没有使价值完全摆脱竞争、利润、工资等现象,没有摆脱剩余价值生产过程中的相互作用。"我们看到,如果说人们责备李嘉图过于抽象,那么相反的责备倒是公正的,这就是:他缺乏抽象力,他在考察商品**价值**时无法忘掉利润这个从竞争领域来到他面前的事实"②。事实是,李嘉图不可能超越他自身的历史局限性,首先他不能用辩证的观点理解一般概念,其次在知识方面,他不理解历史主义的观点。

伊林柯夫强调:抽象和分析的具体完整是理论综合的条件。李嘉图认为价值必须从具体形式中来进行研究,比如,地租、利润和工资等等。这样就含有两个缺陷:"应该指责李嘉图的是,一方面,他抽象的还不够深刻,不够完全,因而当他,比如说,考察商品价值时,一开始就同样受到具体关系的考察的限制;另一方面是,他**直接**把表现形式理解为一般规律的证实或表现;他根本没有**揭示**这种形式。就第一点来说,他的抽象是极不完全的,就第二点来说,他的抽象是形式的,本身是虚假的"③。马克思认为一般范畴不仅应该是完全抽象的,更应该是有内容的。这样抽象才是真实的和客观的。李嘉图对价值的分析是不完全具体的,这就决定了李嘉图的整个知识体系是没有稳定的根基的。

劳动价值论中蕴含着矛盾,马克思辩证性的解决了这样矛盾。在庸俗经济学家那里,矛盾是不存在的,他们只是从经验事实出发,本身不包含任何内在联系。李嘉图则试图从劳动价值理论阐述整个理论体系,因此整个现实在李嘉图的体系里面是对立的、对抗的,这种逻辑的矛盾恰恰说明了李嘉图理论的客观性和力量性。马克思在批判穆勒时说:

---

① 《马克思恩格斯全集》第34卷,北京:人民出版社2008年版,第183—184页。
② 同上书,第210—211页。
③ 同上书,第115页。

"他力求做到的，是形式上的逻辑一贯性。因此，从他这里也就开始了李嘉图学派的**解体**"①。资产阶级想要用改变利润描述或者是改变价值描述的方法调和一般规律和利润之间的矛盾，这两种办法都导致了李嘉图学派的解体。

李嘉图认为活劳动即人的劳动是价值的唯一来源的同时用平均利润率揭示利润，但是平均利润率和价值的一般规律相矛盾，也同劳动时间决定价值相矛盾。"李嘉图不应该**先假定**这种**一般利润率**，相反，他倒是应该研究一般利润率的**存在**究竟同价值决定于劳动时间这一规定符合到什么程度，这样，他就会发现，一般利润率同这一规定乍看起来倒是**矛盾的**，而不是符合的"②。李嘉图已经看到了理论的矛盾之处，但是无法解决。

形而上学理论家认为上述矛盾是不正常的事情，马克思对此进行了彻底的批判："在这里，一般规律同进一步发展了的具体关系之间的矛盾……用把具体的东西直接列入抽象的东西，使具体的东西直接适应抽象的办法来解决。而且是想靠**捏造用语**，靠改变事物的正确名称来达到这一点。(……他们企图用空话来解决没有得到实际解决的实际矛盾)"③。形而上学陷入了与自身的不可解决的矛盾中，而这正是辩证法开始的地方。马克思认为**价值规律与它**在现象上表现出来的经验形式是不直接一致的，李嘉图设想的价值规律和平均利润相一致是完全错误的。而"粗俗的经验主义变成了虚伪的形而上学，变成了烦琐哲学，它绞尽脑汁，想用简单的形式抽象，直接从一般规律中得出不可否认的经验现象，或者巧妙地论证它们是同一般规律相一致的"④。

最后伊林柯夫指出：每个抽象的论点都是理解具体的要素，并且是发展中的具体性的片面表现。在发展中，新的现实性可以出现在任何时

---

① 《马克思恩格斯全集》第 35 卷，北京：人民出版社 2013 年版，第 89 页。
② 《马克思恩格斯全集》第 34 卷，北京：人民出版社 2008 年版，第 192 页。
③ 《马克思恩格斯全集》第 35 卷，北京：人民出版社 2013 年版，第 92 页。
④ 《马克思恩格斯全集》第 33 卷，北京：人民出版社 2004 年版，第 66 页。

候和任何地点,这种新的现实性都是根基于以往的事实的,是对以往形式的超越和发展,因此具有和落后的、不发达的现实性的特点相矛盾的特点。

三 国内学者对手稿方法的研究

刘炯忠认为首先马克思在研究资本主义政治经济学的时候使用了归纳和演绎的方法。归纳是从个别到一般的过程。在哲学史上,亚里士多德从唯物主义的角度出发论述过归纳和归纳法,苏格拉底推广了归纳法,柏拉图从唯心主义立场阐释了归纳法。随着资本主义的到来,英国哲学家培根比较全面的阐述了归纳法的体系。它既反对经院哲学,又反对脱离实际。约翰·穆勒从唯心主义立场出发在培根的基础上,进一步发展了归纳法,形成一个逻辑体系,但是依然是形式逻辑。黑格尔批判了穆勒的形式逻辑,形成了辩证逻辑体系,尤其是论述归纳与演绎的辩证关系。在经济学史上,配第第一次把归纳从自然科学领域延伸到社会科学领域,在理念上反对玄学,在实践上主张调查,从个别到一般。李嘉图既应用了归纳的方法也应用了演绎的方法,但是没能认识到两者之间的辩证关系。只有马克思创造性的把辩证逻辑应用到政治经济学研究领域。

虽然归纳的方法在认识过程中是重要的一部分,但不是全部,演绎的方法也是不可或缺的。在哲学史上,亚里士多德创立了形式主义的演绎方法。由于亚里士多德的理论很缜密和严谨,直到斯宾诺莎才开始唯物主义的说明,后来黑格尔正确的说明了归纳与演绎的辩证统一的关系。在经济学说史上,配第也是第一个应用了演绎的方法的学者。魁奈的《经济表》也体现了演绎的方法。马克思认为斯密和李嘉图在一定程度上应用了演绎逻辑,但是还停留在形式逻辑的,甚至是形而上学的层面。

关于归纳与演绎的辩证统一的关系,马克思坚持:"表述这些前提条件时必须使它们成为**现实的**前提条件,现实的假设,而不是把荒诞无稽的东西当作前提条件,不是假设的非现实性和不可能性"①。要正确理解归纳与演绎的辩证统一,首先要正确理解唯物辩证法,把事物看成对立面的对立同一。演绎和归纳既存在外部的联系,也存在内部的联系。

褚一纯认为马克思在研究资本主义政治经济学的时候使用了科学抽象法,"分析经济形势,既不能用显微镜,也不能用化学试剂。二者都必须用抽象力来代替"②。

科学抽象法的第一个要素就是要:透过现象,探明本质。任何事物都有现象和本质两个方面。本质是事物的根本属性,是一类事物区别于其他类事物的最根本的东西。现象是事物的外部表现,是事物的个性、特殊性的总和。人类的感觉器官感觉到的都是现象,但是可以透过现象认识本质。现象和本质的关系是对立统一的。

首先,两者有明显的差别:本质是内在的只能间接地被认识;现象是外在的,能直接被认识。其次,两者是相互依存的,现象是本质的现象,本质是现象的本质。本质只能透过现象表现出来,现象只能是本质的外化。没有无现象的本质,也没有无本质的现象。再者,两者是相互包含的,本质内含在现象之中,同时又包含现象,因为现象是由本质决定的。最后,两者是可以相互转化的。本质转化为现象是指本质表现为现象,现象转化为本质是指现象越丰富,越能深刻地表现本质。

马克思注重把抽象的方法运用在现象上升为本质的过程中。而斯密和李嘉图在他们进行政治经济学研究中,虽然用了不少的抽象的方法,透过现象看到了一些本质和规律,但是依然含有不少非科学的见解。例如,他们用工资解释劳动价格等。李嘉图对资本、工资等经济范畴做了量的分析,没有发现剩余价值的本质。马克思说:"李嘉图所以有片面性,是因为他总想证明不同的经济范畴或关系**同价值理论并不矛盾**,而不是相反地从这个基础出发,去**阐明**这些范畴以及它们的表面上的矛

---

① 《马克思恩格斯全集》第33卷,北京:人民出版社2004年版,第269—270页。
② 《马克思恩格斯全集》第44卷,北京:人民出版社2001年版,第8页。

盾，换句话说，去揭示这个基础本身的发展"①。

李嘉图理论体系的缺陷是在对资本主义生产现象分析的时候，只停留在表面现象，没有探索现象和本质之间的内在关系。这也为李嘉图的反对者们留下了攻击他的借口，"最后这个指责是由李嘉图说明问题的缺陷引起的，因为他完全不是从形式方面，从劳动作为价值实体所采取的一定形式方面来研究价值，而只是研究价值量，就是说，研究造成商品**价值量**差别的这种抽象一般的、并在这种形式上是社会的劳动的量"②。贝利反对劳动价值论就是从这里出发的，"如果某个物品的价值就是它的购买能力，那么就必须有供购买的东西。因此，价值除了仅仅表示两个物品作为可交换的商品相互间的关系之外，不表示任何肯定的或内在的东西"③。

马克思对此进行了反驳，"一物对另一物的**关系**是两物间的关系，不能说这个关系是属于其中某一物。相反，**一物的能力**是该物内在的东西，尽管它这个内在的属性只能表现在它对其他物的关系上。例如，引力是物本身的能力，虽然这种能力在没有东西可以吸引时是'潜在的'。"④ 商品的价值蕴含在商品内部，是商品的内在本质。在商品进行交换的时候，是商品的价值决定了商品的交换比例，而不是相反。商品价格的变化也是由商品本身的价值决定的，这也是价值规律的一种表现形式。马克思以科学的抽象法，严密的逻辑体系，彻底批判了庸俗经济学，发展了资本主义子政治经济学的合理成分，形成了系统的科学体系。科学抽象法要求我们一定要拨开现象的层层迷雾，揭示事物的内在规律。在研究的过程中，应该由现象上升到本质，由感性认识上升到理性认识。

科学抽象法的第二个要素就是要剖开形式，分析内容。在哲学上，形式是内容的外部表现，内容是形式的本质和基础。内容比形式

---

① 《马克思恩格斯全集》第34卷，北京：人民出版社2008年版，第165页。
② 同上书，第190页。
③ 《马克思恩格斯全集》第35卷，北京：人民出版社2013年版，第150页。
④ 同上书，第151页。

活跃、多变，因此形式有时候表现的落后于内容的发展。形式和内容是辩证统一的。无形式的内容是不可想象的，无内容的形式也是不可想象的。两者可以相互转化，内容决定形式，形式反作用于内容，当旧形式不能适应新内容的需要的时候，内容就会突破旧形式的束缚，到达新形势。

政治经济学的抽象方法就是要剖析一个个经济范畴的形式，分析蕴含的内容，探索其中的动因。比如：商品是使用价值和价值的统一体。使用价值是指商品能满足人们需要的某种属性，价值是指包含在商品中无差别的人的劳动。交换价值则是一种使用价值在与另一种使用价值交换时的比例关系。这个比例关系在形式上因时间地点的变化而变化，但是有其内在基础。比如小麦可以和很多东西交换，那么能和小麦交换的其余东西也能相互交换，交换价值背后就有一个共同的基础，这个基础不可能是使用价值，因为正是由于使用价值的不同，我们才需要交换，那么这个共同的基础就是：价值。剖析商品交换的各种表现形式，挖掘内在本质和内容。价值是交换价值的基础，交换价值是价值的表现形式。

与商品包含使用价值和价值对应，劳动有二重性，即：抽象劳动和具体劳动，两者是同一劳动的不同方面，抽象劳动创造价值，具体劳动创造使用价值。资产阶级政治经济学家就是没有发现劳动的二重性，因而不了解什么劳动在什么条件下创造了什么价值，迷失在复杂的经济现象和表现形式中。劳动二重性同时为正确阐述剩余价值奠定了理论基础。斯密的错误在于把工资理解为劳动的价格，商品的价值包含工资、利润、地租三者。李嘉图的错误在于：误以为工人向资本家出卖的是劳动而不是劳动力，不理解剩余价值的本质和来源。

褚一纯认为斯密和李嘉图的错误产生的原因不仅仅是因为他们是资产阶级的政治经济学家的局限性，还和他们不理解劳动的二重性，不会运用唯物辩证的分析思维方法有关，或者是运用的不彻底有关。

斯密开始正确理解了价值，后来走向反方向，认为价值、利润、工资是既定的东西，马克思在《剩余价值理论》中说："这种向相反观点的转变意味着：斯密起初是从事物的**内部联系**考察事物，后来却**从它们在竞争中表现出来的颠倒了的形式**去考察事物。他天真地把这两种考察方法交织在一起，而且没有觉察到它们之间的矛盾"①。李嘉图在一定程度上纠正了斯密的错误，抽象了竞争形式及其表现形式，认为价值包含工资和利润：工资越低、利润越高，工资越高、利润越低。但是李嘉图对资本主义政治经济学范畴的分析停留在现象层面。马克思说"应该指责李嘉图的是，一方面，他抽象的还不够深刻，不够完全，因而当他，比如说，考察商品**价值**时，一开始就同样受到具体关系的考察的限制；另一方面是，他**直接**把表现形式理解为一般规律的证实或表现；他根本没有**揭示**这种形式。就第一点来说，他的抽象是极不完全的，就第二点来说，他的抽象是形式的，本身是虚假的"②。

抛开形式，分析内容是一项艰巨的任务，不是轻易就能完成的。正确运用科学抽象法既要事物的形式是复杂的，内容是发展变化的，剖开事物的外在形式，探究内容和形式的内在联系，又要抓住事物内容的内在联系，发现规律和本质。

褚一纯认为科学抽象法的一个原则是：把握中介环节，承前启后。马克思在研究资本主义政治经济学时，从商品内部矛盾入手，然后按照资本主义经济的发生和发展过程，逐步地研究各个具体的经济范畴，在推理研究的过程中始终坚持"中介原则"，做到承前启后，建立一个符合逻辑的完整的科学体系。

马克思说："决不能把一般的抽象形式直接同它的任何一个特殊形式混淆起来"③。"古典经济学力求通过分析，把各种固定的和彼此异化的财富形式还原为它们的内在的统一性，并从它们身上剥去那种使它们漠不相关地相互并存的形式；它想了解与表现形式的多样性不同的内在联系"④。但是，"在进行这种分析的时候，古典政治经济学有时也陷入

---

① 《马克思恩格斯全集》第34卷，北京：人民出版社2008年版，第115页。
② 同上。
③ 《马克思恩格斯全集》第33卷，北京：人民出版社2004年版，第70页。
④ 《马克思恩格斯全集》第35卷，北京：人民出版社2013年版，第359页。

矛盾；它往往试图在没有中介环节的情况下就直接进行这种还原和证明不同形式的源泉的同一性"①。所以古典政治经济学家们经常把抽象的概念和具体的经济范畴相混淆，忽视中介环节，造成理论上的悖论和矛盾。从抽象上升到具体，并不是机械地进入，二者之间没有直接的通道。所有试图从抽象直接进入具体的做法都是形而上学的经验主义，抽象和具体只能是辩证的统一。

科学抽象法就是要通过具体到抽象再到具体的研究路径，揭示资本主义经济的发生和发展的脉络，探索资本主义运行的规律和本质。在这个过程中，一要区分形式和内容、现象和本质、抽象和具体，二要抓住事物的内部联系和规律，联系和规律必须要通过中介环节得到。斯密和李嘉图的理论上的错误从方法论上说，就是没有在抽象上升到具体的过程中找到正确的中介环节，犯了机械论的错误，因此不能到达真理的彼岸。马克思说："亚当虽然实质上是说明剩余价值，但是他没有明确地用一个特定的、不同于其各个特殊形式的范畴来阐明剩余价值，因此，后来他直接就把剩余价值同更发展的形式即利润混淆起来了。这个错误，在李嘉图和他的所有的后继者的著作中，仍然存在"②。总之，中介环节在从具体到抽象再到具体的唯物辩证的思维中具有重要的作用。

---

① 《马克思恩格斯全集》第35卷，北京：人民出版社2013年版，第360页。
② 《马克思恩格斯全集》第33卷，北京：人民出版社2004年版，第66页。

第四部分　经典著作选编

卡·马克思

政治经济学批判
（1861—1863年手稿）第一部分（节选）

增　补

……

从整体来看的资本的生产过程分为两个阶段：

（1）资本与劳动能力之间的交换，作为必要的补充，还包括以货币（价值）形式存在的一定的资本组成部分同劳动的对象条件——作为商品本身（因而也是以前劳动的产品）——的交换。这第一个行为包括，现有资本的某一部分转化为工人的生活资料，也就是说，同时转化为保存和再生产劳动能力的资料。〔只要这些生活资料的一部分是**在劳动过程本身中**为了生产出劳动而被消费的，就可以把工人所消费的生活资料（作为工人生活费用），如同原材料和生产资料一样地列入劳动的对象条件，即资本在劳动过程中分解而成的劳动的对象条件。或者可以把它们看作是再生产消费的要素。最后，或者可以把它们看作产品的生产资料，如机器在生产过程中所消耗的煤和油一样。〕

（2）在现实劳动过程中，**劳动**转化为**资本**。也就是说，劳动成了**对象化的**（对象的）**劳动**，而且成了这样的对象化劳动：它**独立地**——作为资本家的财产即资本家的经济存在——同活劳动能力相对立。**关于劳动向资本的这种转化：**

"他们〈工人〉拿自己的劳动换取谷物〔即换取一般生活资料〕。这种谷物成了**他们的**收入〔消费基金〕……而**他们的劳动**变成了他们主人的**资本**。"（西

斯蒙第《政治经济学新原理》[1827年巴黎第2版] 第1卷第90页)

"他〈工人〉需要生活资料才能生活,主人需要劳动,才能获利。"(同上,第91页)

"工人以自己的劳动来交换,从而把劳动变成资本。"(同上,第105页)

"尽管社会财富的迅速增长可能会给雇佣工人带来某些好处,但它消除不了他们贫困的原因……他们仍然被剥夺了对资本的任何权利,因而不得不**卖自己的劳动**并放弃对这种劳动产品的任何权利。"(舍尔比利埃[《富或贫》1841年巴黎版] 第68页,[Zh. 34])

〔"在社会组织中,财富不经过它的所有者的任何努力,通过**他人的劳动获得了一种把自己再生产出来的属性**。财富,**和劳动一样,并且通过劳动**,每年提供**果实**,这种果实每年可以被消费掉,但不会使富人变穷。这种果实就是来源于**资本的收入**。"(西斯蒙第[《政治经济学新原理》1827年巴黎第2版] 第1卷第82页,[Zh. 47])〕

[II—85]〔各种不同形式的收入(撇开工资不谈),如利润、利息、地租等等(还有赋税)只是**剩余价值**在各阶级中进行分配而分解成的不同组成部分。在这里,暂时只能在剩余价值的一般形式上对它们加以考察。当然,剩余价值以后可能发生的分割,不会使它在量上和质上有丝毫改变。但是,工业资本家是支付利息、地租等等的中介人,这也是众所周知的。

"劳动是财富的源泉;财富是劳动的产品;收入作为财富的一部分,必然是从这个共同的源泉中产生的;人们通常是从土地、积累资本和劳动这三种不同的源泉中引出三类收入,即**地租**、**利润**、**工资**。收入的这三种划分只是分配人类劳动果实的三种不同方式。"(西斯蒙第[《政治经济学新原理》1827年巴黎第2版] 第1卷第85页)〕

〔"产品在转化为资本以前就被占有了;这种转化并没有使它们摆脱那种占有。"(舍尔比利埃[《富或贫》1841年巴黎版] 第54页)〕

〔"无产者为换取一定量的生活资料**出卖**自己的劳动,也就完全放弃了对资本其他部分的任何权利……这些产品的占有还是和以前一样;并不因上述契约而发生任何变化。"(同上,第58页)〕

事实上，资本关系的全部秘密就在于劳动向资本的这种转化。

从整体上考察资本主义生产，就可以得出结论：作为这个过程的真正产品，应考察的不只是**商品**（尤其不只是商品的**使用价值**，即**产品**）；也不只是**剩余价值**；虽然剩余价值是结果，它表现为整个生产过程的目的并决定着这个过程的性质。不仅是生产一个东西——商品，即比原来预付的资本具有更大价值的商品，而且是生产资本和雇佣劳动；换言之，是再生产［劳动和资本之间的］关系，并使之永存。不过，这将在进一步考察生产过程以后才会更清楚地看出来。

在这里，剩余价值和工资这两者表现为一种我们这里至今尚未出现过的形式，即**收入**的形式，也就是说，一方面表现为**分配的形式**，另一方面又表现为**消费基金**的一定形式。不过，因为这一规定暂时还是多余的（但当我们着手研究第一篇第四点《原始积累》时，它们就成为必要的了），所以我们将在进一步考察资本的生产过程以后，才来考察这种形式规定性。

在这里，工资——因为雇佣劳动是资本主义生产的前提——在我们面前表现为一种**生产形式**；正如我们把**剩余价值**和它的创造列入作为生产关系的**资本**的概念中一样。其次，才应当表明，这些生产关系是怎样同时又表现为分配关系的（有可能时，也应当更详细地分析把劳动能力理解为工人的资本这种谬论）。这样做之所以必要，部分地也是为了要指出，把资产阶级的生产关系和分配关系看作不是同类的关系，这是荒谬的。例如，约·斯·穆勒和其他许多经济学家就是这样，他们把生产关系看作是自然的、永恒的规律；而把分配关系看作是人为的、历史上产生的和受人类社会控制等等的关系。另一方面，例如，把剩余价值说成是收入（因而是收入的范畴），这是一种把问题简单化的公式，例如，在考察资本积累时就是这样。

什么劳动是生产性的，工资或资本是不是生产性的，把工资和剩余价值说成是收入，关于这些问题应该在考察相对剩余价值的结尾部分加以讨论（或者，也许在考察雇佣劳动和资本的关系时部分地加以讨论?）。(同样的问题还有：工人代表 W—G—W 和资本家代表 G—W—

G，工人的节俭和积蓄等等。)

〔从我笔记中摘下的补充。

劳动只有对**资本来说**才是**使用价值**，而且就是资本本身的使用价值，也就是使资本**自行增殖**的中介活动。因此，劳动对于工人来说不是使用价值；因此，劳动对于工人来说不是**生产财富的力量**，不是致富的手段或活动。劳动对于［II—86］资本来说是使用价值，对于工人来说**只是交换价值**，是现有的交换价值。劳动作为交换价值，是在同资本的交换行为中，通过自身的出卖以换得货币而实现的。一物的使用价值与它的卖者本身毫无关系，而只与他的买者有关。由工人作为**使用价值**卖给资本的劳动（能力），对于工人来说，是他要实现的属于他的**交换价值**，不过这个交换价值（如同一般商品的价格一样）是在这种交换行为以前已经**决定了的**，是交换的前提条件。可见，在与资本进行交换的过程中所实现的劳动能力的交换价值，是**预先存在的**，预先决定了的，它所经历的仅仅是形式变化（通过转化为货币）。劳动能力的交换价值不是由劳动的使用价值决定的。对于工人本身来说，劳动所以具有使用价值，只是由于它**是交换价值**，而不是由于它生产交换价值。对于资本来说，劳动所以具有交换价值，只是由于它是使用价值。劳动不是对工人本身来说，而只是对资本来说，才是不同于它的交换价值的使用价值。因此，工人换出的劳动是简单的、预先决定的、由已经过去的过程决定的交换价值——他换出的劳动本身是**对象化劳动**，这只是由于它是一定量的劳动，它的等价物已经是确定了的，是已知的。资本换进的这种劳动是活劳动，是生产财富的一般力量，是增加财富的活动。因此，很明显，工人通过这种交换不可能**致富**，因为，就像以扫为了一碗红豆汤而出卖自己的长子权一样，工人也是为了一个既定量的劳动能力的价值而出卖自己的**创造力**。相反，工人必然会越来越贫穷，因为他的劳动的创造力作为资本的力量，作为**异己的权力**而同他相对立。他把劳动作为财富的生产力**让渡出去**；而资本把劳动作为这种生产力来占有。可见，劳动和劳动产品所有权的分离，劳动和财富的分离，已经包含在这种交换行为本身之中。作为奇特的结果出现的东西，已经存在于前提本身之中。因此，对于工人来说，他的劳动的生产性**成了异己的权力**，总之，他的劳动既然不是**能力**，而是运动，是**现实的**劳动，就会是这样的；相反，资本是通过**占有他人劳动**而使自己的价值增殖的。至少，资本的价值增殖的可能性是由此产生的；是作为劳动和资本交换的结果出现的。这种关系只有在（资本实际消费他人劳动的）生产行为本身中才**得到实现**。劳动能力被工人作为**预先存在的**交换价值同货币形式的等价物相交换，而这个货币形式的等价物又被工人用来同商品形式的等价物相交换，这些商品由工人消费。劳动在这个交换过程中是非生产的；它只是对资本来说才变成生产的；劳动只能从流通中取出它已经投入流通的东西，即一个预定的商品量，而这既不是劳动本身的产品，也不是劳动本身的价值。〔因此，文明的一切进步，或者换句话说，社会生产力（也可以说劳动本身的生产力）的任何增长，都不会使工人致富，而只会使资本家致富，也就是只会使支配劳动的权力更加增大，只会使资本的生产力——支配劳动的**客观权力**增长。〕劳动转化为资本，**从潜在意义上来说**，是资本和劳动交换的结果。**这种转化**只有在**生产过程本身中才得到实现**。〕

选自《马克思恩格斯全集》第 32 卷，北京：人民出版社 1998 年版，第 179—184 页。

［V—190］（C）机器。自然力和科学的应用（蒸汽、电、机械的和化学的因素）

［资本主义应用机器的前提和后果］

约翰·斯图亚特·穆勒指出：

"值得怀疑的是，一切已有的机械发明，是否减轻了任何人每天的辛劳。"

〔（约·斯·穆勒《政治经济学原理》（两卷集）1848 年伦敦版第 312 页，第 2 版（1849 年）第 314 页）〕

他应该说：任何从事劳动的人每天的辛劳。但是，在资本主义生产的基础上，使用机器的目的，决不是为了减轻或缩短工人每天的辛劳。

"商品便宜了，但它们是人的血肉造成的。"（［约·巴·拜耳斯］《自由贸易的诡辩》1850年伦敦第7版第202页）

使用机器的目的，一般说来，是减低商品的价值，从而减低商品的价格，使商品变便宜，也就是缩短生产一个商品的必要劳动时间，但无论如何不是缩短工人从事这种变便宜的商品的生产的劳动时间。实际上，这里的问题不在于缩短工作日，而在于——凡是在资本主义基础上发展生产力的场合都是如此——缩短工人为再生产其劳动能力所必需的劳动时间，换句话说，就是缩短工人为生产其工资所必需的劳动时间，因而缩短工人为自己劳动的工作日部分，即他的劳动时间的**有酬**部分，并通过缩短这一部分而延长他无偿地为资本劳动的工作日部分，即工作日的**无酬**部分，他的**剩余劳动时间**。为什么随着机器的使用，侵吞别人劳动时间的贪欲到处都在增长，而工作日——在尚未受到法律的强制干预之前——不是缩短了，相反地却延长到了超过它的自然界限，不仅相对剩余劳动时间增加了，而且总劳动时间也增加了。这种**现象**我们将在第三章中考察。

［V—196］"但是，与工人人数增加的同时，工人的辛劳也增加了。现在，在制造过程中雇用的工人的劳动，是开始实行这些操作时的3倍。毫无疑问，机器完成的工作，代替了成百万人的肌肉，但是，机器也使受它可怕的运动支配的人的劳动惊人地增加了。"（阿什利勋爵《工厂十小时工作日法案。［1844年3月15日星期五在下院的］演说》1844年伦敦版第6页）

［V—190］只有在个别情况下，资本家使用机器的目的是**直接降低工资**，尽管在这种场合他们总是用简单劳动代替熟练劳动，用妇女劳动和儿童劳动代替成年男子劳动。商品价值取决于它所包含的**社会必要劳动时间**。在使用新的机器时，如果大量生产还继续以旧的生产资料为基础，资本家就可以把商品**低于**它的社会价值出售，虽然他是把商品高于

它的个别价值出售,即高于他在新生产过程条件下制造商品所必需的**劳动时间**出售。因此,这里情况似乎是,对资本家说来,剩余价值来源于出售——对其他商品所有者的欺骗,来源于商品的价格哄抬得高于它的价值,而不是来源于缩短必要劳动时间和延长剩余劳动时间。但是,这不过是一种假象。由于劳动在这里获得了与同一部门的平均劳动不同的特殊生产力,它已成为比平均劳动高的劳动;例如,这种劳动的一个劳动小时等于平均劳动的 $\frac{5}{4}$ 劳动小时,是自乘的简单劳动。但是,资本家仍按平均劳动付给工资。因此,少量的劳动小时〔在新的条件下〕,等于多量的平均劳动的劳动小时。资本家对于自己的工人的劳动是按平均劳动付酬的,但是按它的实际情况,即按较高的劳动出售的,而一定数量的这种劳动等于较多的平均劳动。

因此,根据假定,为了生产同一价值,工人只需要从事比平均工人较少的时间的劳动就够了。〔V—191〕所以,实际上,他花费比平均工人较少的劳动时间,就生产了自己的工资的等价物,或再生产他的劳动能力所必需的生活资料。这样一来,他就把较多的劳动小时作为剩余劳动给了资本家;只有这种相对剩余劳动,才使资本家在出售商品时得到高于它的价值的价格余额。资本家只有出售时,才能实现这种剩余劳动时间,或者说,实现这种剩余价值;但是,这种剩余价值并不是来源于出售,而是来源于缩短必要劳动时间,因而相对增加剩余劳动时间。甚至当使用新机器的资本家支付的工资高于平均工资时,他能够实现超过正常剩余价值即超过同一生产部门其他资本家实现的剩余价值的余额,也只是由于工资并非按照这种劳动超过平均劳动的**同一**比例增加,因而剩余劳动时间总是相对增加。因此,这种情况也受剩余价值=剩余劳动这个一般规律的支配。

机器——一旦被资本主义使用,已经不再处于其原始阶段,大部分已经不再只是比较有力的手工业工具——必须以**简单协作**为前提,而且简单协作(我们将会在下面看到),对机器说来,比对以分工为基础的工场手工业来说,是一个更重要得多的因素,在工场手工业中,简单协作只表现在实行简单的倍数原则,也就是说,不仅把各种不同的操作分配给各种不同的工人,而且也有人数比例,即把一定数量的小组工人分配到各种操作上,而每一个这样的小组工人都从属于某一种操作。

在资本主义使用机器的最发达的形式即**机械工厂**中,主要的是许多人在那里制作**同一的产品**。这甚至是它的基本原则。其次,机器的使用最初是把以分工为基础的工场手工业作为自己存在的先决条件的;因为**机器本身的制造**——从而机器的存在——是以充分实行分工原则的工场为基础的。只有在进一步发展的阶段,机器本身的制造才在采用机器的基础上——在机械工厂中完成。

"在力学发展的早期阶段,机器制造厂展示了有许多等级的分工;锉刀、钻头、车床各有其相应技能的工人。但是,使用锉刀和钻头的工人的技能现在却被刨床、切槽床和钻床所代替,而切削金属的车工的技能却被自动车床所代替。"(尤尔[《工厂哲学》]第1卷第30—31页)

一方面,工场手工业中发展起来的分工在机械工厂内部重新出现,虽然规模很小;另一方面,我们在下面将会看到,机械工厂又把以分工为基础的工场手工业的最重要的原则废除了。最后,机器的使用扩大了社会内部的分工,增加了特殊生产部门和独立生产领域的数量。

使用机器的基本原则,在于以**简单**劳动代替熟练劳动,从而也在于把大量工资降低到平均工资的水平,或把工人的必要劳动减低到平均最低限度和把劳动能力的生产费用减低到简单劳动能力的生产费用的水平。

[V—192]通过简单协作和分工来提高生产力,资本家是不费分文的。它们是资本统治下所具有的一定形式的社会劳动的无偿自然力。应用机器,不仅仅是使与单独个人的劳动不同的社会劳动的生产力发挥作用,而且把单纯的自然力-——如水、风、蒸汽、电等——变成社会劳动的力量。这里已不用说在机器的真正工作部分(即直接用机械或化学方法加工原料的部分)中起作用的力学定律的运用了。但是,上述增加生产力,从而[缩短]必要劳动时间的形式的特点在于,所使用的单纯自然力的一部分,在它被使用的这一形式上是劳动产品,例如把水变成

蒸汽时就是这样。在动力，例如水，是自然形成的瀑布等等的地方〔顺便指出，最能说明问题的是，法国人在 18 世纪使水产生水平作用，而德国人则总是造成人工落差〕，把水的运动传到机器本身的媒介，例如水轮，就是劳动产品。而直接加工原料的机器本身也完全是这样。

因此，机器与工场手工业中的简单协作和分工不同，它是制造出来的生产力。机器具有价值；它作为商品（直接作为机器，或间接作为必须消费掉以便使动力具有所需要的形式的商品）进入生产领域，在那里，它作为机器，作为不变资本的一部分而起作用。机器和不变资本的任何部分一样，把它本身包含的价值加到产品上，也就是说，它使产品由于加进生产它本身所需要的劳动时间而变贵。

因此，虽然我们在本章中专门考察可变资本和它自身赖以再生产的那个价值量之间的比例，换句话说，就是耗费在某一生产领域内的必要劳动和剩余劳动之间的比例，因而我们有意识地不考察剩余价值和不变资本以及和预付资本总额之间的比例；但是，机器的应用，迫切要求在考察用于工资的那部分资本的同时，也考察资本的其他部分。的确，下述原则，即使用提高生产力的手段能使相对剩余时间增加，从而也使相对剩余价值增加的原则的依据是，由于应用了发明，使生产力提高了，即同等人数的工人在同一时间内生产了更多的使用价值，这样商品变便宜了，因而劳动能力再生产所必需的劳动时间缩短了。但是，在采用机器的情况下，取得这样的结果，只是靠更大量的投资，靠消费已有的价值，靠加进某种〔新的〕因素，因而，这种因素按自己本身的价值额增加了产品即商品的价值量。

首先，拿原料来说，自然，无论用什么方法对它进行加工，它的价值仍然和原来一样，也就是说，仍然和它进入生产过程时的价值一样。

[V—193] 其次，使用机器会使一定量原料所吸收的劳动量减少，或使在一定劳动时间内转化为产品的原料数量增加。

如果考察一下这两个因素，那么，用机器生产的商品所包含的劳动时间少于不用机器生产的商品，它代表较小的价值量，它比较便宜。但是，这种结果，只有通过商品——以机器形式存在的商品，这种商品的价值加进产品中去——的工业消费才能够达到。

可见，不管是否使用机器，原料的价值仍然不变，而一定量原料转化为产品，从而转化为商品所需的劳动时间，随着机器的使用而减少了，因此，用机器生产的商品变便宜，只取决于唯一的一种情况：机器本身包含的劳动时间，少于它所代替的劳动能力所包含的劳动时间；进入商品［价值］的机器的价值，要小于（即等于较少的劳动时间）它所代替的劳动的价值。而这后一种价值等于劳动能力的价值，它的使用量由于应用机器而减少了。

随着机器脱离自己的幼年时期，在规模上和性质上不同于它们最初所代替的手工业工具，它们日益增大和昂贵，需要更多的劳动时间来进行自身的生产，提高了自己的绝对价值，虽然相对说来，它们变得便宜，就是说，效率高的机器按它的功效来算比效率低的机器便宜，也就是说，生产机器本身所花费的劳动时间量在增长程度上远远小于它所代替的劳动时间量。但是，无论如何，它的绝对价值却不断提高，因而它把绝对增大的价值加进了它所生产的商品，特别是同手工业工具，或者，甚至同机器在生产过程中所代替的简单的和以分工为基础的工具相比较。

因此，要使借助于较昂贵的生产工具生产的商品，比不用这种工具生产的商品较为便宜，要使机器本身包含的劳动时间少于它所代替的劳动时间，就需要具有两个条件：

（1）随着机器功效的增长，随着它把劳动生产力提高到使一个工人可能完成许多工人的工作的程度，用机器在同一劳动时间内生产的使用价值的量，从而商品的量，也增加了。**因此，再现机器的价值的商品的量增加了。**

机器的总价值只是在机器作为劳动资料参加生产的那些商品的总量中再现出来。这种总价值在单个商品之间分为相应的部分，单个商品的总和构成商品的总量。因此，这个商品总量越大，在单个商品中再现出来的机器价值部分就越小。尽管机器同手工业工具或简单劳动工具之间存在着价值差额，但是，由于机器价值分到产品即商品的一个更大的总量上，加进商品中的机器价值部分，就相应地小于机器所代替的劳动工具和劳动能力的价值部分。

花费同一劳动时间将1000磅棉花加工成棉纱的纺纱机，再现在1磅棉纱中的只是它的价值的$\frac{1}{1000}$，而如果在同一时间内，它只能将100磅棉花加工成棉纱，那么在1磅棉纱中再现出来的，是它的价值的$\frac{1}{100}$。所以，在后一种情况下，1磅棉纱本身比在前一种情况下包含的劳动时间多9倍，价值大9倍，贵9倍。[V—194]因此，只有在可以大批生产即大规模生产的条件下，机器才能（在资本主义的基础上）得到应用。

[V—201]"只有在使各个小组的工人都能充分工作并带来巨大成果的企业中，才有可能实行分工和使用大功率的机器。企业生产的产品数量越大，用于工具和机器的相应支出就越小。如果两台功率相同的机器在同一段时间内进行生产，一台生产100000米布，而另一台生产200000米同样的布，那么，可以说，第一台机器比第二台机器昂贵一倍；第一类企业使用的资本比第二类企业多一倍。"（罗西《政治经济学教程。1836—1837年讲授》，[载于《政治经济学教程》1843年布鲁塞尔版] 第334页，[Zh.68]）

[V—194]（2）早在以分工为基础的工场手工业中，也和在手工业等中一样，劳动工具（以及劳动条件的其他部分，例如建筑物）是**全部地**进入**劳动过程**，或者作为劳动资料直接进入劳动过程，或者作为完成劳动过程所需要的劳动条件（例如建筑物）间接进入劳动过程。但是，这些劳动工具只是**部分地**进入**价值增殖过程**，也就是说，只有它们在劳动过程中被用掉的那一部分进入**价值增殖过程**；它们的交换价值是同它们的使用价值一起在劳动过程中被耗费的。它们的使用价值作为劳动资料全部进入劳动过程，但是，它们的使用价值在一个时期内仍然保存下来，这个时期包括一系列劳动过程，它们在这些劳动过程中反复地为生产同一种商品服务，也就是作为新的劳动的劳动资料不断反复地为加工新的材料服务。作为这种劳动资料的劳动工具的使用价值，只有在这种或长或短的持续时期的末尾才被耗费掉；在这个时期内，同一劳动

过程不断反复出现。因此,劳动工具的交换价值只有在商品总量中才全部再现出来,劳动工具从进入劳动过程到离开这个过程的整个时期都是为生产这些商品服务的。所以,加进每一单个商品中的,只是劳动工具价值的一定的相应部分。如果一种工具能用 90 天,那么,每一天所生产的商品中再现出来的就是这个工具价值的 $\frac{1}{90}$。在这里,有必要在想象中进行某种平均计算,因为工具价值只有在它被全部耗费掉的那些劳动过程的整个时期内才能完全再现出来,因而,工具的全部价值只有在工具参加这个时期生产的商品总量中才能完全再现出来。因此,要计算出,工具的使用价值平均每天都有多大的相应部分被耗费(这是假定),也就是说,在这一天生产的产品中再现出工具价值的多大的相应部分。

由于使用机器,劳动资料具有巨大的价值量,而且表现为庞大的使用价值,劳动过程和价值增殖过程之间的上述差别日益增大,并且成为生产力发展和生产特点中的一个重要因素。例如,在安装着能使用 12 年的机械织机的工厂中,机器等的磨损在一天的劳动过程中是很小的;因此,在单个商品或者甚至在全年的产品中再现出来的机器价值部分,相对来说也是很小的。在这里,过去的对象化劳动大量地进入劳动过程,而资本的这部分只有相对来说很小的一部分在这个劳动过程中耗费掉了,即进入价值增殖过程,因而作为价值的一部分再现在产品之中。因此,不论进入劳动过程的机器以及同它一起被利用的建筑物等等所表现的价值量多么大,同这个价值总量相比,其中进入每天的〔V—195〕价值增殖过程,从而进入商品价值的那个部分相对来说是很小的;它使商品相对地变贵,但并不显著,而且比机器所代替的手工劳动使商品变贵的程度要小得多。所以,同样,不论用于机器的资本部分,和用于把这些机器作为生产资料使用的活劳动的资本部分相比是多么大,如果把再现在单个商品中的机器价值部分,和同一商品消耗掉的活劳动相比,这个比例仍然是很小的。机器和劳动加进单个产品中的价值部分,和原材料本身的价值相比,也是很小的。

只有使用机器,大规模的社会生产才有力量使代表大量过去劳动的产品（即巨大的价值量）全部进入劳动过程；使它们作为生产资料全部进入劳动过程；而进入在单个劳动过程内进行的价值增殖过程的，只是它们的相应的较小部分。以这种形式进入每一个单独的劳动过程的资本是大量的，但是在这个劳动过程中它的使用价值被消耗和用掉的部分，从而应该补偿的价值部分，是比较小的。机器作为劳动资料是全部地发挥作用，但是，它加进产品的价值只是它在劳动过程中丧失的那一部分，而丧失的这种价值取决于机器的使用价值在劳动过程中磨损的程度。

可见，要使较昂贵的工具生产的商品比那种较便宜的工具生产的商品便宜，或者说，要使机器本身包含的价值小于它所代替的劳动能力的价值，就要具备（1）和（2）两项所列举的［机器的资本主义应用的］条件，这些条件可归结为以下要求。第一个条件——这就是大批生产；它取决于一个工人在**同一劳动时间内**能够生产的商品数量比他不使用机器所生产的商品数量大多少；换句话说，取决于**机器取代劳动**达到何等程度；即取决于用于生产既定数量产品的劳动能力的数量是否已**缩减**到尽可能达到的程度，机器是否已代替了尽可能大量的劳动能力，以及用于劳动的资本部分是否比用于机器的资本部分相对地小。第二个条件是，不论包含在机器中的资本部分多么大，再现在单个商品中的机器价值部分，即机器加进单个商品的价值部分，仍比包含在同一商品中的劳动和原材料的价值部分小；这是因为在某一既定的劳动时间内，机器是全部地进入劳动过程，但它进入价值增殖过程的，却只是比较小的部分。机器全部地进入劳动过程，但［进入价值增殖过程的］，始终只是机器总价值的某一相应部分。

因此，必须修正李嘉图的下列批判：

"李嘉图说，'机器制造工人制造机器时耗费的劳动的一部分'，包含在例如一双袜子上。可是制造每一双袜子的**全部劳动**，——如果我们说的是一双袜子——包含机器制造工人的**全部**劳动，而不只是他的一部分劳动。因为，虽然一台机器织出许多双袜子，但是缺少机器的任何一部分，连一双袜子也织不出来。"（《评政治经济学上若干用语的争论》1821年伦敦版第54页，［Zh.13］）

[Ⅴ—196][在使用机器时]用于原材料的资本部分,同用于工资的资本部分相比,比在简单分工时增长得无比迅速。此外,这里还要加上用于劳动资料、机器等等的新的和较大的资本量。因此,随着工业的进步,资本的辅助部分与它用于活劳动的那一部分成比例地同时增长。

―――

[Ⅴ—197]当新机器在使用它的生产部门占统治地位以前,采用新机器的初步结果之一是,**延长**那些仍然使用旧的不完善的生产资料从事劳动的工人的劳动时间。尽管用机器生产的商品是**高于**自己的个别价值,即高于它本身包含的劳动时间量出售的,但仍然是**低于**同类产品过去的、社会的、一般的价值出售的。由此可见,**减少了的**是生产这种特定商品的社会必要劳动时间,而不是那些使用旧生产工具劳动的工人的劳动时间。因此,如果[现在]再生产出这种工人的劳动能力需要 **10 小时的劳动时间**,那么,他在 **10 小时内生产的产品已**不再包含 10 小时的必要劳动时间(即在新的社会生产条件下制造这个产品所需要的劳动时间),而可能只包含 6 小时。因此,如果他劳动 14 小时,那么,他这 14 小时就只代表 10 小时必要劳动时间;在这 14 小时内,只有 10 小时必要劳动时间得到实现。所以,他的劳动产品也只具有 10 小时一般的社会必要劳动的产品的价值。如果工人独立地劳动,他就必须延长自己的劳动时间。如果他作为雇佣工人,从而必须提供剩余时间,那么,凡是在延长绝对劳动时间的情况下,资本家所以能够取得平均剩余劳动,只是由于工人的工资降低到过去的平均水平以下,这就是说,在工人的已经增加的劳动时数内,他自己占有的部分更小了,这并不是因为他的劳动效率提高,而是因为效率变得更低;不是因为工人在较少的劳动时间内制造出同量的产品,而是因为归他所有的那一部分产品的数量减少了。

―――

资本通过使用机器而产生的剩余价值,即剩余劳动,——无论是绝对剩余劳动,还是相对剩余劳动,并非来源于机器所**代替**的**劳动能力**,而是来源于机器使用的劳动能力。

"根据贝恩斯的计算,建成一座头等棉纺厂,并装备机器、蒸汽机和煤气锅炉,用款少于 10 万镑是不行的。一台 100 匹马力的蒸汽机带动 5 万个日产 62500 英里的细棉线的纱锭。在这种工厂中,1000 个工人纺出的棉线相当于不使用机器的 25 万个工人所纺出的棉线。"(赛·兰格《国家的贫困》1844 年伦敦版第 75 页,[Zh.23])

在这种情况下,[用于一个工人的]资本的剩余价值不是来源于被节省下来的 250 个工人的劳动,而是来源于代替他们的一个工人的劳动;不是来源于被代替的 25 万个工人的劳动,而是来源于 1000 个在业工人的劳动。实现在剩余价值中的正是他们的剩余劳动。机器的价值并不是由机器的使用价值(它代替人的劳动就是它的使用价值)决定的,而是由生产机器本身所必需的劳动决定的。机器在它被使用以前,在它进入生产过程以前具有的这种价值,是它作为机器加进产品的唯一的价值。资本家购买机器时支付的,就是这种价值。

假定商品按照自己的价值出售,那么,资本通过机器和通过使用可提高劳动生产力,从而降低单个产品价格的一切其他组合所创造的**相对剩余价值**,就仅仅在于劳动能力再生产所必需的商品变便宜了,因此,劳动能力再生产所需要的劳动时间,即只是作为包含在工资中的劳动时间的等价物的劳动时间缩短了,从而[V—198]在同样长的总工作日内,剩余劳动时间延长了(在这方面还有一些引起变化的情况,将在下面谈到)。上述必要劳动时间的缩短,其结果是有利于整个资本主义生产,并且普遍地减少劳动能力的生产费用,因为,根据假定,机器生产的商品总是进入劳动能力的再生产。但是,这一点,即没有给资本家个人带来特殊利益的一般的结果,对于资本家来说,并不是促使他使用机器的动机。

第一,机器的应用,不论是代替了手工业生产(例如在纺纱业方面),从而首先使某种工业部门受资本主义生产方式的支配,还是使从前只是以分工为基础的某种工场手工业发生革命(如像在机器制造厂中那样),最后,也不论是用更完善的机器把以前的机器排挤掉,还是将机器的应用推广到某一个工厂中以前未采用机器的局部操作上,——在所有这些情况下，正如上面所指出的，机器的应用，使仍旧受旧生产方式支配的工人的**必要劳动时间**延长了，也使他们的总工作日延长了。

但是，另一方面，机器的应用，却使新采用机器的工厂中的必要劳动时间相对地**缩短了**。如果在采用机械织机以后，手工织工的 2 个劳动小时，只等于社会必要劳动的 1 个小时，那么，现在，在还没有普遍采用机械织机织布以前，使用这种织机的织工的 1 个劳动小时，将会大于必要劳动的 1 个小时。它的产品比 1 个劳动小时的产品具有更高的价值。这就等于简单劳动自乘了，即在这种劳动中实现了更高质量的织布劳动。这种情况是发生在下面这个范围内的：采用机械织机的资本家，尽管出售 1 个小时的产品时低于从前 1 个劳动小时的水平，低于它以前的社会必要价值，但却高于它的个别价值，即高于他自己用机械织机制作这种产品所必需耗费的劳动时间。因此，工人为了再生产自己的工资，只要从事较少时数的劳动就够了；他的必要劳动时间随着他的劳动在同一部门中成为较高质量的劳动而按同一程度缩短了；因此，他的 1 劳动小时的产品出售时，就可能高于旧生产方式仍占统治地位的工厂中 2 小时劳动的产品。因此，如果一个正常的工作日保持不变，还是那样长，那么，在这里，剩余劳动时间就增加了，因为必要劳动时间缩短了。甚至在工资提高时，也会发生这样的情况，但始终必须假定，在新的情况下，工人为了补偿自己的工资，或再生产自己的劳动能力，不需要耗费和从前**同样大的**相应的工作日部分。当然，这种必要劳动时间的缩短，只是暂时的，一旦机器在这个部门普遍应用，使得商品价值重新归结为商品中包含的劳动时间，这种情况也就消失了。但是，这样同时又刺激资本家采用日益翻新的小改进，使他使用的劳动时间高于同一生产领域内的一般必要劳动时间的水平。无论在什么生产部门使用机器，并且不管机器生产的商品是否进入工人自身的消费，情况都是这样。

第二，从普遍的经验中可以知道，一旦机器开始被资本主义应用，——即一旦机器摆脱它们最初在许多部门出现时所处的发展的幼年阶段，在这个阶段，它们只是旧的手工业工具的效率较高的形式，不过，后者在旧的生产方式下还是［V—199］由独立的工人及其家庭来使用的，——一旦这些机器作为资本的形式成为同工人对立的独立的权力，**绝对劳动时间**即总工作日，不是缩短，而是延长了。我们将在第三章中考察这种情况。但在这里应该指出其要点。在这里必须把两个因素区别开来。**第一**：工人所处的、而且使得资本家有可能强制延长劳动时间的新条件。**第二**：促使资本这样做的动机。

关于第一点。首先——劳动形式改变了，劳动看来很容易，工人的全部肌肉力以及技能都转移到机器上了。由于肌肉力的减轻，劳动时间的延长起初在体力上还不是不可能的。而由于工人的技能已转移到机器上，工人的反抗遭到破坏，现在工人失去了在工场手工业条件下还占支配地位的技能，他们不能奋起抵抗，而资本则能以非熟练的，因而也更受它支配的工人来代替熟练工人。其次，现时作为一个决定性因素进入［生产过程］的新的一类工人，改变了整个工厂的性质，而且就其天性来说，在资本的专制面前是比较顺从的。这个因素就是女工和童工。一旦工作日由于习惯被强制延长，那就会像在英国一样，要经历几代人的时间，工人才能重新把工作日恢复到正常界限。因此，把工作日延长到超过它的自然界限——夜工，是工厂制度的结果。

"很明显，劳动时间长，是因为从全国各地〈贫民习艺所〉获得了大量无家可归的儿童，这使工厂主可以不依赖于工人。工厂主就是靠这样搜罗来的可怜的人身材料延长劳动时间。一旦长时间劳动成为习惯，他们也就能更加容易地把这种长时间劳动强加在他们的邻人身上。"（约·菲尔登《工厂制度的祸害》1836年伦敦版第11页，［Zh.23］）

"'工厂主伊先生对我说，他只使用妇女来操纵他的机械织机，这是到处都可以看到的。他喜欢使用已婚的妇女，特别是必须养家活口的妇女；这种妇女比未婚的妇女更专心更听话，她们不得不尽最大努力去取得必要的生活资料。'这样一来，美德，女性特有的美德，反而害了她们自己，她们的恭顺温柔的天性，竟成为使她们受奴役和受苦难的根源。"（阿什利勋爵《工厂十小时工作日法案。［1844年3月15日星期五在下院的］演说》1844年伦敦版第20页）

上述引文的作者菲尔登说：

"随着机器的改进,工厂主的**贪欲**使得他们中间的许多人要求自己的工人付出比他们可能承担的更多的劳动。"(同上,第 34 页,[Zh. 23])

对别人劳动(剩余劳动)的贪欲,并不是使用机器的人的独特本性,它是推动整个资本主义生产的动机。因为现时工厂主正处于追求这种欲望的有利地位,所以他们贪得无厌,是很自然的。还必须指出以下一点:动力,如果它来源于人(甚至来源于牲畜),那么,从身体上说只能在一天的一定时间内发挥作用。蒸汽机等则不需要休息。它在任何时间都可以工作。

但是,这里还应加上在采用机器的情况下特别刺激上述欲望的特殊情况。

[V—200] 机器等等在一段较长的时期内实现自身的价值,在这个时期内,为了生产新的商品,同一劳动过程不断地反复进行。这个时期是根据对机器总价值向产品转移所作的平均计算来确定的。通过把劳动时间延长到超过正常工作日的界限,就可以缩短用总产品补偿投在机器上的资本的时期。假定按每天劳动 12 小时计算,这个时期是 10 年。如果工人每天劳动 15 小时,即工作日延长 $\frac{1}{4}$,那么,一周就延长了工作日的 $1\frac{1}{2}$,即 18 个劳动小时。按照假定,一周包含 90 个劳动小时;$\frac{18}{90}$ 是一周的 $\frac{1}{5}$。这样一来,10 年就可以节省 $\frac{1}{5}$ 即 2 年。因此,投在机器上的资本经过 8 年就可以得到补偿。如果在这个时期内,机器实际上已损耗,那么,再生产过程就会加速;如果不是这样,而机器还能使用,那么,可变资本同不变资本的比率就会增大,因为后者继续进入劳动过程,但是不再进入价值增殖过程。因此,即使剩余价值没有增加(由于延长劳动时间,它一般来说已经增加),这种剩余价值同投资总额的比率,即利润[率]也增加了。这里还应当加上这样一种情况:在采用新的机器时,会不断地进行改良。因此,在机器的周转期结束之前,即它们的价值再现于商品价值之前,往往是大部分旧机器或者部分地贬值,或者变得完全无用。它们的再生产时期越短,这种危险就越小,资本家就越是能够在较短的时期内收回机器的价值之后,使用新的改良的机器,并廉价出售

旧机器，而别的资本家使用这种旧机器仍有利可图。因为它从一开始就作为一个较小的价值量进入他的生产。（关于这一点，在探讨**固定资本**时，还要更详尽地考察，也要引用**拜比吉**的例证。）

以上所述，不仅适用于机器，而且也适用于作为使用机器的结果和条件的全部固定资本。

但是，对资本家说来，问题决不是单纯地为了要尽可能快地收回投入固定资本的价值量，防止它贬值以及重新使它处于可供支配的形式，而首先是使用这种资本来赢利——这种数量很大的资本采取了这样的形式：一旦资本与活劳动的接触中断（对活劳动来说，它就是固定资本），它作为交换价值就会损失，而作为使用价值就变得无用。由于投入工资的资本部分同总资本，尤其是同固定资本相比大大减少，由于剩余价值量不仅取决于剩余价值率，而且取决于同一时间内使用的工作日日数，而利润取决于这种剩余价值和总资本的比率，因此利润率就下降了。当然，制止这种下降的最简单的方法，就是通过延长工作日，来尽可能地延长绝对剩余劳动，从而把固定资本变为获取最大限度的无酬劳动量的手段。如果一个工厂停止生产，那么，工厂主就认为工人偷窃了他的东西，因为在固定资本中他的资本取得了直接索取他人劳动的形式。所有这一切，西尼耳先生曾十分天真地表达过。他早在1837年就认为，［V—201］随着机器生产的发展，工作日——因而绝对劳动时间——必须不断增长。

西尼耳在引用尊敬的权威人士阿什沃思的话时说：

"世界各地的棉纺织厂和其他企业之间到处存在的劳动时间的差别，来源于两个原因：（1）固定资本大大超过流动资本使长的工作日成为合乎愿望的事情。"（纳·威·西尼耳《关于工厂法对棉纺织业的影响的书信》1837年伦敦版第11页，[L.XI，4]）

随着固定资本同流动资本相比的不断增加，

"延长劳动时间的动机也就增强，因为这是使大量固定资本带来利润的唯一手段。阿什沃思先生告诉我：'一个农夫放下自己的铁锹，他就使一笔18便士的资本在这个时期内变成无用的东西。我们的人有一个离开工厂,他就使一笔值10万镑的资本变成无用的东西'"(同上,第14页)。

工人使资本变成无用的东西! 要知道,机器之所以存在,在机器上之所以投入这样大量的资本,恰恰是为了通过这一资本来榨取工人的劳动。工人一离开厂房,实际上就是对价值10万镑的资本犯了大罪。

因此,最初实行了夜工,后来"我们的工厂通常每周开工80小时"([L.XI,5,Zh.23])。

"一台蒸汽机或别种机器,每天只工作几小时或每周只工作几天,这就损失了功率。如果它们整个白天工作,那就会生产得多一些;如果日夜生产,就会生产得更多。"(让·古·库尔塞尔-塞讷伊《工商企业、农业企业的理论和实践概论》1857年巴黎第2版第48页)

"生产网布的第一批机器很昂贵,最初的售价是1000镑到1200镑〔或1300镑〕。这些机器的所有主认为,机器生产的产品是多些,但是因为工人的劳动时间限定为8小时,所以他们在产品的价格方面不可能同旧的生产方式竞争。这个缺点是由于最初购置机器时花费了大量资本造成的。但是,工厂主很快就发现,只要使用原来的同一资本,而稍微增加一点流动资金,他们就能使这些机器一昼夜工作24小时。"(拜比吉〔《论机器和工厂的经济》1833年巴黎版〕第279页)

[V—206]"不言而喻,在行情涨落不定,需求时高时低的情况下,经常会出现这样的时机:工厂主不增加固定资本,也能使用更多的流动资本……不增加建筑物和机器的开支,也能加工更多的原材料。"(罗·托伦斯《论工资和联合》1834年伦敦版第64页)

总之,延长劳动时间的好处就在于:节约了用于建筑物和机器的追加开支。

[V—201]**第三**,一旦机器的应用缩短了生产同一商品的劳动时间,就会使这个商品的价值减少,使劳动效率更高,因为这一劳动在同一时间内提供的产品量更多了。在这种情况下,机器只影响正常劳动的生产力。而一定量的劳动时间仍然表现在同一个价值量上。所以,一旦竞争把用机器生产的商品价格降低到它的价值水平,机器的应用所以能够增加**剩余价值**即资本家的[V—202]利润,只是由于

商品变便宜而使工资价值或劳动能力价值即再生产劳动能力所必需的时间减少了。

但是，这里还有一种情况，在这种情况下，甚至不延长工作日，使用机器就可以增加绝对劳动时间，从而增加绝对剩余价值。这是通过所谓**浓缩劳动时间**的办法来实现的，这时，每一分一秒都充满了更多的劳动；劳动强度提高了。由于采用机器，不仅劳动生产率（从而劳动质量）提高了，而且在一定时间内消耗的**劳动量**也增加了。时间的间隙由于所谓劳动紧凑而缩小了。因此，一个劳动小时所提供的劳动量，可能等于完全不使用机器或使用不那么完善的机器的平均劳动条件下的 $\frac{6}{4}$ 个劳动小时的劳动量。

在已经采用机器的地方，由于对机器进行改良，同所生产的商品量和同所使用的机器数量相比，工人人数减少了，而与此同时，在使用已改良的机器的情况下，代替一个或两个工人的一个工人的劳动增加了，也就是说，只有在机器迫使工人增加自己的劳动和使他每一分一秒更紧张地劳动时，才能使一个工人完成以前两个或三个工人所完成的工作。因此，在同一劳动小时内，劳动能力被更快地消耗掉了。

首先让我们看一看，工厂工人状况报告的起草者们在各个不同时期关于劳动量随机器的改良而增加这一点说了些什么。劳动的这种增加，一方面是由于工人必须跟上机器的更快的速度；另一方面是由于单个工人必须看管的机器作业量增大了，例如，走锭精纺机的纱锭数增加了，再加上使用的是双排纱锭，或者，一个织布工人要看管的不是一台而是两台或三台机械织机。

"同30年或40年以前比较，现在工厂中的劳动大大加重了，因为让儿童照看的机器速度的大大加快要求工人更加注意，更多地活动。"（约·菲尔登《工厂制度的祸害》1836年伦敦版第32页，[Zh.23]）

这是1836年的情况。约翰·菲尔登本人就是工厂主。

阿什利勋爵（现在是舍夫茨别利伯爵）在他于1844年3月15日所作的关于十小时工作日法案的演说中确认：

"现在，在制造过程中雇用的工人的劳动，是开始实行这些操作时的3倍。毫无疑问，机器完成的工作，代替了成百万人的肌肉；但是，机器也使受它可怕的运动支配的人的劳动惊人地增加了。"（同上，第6页）"1815年，工人——按12小时工作日计算——来回看管两台纺40支纱的走锭精纺机，必需步行8英里。1832年，在12小时内看管两台纺同样支纱的走锭精纺机所走的距离等于20英里，并且往往还要多。但是，照看走锭精纺机的工人所消耗的劳动量，不仅限于行走。他们还要做许多事情。1835年，一个纺纱工人每天在每台走锭精纺机上牵伸820次；一个工作日看管两台走锭精纺机的牵伸总数是1640次。1832年①，一个纺纱工人在每台走锭精纺机上牵伸2200次，合计是4400次；1844年根据有经验的纺纱工人提供的报告，一个工人在同一段时间内在每台走锭精纺机上牵伸2400次，合计［V—203］每个工作日内牵伸4800次，有时，需要的劳动量还要大。"（［同上，］第6—7页）

"我这里有一份22个曼彻斯特纺纱工人签名的文件，他们证实20英里是他们必需步行的最低限度的距离，同时他们断言，这一距离通常还要大得多。我手头另有一份1842年向我提供的文件……证明劳动累进地增加；它的增加，不仅是因为步行的距离加大了，而且还因为生产的商品数量增加了，而人手的数量相应地减少了；此外，还因为现在纺的往往是较次的棉花，加工起来更困难。"（同上，第8—9页）

"在梳棉间，劳动量也大大增加了；现在，一个人要干以前由两个人分担的活。织布间雇用的工人很多，而且多半是妇女……在这里，近年来由于机器速度的提高，劳动量增加了整整10%。1838年，每周纺纱18000绞；1843年达到21000绞。1819年，机械织机每分钟打梭60次，1842年是140次，这说明劳动大大增加了，因为现在对所完成的工作要更加细心和更加注意。"（同上，第9页）

〔当机器使某个工厂主有可能高于商品的**个别**价值出售自己的商品时，下面这种说法（即说明甚至在这时剩余价值也是来自必要劳动时间的缩短，它本身是相对剩余价值的一种形式）也是适用的：

"一个人的利润，不是取决于他对别人的劳动**产品**的支配，而是取决于他对这种**劳动本身**的支配。""在工人的工资不变的情况下，如果他能以较高的价格〈提高商品的货币价格〉出售他的商品，显然，他就会从中获得利益，而不管其

---

① 原稿如此。似应为1839年。——编者注

他商品是否涨价。他只要用他的产品的较小部分，就足以推动这种劳动，因而更大部分的产品就留给他自己了。"（《政治经济学大纲》1832年伦敦版第49—50页）（此书作者是马尔萨斯主义者。）〕

工厂视察员报告表明，在（截至1860年4月为止）受工厂法约束的、从而每周工作时间依法缩短到60小时的工业部门中，工资不是降低而可以说是提高了（如果以1859年同1839年相比）；而在下述工厂中工资无疑降低了，在这些工厂里当时

"儿童、少年和妇女的劳动尚未受到限制"。

这里指的是

"印花厂、漂白厂和染厂中的情况，直到1860年，这些工厂的工作时间仍然和20年以前一样，这些工厂的受工厂法保护的工人往往被迫一天劳动14或15小时"。[1]

在第一类〔受工厂法约束的〕工厂中，生产比以前在相当大的程度上扩大了，同时，工厂主的利润也增加了，工厂的迅速发展就是

---

[1] 〔V—204〕接第203页。下列资料大体表明，随着最近20年来工业的进步，工厂生产的各部门中的工资大大下降了。

印花业、染色业和漂白业（每周工作60小时）

	1839年	1859年
染料研磨工	35先令	32先令
机器印花工	40先令	38先令
工　长	40先令	40先令
木板刻工	35先令	25先令
木板印花工	40先令	28先令
染色工	18先令	16先令
洗涤工和壮工	16和15先令	16和15先令

花纹染色业（每周工作61小时）

	1839年	1859年
浆纱工	18先令	22先令
漂白工	21先令	18先令
染色工	21先令	16先令
整理工	21先令	22先令

（《工厂视察员报告。截至1860年4月30日为止的半年》第32页）

证明。

"各种机器的巨大改进,大大提高了它们的生产力。毫无疑问,工作日的缩短推动了这种改进,特别是在既定时间内提高机器速度方面。这种改进以及工人劳动的紧张程度的加强,使得……在较短的时间内完成的工作量和以前在较长时间内完成的工作量一样多。"(《工厂视察员报告。截至1858年10月31日为止的半年》第10页。并参看《工厂视察员报告。截至1860年4月30日为止的半年》第30页及以下各页)

[V—204] 尽管十小时工作日法案缩短了工作日,却没有减少英国工厂主的利润,这种现象是由两个原因造成的:

(1) 因为英国的一个劳动小时超过了大陆的一个劳动小时,前者是比后者更复杂的劳动,也就是说,英国工厂主同别国工厂主的关系,就像采用新机器的工厂主同自己的竞争对手的关系一样。

"在其他条件相同的情况下,同别国工厂主相比,英国工厂主在一定时间内所能得到的劳动量要多得多,以致英国每周总计60小时的工作日抵得上别国72至80小时的工作日。而且英国的运输工具使工厂主几乎在厂内就可以把商品交给铁路托运,在厂内几乎就可以直接装船出口。"(《工厂视察员报告。截至1855年10月31日为止的半年》1856年伦敦版第65页)

(2) 因缩短绝对劳动时间而造成的损失,通过劳动时间的浓缩得到了补偿,所以,现在一个劳动小时实际上等于 $\frac{6}{5}$ 个劳动小时,或者还要多些。正如工作日的绝对延长超出一定界限(工作日的自然界限)就会遇到自然障碍一样,浓缩的工作日也有自己的界限。因此,现在工厂在十小时工作日法案约束下所实现的劳动量,能否在比如说十二小时工作日中始终以相同的劳动强度提供出来,那是大可怀疑的。

"事实上,有一类工厂主。"

(不愿意在本厂使用两班各工作半日,即6小时的13岁以下的童工。)

"毛纺业主，现在很少使用13岁以下的童工即半日工。他们采用了各种改良的和新式的机器，因而使雇用童工成为完全多余的了。我可以举一个例子来说明：把一种叫捻线机的装置同现有的机器连接起来，由6个或4个（根据每台机器的性能而定）半日工去做的工作，现在可由一个少年去完成了……半日制在一定程度上刺激了捻线机的发明"（《工厂视察员报告。截至1858年10月31日为止的半年》1858年伦敦版第42—43页）。

不管怎样，缩短绝对劳动时间的这一结果向我们表明，工厂主怎样想方设法延长相对剩余劳动时间和缩短必要劳动时间。同时，它还向我们表明，机器不仅使单个工人有可能完成许多工人的劳动，而且还把他必须完成的劳动量增大了，这就使他的劳动小时具有较高的价值，并从而相对地减少了工人自身为再生产自己的工资所需要的劳动时间。

[V—205]如上所述，这是通过提高机器的运转速度和增加单个工人必须看管的工作机的台数而实现的。这部分地又是靠改变产生动力的机器的结构达到的，由于这种改变，重量相等的机器在费用相对减少，甚至往往是绝对减少的情况下，可以推动更多的机器，并且速度也更快了。

"因此，官方报告揭露的事实证明：工厂制度在急剧扩展；虽然按马力计算需要同过去一样的人手数量，但同机器比较起来，人手数量减少了；由于力的节省和通过其他方法，蒸汽机可以推动更重的机器；由于工作机的改良、制造方法的改变、机器速度的提高以及其他许多原因，完成的劳动量增加了。"（《工厂视察员报告。截至1856年10月31日为止的半年》第20页）

"霍纳先生在他的截至1852年10月为止的报告中……摘引了曼彻斯特附近帕特里克罗夫特的著名土木工程师詹姆斯·内史密斯的来信，信中解释了蒸汽机最新改良的性质，由于这些改良，同一发动机在燃料消耗减少的情况下可以做更多的功……并且在这封信里说：'不大容易提供确切的材料，来说明同一些发动机经过某些改良或全部改良后所做的功增加的情况。但是我确信，如果能够得到确切的报告，那么，结果将会表明，由蒸汽机推动的并且重量和过去相同的机器，现在比以前平均至少多做**50%**的功……在许多场合，同一些蒸汽机，在速度限为每分钟220英尺的时候，提供50马力，现在则提供100马力以上。'"

霍纳（《截至1856年10月31日为止的半年的报告》）指出："在1838年

的报告中，列举了蒸汽机和水轮机的数目及其马力。那时所列的数字对于实际利用功率的估计，比 **1850** 年或 **1856** 年报告中的数字要准确得多。在这些报告中，所有关于发动机和水轮机的功率的材料，都按额定马力计算，而不是按实际利用马力或可能利用马力计算。100 马力的现代蒸汽机，由于构造的改良，由于锅炉容积和结构等，能比以前发挥大得多的功率。所以，现代工厂蒸汽机的额定功率只能当作可以计算出实际功率的指数。"（同上，第 13、14 页）

第四，机器体系代替简单协作。

正如机器体系消灭或改变了发展为分工的协作一样，它在许多场合下也消灭或改变了简单协作。例如，当需要同时使用许多工人的收割、播种等等作业被播种机或收割机代替时，就是如此。当压榨机代替脚来压榨葡萄汁时，情形也是一样。当蒸汽机被用来将建筑材料提升到建筑物顶部或所需要的［V—206］高度时，也是这样。

"兰开夏郡的建筑工人的罢工（1833 年）引起了蒸汽机的奇妙的应用。现在，后者在某些城市中被用来代替手工劳动，用来把各种建筑材料提升到要使用它们的建筑物的顶部。"（［塔夫内尔］《工联的性质、目的和成果》1834 年伦敦版第 109 页）

［V—206］**第五，为了抵制罢工等和抵制提高工资的要求而发明和应用机器。**

罢工大部分是为了阻止降低工资，或者是为了迫使提高工资，或者是为了规定正常工作日的界限。同时，这里的问题总是关系到限制绝对的或相对的剩余劳动时间量，或者关系到把这一剩余时间的一部分转给工人自己。为了进行对抗，资本家就采用机器。在这里，机器直接成了缩短必要劳动时间的手段。同时机器成了资本的形式，成了资本**驾驭**劳动的权力，成了资本镇压劳动追求独立的一切要求的手段。在这里，机**器就它本身的使命来说**，也成了**与劳动相敌对的资本形式**。棉纺业中的走锭精纺机、梳棉机，取代了手摇并纱机的所谓搓条机（在毛纺业中也有这种情况），等等，——所有这些机器，都是为了镇压罢工而发明的。

［V—207］同样，正是

"在这种专制的联合会〈即工人联合会〉压力的影响下,才发明了印染和洗涤纺织品的自动装置"。

(这里指的是使用蒸汽力推动的雕刻滚筒的印花业;借助这种滚筒,可以同时印出 4 到 6 种颜色的图案。)

在谈到新式织机的发明时,尤尔接着说:

"这样一来,一帮不满分子自以为在旧的分工线上构筑了无法攻破的工事,却发现他们已被从侧翼包围,现代机器战术使他们的防御手段毫无用处。他们只好无条件投降。"(尤尔〔《工厂哲学》1836 年布鲁塞尔版第 2 卷〕第 142 页)

〔Ⅴ—206〕发明这些新式机器的结果,或者是使以前的劳动成为完全多余的(例如,由于发明走锭精纺机,纺纱工人就成为多余的了);或者是减少所需要的工人的数目,以及使新的劳动比以前的劳动简化(例如,使用精梳机,梳毛工的劳动被简化了)。

"棉纺织工业中最常见的罢工原因,是采用改良的机器,尤其是扩大走锭精纺机,结果,一个纺纱工人看管的纱锭数不断增多……工厂主在自己的企业中使用这种改良机器时,同自己的工人商定,减少单位产品的工资,不过,由于机器功率的提高,他们的周工资不致减少,而得到提高……但是,这种契约却给未使用这种改良机器的那些工厂的厂主和工人带来损失。"(〔塔夫内尔〕《工联的性质、目的和成果》1834 年伦敦版第 17—18 页)

"1829 年发生了大罢工。在这以前不久,某些工厂主安装了一些有 400—500 纱锭的走锭精纺机;由于有了这些机器,在这些机器上操作的纺纱工人虽然生产一定产品量得到的工资只是以前的 $\frac{3}{4}$①,但是,他们挣得的工资**至少**和在旧机器上操作的工人所挣的一样多。这次罢工使 21 家工厂停工,并使 1 万人失业达 6 个月之久。"(同上,第 19 页)

"海因兹和德勒姆公司(约克郡西部)工人的罢工(1833 年),是发明梳毛机的原因,这种机器完全代替了在这次罢工中带头闹事的那一伙人的劳动;这

---

① 塔夫内尔的著作中是"$\frac{3}{5}$"。——编者注

种机器给予他们的组织以致命的打击。"（[同上,]第61—62页）

[V—207] 同样，"蒸汽的应用是人力的对头"（彼·加斯克尔（外科医生）《手工业工人和机器》1836年伦敦版第23页）。

"工人人口的过剩使工厂主有可能降低工资的水平，但是，他们深信，在工资的任何一次大幅度降低后，紧接着就会由于罢工、长时间停工以及面临的其他重重困难而造成巨大损失，因此，即使改良机器能使生产增加两倍，并且不需要增加工人，他们也宁愿放慢这种改良的进程。"（同上，第314页）

"工厂工人们应当牢牢记住，他们的劳动实际上是一种极低级的熟练劳动；没有一种劳动比它更容易学会，按质量来说比它报酬更高；没有一种别的劳动能通过对最无经验的人进行短期训练而这样快这样大量地得到。""在生产事务中，主人的机器所起的作用，实际上比工人的劳动和技巧所起的作用重要得多，因为工人的劳动和技巧，任何一个普通的粗工6个月就可以学会。"（《纱厂工头和厂主的保护基金。基金收支委员会提交纱厂工头和厂主中央联合会的报告》1854年曼彻斯特版第17、19页）

在谈到"铁人"（自动走锭精纺机）时，尤尔说道：

"资本招募科学为自己服务，从而不断地迫使反叛的工人就范。"[（尤尔《工厂哲学》第2卷第140页）]

"扩大纺纱机规模的需要，即工联的决议所引起的这一需要，不久前激起了从未有过的发展力学的强烈愿望……厂主把自己的走锭精纺机的规模扩大一倍，就可以除掉那些不太好的或反叛的工人，而重新成为自己工厂的主人，这就给他带来很大的好处。"（[同上,]第134页）

这种手段的目的在于：

"提高每个纺纱工人的工资，或者至少保持原来的工资水平，不过同时减少生产同一商品量所必需的工人人数。结果，留用工人生活宽裕，而大批工人却受穷。"（同上，第133—134页）

"铁人是……恢复工人阶级中间的秩序……的一个创造。"（[同上,]第138页）

"完全依靠手工劳动的先前的工厂主，周期地遭到自己的工人的反抗精神所带来的直接的重大损失，后者利用行情特别不好的时机，提出自己的要求……迅速来临的危机阻碍了工厂事业的发展，但是，蒸汽及其在机器生产中的应用，

使事变的进程立即朝着不利于工人的方向发展。"（加斯克尔［《手工业工人和机器》］第34—35页）

［V—208］**第六，工人要求享有因采用机器而使自己的劳动生产率提高的一部分果实。**

"工联为了要保持工资，企图分享改良机器而获得的利润……他们因为缩短而要求较高的工资……换句话说，他们企图建立**产业改良税**。"（《论工会》1834年伦敦新版第42页，［Zh.68］）

"按厂主可能得到的利润来调整工资的原则，即要求在机器改良的情况下付给劳动以较高报酬的原则，是决不能接受的。何况，这一原则决不会只限于某一种利润。例如，1824年8月7日染色工人举行了罢工；他们在标语牌中宣称：他们的主人因提高染色的价格而得到的，要比工人所要求增加的相应数额**高得多**……这样一来，工资就完全改变了本身的性质，它或是吞没利润，或是变为利润税。"（同上，第43—44页）

第七，劳动的更大的连续性。废料的利用等等。如果借助机器能提供更多的原料，在最后阶段就可以制造出更多的产品。

劳动的连续性总是随着机器（一般说也就是固定资本）的应用而增大。

其次，机器向一些工业部门提供更丰富的劳动材料，对于这些工业部门说来，这种机器的产品就是原材料。例如，18世纪手工织布工人常常苦于无法获得他要加工的材料（棉纱）。由于这种原因，经常发生长时间的停工，使他们陷于"贫困"。

"现在，由于改进纺纱机而得到的好处，**不在于劳动报酬水平的提高**，在于市场通常供应不足，以及**棉纱生产不断增长，可以使工人做全日工**。"（加斯克尔［《手工业工人和机器》］第27页）

采用机器的主要结果之一是：

"在同一部门中可以经常做全日工。"

对于自己劳动的小业主说来，这就使他有可能做全日工。对于资本

家说来，这就使他可以迫使别人做全日工。[Zh. 23—24]

这里，纺纱机解决了向织工供应棉纱的问题，而1793年（康涅狄格州的）伊莱·惠特尼发明的轧棉机则解决了向纺纱工人供应棉花的问题。种植场主有足够的黑人来大量种植棉花，但是，要把棉纤维和棉籽分离开则感到人手不足。因此，这种情况大大减少了所生产的原料的数量，而且提高了比如说一磅棉花的价值。

"把一磅棉纤维和棉籽完全分离开，平均需要一个工作日……惠特尼的发明使他的这种机器的所有者用一个工人一天就可以把[100]磅棉纤维和棉籽完全分离开；从那以后，轧棉机的效率又有更大的提高。"

[V—209] 在**印度**也有同样的情形。

"对印度说来，人们很难想象，在这个劳动输出比世界上任何其他国家（也许中国和英国除外）都多的国家里，竟发生了另一种祸害：**找不到足够数量的人手来收摘棉花**。结果很大一部分棉花无人收摘，另外一部分是掉在地上以后从地上拣起来的，这部分自然失去了色泽，而且部分已经腐烂。**由于在适当的季节缺少人手**，植棉者实际上不得不损失很大一部分棉花，而这些棉花正是英国所十分渴望的。"（《孟加拉公报。陆路新闻摘要双月刊》1861年7月22日）

"使用普通的**手工轧棉机**[Churca]，一个男工和一个女工每天能轧28磅棉花。使用福布斯博士发明的手工轧棉机，两个成年男工和一个少年工每天可轧250磅棉花。"（《孟买商会1859—1860年报告》第171页）"16台〈上述〉这样的机器，用牛来推动，每天能轧一吨棉花，也就是完成以前750人一天平均的轧棉量。"（《向印度总督府提出产品报告的沃森医生1861年4月17日在艺术协会所作的报告》）

使用机器可以加工那些用手工加工效果很差的材料。

"对便宜商品的需要〈约克郡西部的毛织品〉，给予这种生产以强大的推动力，而这种生产的节约，主要不是靠改良机器和节省劳力，而是靠使用劣等毛纤维和废毛料，后者用大功率的机器重新加工成原来样子的毛，然后或是再加工成织造低级呢绒用的毛纱，或是掺入新羊毛，加工成织造较高级呢绒用的毛纱。这种生产在任何地方都不像在英国那样盛行，虽然在比利时也相当普遍。"

(《工厂视察员报告。截至1855年10月31日为止的半年》1856年伦敦版第64页)

"大量节约材料,也屡见不鲜;例如,从使用手斧劈木板过渡到用锯来锯木板,就是这样。另一方面,自然的要素所完成的工作如此便宜,以致许多本来是毫无价值的东西,现在却引起注意,因为目前赋予它们一种价值形式会是有利的。"(弗·威兰德《政治经济学原理》1843年波士顿版第72—73页)

其次,大规模生产时产生的废料如此之多,以至于它们本身可以很容易地重新成为农业及其他生产部门的交易品。

[V—210] **第八,代替劳动。**

"改进手艺,不外是发现一种新方法,可以**比以前用更少的人或者**(也就是)**用更短的时间制成产品。**"(加利阿尼《货币论》,载于《意大利政治经济学名家文集·现代部分》,彼·库斯托第编,1803年米兰版第158[—159]页,[Zh.15])

这一点适用于机器,同样也适用于简单协作和分工。制造一种产品使用"更少的人"和"更短的时间",这是一回事。如果一个人在一小时内可以做他以前在两小时内所做的工作,那么,现在一个人就可以在一个工作日内完成以前两个人所做的工作;而以前完成这项工作,却需要两个同样时间的工作日。因此,缩短单个工人的必要劳动时间的一切手段,同时也就使生产同样成果所需要的工人人数减少。在使用机器时,是仅仅在上述工人人数减少的程度上有差别,还是有什么特殊的地方呢?

斯图亚特(詹姆斯爵士)在自己的著作《政治经济学原理研究》中说:

"我把机器看作(**潜在地**)增加不需要供养的劳动者人数的手段。"(第1卷[第1分册]第19章[第123页])

在这里他提出了一个问题:

"机器的作用和那种新居民的作用有什么区别呢?"(同上,[第122页])

商品价格和工资。关于蒲鲁东的愚蠢见解,我们将在另一处来谈。但是,法国的优秀经济学批评家之一**欧仁·福尔卡德**先生对蒲鲁东的答辩,却和蒲鲁东的论断一样荒唐可笑。福尔卡德说:

"如果蒲鲁东……关于'工人不能买回自己的产品'(因为产品上附加了利息)这个反对意见是正确的,那么,这种意见不仅涉及资本的利润,而且会消灭产业存在的可能性。如果工人生产某物只得到80,却被迫要支付100来购买该物,如果他的工资只能从产品中买回他加进产品的价值,这就等于说,工人不能买回任何物品。"

〔这就是说,工人即使能收回他加进产品的**全部价值**,也就是说,即使根本不存在利润和体现剩余劳动的任何剩余价值形式,他也不能买回任何物品。有了这种看法,福尔卡德就认为他懂得了政治经济学中的一切!蒲鲁东的愚蠢见解就在于,他以为工人用他(作为工资)所得到的货币买回的商品价值应高于包含在这些货币中的价值,也就是说,商品应**高于**本身的价值出售,因为出售时实现了利润等等。但是福尔卡德却声称,如果工资只能从产品中买回工人加进产品的那部分价值,那么,工业就**不可能**存在了。相反地,如果工资足以买回工人加进产品中的全部价值,那么,资本主义工业就不可能存在了。在这种场合,剩余价值、利润、利息、地租和资本都不存在了。实际上福尔卡德的下述说法不仅适用于"工人",而且也适用于所有生产者。〕

他说:"工资不能对任何物品实行支付。"

(总之,福尔卡德实际上持有下述总的看法:如果一个生产者只能从产品中买回他加进产品的那部分价值,那么,他就不能对任何物品实行支付。这是因为商品除已加进的劳动外,还包含不变资本。)

"事实上,成本价格除了包含工资以外,总是还包含某种别的东西。"

(这种说法十分庸俗。福尔卡德是想说,除了最后的劳动所追加的和体现在商品中的东西以外,总是包含某种别的东西。)

"例如包含原料的价格,这种价格是往往要支付给国外的。"

(即使原料的价格不是支付给国外,这也丝毫不会改变问题的实质。福尔卡德[V—211]由于完全误解而提出的反驳意见仍然是庸俗可笑的。全部实质在于,工资所购买的总产品中的那一部分,并不包含来自原料等价值的任何一点价值,虽然任何一件商品就其本身来看都是由最后的劳动所加进的价值和同这种劳动无关的原料等等的价值组成的。产品中转化为剩余价值(利润等等)的整个部分也是这样。至于不变资本的价值,或者本身以实物形式得到补偿,或者通过同不变资本的其他形式交换而得到补偿。)

"蒲鲁东忘记了国民资本的不断增长,他忘记了这种增长对一切工作者都是确凿无疑的,不仅对企业主如此,对工人也是如此。"(《两大陆评论》1848年巴黎版第24卷第998—999页)

福尔卡德竟想用这种毫无意义的词句来回避问题的解决,而他无疑还是"最具有批判思考能力的"经济学家之一!

我们打算在这个地方立即对蒲鲁东的全部废话一并加以考察。

选自《马克思恩格斯全集》第32卷,北京:人民出版社1998年版,第362—394页。

卡·马克思

政治经济学批判
（1861—1863年手稿）第二部分（节选）

生产劳动和非生产劳动的区分

现在，我们转过来谈谈分析亚·斯密的观点时必须加以考察的最后一个争论点，即［VII—300］**生产劳动和非生产劳动的区分问题**。

〔先对前面的话题做一点补充。

下面这段引文表明，庸俗的萨伊连对问题本身都是多么不了解：

"要完全了解这个关于收入的问题，就必须注意，产品的全部价值分解为各种人的收入，因为任何产品的**总价值**，都是由促成它的生产的土地所有者、资本家和勤劳者的利润相加而成的。因此，社会的收入和生产的**总价值**相等，而不像某派经济学家所认为的那样，只和土地的**纯产品**相等……如果一个国家的收入只是生产出来的价值超过消费掉的价值的余额，那么从这里就会得出一个完全荒谬的结论：如果一个国家在一年内消费的价值等于它生产出来的价值，这个国家就没有任何收入了。"（同上，第2卷第63—64页）

实际上，这个国家在过去一年会有某些收入，但在下一年就没有任何收入了。说**一年生产的劳动产品**（**当年新加劳动的产品**只构成其中的一部分）都分解为收入，这是不对的。相反，只有说加入一年个人消费的那部分产品都分解为收入，才是对的。仅仅由追加劳动构成的收入，能够支付这一部分由追加劳动、一部分由原先存在的劳动构成的产品，换句话说，追加劳动在这些产品中不仅能够自己支付自己，而且能够支付原先存在的劳动——这是因为同样由追加劳动和原先存在的劳动

构成的另一部分产品，只补偿原先存在的劳动，只补偿不变资本。〕

〔对于方才考察的亚当·斯密理论的各点，还应补充如下：他在价值规定上的动摇，除了工资问题上的明显矛盾以外，还有一条：混淆概念。他把作为内在尺度同时又构成价值实体的那个价值尺度，同称货币为价值尺度这个意义上的价值尺度混淆起来。由此就试图找到一个价值不变的商品作为后一种意义上的尺度，把它当作其他商品的不变尺度——这是一个化圆为方问题。关于作为货币的价值尺度同价值由劳动时间决定这一价值规定之间的关系，请看我的著作第一部分。这种混淆现象在李嘉图的著作中，在有些地方也可以碰到。〕

直到现在为止，我们看到，亚·斯密对一切问题的见解都具有二重性，他在区分**生产劳动和非生产劳动**时给生产劳动所下的定义也是如此。我们发现，在他的著作中，他称为生产劳动的东西总有两种定义混淆在一起。我们先来考察第一种正确的定义。

从资本主义生产的意义上说，生产劳动是雇佣劳动，它同资本的可变部分（花在工资上的那部分资本）相交换，不仅把这部分资本（也就是自己劳动能力的价值）再生产出来，而且，除此之外，还为资本家生产剩余价值。仅仅由于这一点，商品或货币才转化为资本，才作为资本生产出来。只有生产资本的雇佣劳动才是生产劳动。（这就是说，雇佣劳动把花在它身上的价值额以增大了的数额再生产出来，换句话说，它归还的劳动大于它以工资形式取得的劳动。因而，只有创造的价值大于本身价值的劳动能力才是生产的。）

资本家阶级的存在，从而资本的存在本身，是以劳动生产率为基础的，但不是以绝对的劳动生产率为基础，而是以相对的劳动生产率为基础。如果一个工作日只够维持一个劳动者的生活，也就是说，只够把他的劳动能力再生产出来，〔Ⅶ—301〕那么，绝对地说，这一劳动是生产的，因为它能够再生产即不断补偿它所消费的价值（这个价值额等于它自己的劳动能力的价值）。但是，从资本主义意义上来说，这种劳动就不是生产的，因为它不生产任何剩余价值。（它实际上不生产任何新价值，而只补偿原有价值；它以一种形式消费价值，为的是以另一种形式把价值再生产出来。人们也是在这种意义上说：一个劳动者，如果他的生产等于他自己的消费，他就是生产劳动者，如果他消费的东西多于他再生产的东西，他就是非生产劳动者。）

这种生产率是以相对的生产率为基础的，即工人不仅补偿原有价值，而且创造新价值；他在自己的产品中对象化的劳动时间，比维持他作为一个工人生存所需的产品中对象化的劳动时间要多。这种生产的雇佣劳动也就是资本的基础，资本存在的基础。

〔但是，假定不存在任何资本，而工人自己占有自己的剩余劳动，即他创造的价值超过他消费的价值的余额。只有对于这样的劳动才可以说，这个劳动是真正生产的，也就是说，它创造新价值。〕

对生产劳动的这种观点，是从亚·斯密对剩余价值的起源的看法中，因而是从他对资本的实质的看法中，自然而然地得出来的。只要他对生产劳动持有这种观点，他就是沿着重农学派甚至重商学派走过的方向走，不过使这个方向摆脱了错误的表述方式，从而揭示出它的内核。尽管重农学派错误地认为只有农业劳动才是生产的，但是他们坚持了正确的见解，即认为从资本主义观点来看，只有创造剩余价值的劳动，并且不是为自己而是为生产条件所有者创造剩余价值的劳动，只有不是为自己而是为土地所有者创造"纯产品"的劳动，才是生产的。因为剩余价值或剩余劳动时间是对象化在剩余产品或"纯产品"中的。（重农学派对"纯产品"又理解错误。他们所以把它当作纯产品，是因为例如收获的小麦比工人和租地农场主吃掉的要多；可是生产出来的呢绒也比呢绒生产者即工人和企业主的衣着所需的要多。）他们对剩余价值本身的理解是错误的，因为他们对价值有不正确的看法，他们把价值归结为劳动的使用价值，而不是归结为劳动时间，不是归结为没有质的差别的社会劳动。不过，尽管如此，他们还是有一个正确的定义：雇佣劳动只有当它所创造的价值大于它本身所花费的价值的时候才是生产的。亚·斯密使这个定义摆脱了错误的表述方式，而在重农学派那里，这个定义是同错误的表述方式联系在一起的。

我们再从重农学派追溯到重商学派。在重商学派那里也有对生产劳动的同样见解的一面,尽管他们对这一点是无意识的。重商学派的基本观点是:劳动只有在产品出口带回的货币多于这些产品所值的货币(或者多于为换得这些产品而必须出口的货币)的那些生产部门,因而只有在使国家有可能在更大的程度上分沾当时新开采的金银矿的产品的那些生产部门,才是生产的。他们看到,在这些国家中已经出现了财富和中间阶级迅速增长的情况。金的这种影响事实上究竟是由什么原因造成的呢?工资的增长赶不上商品价格的上涨;因此工资下降了,从而相对剩余劳动增加了,利润率提高了,但这不是因为工人的生产能力更大了,而是因为绝对工资(即工人得到的生活资料总额)降低了,总之,因为工人的状况恶化了。这样一来,在这些国家里,对劳动的雇用者来说,劳动的生产能力实际上更大了。这个事实和贵金属的流入有关,这也就是促使重商学派把这种生产部门使用的劳动称为惟一的生产劳动的原因,虽然这个原因仅仅是隐约地被意识到的。

[VII—302]"最近五六十年以来,几乎在整个欧洲都发生了[人口]惊人增加,其主要原因也许是美洲矿山生产率的增长。贵金属的大大过剩〔这当然是它们的实际价值下降的结果〕,使商品的价格比劳动的价格提高得更多;它使工人的状况恶化,同时却使雇主的利润增加,因此雇主能使用更多的流动资本来雇用工人,这就促进了人口的增加……马尔萨斯指出,美洲矿山的发现,使谷物价格提高了两三倍,而使劳动的价格只提高了一倍……供国内消费的商品的价格〈例如谷物价格〉不是马上跟着货币的流入就提高的;但由于农业中的利润率同工业中的利润率相比下降了,资本就从农业转到工业。这样,一切资本都开始获得比以前更高的利润,而利润的提高总是等于工资的下降。"(约翰·巴顿《论影响社会上劳动阶级状况的环境》1817年伦敦版第29页及以下几页)

因此,第一,按巴顿的说法,16世纪最后30多年和17世纪曾推动重商学派的那个现象,在18世纪下半叶重新出现了。第二,因为只有出口的商品才按金银的已经降低的价值衡量,而供国内消费的商品仍按金银的原有价值衡量(直到资本家之间的竞争把这种用两个不同尺度衡量的现象消除为止),所以在为出口服务的生产部门中的劳动,由于把工资压低到原有水平之下,就表现为直接生产的劳动,即创造剩余价值的劳动。

斯密对于生产劳动所阐述的第二种见解即错误的见解,同正确的见解完全交错在一起,以致这两种见解在同一段文字中接二连三交替出现。所以,为了说明第一种见解,我们不得不把引文分割开来加以引述。

"有一种劳动加到对象上,就能使这个对象的价值增加,另一种劳动则没有这种作用。前一种劳动因为它生产价值,可以称为生产劳动,后一种劳动可以称为非生产劳动。例如,制造业工人的劳动,通常把自己的生活费的价值和他的主人的利润,加到他所加工的材料的价值上。相反,家仆的劳动不能使价值有任何增加。制造业工人的工资虽然由雇主预付,但实际上雇主没有破费什么,因为这些工资的价值通常总是带着利润,在工人的劳动加于其上的对象的增大的价值中又被偿还给主人了。相反,家仆的生活费永远得不到偿还。一个人,要是雇用许多制造业工人,就会变富;要是维持许多家仆,就会变穷。"(《国民财富的性质和原因的研究》,麦克库洛赫版,第2卷第2篇第3章第93页和以下几页)

在这段话中,——而在下面我们就要引用的紧接着的那段文字里,相互矛盾的定义更是交错在一起,——生产劳动主要是指这样一种劳动,它除了再生产"自己的〈即雇佣工人的〉生活费"的价值之外,还生产剩余价值——"他的主人的利润"。如果制造业工人除了他自己的生活费的价值以外,不再加进剩余价值,工业家也就不能由于"雇用许多制造业工人"而**变富**。

但是,第二,亚·斯密在这里所说的生产劳动是指一般"生产价值"的劳动。我们暂且不谈这[VII—303]后一种解释,先引证另外几段话,那里斯密的第一种见解有的地方被重复了,有的表述得更鲜明,并且主要是得到了进一步的发挥。

"如果把非生产劳动者……消费的那个数量的食物和衣服,分配给生产劳动

者，后者就会把他们所消费的东西的全部价值连同利润一起再生产出来。"（同上，第2篇第3章第109页）

这里，生产劳动者十分明确是指这样的劳动者，他不仅把包含在工资中的生活资料的全部价值为资本家再生产出来，而且把这个价值"连同利润一起"为资本家再生产出来。

只有生产资本的劳动才是生产劳动。但是，商品或货币之所以变为资本，是因为它们直接同劳动能力交换，而且这种交换的目的，只是为了有一个比它们本身包含的劳动更多的劳动来补偿它们。因为劳动能力的使用价值对资本家本身来说，不在于它的**实际**使用价值，不在于这种特殊的具体劳动的效用，不在于它是纺纱劳动、织布劳动等等，正如这种劳动产品的使用价值本身并不使资本家感到兴趣一样，因为产品在他看来是商品（并且是第一形态变化之前的商品），而不是消费品。使资本家对商品感兴趣的仅仅是：商品具有的交换价值大于资本家为商品支付的交换价值。因此，劳动的使用价值在他看来就是：他收回的劳动时间量大于他以工资形式支付的劳动时间量。自然，所有以这种或那种方式参加商品生产的人，从真正的工人到（有别于资本家的）经理、工程师，都属于生产劳动者的范围。正因为如此，最近的英国官方工厂报告"**十分明确地**"把在工厂中和工厂办事处中使用的所有人员，除了工厂主本人以外，全都列入雇佣劳动者的范畴（见这个臭报告临近结尾部分的话）。

这里，从资本主义生产的观点给生产劳动下了定义，亚·斯密在这里触及了问题的本质，抓住了要领。他的巨大科学功绩之一（如马尔萨斯正确指出的，斯密对生产劳动和非生产劳动在批判中所做的区分，仍然是全部资产阶级经济学的基础）就在于，他下了生产劳动是**直接同资本交换的劳动**这样一个定义，也就是说，他根据这样一种交换来给生产劳动下定义，只有通过这种交换，劳动的生产条件和一般价值即货币或商品，才转化为资本（而劳动则转化为科学意义上的雇佣劳动）。

什么是**非生产劳动**，因此也绝对地确定下来了。那就是不同资本交换，而**直接**同收入即工资或利润交换的劳动（当然也包括同参与分享资本家利润者的各个项目,如利息和地租相交换的劳动)。凡是在劳动一部分还是自己支付自己(例如徭役农民的农业劳动),一部分直接同收入交换(例如亚洲城市中的制造业劳动)的地方,不存在资产阶级经济学意义上的资本和雇佣劳动。因此,这些定义不是从劳动的物质规定性(不是从劳动产品的性质,不是从劳动作为具体劳动的规定性)得出来的,而是从一定的社会形式,从这个劳动借以实现的社会生产关系得出来的。例如一个演员,哪怕是丑角,只要他被资本家(剧院老板)雇用,他偿还给资本家的劳动,多于他以工资形式从资本家那里取得的劳动,那么,他就是生产劳动者;而一个缝补工,他来到资本家家里,给资本家缝补裤子,只为资本家创造使用价值,他就是非生产劳动者。前者的劳动同资本交换,后者的劳动同收入交换。前一种劳动创造剩余价值;在后一种劳动中收入被消费了。

这里,生产劳动和非生产劳动始终是从货币所有者、**资本家**的**角度**来区分的,不是从**劳动者**的角度来区分的,而加尼耳等人的荒谬论调正是从这里产生的,他们根本不懂问题的实质,竟然问道:妓女、仆役等等的劳动,或服务,或职能,会不会带来货币?

[Ⅶ—304〕〔接第 300 页。例如在制造机车时,每天都有成车皮的铁屑剩下。把铁屑收集起来,再卖给(或赊给)那个向机车制造厂主提供主要原料的制铁厂主。制铁厂主把这些铁屑重新制成块状,在它们上面加进新的劳动。他以这种形式把铁屑送回机车制造厂主手里,这些铁屑便成为产品价值中补偿原料的部分。就这样,这些铁屑往返于这两个工厂之间,——当然,不会是同一些铁屑,但总是一定量的铁屑。这个部分不断交替地成为两个工业部门的原料,并且,从价值方面来看,始终只是从一个企业移到另一个企业。因此,它不加入最终产品,而是不变资本在实物形式上的补偿。

实际上,机器制造厂主供应的每一部机器,如果从它的价值来考察,都分解为原料、追加劳动和机器的损耗。但是加入其他领域生产的这些机器的总数,按其价值来说,只能等于机器的总价值减去不断在机器制造厂主和制铁厂主之间来回转移的那部分不变资本。

农民卖掉的任何一夸特小麦,同其他任何一夸特小麦值一样多的钱。卖掉的一夸特小麦,丝毫也不比作为种子归还给土地的那一夸特小麦便宜。然而,如果产品等于6夸特,每一夸特等于3镑,而且每一夸特都包含追加劳动、原料和机器这几个价值组成部分,如果农民必须用一夸特作种子,那么他就只卖给消费者5夸特=15镑。因而,消费者没有必要支付一夸特种子包含的价值组成部分。问题的关键就在这里。但是被卖掉的产品的价值=其中包含的全部价值要素,即追加劳动和不变资本,消费者怎么能够不支付不变资本而又把这个产品买去呢?〕

作家所以是生产劳动者,并不是因为他生产出观念,而是因为他使出版他的著作的书商发财,或者说,因为他是一个资本家的雇佣劳动者。

体现生产工人的劳动的商品,其使用价值可能是最微不足道的。劳动的这种物质规定性同劳动作为生产劳动的特性毫无关系,相反,劳动作为生产劳动的特性只表现一定的社会生产关系。我们在这里指的劳动的这种规定性,不是从劳动的内容或劳动的结果产生的,而是从劳动的一定的社会形式产生的。

另一方面,假定资本已掌握了全部生产,也就是说,**商品**(必须把它同单纯的使用价值区别开来)已不再由拥有这个商品本身的生产条件的劳动者来生产,因而只有资本家才是**商品**(只有一种商品即劳动能力除外)的生产者,那么,在这种情况下,收入必须**或者**同完全由资本来生产和出卖的商品交换,**或者**同这样一种劳动交换,购买它和购买那些商品一样,是为了消费,换句话说,仅仅是为了这种劳动所固有的物质规定性,为了这种劳动的使用价值,为了这种劳动以自己的物质规定性给自己的买者和消费者提供的**服务**。对于提供这些服务的生产者来说,服务就是商品。服务有一定的使用价值(想像的或现实的)和一定的交换价值。但是对买者来说,这些服务只是使用价值,只是〔Ⅶ—305〕他借以消费自己收入的对象。这些非生产劳动者并不是不付代价地从收入(工资和利润)中取得自己的一份,从生产劳动生产的商品中取得自己的一份,他们必须购买这一份,但是,他们同这些商品的生产毫无关系。

但在任何情况下，有一点是很清楚的：花在资本所生产的商品上的收入（工资和利润）越多，能花在非生产劳动者的服务上的收入就越少，反过来也是一样。

劳动的物质规定性，从而劳动产品的物质规定性本身，同生产劳动和非生产劳动之间的这种区分毫无关系。例如，饭店里的厨师和侍者是生产劳动者，因为他们的劳动转化为饭店老板的资本。这些人作为家仆，就是非生产劳动者，因为我没有从他们的服务中创造出资本，而是把自己的收入花在这些服务上。但是，事实上，这些人，对我这个消费者来说，即使在饭店里也是非生产劳动者。

"无论在哪一个国家，土地和劳动的年产品中补偿资本的那部分，始终只直接用来维持生产劳动者的生活。它只支付生产劳动的工资。而直接用来构成收入的那部分，不管作为利润还是作为地租，则既可以用来维持生产劳动者的生活，也可以用来维持非生产劳动者的生活。"（同上，第98页）"一个人无论把自己的哪一部分基金用做资本，他总是希望这部分基金能得到补偿并带来利润。因此，他只用它来维持生产劳动者的生活；这部分基金为资本家执行了资本的职能之后，便成为生产劳动者的收入。每当资本家用他的一部分基金来维持任何一种非生产劳动者的生活，这部分基金便立即从他的资本中抽出，加入他用于直接消费的基金。"（同上［麦克库洛赫版第2卷第98页］）

显然，随着资本日益掌握全部生产，从而随着家庭工业和小工业——总之，为本身消费进行生产而产品不是商品的那种工业——逐渐消失，非生产劳动者，即以服务直接同收入交换的劳动者，绝大部分就只提供**个人**服务，他们中间只有极小部分（例如厨师、女裁缝、缝补工等）生产物质的使用价值。他们不生产**商品**是理所当然的。因为商品本身从来不是直接的消费对象，而是交换价值的承担者。因此，在资本主义生产方式发达的条件下，这些非生产劳动者只有极小部分能够直接参加物质生产。这一部分人只有用自己的服务同收入交换，才参加物质生产。正如亚·斯密所指出的，这不妨碍这些非生产劳动者的服务的价值通过并且可以通过决定生产劳动者的价值的同样方法（或类似方法）

来决定。这就是说，由维持他们的生活或者说把他们生产出来所需的生产费用来决定。这里还牵涉到别的一些不归这里考察的情况。

[Ⅶ—306] 生产劳动者的劳动能力，对他本人来说是商品。非生产劳动者的劳动能力也是这样。但是，生产劳动者为他的劳动能力的买者生产商品。而非生产劳动者为买者生产的只是使用价值，想像的或现实的使用价值，而决不是商品。非生产劳动者的特点是，他不为自己的买者生产商品，却从买者那里获得商品。

"某些最受尊敬的社会阶层的劳动，像家仆的劳动一样，不生产任何价值……例如，君主和他的全部文武官员、全体陆海军，都是非生产劳动者。他们是社会的公仆，靠别人劳动的一部分年产品生活……应当列入这一类的，还有……教士、律师、医生、各种文人；演员、丑角、音乐家、歌唱家、舞蹈家等等。"（同上，第94—95页）

生产劳动和非生产劳动的这种区分本身，正如前面已经说过的，既同劳动独有的特殊形式毫无关系，也同劳动的这种特殊形式借以体现的特殊使用价值毫无关系。在一种情况下劳动同资本交换，在另一种情况下劳动同收入交换。在一种情况下，劳动转化为资本，并为资本家创造利润；在另一种情况下，它是一种支出，是花费收入的一个项目。例如，钢琴制造厂主的工人是生产劳动者。他的劳动不仅补偿他所消费的工资，而且在他的产品钢琴中，在厂主出售的商品中，除了工资的价值之外，还包含剩余价值。相反，假定我买到制造钢琴所必需的全部材料（或者甚至假定工人自己就有这种材料），我不是到商店去买钢琴，而是请工人到我家里来制造钢琴。在这种情况下，钢琴匠就是非生产劳动者，因为他的劳动直接同我的收入相交换。

然而，有一点是清楚的：随着资本在越来越大程度上掌握全部生产，——因而一切商品的生产是为了出卖，而不是为了直接消费，劳动生产率也相应地增长，——生产劳动者和非生产劳动者之间的物质差别也就越来越明显地表现出来，因为前一种人，除极少数以外，将仅仅生产**商品**，而后一种人，也是除极少数以外，将仅仅从事个人服务。因此，第一种人将生产直接的、物质的、由**商品**构成的财富，生产一切不是由劳动能力本身构成的商品。这就是促使亚·斯密除了作为基本定义的第一种特征以外，又加上另一些特征的理由之一。

这样，由于斯密的各种不同的想法交织在一起，就有了下面这一段话：

"家仆的劳动〈与制造业工人的劳动不同〉……不能使价值有任何增加……家仆的生活费永远得不到偿还。一个人，要是雇用许多制造业工人，就会变富；要是维持许多家仆，就会变穷。然而后者的劳动也同前者的劳动一样，有它的价值，理应得到报酬。不过，制造业工人的劳动固定和实现在一个特定的对象或可以出卖的商品中，而这个对象或商品在劳动结束后，至少还存在若干时候。可以说，这是积累并储藏起来，准备必要时在另一场合拿来利用的一定量劳动。这个对象，或者可以说，这个对象的价格，后来到必要时，能够把一个同原先生产它所花费的劳动相等的劳动量推动起来。相反，家仆的[Ⅶ—307]劳动不固定或不实现在一个特定的对象或可以出卖的商品中。他的服务通常一经提供随即消失，很少留下某种痕迹或某种以后能够用来取得同量服务的价值……某些最受尊敬的社会阶层的劳动，像家仆的劳动一样，不生产任何价值，不固定或不实现在任何耐久的对象或可以出卖的商品中。"（同上，第93—94页）

我们在这里看到，用来说明非生产劳动者的特点的有以下这些定义，这些定义同时显露了亚·斯密内在思想进程的各个环节：

"〈非生产劳动者的劳动〉不生产任何价值"，"不能使价值有任何增加"，"〈非生产劳动者的〉生活费永远得不到偿还"，"它不**固定**或不**实现在一个特定的对象或可以出卖的商品中**"。相反，"他的服务通常一经提供随即消失，很少留下某种痕迹或某种**以后能够用来取得同量服务的价值**"。最后，"它不固定或不实现在**任何耐久的对象**或**可以出卖的商品中**"。

在这种看法中，"生产价值"和"不生产价值"这些术语是在和原来不同的意义上说的。这里谈的已经不是本身就包含着为已消费的价值再生产出一个等价的剩余价值生产。这里谈的是：一个劳动者，只要他用自己的劳动把他的工资所包含的那样多的价值量加到某种材料上，提供一个等价来代替已消费的价值，他的劳动就是生产劳动。这里就越出了形式规定的范围，越出了用劳动者对资本主义生产的关系来给生产劳动者和非生产劳动者下定义的范围。从第四篇第九章（亚·斯密在这里批判了重农学派的学说）可以看出，斯密走入这条歧途，是因为他在阐述自己的见解时一方面反对重农学派，另一方面又受到重农学派的影响。如果工人在一年内只补偿自己工资的等价，那么，他对资本家来说就不是生产劳动者。固然，他会给资本家补偿自己的工资即自己劳动的购买价格。但是这笔交易就好比资本家购买这个劳动所生产的商品一样。资本家支付了商品的不变资本和工资所包含的劳动。他现在以商品形式占有的劳动和以前以货币形式占有的劳动是同一个量。他的货币没有因此而转化为资本。这种情况，就好比工人本人是自己的生产条件的占有者一样。他每年必须从自己年产品的价值中留出生产条件的价值，以便补偿它们。他一年内消费的，或者说，可以消费的，就会［＝］他的产品中等于他当年加在自己不变资本上的新劳动的那部分价值。因此，在这种情况下，也就不会有资本主义生产了。

亚·斯密把这种劳动称为"生产的"，第一个理由是因为重农学派把它称为"不结果实的"和"不生产的"。

斯密在这一章里对我们说：

"第一，［重农学派］承认，这个阶级〈即不从事农业的那些工业阶级〉每年再生产出自己的年消费价值，并且至少保持使他们能够就业和生存的基金或资本……诚然，租地农场主和农业工人，除了使他们能够就业和生存的资本以外，每年还再生产出一个**纯产品**，即土地所有者的纯地租……租地农场主和农业工人的劳动，无疑要比商人、手工业者和制造业者的劳动具有更大的生产能力。但是，一个阶级的产品超过另一个阶级的产品，并不能使另一个阶级成为**不结果实的和不生产的**。"（同上，［加尔涅的法译本］第 3 卷第 530 页）

可见，亚·斯密在这里回到重农学派的［Ⅶ—308］观点上去了。农业劳动是生产剩余价值，因而也是生产"纯产品"的真正的"生产劳动"。斯密放弃了自己的剩余价值观点,接受了重农学派的观点。同时他又反对重农学派,提出制造业劳动(他认为还有商业劳动)也还是生产的,尽管不是就这个词的最突出的意义来说的。因此,斯密越出了形式规定的范围,越出了从资本主义生产的观点来给"生产劳动者"下定义的范围;他提出这样一个论点来反对重农学派:不从事农业的阶级,工业阶级,会把自己的工资再生产出来,因而就是把一个等于他的消费的价值生产出来,从而"至少保持使他们能够就业的基金或资本"。这样,在重农学派的影响下,同时在反对重农学派的情况下,便产生了他对"生产劳动"的第二个定义。

> 亚·斯密说:"第二,因此,像看待家仆那样来看待手工业者、制造业者和商人,是根本不正确的。家仆的劳动不能保持使他能够就业和生存的基金。家仆完全是靠他主人的开支来就业和维持生活的,他所完成的劳动不是那种能补偿这些开支的劳动。他的劳动是服务,通常一经提供随即消失;它不固定和不实现在一个能够补偿他们的生活费和工资的价值的可以出卖的商品中。相反,手工业者、商人和制造业者的劳动却自然地固定和实现在可以出卖或交换的对象中。正因为如此,我在论**生产劳动**和非**生产劳动**那一章中,把手工业者、制造业者和商人算做**生产**的劳动者,而把家仆算做**不结果实的**和**不生产**的劳动者。"(同上,第531页)

一旦资本掌握了全部生产,收入只要同劳动交换,它便不是直接同生产**商品**的劳动交换,而是**同单纯的服务**交换。收入的一部分同充当使用价值的**商品**交换,一部分同作为使用价值来消费的**服务**本身交换。

和劳动能力本身不同的一切**商品**,是以物质形式同人对立着的物,它对人有一定的效用,在它身上固定了、物化了一定量的劳动。

这样,我们就得出一个实质上已经包含在**第一点**中的定义:用自己的劳动**生产商品**的工人是生产的,并且这个工人消费的商品不多于他生产的东西,不多于他的劳动所值。他的劳动固定和实现在"**可以出卖或交换的对象中**","**一个能够补偿他们**〈即生产这些商品的工人〉**的生活费和工资的价值的可以出卖的商品中**"。生产工人生产商品,从而把他以工资形式不断消费的可变资本不断再生产出来。他把支付给他的

"使他能够就业和生存的"基金不断生产出来。

第一，亚·斯密自然把直接耗费在物质生产中的各类脑力劳动，算做"固定和实现在可以出卖或交换的商品中"的劳动。斯密在这里不仅指直接的手工工人或机器工人，而且指监工、工程师、经理、伙计等等，总之，指在一定物质生产领域内为生产某一商品所需要的一切人员的劳动，这些人员的共同劳动（协作）是制造商品所必需的。的确，他们把自己的全部劳动加到不变资本上，并使产品的价值提高这么多。（这在多大的程度上适用于银行家等人呢？）

[Ⅶ—309] **第二**，亚·斯密说，非生产劳动者的劳动"**通常**"不是这样。亚·斯密非常清楚地知道，即使资本掌握了物质生产，因而家庭工业基本上消失了，直接到消费者家里为他创造使用价值的小手工业者的劳动消失了，——即使在这种情况下，我叫到家里来缝制衬衣的女裁缝，或修理家具的工人，或清扫、收拾房子等等的仆人，或烹调肉食等等的女厨师，他们也完全和在工厂做工的女裁缝、修理机器的机械师、洗刷机器的工人以及作为资本家的雇佣工人在饭店干活的女厨师一样，把自己的劳动固定在某种物上，并且确实使这些物的价值提高了。这些使用价值，从可能性来讲，也是商品：衬衣可能拿到当铺去当掉，房子可能卖掉，家具可能拍卖等等。因此，上述人员从可能性来讲，也生产了商品，把价值加到了自己的劳动对象上。但他们是非生产劳动者中极少的一部分人，他们的情况对广大家仆、牧师、政府官吏、士兵、音乐家等等则是不适用的。

然而，不管这些"非生产劳动者"人数有多少，有一点无论如何是清楚的（斯密也承认这一点，为此他说了一句起限制作用的话："这些服务**通常**一经提供随即消失"），那就是：使劳动成为"生产的"或"非生产的"劳动的，既不一定是劳动的特殊形式，也不一定是劳动产品的表现形式。同一劳动可以是生产的，只要我作为资本家、作为生产者来购买它，为的是使它增殖；它也可以是非生产的，只要我作为消费者，作为收入的花费者来购买它，为的是消费它的使用价值，而不管这个使用价值是随着劳动能力本身活动的停止而消失，还是物化、固定在某个物中。

对于一个以资本家身份购买女厨师的劳动的人来说,即对于一个饭店老板来说,女厨师在饭店里是生产商品。羊肉饼的消费者应当对她的劳动付钱,而这个劳动为饭店老板补偿(撇开利润不谈)他用以继续支付女厨师的基金。相反,如果我购买女厨师的劳动,让她为我烹调肉食等等,不是为了把这个劳动当作劳动一般来增殖,而是为了把它当作这种特定的具体劳动来享用、使用;那么,在这种情况下,她的劳动就是非生产的,虽然这种劳动也固定在物质产品中,而且同样可能成为(从结果来看)可以出卖的商品,就像它对饭店老板来说确实是商品一样。可是,这里仍然有重大的差别(实质上的差别):女厨师并不补偿我(私人)用以支付她的基金。因为我购买她的劳动,不是把它作为构成价值的要素,而完全是为了它的使用价值。她的劳动不补偿我用以支付她的基金,即不补偿我给她的工资,这就好比我在饭店里吃的一顿午餐本身,不能使我再购买和吃一顿相同的午餐一样。但这种差别在商品中间也是存在的。资本家为补偿自己的不变资本而购买的商品(例如棉布,假如他是一个棉布印花厂主),会以印花布形式补偿自己的价值。相反,如果资本家购买这个商品是为了自己消费印花布,那么,这个商品就不会补偿他的开支。

其实,社会上人数最多的一部分人——工人阶级——都必须为自己进行这种非生产劳动;但是,工人阶级只有先进行了"生产的"劳动,才能从事这种非生产劳动。工人阶级只有生产了可以支付肉价的工资,才能给自己煮肉;工人阶级只有生产了家具、房租、靴子的价值,才能把自己的家具和住房收拾干净,把自己的靴子擦干净。因此,从这个生产工人阶级本身来说,他们为自己进行的劳动就是"非生产劳动"。如果他们不先进行生产劳动,这种非生产劳动是决不会使他们有能力[Ⅶ—310]重新进行同样的非生产劳动的。

第三,另一方面,剧院、歌舞场、妓院等等的老板,购买对演员、音乐家、妓女等等的劳动能力的暂时支配权(事实上通过了迂回的途径,这个途径只有从经济形式的观点来看才有意义,它不影响过程的结果）；他们购买这种所谓"非生产劳动"，它的"服务一经提供随即消失"，不固定或不实现在一个"耐久的〈换句话说，"特殊的"〉对象或可以出卖的商品中"（在这些服务本身以外）。把这些服务出卖给公众，就为老板补偿工资并提供利润。他这样买到的这些服务，使他能够重新去购买它们，也就是说，这些服务会自行更新用以支付它们的基金。同样的情况也适用于例如律师在他的事务所雇用的书记的劳动，所不同的只是，书记的服务大部分还体现在十分庞大的"特殊对象"上，即大堆的文件这个形式上。

不错，对老板本身来说，这些服务是由公众的收入支付的。但同样不错的是，一切产品，只要它们用于个人消费，情况也完全是这样。固然，国家不能出口这些服务本身；但它能出口提供这些服务的人。例如，法国出口舞蹈教员、厨师等等，德国出口学校教师。当然，随着舞蹈教员和学校教师的出口，也出口了他们的收入，可是舞鞋和书本的出口，却给国家带来回报。

因此，从一方面说，所谓非生产劳动有一部分体现在物质的使用价值中，这些使用价值同样可能成为商品（"可以出卖的商品"），从另一方面说，一部分纯粹的服务（它不采取实物的形式，不作为物而离开服务者独立存在，不作为价值组成部分加入某一商品），能够（由**直接**购买劳动的人）用资本来购买，能够补偿自己的工资并提供利润。总之，这些服务的生产有一部分从属于资本，就像体现在有用物品中的劳动有一部分直接用收入来购买，不从属于资本主义生产一样。

第四，整个"商品"世界可以分为两大部分：第一，劳动能力；第二，不同于劳动能力本身的商品。有一些服务用于训练、保持劳动能力，使劳动能力改变形态等等，总之，使劳动能力具有专门性，或者仅仅使劳动能力保持下去，例如学校教师的服务（只要他是"产业上必要的"或有用的）、医生的服务（只要他能保护健康，保持一切价值的源泉即劳动能力本身）——购买这些服务，也就是购买提供"可以出卖的商品等等"，即提供劳动能力本身来代替自己的服务，这些服务应加入劳动能力的生产费用或再生产费用。不过，亚·斯密知道，"教育"费在工人群众的生产费用中是微不足道的。在任何情况下，医生的服务都属于生产上的非生产费用①。可以把它算入劳动能力的修理费。假定工资和利润由于某种原因同时下降，从总价值来看例如由于民族变懒下降了，从使用价值来看也由于歉收等等引起的劳动生产能力的降低而下降了；总之，假定由于上一年加进的新劳动减少和追加的劳动的生产能力降低，产品中价值等于收入的那一部分减少了。这时，如果资本家和工人还想以物质产品的形式消费原先那样大的价值量，他们就要少购买医生、教师等等的服务。如果他们对医生和教师必须继续花费以前那样大的开支，他们就要减少对其他物品的消费。因此，很明显，医生和教师的劳动不直接创造用来支付他们报酬的基金，尽管他们的劳动加入创造一切价值的那个基金的生产费用，即加入劳动能力的生产费用。

[Ⅶ—311] 亚·斯密继续写道：

"第三，说手工业者、制造业者和商人的劳动不增加社会的实际收入，从任何角度来看都是不对的。例如，即使我们像这个体系所做的那样假定，这个阶级每日、每月、每年消费的价值，恰好等于它当日、当月、当年生产的价值，也决不能由此得出结论说，他们的劳动丝毫没有增加社会的实际收入，没有增加一国的土地和劳动的年产品的实际价值。例如，一个手工业者在收获后6个月内完成了价值10镑的劳动，即使他在这段时间也消费了价值10镑的谷物和其他生存资料，他事实上也已给社会的土地和劳动的年产品增加了10镑价值。他把价值10镑的半年收入消费在谷物和其他生存资料上，同时又用自己的劳动生产了一个相等的价值，用这个价值可以为他本人或任何别人购买同样多的半年收入。因此，这6个月内所消费和生产的价值不等于10镑，而等于20镑。当然，完全可能，在任何时候现有的这个价值都不超过10镑。但是，如果手工业者消费的这价值10镑的谷物和其他生存资料，由士兵或家仆来消费，那么，到6个月末存在的这部分年产品的价值，就会比由于有手工业者的劳动而实际存在的少10镑。可见，即使假定手工业者生产的价值从来没有超过他消费的价值，但在任何时候市场上现有的商品的总价值，都会由于有他的劳动而

---

① 不直接参加生产过程，但在一定条件下又非有不可的辅助费用。——编者注

比没有他的劳动时要大。"（同上，［加尔涅的法译本第3卷第4篇第9章］第531—533页）

难道任何时候市场上现有的商品的［总］价值，不是由于有"非生产劳动"而比没有这种劳动时要大吗？难道任何时候市场上除了小麦、肉类等等之外，不是还有妓女、律师、布道、歌舞场、剧院、士兵、政治家等等吗？这帮男女得到谷物和其他生存资料或享乐资料并不是无代价的。为了得到这些东西，他们把自己的服务提供给或强加给别人，这些服务本身有使用价值，由于它们的生产费用，也有交换价值。任何时候，在消费品中，除了以商品形式存在的消费品以外，还包括一定量的以服务形式存在的消费品。因此，消费品的总额，任何时候都比不存在可消费的服务的时候要大。其次，价值也大了，因为它等于维持这些服务的商品的价值和这些服务本身的价值。要知道，在这里就像每次商品和商品相交换一样，是等价物换等价物，因而同一价值具有二重的形式：一次在买者一方，另一次在卖者一方。

〔亚·斯密关于重农学派继续写道：

"当这一体系的拥护者断言，手工业者、制造业者和商人的消费等于他们所生产的东西的价值时，他们大概仅仅是指这一情况：这些劳动者的收入，或者说，维持他们生存的基金，等于这个价值。"〔即他们所生产的东西的价值。〕（同上，第533页）

如果把工人和企业主放在一起来看，重农学派在这一点上是对的；在企业主的利润中，地租只是一个特殊项目。〕

［VII—312］〔亚·斯密在同一个场合，即在批判重农学派的场合——第四篇第九章（加尔涅的译本第3卷）——指出：

"一个社会的土地和劳动的年产品，只能用两种办法增加：第一，改善当时在这个社会发生作用的有用劳动的生产能力；或者第二，增加这种劳动的量。要使有用劳动的生产能力有所改善或增长，就必须改进工人的技能或改进他用来劳动的机器……当时在社会上使用的有用劳动的量的增加，完全取决于把这种劳动推动起来的资本的增加，而这种资本的增加，又必定恰好等于管理这一

资本的人或把资本借给他们的另一些人从自己的收入中节约下来的数额。"（第534—535 页）

这里是双重的循环论证。第一，年产品的增加是由于劳动生产率的提高。而提高劳动生产率的一切手段〔只要这种提高不是由自然的偶然情况，如特别有利的天气等等引起的〕都要求增加资本。但是，要增加资本，又必须增加劳动的年产品。这是第一个循环论证。**第二**，年产品可以通过增加所使用的劳动量来增加。但是，只有先增加"把这种劳动推动起来"的资本，才能增加所使用的劳动量。这是第二个循环论证。斯密试图靠"**节约**"来摆脱这两个循环论证。节约一词，他指的是收入转化为资本。

把全部利润看成资本家的"收入"，这种看法本身就是错误的。相反，资本主义生产的规律要求把工人完成的剩余劳动即无酬劳动的一部分转化为资本。当单个资本家作为资本家即作为资本职能的执行者行动的时候，把一部分剩余劳动转化为资本，这在他本人看来可能表现为一种节约，但对他本人来说，这种转化也是以必须有准备金的形式表现出来的。然而劳动量的增加不仅取决于工人人数，而且取决于工作日的长度。因而，即使转化为工资的那部分资本不增加，劳动的量也可能增加。在这种情况下也无须增加机器等等的数量（虽然机器磨损得快一些，但并不会使这里的问题有所改变）。惟一必须增加的，是用做种子等等的那部分原料。同时，这一点仍然是对的：在一个国家里（如果把对外贸易撇开不谈），剩余劳动首先必须投入农业，然后在从农业取得原料的那些工业部门中剩余劳动才可能出现。一部分原料——煤、铁、木材、鱼（例如，用鱼作为肥料）等等，总之，一切非动物性的肥料，可以用单纯增加劳动（工人的人数不变）的办法取得。因此，这些原料是不会缺乏的。另一方面，前面已经指出，生产率的提高最初总是只以资本的积聚为前提，而不是以资本的积累为前提。但以后这两个过程是相互补充的。〕

〔斯密在下面一段话里正确地指出了促使重农学派宣传自由放任，即自由竞争的原因：

"两个不同的居民集团〈城市和乡村〉之间的贸易,归根到底,是一定量的原产品同一定量的制造业产品交换。因此,后者越贵,前者越贱,凡是在一个国家里能提高制造业产品价格的东西,都会降低土地的原产品的价格,从而使农业发展缓慢。"但是,加在制造业和对外贸易上的一切约束和限制,都会使制造业产品等等变贵。因此,等等。(斯密,同上[加尔涅的法译本第3卷],第554—555页)]

[Ⅶ—313] 这样,斯密对"生产劳动"和"非生产劳动"的第二种见解(更确切地说,同上述他的另一种见解交错在一起的见解)可归结如下:生产劳动就是生产**商品**的劳动,非生产劳动就是不生产"任何商品"的劳动。斯密不否认,这两种劳动**都是商品**。请看前面讲的①:"后者的劳动也同前者的劳动一样,有它的价值,理应得到报酬"(就是说,从经济学来看;无论对这种劳动还是那种劳动,都谈不上从道德等等观点来看)。商品的概念意味着劳动体现、物化和实现在自己的产品中。劳动本身,在它的直接存在上,在它的活生生的存在上,不能直接看做商品,只有劳动能力才能被看做商品,劳动本身是劳动能力的暂时表现。只有用这种方式才能阐明真正的雇佣劳动以及"非生产劳动",而亚·斯密到处都用生产"非生产劳动者"所必需的生产费用来给非生产劳动下定义。于是,**商品**必须被看做一种和劳动本身不同的存在。这样,商品世界就分为两大类:

一方面是劳动能力;

另一方面是商品本身。

但是,对劳动的物化等等,不应当像亚·斯密那样按苏格兰方式去理解。如果我们说商品——在它的交换价值意义上——是劳动的化身,那仅仅是指商品的一个想像的即纯粹社会的存在形式,这种存在形式和商品的物体实在性毫无关系;商品代表一定量的社会劳动或货币。使商品产生出来的那种具体劳动,在商品上可能不留任何痕迹。从制造业商品来说,这个痕迹保留在原料所取得的外形上。而在农业等等部门,例

---

① 见本卷第146—147页。——编者注

如小麦、公牛等等商品所取得的形式，虽然也是人类劳动的产品，而且是一代一代传下来、一代一代补充的劳动的产品，但这一点在产品上是看不出来的。还有这样的产业劳动部门，在那里，劳动的目的决不是改变物的形式，而仅仅是改变物的位置。例如，把商品从中国运到英国等等，这时在物本身上谁也看不出运输时花费的劳动所留下的痕迹（除非有人想起这种东西不是英国货）。因此，决不能按这种方式去理解劳动在商品中的物化。（这里所以产生迷误，是因为社会关系表现为物的形式。）

虽然如此，商品表现为过去的、对象化的劳动这个说法还是对的，因而，如果它不表现为物的形式，它就只能表现为劳动能力本身的形式，但永远不能直接表现为活劳动本身（只有通过某种迂回的途径，才能表现为活劳动本身，这种途径在实践上似乎是无关紧要的，但在确定各种不同的工资的时候，则不然）。由此可见，生产劳动原本或者是生产商品的劳动，或者是直接把劳动能力本身生产、训练、发展、维持、再生产出来的劳动。亚·斯密把后一种劳动排除在他的生产劳动项目之外；他是任意这样做的，但他是受某种正确的本能支配，意识到，如果他在这里把后一种劳动包括进去，那他就为各种冒充生产劳动的谬论敞开了大门。

因此，如果我们把劳动能力本身撇开不谈，生产劳动就可以归结为生产商品、生产物质产品的劳动，而商品、物质产品的生产，要花费一定量的劳动或劳动时间。艺术和科学的一切产品，书籍、绘画、雕塑等等，只要它们表现为物，就都包括在这些物质产品中。但是，其次，劳动产品必须是这种意义上的**商品**：它是"可以出卖的商品"，也就是还需要通过形态变化的、处在最初形态上的商品。（假定一个工厂主买不到一部现成的机器，他可以自己制造一部机器，不是为了出卖，而是为了把它当作使用价值来利用。但是，在这种情况下，他把机器当作自己的不变资本的一部分来使用，因而他是以机器协助生产出来的产品的形式一部分一部分地把机器出卖的。）

[VII—314] 可见，虽然家仆的某些劳动完全可能表现为**商品**（从

可能性来讲），从物质方面来看，甚至可能表现为同样的使用价值，但这不是生产劳动，因为实际上他们不是生产"商品"，而是直接生产"**使用价值**"。而有些劳动，对它们的买者或雇主本身来说是生产的，例如演员的劳动对剧院老板来说是生产的，但这些劳动看起来像是非生产劳动，因为它们的买者不能以商品的形式，而只能以活动本身的形式把它们卖给观众。

如果把这一点撇开不谈，那么［按照斯密的第二个定义］，生产劳动就是生产**商品**的劳动，**非生产劳动**就是生产个人服务的劳动。前一种劳动表现为某种可以出卖的物品；后一种劳动在它进行的时候就要被消费掉。前一种劳动（创造劳动能力本身的劳动除外）包括一切以物的形式存在的物质财富和精神财富，既包括肉，也包括书籍；后一种劳动包括一切满足个人某种想像的或实际的需要的劳动，甚至违背个人意志而强加给个人的劳动。

商品是资产阶级财富的最基本的元素形式。因此，把"生产劳动"解释为生产"商品"的劳动，比起把生产劳动解释为生产资本的劳动来，符合更基本得多的观点。

亚·斯密的反对者无视他的第一种解释即符合问题本质的解释，而抓住第二种解释，并强调这里不可避免的矛盾和不一贯的地方。而且他们把注意力集中在劳动的物质内容上，特别是集中在劳动必须固定在一个比较**耐久**的产品中这样一个规定上，以此来使自己的论战变得容易些。我们马上就会看到，这场论战究竟是由什么特别的原因引起的。

还要先指出一点。亚·斯密认为，提出下面这个论点，是重农主义体系的巨大功绩：

"各国的财富不在于不可消费的金和银，而在于每年由社会劳动再生产出来的可消费的货物。"（［加尔涅的法译本］第3卷第4篇第9章第538页）

这里，我们看到了斯密关于生产劳动的第二个定义的来源。如何给剩余价值下定义，自然取决于所理解的价值本身具有什么形式。因此，剩余价值在货币主义和重商主义体系中，表现为**货币**；在重农学派那里，表现为土地的产品，农产品；最后，在亚·斯密那里，表现为一般**商品。重农学派只要接触到价值实体，就把价值仅仅归结为使用价值（物质、实物），正如重商学派把价值仅仅归结为价值形式**，归结为产品借以**表现为一般社会劳动**的那种形式即货币一样。在亚·斯密那里，商品的两个条件，使用价值和交换价值，合并在一起，所以在他看来，凡是表现在一种使用价值即有用产品中的劳动，都是生产的。表现在有用产品中的劳动就是生产劳动这一观点，就已经包含着这样的意思：这个产品同时等于一定量的一般社会劳动。亚·斯密同重农学派相反，重新提出产品的价值是构成资产阶级财富的实质的东西；但是另一方面，又使价值摆脱了在重商学派看来价值借以表现的纯粹幻想的形式——金银的形式。任何商品**自在地**就是货币。不可否认，亚·斯密在这里同时又或多或少地回到重商学派关于这些或那些劳动产品的"耐久性"（实际上是"非消费性"）的观点上去。这里使人想起配第的一段话（见我的第 1 分册第 109 页，那里引用了**配第《政治算术》**中的一段话，在这段话里配第说，财富是按照它不会毁坏的程度、或大或小的耐久程度来估价的，归根结底，金银被当作"不会毁坏的财富"而放在高于一切的地位。)

  阿·布朗基说："斯密把**财富**的范围仅仅限于固定在物质实体中的那些价值，这样就把无限多的非物质价值，文明国家的**精神资本**之女，全都从生产的账本中勾销了，等等。"（《欧洲政治经济学从古代到现代的历史》1843 年布鲁塞尔版第 152 页）

  反对亚·斯密提出的关于生产劳动和非生产劳动的区分的论战，主要是由二流人物（其中施托尔希还算是最出名的人物）进行的；我们在任何一个重要的经济学家那里，〔Ⅶ—315〕在任何一个可以说在政治经济学上有所发现的人那里，都没有看到这种论战；然而这种论战对于第二流人物，特别是对于充满学究气的编书家和纲要编写者，以及对于在这方面舞文弄墨的业余爱好者和庸俗化者来说，却是一种嗜好。反对亚·斯密的这场论战，主要是由以下几种情况引起的。

有一大批所谓"高级"劳动者，如国家官吏、军人、艺术家、医生、牧师、法官、律师等等，他们有一部分不仅不是生产的，而且实质上是破坏性的，但他们善于依靠出卖自己的"非物质"商品或把这些商品强加于人，而占有很大部分的"物质"财富。对于这一批人来说，在**经济学**上同丑角、家仆被列入同一类别，被说成是靠真正的生产者（更确切地说，靠生产当事人）养活的食客、寄生者，决不是一件愉快的事。这对于那些向来显出灵光、备受膜拜的职务，恰恰是一种非同寻常的亵渎。政治经济学在其古典时期，就像资产阶级本身在其发家时期一样，曾以严格的批判态度对待国家机器等等。后来它理解到——这在它的实践中也表现出来——并且根据经验认识到，所有这些阶级（其中有一部分是完全非生产的阶级）的后天形成的社会结合的必要性，就是由资产阶级自己的组织中产生出来的。

　　如果上述"非生产劳动者"不生产享受，因此对他们的〔服务的〕购买完全取决于生产当事人想如何花掉自己的工资或利润；相反，如果他们成为必要，或自己使自己成为必要，部分地是因为人们存在肉体上的伤病（如医生）或精神上的虚弱（如牧师），部分地是因为个人利益的冲突和民族利益的冲突（如政治家、一切法学家、警察、士兵）；如果这样，那么，在亚·斯密看来，就像在产业资本家本身和工人阶级看来一样，他们就表现为生产上的非生产费用，因此必须尽可能地把这种非生产费用缩减到最必要的最低限度，尽可能地使它便宜。资产阶级社会把它曾经反对过的一切具有封建形式或专制形式的东西，以它自己所特有的形式再生产出来。因此，对这个社会阿谀奉承的人，尤其是对这个社会的上层阶级阿谀奉承的人，他们的首要业务就是，在理论上甚至为这些"非生产劳动者"中纯粹寄生的部分恢复地位，或者为其中不可缺少的部分的过分要求提供根据。事实上这就宣告了意识形态阶级等等**是依附于资本家**的。

　　但是，**第二**，有一部分生产当事人（物质生产本身的当事人），时而被这一些经济学家，时而被那一些经济学家称为"非生产的"。例如，代表工业资本的那部分经济学家（李嘉图）把土地所有者称为

"非生产的"。另一些经济学家（例如凯里）把本来意义的商人称为"非生产的"劳动者。后来甚至又有一些人把"资本家"本人也称为非生产的，或者至少企图把资本家对物质财富的要求归结为"工资"，即归结为一个"生产劳动者"所取得的报酬。脑力劳动者中间的许多人，看来都赞同这种怀疑观点。因此，已经是作出妥协并且承认不直接包括在物质生产当事人范围内的一切阶级都具有"生产性"的时候了。大家互相帮忙，并且，像在《蜜蜂的寓言》中那样，应当证明，即使根据"生产的"、经济学的观点，资产阶级世界连同它的所有"非生产劳动者"一起，也是所有世界中最美好的世界；何况一些"非生产劳动者"从自己方面已经对那些根本是"为享受果实而生的"阶级的生产性，或者对那些如土地所有者那样无所事事的生产当事人等等作出了批判的考察。**无所事事的人**也好，他们的**寄生者**也好，都应当在这个最美好的世界秩序中找到自己的地位。

第三，随着资本的统治的发展，随着那些和创造物质财富没有直接关系的生产领域实际上也日益依附于资本，——尤其是在实证科学（自然科学）被用做物质生产手段的时候，——［VII—316］政治经济学上的阿谀奉承的侍臣们便认为对任何一个活动领域都必须加以推崇，并且进行辩护说，这些领域是同物质财富的生产"联系着"的，它们是生产物质财富的手段；他们对每一个人都表示敬意，把他说成是"第一种"意义的"生产劳动者"，即为资本服务的、在这一或那一方面对资本家发财致富有用的劳动者，等等。

这里，应当首先提出的是马尔萨斯之流，他们直接为"**非生产**劳动者"和纯粹的寄生者辩护，说这些人是必要的和有用的。

不值得花费精力来详细考察热·加尔涅（斯密著作的译者）、罗德戴尔伯爵、布鲁姆、萨伊、施托尔希以及后来的西尼耳、罗西等人关于这一点的庸俗见解。只要引用一些典型的话就够了。

我们还要先举出**李嘉图**的一段话，他在其中证明，剩余价值（利润，地租）的所有者把剩余价值消费在"非生产劳动者"（例如家仆）身上，比他们把剩余价值花在"生产工人"所创造的奢侈品上，对于

"生产工人"要有益得多。

〔**西斯蒙第**在《政治经济学新原理》（第1卷第148页）中，接受了斯密进行区分时的正确解释（这在李嘉图的著作中也是不言而喻的）：生产阶级和非生产阶级的实际区别在于，

"前者总是以自己的劳动同国民资本交换，后者总是以自己的劳动同一部分国民收入交换"。

西斯蒙第也是按照亚·斯密的见解来看剩余价值的：

"虽然工人通过自己每天的劳动所生产的东西，远远超过他每天的支出，但是在他同土地所有者和资本家进行分配以后，除了维持生活最必需的东西以外，很少有剩余。"（**西斯蒙第**《政治经济学新原理》第1卷第87页）〕

李嘉图说：

"如果土地所有者或资本家像古代贵族那样，把自己的收入用来供养很多的侍从或家仆，而不把它花费在华丽的衣服或昂贵的家具、马车、马或购买其他奢侈品上，那么他雇用的劳动人数就会多得多。在这两种情况下，纯收入是相同的，总收入也是相同的，但是纯收入实现在不同的商品上。如果我的收入是1万镑，那么，无论这1万镑是实现在华丽的衣服、昂贵的家具等等上，还是实现在同一价值的一定量食物和一般衣着上，所使用的生产劳动的数量差不多相等。但是，如果我把收入实现在前一类商品上，那**以后**就不会使用更多的劳动：我将享用我的家具和衣服，事情就到这里为止。相反，如果我把收入实现在食物和一般衣着上，而且希望雇用家仆，那么，除了原有对工人的需求之外，还会加上对我用1万镑收入（或以这笔收入购买到的食物和一般衣着）所能雇用的所有那些人的需求。而需求的这种增加，只是因为我选择了第二种花费我的收入的方式。工人都关心对劳动的需求，所以他们当然希望把用在购买奢侈品方面的收入尽量转用来维持家仆。"（**李嘉图**《原理》1821年第3版第475、476页）

戴韦南特引用了一位老统计学家格雷戈里·金的一个图表，题为《1688年英格兰不同家庭的收支表》①。大学者金在表中把全体人民分成

---

① 见格·金《对英国地位和状况的自然的和政治的观察与结论》1696年版。——编者注

两个主要阶级：一个是"**增加王国财富**"的阶级，共计2675520人，一个是"**减少王国财富**"的阶级，共计2825000人；因此，前一个阶级是"生产的"，后一个阶级是"非生产的"。"生产的"阶级包括：勋爵、从男爵、骑士、乡绅、贵族、大小官吏、从事海上贸易的商人、法律家、教士、土地所有者、租地农场主、自由职业者、大小商人、手工业者、海陆军军官。相反，"非生产的"阶级包括：水手、农业工人和制造业短工、茅舍贫农（在戴韦南特时代还占英格兰全部人口的$\frac{1}{5}$）、[Ⅶ—317]士兵、赤贫者、茨冈人、盗贼、乞丐和一般流浪者。戴韦南特这样来解释大学者金的这个等级表：

> "他的意思是说，前一个阶级的人靠土地、手艺和勤劳来养活自己，并且每年都给国民资本增加一些东西，此外，每年还从自己的剩余中分出一定数额来养活别人。在后一个阶级中，有一部分人靠自己的劳动养活自己，而其余的人和他们的妻子儿女，都要靠别人来养活；这是公众每年的负担，因为不然的话，他们每年消费的东西就可算到国民总资本中去。"（**戴韦南特**《论使一国人民在贸易差额中成为得利者的可能的方法》1699年伦敦版第23和50页）

此外，戴韦南特的下面这段话，最能说明重商主义者对剩余价值的看法的特点：

> "出口我们本国的产品，必定会使英国富裕；为了有贸易顺差，我们必须出口本国的产品，用它们去购买本国消费所必需的外国出产的物品，这里我们会有一个余额，它或者采取贵金属的形式，或者采取我们可以用来卖给其他国家的商品的形式；这个余额就是一国从贸易中取得的利润。它的大小决定于出口国人民的自然节约〈荷兰人而不是英国人所特有的那种节约，同上，第46—47页〉，还决定于他们的劳动和制造业产品的低廉价格，这种低廉价格，使他们能在国外市场上比所有的竞争者都便宜地出售这些产品。"（**戴韦南特**，同上第[45]、46页）

〔"在国内消费产品时，一个人的赢利不过是另一个人的亏损，整个国家丝毫不会变富；但在国外消费的一切东西，却是明显的和可靠的利润。"（《论东印度贸易》1697年伦敦版[第31页]）〕

〔这本书是以戴韦南特的另一著作(它是为了替这本书辩护而写的)的**附录形式刊印的**,并不是麦克库洛赫引用过的那本《论东印度贸易》(1701年版)。〕

可是,不应当像后来的庸俗自由贸易论者那样,把这些重商主义者说得那么愚蠢。戴韦南特在他的《论公共收入和英国贸易》第二卷(1698年伦敦版)中曾说:

"金和银实际上是贸易的尺度,但各国人民贸易的源泉和起源,却是一国自然的产物或人工的产物,即一国的土地或该国人民的劳动和勤勉所生产的东西。的确,一个民族由于某种情况可能完全丧失各种货币,但是只要它人口众多,热爱劳动,精于贸易,擅长航海,有良好的港湾,有生产各种产品的土地,它就仍然能够进行贸易,并且在短时间内拥有大量金银。所以,一国真正的实际的财富是它本国的产物。"(同上,第15页)"金和银远不是能够称为一国的财宝或财富的惟一物品,因而货币实际上不过是人们在交易上习惯使用的计算筹码。"(同上,第16页)"我们所说的财富,是指能使君主及其人民富裕、幸福、安全的东西;同样,财宝是指为了人们的需要用金银换来转化成建筑物和土壤改良的东西;还指可以换成这些金属的其他物品,如土地的果实和工业的产物,或外国的商品和商船……甚至那些不耐久的物品也能看成是国家的财富,只要它们能够换成金银——哪怕它们还没有换成金银;并且我们认为,它们不仅在个人和个人之间的关系上是财富,而且在一国和别国之间的关系上也是财富。"(同上,第60页及以下几页)"平民是国家身体中的胃。在西班牙,这个胃没有恰当地消受货币,〔Ⅶ—318〕没有消化货币……工商业是能够保障消化和分配金银的惟一手段,而这将供给国家身体以必要的营养物。"(同上,第62—63页)

其实,配第也已经有了**生产劳动者**的概念(不过他把士兵也包括在内):

"土地耕种者、海员、士兵、手工业者和商人,是任何一个社会的真正的支柱。所有其他的大职业都是由于这些人的孱弱和过失而产生的;海员身兼上述四者中的三者〈航海者、商人和士兵〉。"(《政治算术》1699年伦敦版第177页)"海员的劳动和船只的运费,按其性质来说,始终是一种出口商品,出口超过进口的余额就给本国带回货币等等。"(同上,第179页)

在这一点上,配第又证明分工的好处:

> "在海上贸易中占支配地位的人们，即使在运费较低廉的情况下，也能比别人在较高〈运费较贵〉的情况下获得更多的利润；这是因为，就像做衣服一样，如果一个人完成一道工序，另一个人完成另一道工序，等等，衣服的价钱就比较便宜，在海上贸易中占支配地位的人们也是这样，他们可以建造各种不同用途的船只：海船、江船、商船、战船等等，这是荷兰人所以能够以低于他们邻国人的价格来运货的一个主要原因，因为他们能够为每种特定的贸易提供特定种类的船只。"（同上，第179—180页）

此外，从配第的下面这些话里可以听到完全是斯密的调子：

> "如果向工业家等人收税，以便把货币供给那些按其职业来说一般不生产物质品即对社会有实际效用和价值的物品的人们，那么社会的财富就会减少。至于使精神得到消遣和恢复的活动，则又当别论，这些活动只要利用得当，就会使人能够并愿意去做本身具有更重要意义的事情。"（同上，第198页）"当计算好需要多少人从事生产劳动之后，剩下来的人就可以安全地、对社会无害地被用来从事娱乐和装饰方面的技艺和工作，而其中最重大的，就是增进自然知识。"（同上，第199页）"工业的收益比农业多，而商业的收益又比工业多。"（同上，第172页）"一个海员相当于3个农民。"（第178页）

约翰·斯图亚特·穆勒先生在《略论政治经济学的某些有待解决的问题》（1844年伦敦版）一书中，也苦心研究生产劳动和非生产劳动的问题；但事实上他除了断言把劳动能力本身生产出来的那种劳动也是生产的以外，对斯密的（第二种）解释没有增添什么东西。

> "享受的源泉可以积累和积蓄，享受本身却不能这样。一国的财富由该国拥有的物质的或非物质的耐久的享受源泉的总和构成。用来增加或保存这些耐久的源泉的劳动或开支，都应称为生产的。"（同上，第82页）"机械师或纺纱者在学习手艺时所消费的东西，是用于生产消费，换句话说，他们消费的目的，不是减少而是增加国内耐久的享受源泉，因为他们新创造的享受源泉，在数量上超过消费掉的数额。"（同上，第83页）

选自《马克思恩格斯全集》第33卷，北京：人民出版社2004年版，第136—168页。

卡·马克思

政治经济学批判
（1861—1863年手稿）第三部分（节选）

（h）李嘉图

安德森关于"不是地租决定土地产品的**价格**，而是土地产品的**价格决定地租**"①的论点（在亚·斯密那里部分地也有这个论点），完全推翻了重农学派的学说。这样，地租的源泉就是农产品的**价格**，而不是农产品本身，也不是土地。因此，认为地租是农业的特殊生产率的产物，而这种生产率又是土地特殊肥力的产物的观点也就站不住脚了。因为，如果**同量劳动**用在特别肥沃的要素中，因而劳动本身的生产率也特别高，那么，结果只能是，这种劳动表现为较**大的产品量**，因而单个产品的价格较低，而决不会相反，即这种劳动的产品的**价格高于**实现了同量劳动的其他产品的价格，因而它的**价格**和其他商品不同，除了利润和工资以外，**还能提供地租**。（**亚·斯密**在考察地租的时候，起先用他原来的关于地租是剩余劳动的一部分的观点，反驳了，或者至少是否定了重农学派的观点，后来，部分地又回到重农学派的观点上去。）

布坎南用下面的话概述了重农学派观点被摒弃的情况：

"有人认为农业提供产品并从而提供地租，是因为自然在耕种土地的过程中和人类劳动一起发挥作用，这种观点纯粹是幻想。地租不是来源于产品，而是

---

① 见本卷第159页。——编者注

来源于产品出卖的价格；而这个价格的获得，不是因为自然协助了生产，而是因为这个价格能使消费适应于供给。"

重农学派的这个观点被摒弃了，——但是这个观点就其更深刻的意义来说是完全合理的，因为重农学派把地租看做是惟一的剩余，而把资本家和工人一齐都只看做地主的雇佣劳动者，——剩下可能存在的就只有下述几种观点：

[XI—523][第一，]认为**地租**来自农产品的**垄断价格**，而垄断价格又来自土地所有者对土地的**垄断**。① 按照这一观点，农产品的**价格**总是**高于其价值**。这里有一个**价格的附加额**，商品的价值规律为土地所有权的**垄断**所破坏。

地租所以来自农产品的**垄断价格**，是因为供给总是**低于**需求的水平，或者说，需求总是**高于**供给的水平。可是，为什么供给不会提高到需求的**水平**呢？为什么**追加**的供给不会使这种关系达到平衡，从而——按照这一理论——把**一切**地租取消呢？为了解释这一点，马尔萨斯一方面求助于臆造，说什么农产品直接为自己创造了消费者（关于这一点，以后评论他和李嘉图的论战时再谈），另一方面又求助于安德森的理论，说什么因为**追加的供给**耗费更多的劳动，所以农业的生产率降低。因此，这个观点就其不是根据纯粹臆造这一方面来说，是同李嘉图的理论一致的。这里也是**价格高于**价值，有一个附加额。

[第二，]**李嘉图的理论：没有绝对地租**，只有**级差地租**。这里也是提供地租的农产品的**价格高于**其个别价值，只要有地租存在，那就是由于有**农产品的价格超过其价值的余额**。不过在这里，这种价格超过价值的余额和一般的价值理论并不矛盾（虽然事实还是事实），因为在每一个生产领域内部，属于这个领域的商品的**价值**不是决定于商品的个别价值，而是决定于商品在该领域**一般**生产条件下所具有的**价值**。这里提供地租的产品的价格也是**垄断价格**，不过这种垄断在一切生产领域都有，它只是在这个生产领域才固定下来，因而采取了不同于超额利润的

---

① 见本卷第30页。——编者注

地租形式。这里，也是**需求超过供给**，或者也可以说，在原来的供给的价格由于需求超过供给而上涨以前，追加的需求不可能按原来供给的**价格**，由追加的供给来满足。这里，**地租（级差地租）的产生**也是由于**有价格超过价值的余额**，由于较好土地的产品的价格上涨到**高于其价值**，从而引起追加的供给。

[第三，]**地租只不过是投入土地的资本的利息**。① 这种观点和李嘉图的观点有一个共同的地方，就是否认**绝对地租**。在投入同量资本的不同地段提供数量不等的地租的情况下，它不得不承认**级差地租**。因此，实际上它可归结为李嘉图的观点，即某种土地不提供**地租**，凡是提供**本来意义的**地租的地方，提供的都是级差地租。但是这种观点绝对不能解释**没有投入任何**资本的土地的地租，瀑布、矿山等的地租。实际上，这种观点不过是**从资本主义的立场出发**，以**利息**为名，把地租从李嘉图的抨击下拯救出来的一种尝试。

最后［第四，］李嘉图认为，在不提供地租的土地上，产品的价格等于产品的价值，因为价值等于**平均价格**，即预付资本加平均利润。所以，李嘉图错误地认为，商品的价值等于商品的平均价格。如果这种错误的前提不能成立的话，那么绝对地租就是可能的，因为农产品的**价值**，如同其他所有商品中的一大类商品的价值一样，是**高于**它们的平均价格的，但是，由于土地所有权的存在，农产品的价值不会像其他这些商品那样平均化为平均价格。所以，这种观点同垄断论一起承认土地所有权本身和地租有关系；它同李嘉图一起承认有级差地租；最后，它认为价值规律决不会由于绝对地租而被违反。

———

李嘉图的出发点是商品的相对价值（或交换价值）决定于"**劳动量**"。（我们将在结束部分研究李嘉图使用"价值"一词的不同含义。贝利的批评就是以此为根据的，同时，李嘉图的**缺陷**也就在这里。②）

---

① 见本卷第30、153和158页。——编者注
② 见本卷第188—191页。——编者注

这种"劳动"的性质,并没有得到进一步研究。如果两种商品是等价物,或者说,它们在**一定的比例**上是等价物,或者也可以说,如果它们的量按 [XI—524] 它们各自包含的"**劳动**"量来说是**不相同的**,那也就很明显,在它们是交换价值的情况下,它们按其**实体**来说是相同的。它们的实体是劳动。所以它们是"价值"。根据它们各自包含的这种实体是多还是少,它们的量是不同的。而这种劳动的形态——作为创造交换价值或表现为交换价值的劳动的特殊规定,——这种劳动的**性质**,**李嘉图并没有研究**。因此,李嘉图不了解**这种劳动同货币的**联系,也就是说,不了解这种劳动必定要表现为**货币**。所以,他完全不了解商品的交换价值决定于劳动时间和商品必然要发展到形成货币这两者之间的联系。他的错误的货币理论就是由此而来的。在他那里,从一开始就只谈论**价值量**,就是说,只谈论各个商品价值量之比等于生产这些商品所必需的劳动量之比。李嘉图是从这一点出发的。他明确指出,亚·斯密是他的出发点(第1章第1节)①。

李嘉图的方法是这样的:李嘉图从商品的价值量决定于劳动时间这个规定出发,然后**研究**其他经济关系是否同这个价值规定相**矛盾**,或者说,它们在多大的程度上使这个价值规定发生变形。人们一眼就可以看出这种方法的历史合理性,它在经济学史上的科学必然性,同时也可以看出它在科学上的不完备性,这种不完备性不仅表现在叙述的方式上(形式方面),而且导致错误的结论,因为这种方法跳过必要的中间环节,企图**直接**证明各种经济范畴相互一致。

这种研究方法从历史上看是合理的和必然的。在亚·斯密那里,政治经济学已发展为某种整体,它所包括的范围在一定程度上已经形成,因此,萨伊能够肤浅而系统地把它概述在一本教科书里。在斯密和李嘉图之间的这段时期,仅仅对生产劳动和非生产劳动、货币制度、人口论、土地所有权以及税收等个别问题作了一些研究。斯密本人非常天真地活动于不断的矛盾之中。一方面,他探索各种经济范畴的内在联系,

---

① 大·李嘉图《政治经济学和赋税原理》1821年伦敦第3版第1—12页。——编者注

或者说，资产阶级经济制度的隐蔽结构。另一方面，他又把在竞争现象中表面上所表现的那种联系，也就是在非科学的观察者眼中，同样在那些被实际卷入资产阶级生产过程并同这一过程有实际利害关系的人们眼中所表现的那种联系，与上述内在联系并列地提出来。这是两种理解方式，一种是深入研究资产阶级制度的内在联系，可以说是深入研究资产阶级制度的生理学，另一种则只是把生活过程中外部表现出来的东西，按照它表现出来的样子加以描写、分类、叙述并归入图式化的概念规定之中。这两种理解方式在斯密那里不仅安然并存，而且相互交错，不断自相矛盾。① 在斯密那里，这样做是有理由的（个别的专门的研究，如关于货币的研究除外），因为他的任务实际上是双重的。一方面，他试图深入研究资产阶级社会的内部生理学，另一方面，他试图既要部分地第一次描写这个社会外部表现出来的生活形式，描述它外部表现出来的联系，又要部分地为这些现象寻找术语和相应的理性概念，也就是说，部分地第一次在语言和思维过程中把它们再现出来。前一任务，同后一任务一样使他感到兴趣，因为两个任务是各自独立进行的，所以这里就出现了完全矛盾的表述方法：一种方法或多或少正确地表达了内在联系，另一种方法同样合理地，并且缺乏任何内在关系地，——和前一种理解方法没有任何联系地——表达了**外部表现出来的联系**。

斯密的后继者们，只要他们的观点不是从比较陈旧的、已被推翻的理解方法出发对斯密的反动，都能够在自己的专门研究和考察中毫无阻挡地前进，而且始终把亚·斯密作为自己的基础，不管他们是和斯密著作中的内在部分还是外在部分连结在一起，或者几乎总是把这两部分混在一起。但是，李嘉图终于在这些人中间出现了，他向科学大喝一声："站住！"资产阶级制度的生理学——对这个制度的内在有机联系和生活过程的理解——的基础、出发点，是**价值决定于劳动时间**这一规定。李嘉图从这一点出发，迫使科学抛弃原来的陈规旧套，要科学讲清楚：它所阐明和提出的其余范畴——生产关系和交往关

---

① 见本卷第 245—261 页。——编者注

系——和形态同这个基础、这个出发点适合或矛盾到什么程度；一般说来，只是反映、再现过程的表现形式的科学（因而这些表现本身），同资产阶级社会的内在联系即现实生理学所依据的，或者说成为它的出发点的那个基础适合到什么程度；一般说来，这个制度的表面运动和它的实际运动之间的矛盾是怎么回事。李嘉图在科学上的巨大[XI—525]历史意义也就在这里，因此，被李嘉图抽掉了立足点的庸俗的萨伊怒气冲冲地说：

"有人借口扩充它〈科学〉，把它推到真空里去了。"①

同这个科学功绩紧密联系着的是，李嘉图揭示并说明了阶级之间的经济对立——正如内在联系所表明的那样——这样一来，在经济学中，历史斗争和历史发展过程的根源被抓住了，并且被揭示出来了。所以，**凯里**——参看后面有关段落——给李嘉图加上了共产主义之父的罪名：

"李嘉图先生的体系是一个制造纷争的体系……整个体系具有挑动阶级之间和民族之间的仇恨的倾向……他的著作是那些企图用平分土地、战争和掠夺的手段来攫取政权的蛊惑者们的真正手册。"（亨·凯里《过去、现在和将来》1848年费城版第74—75页）

可见，李嘉图的研究方法，一方面具有科学的合理性和巨大的历史价值，另一方面，他的方法在科学上的缺陷也是很明显的，这一点将在后面详细说明。

李嘉图著作的非常奇特的、必然谬误的结构，也是由此而来。全书（第3版）共分32章。其中有14章论述**赋税**，因而只是理论原则的**运用**。第二十章《价值和财富，它们的特性》，无非是研究使用价值和交换价值的区别，因而是第一章《论价值》的补充。第二十四章《亚·斯密的地租学说》，以及第二十八章《论……黄金、谷物和劳动的比较价值》和第三十二章《马尔萨斯先生关于地租的见解》，不过是李嘉图

---

① 让·巴·萨伊《论政治经济学》1826年巴黎第5版第1卷第83—84页或1841年巴黎第6版第1卷第41页。——编者注

地租理论的补充，部分地是对这个理论的辩护，因而仅仅是论述地租的第二章和第三章的附录。第三十章《论需求和供给对价格的影响》不过是第四章《论自然价格和市场价格》的附录。而第十九章《论商业途径的突然变化》则是这一章的第二个附录。第三十一章《论机器》不过是第五章《论工资》和第六章《论利润》的附录。第七章《论对外贸易》和第二十五章《论殖民地贸易》，同论赋税的一章一样，仅仅是前面提出的原则的运用。第二十一章《积累对于利润和利息的影响》是论地租、利润和工资各章的附录。第二十六章《论总收入和纯收入》是论工资、利润和地租各章的附录。最后，第二十七章《论通货和银行》在这本书中完全是孤立的，它只是李嘉图在他较早的论货币的著作中提出的观点的进一步发挥，部分地是这些观点的修正。

可见，李嘉图的理论完全包含在他这部著作的前六章中。我说的这部著作的错误结构，就是指这一部分。另一部分（论货币的那部分除外）是实际运用、解释和补充，按其内容的性质来说是杂乱地放在那里的，根本不要求有什么结构。但是理论部分（前六章）的错误结构并不是偶然的，而是由李嘉图的研究方法本身和他给自己的研究提出的特定任务决定的。这种结构表现了这种研究方法本身在科学上的缺陷。

第一章是《论价值》。它又分为七节。第一节研究的其实是：**工资**是否同商品价值决定于商品所包含的劳动时间这一规定相**矛盾**？第三节是要证明：我称为不变资本的东西加入商品价值，是和价值规定**不**矛盾的，工资的提高或降低同样不会影响商品的价值。第四节研究的是：在机器和其他固定的、耐久的资本在不同生产领域以不同的比例加入总资本的情况下，它们的运用能在多大程度上改变交换价值决定于劳动时间这个规定。第五节研究的是：如果不同生产领域所使用的资本的耐久程度不等、周转时间不同，工资的提高或降低能在多大程度上改变价值决定于劳动时间这个规定。由此可见，在这第一章里不仅假定了**商品**的存在，——而在考察价值本身的时候是不应该作进一步的假定的，——而且假定了工资、资本、利润的存在，甚至，如我们将会看到的，还假定了一般利润率、由流通过程产生的资本的各种形式，以及"自然价格和市场价格"的区别的存在，这种区别在后面两章（《论地租》和《论矿山地租》）中甚至起着决定性的作用。

第二章《论地租》，[XI—526]——第三章《论矿山地租》只是第二章的补充，——依照李嘉图的研究进程，一开始又恰当地提出这样的问题：土地所有权和地租是否同商品价值决定于劳动时间这一规定相**矛盾**？

李嘉图在第二章《论地租》一开头就说："但尚待考察的是，对土地的占有以及由此而来的地租的产生，是否会引起商品相对价值的变动而不管生产商品所必需的劳动量如何。"（《政治经济学和赋税原理》1821年伦敦第3版第53页）

李嘉图为了进行这一研究，不仅顺便把"市场价格"和"实际价格"（价值的货币表现）的关系引进来，而且把整个资本主义生产以及他对工资和利润之间的关系的全部见解作为前提。因此，第四章《论自然价格和市场价格》、第五章《论工资》和第六章《论利润》所谈的东西，在头两章《论价值》和《论地租》（以及作为第二章附录的第三章）中不仅已经被当作前提，而且有了充分的发挥。在后面三章中，就它们所提出的**理论上的**新东西来说，只是在这里或那里堵塞漏洞，补充一些更确切的规定，其中大部分按理在第一章、第二章中本来就应当谈到。

可见，李嘉图的全部著作已经包括在它头两章里了。在这两章中，把发展了的资产阶级生产关系，因而也把被阐明的政治经济学范畴，同它们的原则即价值规定对质，查清它们同这个原则直接适合到什么程度，或者说，查清它们给商品的价值关系造成的表面偏差究竟是什么情况。李嘉图著作的这两章包含着他对以往政治经济学的全部批判，包含着同亚·斯密的贯串其全部著作的内在观察法和外在观察法之间的矛盾的断然决裂，而且通过这种批判同时得出了一些崭新的惊人结果。因此，这头两章给人以高度的理论享受，因为它们简明扼要地批判了那些连篇累牍、把人引入歧途的老观念，从分散的各种各样的现象中吸取并集中了最本质的东西，使整个资产阶级经济体系都从属于一个基本规律。这头两章由于其独创性、基本观点一致、简单、集中、深刻、新颖和洗炼而给人以理论上的满足，但是这种理论上的满足必然会在这本著作的进一步的阐述中消失。在那里，有的地方也会有个别独到的见解吸引住我们。但总的说来令人感到疲倦和乏味。进一步的阐述已经不再是思想的进一步发展了。这种阐述不是单调地、形式地把同一些原则运用于各种各样凭外表拿来的材料或者为这些原则进行辩护，就是单纯地重复或者补充；最多是在该书的最后部分有些地方作出某种引人注意的结论。

我们在批判李嘉图的时候，应该把他自己没有加以区别的东西区别开来。[第一，]是**他的剩余价值理论**，这个理论在他那里当然是存在的，虽然他没有把**剩余价值**确定下来，使之有别于它的特殊形式利润、地租、利息。第二，是他的**利润理论**。我们将从分析李嘉图的利润理论开始，虽然它不属于这一篇，而属于**第三篇**的历史附录。

首先还要稍微说明一下，李嘉图怎样把各种[不同的]"价值"规定混淆起来了。贝利反驳李嘉图，就是根据这一点。不过，这一点对我们来说也是重要的。①

李嘉图起先把价值称为"**交换价值**"，他和亚·斯密一起把价值规定为"**购买其他货物的能力**"。(《原理》第1页) 这是最初**表现出来**的交换价值。但是，接着他就谈到真正的价值规定：

"劳动所生产的各种商品的相对量，决定各种商品的现在的或过去的相对价值"。(同上，第9页)

这里所说的"相对价值"无非是由劳动时间决定的交换价值。但是**相对价值**也可能有另一种意义，就是说，我用另一种商品的使用价值来表现一种商品的交换价值，比如说，用咖啡的使用价值来表现糖的交换价值。

---

① 见本卷第188—191页。——编者注

"两种商品的相对价值发生变动,我们想知道是哪一种发生了变动。"(同上,第9页)

什么样的变动?这种"相对价值",李嘉图在后面也称为"**比较价值**"。(同上,第488页及以下几页)我们想知道是哪一种商品发生了"变动"。这就是前面称为相对价值的那种"价值"的变动。例如,1磅糖=2磅咖啡。后来1磅糖=4磅咖啡。我们想知道的"变动"在于:是糖的"**必要劳动时间**"变了呢,还是咖啡的"**必要劳动时间**"变了,是糖耗费的劳动时间比过去多一倍呢,还是咖啡耗费的劳动时间比过去少一半,生产这两种商品各自所必要的劳动时间的这两种"变动"中,是哪一种变动引起了它们的**交换比例**的变动?可见,糖或咖啡的这种"相对价值,或者说,比较价值"——它们交换的比例——不同于第一种意义的相对价值。在第一种意义上,糖的相对价值决定于[XI—527]一定劳动时间内能够生产出来的糖的量。在第二种场合,糖[和咖啡]的相对价值表示它们相互交换的比例,而这个比例的变动可能是咖啡或者糖的第一种意义的"相对价值"变动的结果。虽然它们的第一种意义的"相对价值"发生了变动,它们相互交换的比例可能**不变**。虽然生产糖和咖啡的劳动时间增加了一倍,或者减少了一半,1磅糖可能仍旧等于2磅咖啡。它们的**比较价值**(就是说,糖的交换价值用咖啡来表现,咖啡的交换价值用糖来表现)的**变动**,只有在它们的第一种意义的**相对价值**,即由劳动量决定的价值,**按不同的程度变动**,因而发生了**比较上**的变动的时候,才表现出来。绝对变动如果不改变原来的比例,就是说,如果变动的幅度一样,方向一致,就不会引起比较价值的任何变动,也不会引起这些商品的**货币价格**的任何变动,因为货币的价值即使发生变动,对它们两者也是按相同的程度变动的。因此,不论我是用这两种商品的使用价值来相互表现它们的价值,还是用它们的货币价格来表现它们的价值,用第三种商品的使用价值来表示这两者的价值,这些**相对**价值,或者说,**比较**价值,或者说,价格,仍旧不变,应该把这种相对价值的变动同商品的第一种意义的**相对价值**的变动区别开来,因为后者所表示的仅仅是生产商品**本身**所必需的,即**实现在商品本**

身中的劳动时间量的变动。因此，同第二种意义的相对价值（即一个商品的交换价值用另一个商品的使用价值或者用货币来实际表现）相比，第一种意义的**相对价值**就表现为"**绝对价值**"。所以，在李嘉图那里，也可以看到用"**绝对价值**"这一术语来表示第一种意义的相对价值。

如果在上述例子中1磅糖耗费的劳动时间仍然和过去一样多，那么它的第一种意义的"相对价值"就没有变动。如果咖啡耗费的劳动量减少一半，那么用咖啡来表现的糖的价值就发生变动，因为咖啡的第一种意义的"相对价值"变动了。可见，糖和咖啡的相对价值与它们的"绝对价值"是表现得不同的，而这种差别所以会表现出来，是因为比如说糖的比较价值同那些绝对价值保持**不变**的商品相比并没有变动。

"我希望引起读者注意的这个研究，涉及的是商品相对价值的变动的影响，而不是商品绝对价值的变动的影响。"（同上，第15页）

这种"绝对"价值，李嘉图在其他场合也称为"实际价值"，或直接称为"**价值**"。（例如第16页）

（请看贝利在下面这本书中对李嘉图的反驳：《对价值的本质、尺度和原因的批判研究，主要是论李嘉图先生及其信徒的著作》，《略论意见的形成和发表》一书的作者著，1825年伦敦版）（并见同一作者所著：《为〈威斯敏斯特评论〉杂志上一篇关于价值的论文给一位政治经济学家的信》1826年伦敦版。贝利的整个反驳部分地是围绕价值概念规定中这些不同方面的，这些不同方面在李嘉图那里并没有发挥，只是实际存在着，彼此交错着，而在其中贝利看到的只是"矛盾"。）第二，他的反驳是针对不同于**比较价值**（即第二种意义的相对价值）的"绝对价值"，或者说，"实际价值"的。

贝利在上述第一部著作中说："他们〈李嘉图及其信徒〉不是把价值看做两个东西之间的关系，而是把价值看做由一定量劳动产生的绝对的成果。"（同上，第30页）他们认为，"价值是某种内在的和绝对的东西"。（同上，第8页）

最后这个指责是由李嘉图说明问题的缺陷引起的，因为他完全不是从形式方面,从劳动作为价值实体所采取的一定形式方面来研究价值,而只是研究价值量,就是说,研究造成商品**价值量**差别的这种抽象一般的、并在这种形式上是社会的劳动的量。否则贝利就会看到,决不因为一切商品就它们是交换价值来说都只是社会劳动时间的**相对**表现,价值概念的相对性就取消了;贝利也就会明白,商品的相对性决不仅仅在于商品彼此交换的比例,而且在于所有商品同作为它们的实体的这种社会劳动的比例。

相反,后面我们将会看到,应该责备李嘉图的,倒是他经常忘记了这种"实际价值",或者说,"绝对价值",而只是念念不忘"相对价值",或者说,"比较价值"。

选自《马克思恩格斯全集》第34卷,北京:人民出版社2008年版,第178—191页。

[XI—543] 平均价格或费用价格和市场价格

李嘉图为了阐明级差地租,在**第二章《论地租》**中提出以下论点:

"一切商品,不论是制造业产品、矿产品还是土地产品,它们的交换价值始终不决定于只是享有特殊生产便利的人才具备的最有利条件下足以把它们生产出来的较小量劳动,而决定于没有这样的便利,也就是在最不利条件下继续进行生产的人所必须花在它们生产上的较大量劳动;这里说的最不利条件,是指为了把需要的产品量生产出来而必须在其中进行生产的那种最不利的条件。"

(第60—61页)

最后一句话不完全正确。"需要的产品量"不是一个固定的量。应当说:"一定价格界限内需要的一定产品量。如果价格上涨超过了这种界限,'需要的量'就会同需求一起减少。"

上述论点可以一般表达如下:商品——它是某个特殊生产领域的产品——的价值,决定于为生产这个生产领域的**全部**商品**量**即商品**总额**所需要的劳动，而不决定于这个生产领域内部单个资本家或雇主所需要的特殊劳动时间。这个特殊生产领域，比如说棉织业者的一般生产条件和一般劳动生产率，是这个领域即棉织业的平均生产条件和平均劳动生产率。因此，决定比如一码棉布价值的劳动量，并不是这码棉布中包含的、这个棉织业者花费在它上面的劳动量，而是出现在市场上的全体棉织业者生产一码棉布所花费的平均量。单个资本家，比如棉织业中的单个资本家，进行生产的特殊条件必然分为三类。有一类人是在**中等**条件下进行生产；这就是说，他们进行生产的个别生产条件同这个领域的**一般**生产条件一致。平均条件就是他们的**实际**条件。他们的劳动生产率处于平均水平。他们的商品的**个别**价值同这些商品的**一般**价值一致。如果他们比如把棉布按2先令一码即按它的平均价值出卖，那么，他们就是按照他们生产的各码棉布在实物形式上所代表的**价值**出卖棉布。第二类人进行生产的条件比平均条件**好**。他们的商品的**个别**价值**低于**同种商品的一般价值。如果他们按这种一般价值出卖自己的商品，他们就是把自己的商品卖得**高于**它们的个别价值。最后，第三类人是在**低于**平均生产条件的条件下进行生产。

前面已经说过，这个特殊生产领域的"需要的产品量"不是一个固定的量。如果商品价值超过平均价值的一定界限，"需要的产品量"就会减少，或者说，这个量只有按照某种价格或者至少是在一定价格的界限内才是需要的。因此，最后一类人也有可能不得**不低于**自己商品的个别价值出卖商品，正如条件最好的那一类人总是**高于**自己商品的个别价值出卖商品一样。这几类中究竟由哪一类最后确定平均价值，正是取决于这几类的数量或数量的比例关系。如果中等的一类在数量上占很大优势，那就由它确定平均价值。如果这一类数量少，而在**低于平均条件**的条件下生产的那一类数量大，占了优势，那就由这后一类确定这个领域的产品的一般价值，虽然这还决不是说，甚至很少可能，恰好由这一类中**条件最不利**的单个资本家来决定（见柯贝特的著作）。

但是我们把这一点撇开不谈。一般的结果是：这一类的产品具有的**一般**价值，对所有这种产品都是**相同的**，不管它对每一个别商品的个别价值的比例如何。这种**共同的**价值,就是这些商品的**市场价值**,就是它们进入市场时具有的价值。这种市场价值用货币表现出来就是**市场价格**,正如价值用货币表现出来就是价格一样。实际的市场价格,有时高于这种市场价值,有时低于这种市场价值,只是偶然同市场价值一致。但是在一定时期内,波动会互相抵消,因此可以说,实际市场价格的平均数,就是表现**市场价值**的**市场价格**。不管实际市场价格在当时**按其大小来说**,从**数量**来说是否同这种市场价值一致,实际市场价格总是同市场价值有一个共同的**质的**规定,即同一生产领域的所有在市场上的商品(自然假定它们的质是相同的)都具有**同一**价格,或者说,它们实际上代表这个领域的商品的**一般价值**。

[XI—544] 因此,李嘉图为他的地租理论提出的上述论点,被他的门徒作了这样的表述:在一个市场上不可能同时存在**两种不同的市场价格**,或者说,同时出现在市场上的**同一种**产品具有**同一价格**,或者说,——因为这里我们可以把这种价格的偶然性撇开不谈,——具有同**一市场价值**。

于是,竞争——部分地是资本家之间的竞争,部分地是商品的买者同资本家的竞争以及商品的买者之间的竞争——在这里就导致这样的结果:某一特殊生产领域的每一个别商品的价值决定于**这一特殊社会生产领域的商品总量**所需要的社会劳动时间总量,而不决定于**个别商品的个别价值**,换句话说,不决定于个别商品的特殊生产者和卖者为这一个别商品花费的劳动时间。

但是,从这里自然就会得出结论:属于第一类的、生产条件比平均生产条件有利的资本家,在所有情况下都会赚得一种超额利润,就是说,他们的利润会**超过**这个领域的一般利润率。因此,竞争并不是通过把一个特殊生产领域**内部的各种利润平均化**的办法来确立**市场价值**或**市场价格**。([市场价值和市场价格之间的]这种差别对这里的研究没有意义,因为不管市场价格和市场价值的关系如何,生产条件的差别以及由此产生的不同利润率,对**同一**领域的各个资本家来说是始终存在的。)**相反**,竞争在这里正是通过容许各个**个别利润之间的差别**,即各个资本家的利润之间的差别，通过容许各个个别利润对该领域**平均利润率的偏离**，把**不同的个别价值**平均化为同一的、**相等的**、**没有差别的市场价值**。竞争甚至通过为那些在有利程度不同的生产条件下，因而在劳动生产率不同的条件下生产出来，因此代表个别的、**不等量的劳动时间**的商品确立**同一的市场价值**，来造成这种偏离。在比较有利的条件下生产出来的商品，同在比较不利的条件下生产出来的商品相比，**包含**的劳动时间较少，可是却按同一价格出卖，具有同一价值，就好像它包含了它并不包含的同一劳动时间。

李嘉图为了建立他的地租理论，需要两个论点，这两个论点表达的不仅**不是**竞争的**同一种**作用，而且是竞争的**相反的**作用。第一个论点是，同一领域的产品按**同一市场价值**出卖，因而竞争强制造成**不同的利润率**，即造成对一般利润率的偏离。第二个论点是，对一切投资来说，**利润率都必须是相同的**，或者说，竞争造成**一般利润率**。第一个规律适用于投入**同一生产领域**的不同的独立资本。第二个规律适用于投入**不同生产领域**的资本。竞争通过它的第一种作用造成**市场价值**，即为同一生产领域的商品造成**同一价值**，虽然这同一价值必然要产生**不同的利润**；因此，竞争**不顾不同的利润率**，或者不如说，**利用不同的利润率**，通过它的第一种作用造成同一价值。竞争通过它的第二种作用（不过，第二种作用是以另一种方式实现的；这是**不同领域**的资本家之间的竞争，它使资本从一个领域转移到另一个领域，而前面所说的那种竞争，只要不是在买者之间进行，则是发生在**同一领域**的各个资本之间），造成**费用价格**，即造成不同生产领域的**同一利润率**，虽然这同一利润率与价值不等的情况相矛盾，因而只有通过**不同于价值的价格**才能造成。

既然李嘉图为了建立他的地租理论需要这两者，既需要**在利润率不等的情况下的相等价值或价格**，又需要在**价值不等的情况下的相等利润率**，那么非常令人奇怪的是，他竟没有觉察到这个双重的规定，甚至在他专门论述**市场价格**的那一部分即第四章《论自然价格和市场价格》

中,也完全没有论述**市场价格**或**市场价值**,尽管在前面引用的那段话①中,他还是把市场价格或市场价值作为基础,来说明**级差地租**,即结晶为地租的超额利润。[XI—545] 相反,他在这里只是说明**不同生产领域的价格**归结为**费用价格**或者说**平均价格**,也就是说,只是说明不同生产领域的市场价值的相互关系,却没有说明每个特殊领域的市场价值的形成过程,而没有这个形成过程,就根本不存在市场价值。

每个特殊生产领域的**市场价值**,因而,每个特殊领域的**市场价格**(如果市场价格符合"**自然价格**",就是说,它只是用货币把价值表现出来),都会提供极不相同的利润率,因为**不同生产领域的等量资本**(完全撇开这些资本的不同流通过程产生的差别不谈)使用不变资本和可变资本的比例极不相同,所以它们提供的剩余价值,从而它们提供的利润,也就极不相等。因此,不同市场价值的这种平均化,只有通过**市场价值**转化为不同于实际价值的**费用价格**才有可能,这种平均化的结果是,在不同领域确立**相同的**利润率,使等量资本提供相等的平均利润。

剩余价值率在不同生产领域中可能并不平均化(例如由于劳动时间的长度不等)。并**不因为剩余价值本身会平均化,剩余价值率**就**必然要**平均化。

竞争在**同一**生产领域所起的作用是:使**这一领域生产的商品的价值**决定于这个领域中平均需要的劳动时间;从而确立**市场价值**。竞争在**不同生产领域之间**所起的作用是:把不同的市场价值平均化为代表不同于实际市场价值的**费用价格**的市场价格,从而在**不同领域确立同一的一般利润率**。因此,在这第二种情况下,竞争决不是使商品价格去适应商品价值,而是相反,使商品价值归结为不同于商品价值的费用价格,取消商品价值同费用价格之间的差别。

李嘉图在第四章考察的只是后面这种运动,而且他十分奇怪地把它看成是商品价格——通过竞争——还原为商品价值的运动,看成是"市场价格"(不同于价值的价格)还原为"自然价格"(用货币表现出来

---

① 见本卷第 225 页。——编者注

的价值）的运动。其实，这个谬误，是由在第一章《论价值》中已经犯下的把费用价格和价值等同起来的错误①造成的，而后面这个错误的产生，又是因为李嘉图在他只需要阐明"价值"的地方，就是说，在他面前还只有"**商品**"的地方，就把**一般利润率**以及由比较发达的资本主义生产关系产生的一切前提全都拉扯进来。

因此，李嘉图在第四章所遵循的全部思路也是极其肤浅的。他的出发点是由变动的供求关系引起的商品"价格的偶然和暂时的变动"（第80页）。

"随着价格的上涨或下跌，利润就提高到它的一般水平之上或下降到它的一般水平之下，于是资本或者被鼓励转入那个发生这种变动的个别行业，或者被警告要退出这一行业。"（第80页）

这里已经假定有一个不同生产领域之间的、"个别行业"之间的**利润的一般水平**。然而首先应当考察的是，同一行业中**价格的一般水平**和不同行业之间**利润的一般水平**是如何确立的。这样，李嘉图就会看到，后一种活动已经以资本的不断来回交叉游动为前提，或者说，以由竞争决定的、**全部社会资本在不同投资领域之间的分配**为前提。既然已经假定，在不同领域中市场价值或者说平均市场价格归结为提供同一平均利润率的**费用价格**〔但这种情况只是在没有土地所有权干预的领域才会发生，在有土地所有权干预的领域，同一领域内部的竞争会使价格化为价值，使价值化为市场价值，但不会使后者降到费用价格〕，——既然已经假定了这一点，那么某些特殊领域中发生的市场价格对费用价格的经常偏离，即高于或低于费用价格的情况，就会引起社会资本的新的转移和新的分配。第一种转移的发生是为了确立不同于**价值的费用价格**；第二种转移是为了在市场价格高于或低于费用价格的时候使**实际市场价格**同费用价格趋于一致。一种是价值转化为费用价格。第二种是不同领域中实际的［XI—546］偶然的市场价

---

① 见本卷第220页。——编者注

格围绕费用价格旋转，费用价格现在表现为"**自然价格**"，虽然它不同于价值，它只是社会活动的结果。

李嘉图考察的正是后面这种比较表面的运动，他有时不自觉地把这种运动同另一种运动混淆起来。这两种运动自然是由"同一个原则"引起的，这个原则就是：

"每一个人都可以随意把自己的资本投在他所喜欢的地方……他自然要为自己的资本找一个最有利的行业；如果把资本转移一下能够得到15%的利润，他自然不会满足于10%的利润。一切资本家都想放弃利润较低的行业而转入利润较高的行业的这种不会止息的愿望，产生一种强烈的趋势，就是使大家的利润率平均化，或者把大家的利润固定在当事人看来可以抵消一方所享有的或看来享有的超过另一方的利益的那种比例上。"（第81页）

这种趋势促使社会劳动时间总量按社会需要**在不同生产领域之间**进行分配。同时，不同领域的价值由此转化为费用价格，另一方面，各特殊领域的实际价格对费用价格的偏离也被拉平了。

这一切都来自亚·斯密。李嘉图自己说：

"如果一种行业生产的商品不能用自己的价格抵补把它们生产出来并运到市场的全部费用（包括普通利润在内）〈也就是不能补偿**费用价格**〉，资本就有离开这个部门的趋势，关于这一点，再没有一个著作家比斯密博士说得更令人满意、更精辟的了。"（第342页注）

李嘉图的错误，总的说来是由于他在这里**不加批判地**对待亚·斯密而产生的，而他的功绩则在于更详细地说明了资本从一个领域到另一个领域的这种转移，或者不如说，更详细地说明了这种转移借以进行的运动方式。但是，他能做到这一点，只是因为信用制度在他那个时代比在斯密时代更加发达了。李嘉图说：

"要追溯这种变化借以实现的步骤或许是非常困难的；它可能通过一个制造业者并不完全改变他的行业，而只是减少他在该行业中的投资的方式来实现。在一切富裕的国家中，都有一定数目的人，形成所谓金融阶级；〈罗雪尔在这里又可以看到，英国人所谓的'金融阶级'是指什么。'金融阶级'和'社会上有企业精神的人'在这里是完全对立的。)① 这些人不从事任何行业,而把他们的货币用于期票贴现或者借给社会上更有企业精神的人,依靠这种货币的利息生活。银行家也把大量资本用于同样的目的。这样使用的资本形成巨额的流动资本,全国各行业或多或少都使用它。一个制造业者不论怎样富有,大概也不会把他的营业限制在仅仅他自己的资金所容许的范围以内,他会经常使用这种流动资本的一部分,这部分资本的增减取决于对他的商品的需求的强弱。当对丝绸的需求增加而对呢绒的需求减少的时候,毛织业者并不会把他的资本转到丝绸业中去,而是解雇一部分工人,不再向银行家和货币所有者借款;丝绸业者的情况则相反,他会借更多的货币,于是资本就从一个行业转到另一个行业,而制造业者不必中断他通常经营的行业。如果我们观察一个大城市的市场,看到在所有由于嗜好改变或人口数量变动而需求发生变化的情况下,市场上国内外商品都能按需要的数量有规则地得到供应,既不会常常因供给过多而发生过剩的现象,也不会常常因供不应求而造成物价腾贵,我们就必须承认,在一切行业之间恰好按其需要的数量分配资本的原则所起的作用,比一般设想的还大。"(第〔81〕—82页)

由此可见,正是**信用**促使每个生产领域不是按照这个领域的资本家自有资本的数额,而是按照他们生产的需要,去支配整个资本家阶级的资本,——而在竞争中单个资本对于别的资本来说是独立地出现的。这种信用既是资本主义生产的结果,又是资本主义生产的条件,这样我们就看到了从**各资本的竞争巧妙地过渡到作为信用的资本**。

李嘉图在第四章开头说,他所谓的**自然价格**,是指商品的**价值**,也就是指由商品的相对劳动时间决定的**价格**,而他所谓的**市场价格**,是指对这种等于"价值"的"自然价格"的偶然和暂时的偏离。[XI—547]但是,在这一章以后的全部行文中——甚至说得很明确——他所谓的**自然价格**,是指完全不同的东西,就是说,指不同于价值的**费用价格**。因此,他不去说明竞争怎样使价值转化为费用价格,从而造成对价值的经常偏离,却按照亚·斯密那样说明,竞争怎样使不同行业的市场价格在它们的相互关系中归结为费用价格。

---

① 参看本卷第134页。——编者注

第四章开头这样说：

"如果我们把劳动作为商品价值的基础，把生产商品所必需的相对劳动量作为确定商品相互交换时各自必须付出的相应商品量的尺度，那么人们不要以为我们这是否定商品的实际价格或者说市场价格对商品的这种原始自然价格的偶然和暂时的偏离。"（第80页）

可见，在这里**自然价格**等于**价值**，而市场价格无非是实际价格对价值的偏离。

相反：

"我们假定一切商品都按其自然价格出卖，因而资本的利润率在所有行业完全相同，或者只有这样一点差别，这种差别在当事人看来是与他们所享有或放弃的任何现实的或想像的利益一致的。"（第83页）

可见，在这里**自然价格**等于**费用价格**，也就是等于这样的价格，在其中，利润对商品所包含的预付的比率是同一比率，尽管不同行业的资本生产的商品的等量**价值**包含极**不相等的**剩余价值，因而包含**不相等的利润**。因此，价格要提供同一利润，就必须不同于商品的价值。另一方面，由于加入商品的那部分固定资本大小不同，等量资本生产的**商品的价值也是极不相等的**。但是关于这一点，到考察资本流通时再谈。

所以，李嘉图所谓的竞争的平均化作用，不过是指实际价格，或者说，实际市场价格围绕**费用价格**，或者说，围绕不同于**价值的自然价格**而波动，是指不同行业中的市场价格平均化为一般费用价格，也就是恰恰平均化为不同于各个行业的实际价值的价格：

"所以，正是每一个资本家都想把资金从利润较低的行业转移到利润较高的行业的这种愿望，使商品的市场价格不致长期大大高于或大大低于商品的自然价格。正是这种竞争会这样调节商品的交换价值〔也调节商品的**不同的实际价值**〕，以致在支付生产商品所必需的劳动的工资和其他一切为维持所使用的资本的原有效率所需要的费用之后剩下来的价值即价值余额，在每个行业中都同使用的资本的价值成比例。"（第84页）

情况确实如此。竞争会这样调节不同行业的价格，以致**剩下来的价值即价值余额**，也就是利润，**同使用的资本的价值**相适应，而不是同商品的实际价值相适应，不是同商品在扣除费用以后所包含的实际的价值余额相适应。要实现这种调节，一种商品的价格就必须上涨到它的实际价值以上，而另一种商品的价格则必须下降到它的实际价值以下。竞争迫使不同行业的市场价格不是围绕商品的价值旋转，而是围绕商品的费用价格即商品中包含的费用加一般利润率旋转。

李嘉图接着说道：

"在《国富论》第七章，对于同这个问题有关的一切都作了极为出色的论述。"（第84页）

的确如此。正是由于不加批判地相信斯密的传统，李嘉图在这里走上了歧途。

李嘉图跟平常一样在结束这一章时说，在以后的研究中他将"完全不考虑"（第85页）市场价格对费用价格的偶然偏离，但是他忽略了一点，就是他根本没有注意到市场价格在同费用价格相一致的条件下对商品的实际价值的**经常**偏离，并且用费用价格代替了价值。

第三十章《论需求和供给对价格的影响》。

李嘉图在这里维护这样一个论点：持久的价格决定于**费用价格**，而不决定于**需求和供给**，因此，只是由于商品价值决定费用价格，持久的价格才决定于商品**价值**。假定商品的价格经过调节，都提供10%的利润，那么，商品价格的任何持久的变动都将决定于商品价值的变动，决定于生产商品所需要的劳动时间的变动。正如这种价值继续决定一般利润率一样，它的变动也继续决定费用价格的变动，尽管这肯定**不会取消这种费用价格和价值之间的差额**。取消的只是超出这一差额的东西，因为价值和实际价格之间的差额不应［XI—548］大于**一般利润率造成的费用价格和价值之间的差额**。随着商品的价值的变动，商品的费用价格也发生变动。于是便形成"**新的自然价格**"（第460页）。例如，一个工人过去生产10顶帽子，现在用同样的时间能够生产20顶，如果工资占帽子的费用的一半，那么，20 顶帽子的费用即生产费用，就其由工资组成的部分来看，是降低了一半。因为现在为生产 20 顶帽子支付的工资，同过去为生产 10 顶帽子支付的一样多。因此，每一顶帽子中现在只包含以前工资费用的一半。如果制帽业者按以前的价格出卖帽子，他的帽子就会卖得高于费用价格。如果过去利润是 10%（假定制造一定数量的帽子所必需的支出中，原来有 50 用于原料等等，50 用于劳动），那么现在利润就是 $46\frac{2}{3}\%$。现在支出中有 50 用于原料等等，25 用于工资。如果商品按以前的价格出卖，那么现在利润就是 $\frac{7}{15}$，即 $46\frac{2}{3}\%$。因此，由于价值降低，新的自然价格就会下跌，直到价格只提供 10% 的利润为止。价值降低，或者说，生产商品所必需的劳动时间减少，表现为**同量**商品所耗费的劳动时间减少，也就是耗费的**有酬劳动时间**减少，花费的**工资**减少，因而费用，为生产**每一单个**商品按比例支付的工资（**按量来说；这并不以工资率的下降为前提**），也就下降。

当价值变动发生在制帽过程本身时，就会出现这种情况。如果价值变动发生在原料或劳动工具上，这种变动在这些领域中同样表现为生产一定量产品所必需的工资费用减少，而对制帽业者来说，则表现为他在不变资本上花费的钱减少。

费用价格，或者说，"**自然价格**"（它同"自然"毫无关系）由于商品**价值**变动——这里是降低——可能双重地降低：

［第一，］如果生产一定量商品所支出的工资由于生产该一定量商品所花费的劳动（包括有酬劳动和无酬劳动）的绝对量减少而减少；

第二，如果由于劳动生产率提高或降低（两种情况都可能发生：一种是在可变资本同不变资本相比减少的时候；另一种是在工资由于生活资料涨价而提高的时候），剩余价值和商品价值之比，或者说，剩余价值和商品中包含的劳动的价值之比发生变动，因而利润率提高或降低，整个劳动量的分配发生变动。

在后一种场合，生产价格即费用价格只能根据劳动价值的变动对它们发生影响的程度来变动。在前一种场合，劳动价值保持不变。在后一种场合，变动的不是商品的**价值**，而只是［必要］劳动和剩余劳动之间的分配。可是在这种场合，［劳动］生产率，因而**每一单个**商品的价值，仍然会发生变动。同一资本在一种场合生产的商品将比从前多，在另一种场合生产的商品将比从前少。资本借以表现的商品总量仍然具有**同样的价值**，但是**单个商品**的价值却和以前不同。虽然工资的价值并不决定商品的价值，但是（加入工人消费的）商品的价值却决定工资的价值。

既然不同行业商品的费用价格是既定的，这些费用价格就随着商品价值的变动而彼此相对地上涨或下跌。如果劳动生产率提高，生产**一定商品**所需要的劳动时间减少，因而商品的**价值降低**——不管生产率的这一变动是发生在最后使用的劳动上，还是发生在该商品的不变资本上，——这种商品的费用价格就必然要相应地下跌。**用于这种商品的劳动的绝对量**减少了，因而这种商品包含的有酬劳动量，花费在这种商品上的工资量也减少了，即使工资率保持不变。如果商品按其原来的费用价格出卖，它提供的利润就会高于一般利润率，因为以前按较大的支出计算，这个利润是10%。所以现在按减少了的支出计算，利润就会大于10%。相反，如果劳动生产率降低，商品的实际价值就提高。如果利润率是既定的，或者同样可以说，如果费用价格是既定的，那么，费用价格的相对提高或降低，就取决于商品实际价值的提高或降低，取决于商品实际价值的变动。由于这种变动，新的费用价格，或者像李嘉图仿照斯密所说的"新的自然价格"，就代替旧的价格。

在刚才引用过的第三十章里，李嘉图甚至在名称上也把自然价格（即费用价格）和自然价值（即由劳动时间决定的价值）等同起来了：

> "它们的价格〈垄断商品的价格〉同它们的自然价值并没有必然的联系；但是，受竞争影响……的商品的价格，最后都……取决于它们的生产费用。"（第465页）

可见，这里把费用价格，或者说，自然价格直接［XI—549］和**"自然价值"**即**"价值"**等同起来了。

这种混乱说明了，为什么李嘉图以后的一批家伙，和萨伊本人一样①，能把"生产费用"当作价格的最后调节者，而对劳动时间决定价值这一规定却毫无所知，甚至在坚持"生产费用"的同时直接否定这一规定。②

李嘉图的这整个错误和由此而来的对地租等的错误论述，以及关于**利润率**等的错误规律，都是由于他没有区分**剩余价值**和**利润**而造成的，总之，是由于他像其余的政治经济学家那样粗暴地、缺乏理解地对待**形式规定**而造成的。李嘉图怎样被斯密俘虏，从下文就可以看出。

关于亚·斯密，首先应当指出，他也认为：

"总是有……一些商品，它们的价格只分解为两部分，即工资和资本的利润。"（［亚·斯密《国民财富的性质和原因的研究》1802年法文版］第1卷第1篇第6章第103页）

因此，在这里可以完全不去注意［斯密］同李嘉图的**这个**差别。

斯密起先阐述了一个观点，认为交换价值归结为一定量的劳动，交换价值中包含的价值，在扣除原料等之后，分解为付给工人报酬的劳动和不付给工人报酬的劳动，而后面这种不付给报酬的部分又分解为利润和地租（利润又可以分解为利润和利息），——在此以后，他突然来了一个大转变，不是把交换价值分解为工资、利润和地租，而是相反，把工资、利润和地租说成是交换价值的各个构成者，硬把它们当作独立的交换价值来构成产品的交换价值，认为商品的交换价值是由不依赖于它而独立决定的工资价值、利润价值和地租价值构成的。价值不是它们的源泉，它们倒成了价值的源泉。

"**工资、利润和地租**，是一切收入的三个原始源泉，也是一切交换价值的三个原始源泉。"（同上，第105页）

---

① 见让·巴·萨伊《论政治经济学，或略论财富是怎样产生、分配和消费的》1814年巴黎第2版第2卷第26页。——编者注

② 参看本卷第533页。——编者注

斯密在阐述了内在联系之后，突然又被表面现象所迷惑，被**竞争中表现出来的事物联系**所迷惑，而在竞争中，一切总是表现为颠倒的、头足倒置的。

斯密正是从这个颠倒了的出发点来阐明"商品的**自然价格**"同商品的"**市场价格**"之间的区别的。李嘉图接受了斯密的这个观点，但是他忘记了，按照斯密的前提，斯密的"自然价格"只不过是由竞争而产生的**费用价格**，而在斯密本人的著作中，只有当斯密忘记了他自己的比较深刻的观点，仍然保持从表面的**外观**中得出来的，认为商品的交换价值是由独立决定的工资价值、利润价值和地租价值合成的错误观点的时候，这个费用价格才和商品的"**价值**"等同。李嘉图处处都反对这一观点，但是他又接受了亚·斯密在**这一观点**的基础上产生的，把**交换价值**同**费用价格**或**自然价格**混淆起来，或者说，等同起来的看法。这种混淆在斯密那里还可以说得过去，因为他对**自然价格**的全部研究是从他对**价值**的第二个观点即错误的观点**出发**的。而在李嘉图那里就毫无道理了，因为他在任何地方也没有接受斯密的这一错误观点，相反，他认为它前后矛盾而专门加以驳斥。但是，斯密又用**自然价格**把李嘉图引入了迷途。

斯密用不依赖于商品价值而独立决定的**工资价值**、**利润价值**和**地租价值构成**商品价值之后，接着就给自己提出了一个问题：这些要素的价值又是怎样决定的呢？这里斯密是从竞争中呈现出来的现象出发的。

第一篇第七章《论商品的自然价格和市场价格》。

"在任何社会或任何地方，工资、利润、地租**都有一种普通率**，或者说，**平均率**。"（同上，第1卷第110页）这种"平均率对于它所通行的时间和地方来说可以称为工资、利润和地租的**自然率**"。（第110—111页）"如果一种商品的**价格**恰好足够按**自然**率支付地租、工资和利润，这种商品就是按照它的**自然价格**出卖。"（第111页）

这样一来，这种自然价格就是商品的**费用价格**，而费用价格就和商品的**价值**等同起来了，因为已经假定，商品的价值是由工资价值、利润价值和地租价值构成的。

"商品［XI—550］在这种情况下恰好是按其所值出卖〈这时商品是按其**价值**出卖〉，或者说〈或者说〉，按照把商品带到市场上的人的实际花费出卖〈对于把商品带到市场上的人来说，是按商品的价值，或者说，费用价格出卖〉，因为，虽然照普通的说法，在谈到商品的原初的费用时，其中不包括出卖自己生产的商品的人的利润，但是，如果他按照不能按当地的普通率给他提供利润的价格出卖自己的商品，他的营业显然就要受到损失，因为他如果以其他某种方式使用自己的资本，是能够获得这一利润的。"（第111页）

在这里，我们看到了"自然价格"产生的全部历史以及同它完全相适应的语言和逻辑。因为在斯密看来，商品的价值是由工资、利润和地租的价格构成的，而工资、利润和地租的真正价值又是在它们处于自己的**自然率**的情况下构成的，所以很明显，**商品**的价值和商品的**费用价格**是等同的，而商品的费用价格又是和商品的**自然价格**等同的。利润水平即利润率，以及工资率，都被假定为事先**既定的**。对于费用价格的**形成**来说，它们确实是既定的。它们是费用价格的**前提**。因此，它们对单个资本家来说也表现为既定的。至于它们怎样产生，在什么地方产生和为什么产生，资本家是不关心的。斯密在这里是站到确定自己商品的费用价格的单个资本家即资本主义生产当事人的立场上去了。工资等等花费多少，一般利润率是多少。**因此**：在这个资本家**看来**，确定商品**费用价格**的程序，或者，在他进一步看来，确定商品**价值**的程序就是这样，因为他也知道，市场价格有时高于这种费用价格，有时低于这种费用价格；所以在资本家看来，这种费用价格就是商品的理想价格，就是不同于商品价格波动的商品的绝对价格，一句话，就是商品的**价值**，只要资本家有时间去思考这类事情，他就会这样认识。由于斯密置身于竞争的中心，他立即就开始按照受这个领域局限的资本家所特有的逻辑发议论。他反驳说，在日常生活中，**费用**不是指卖者所赚得（并且必然是超过他的支出的余额）的**利润**；你为什么把利润算在费用价格之内呢？亚·斯密同被提出这一问题的深思熟虑的资本家一起，作了如下的回答：

利润一般必须加入费用价格，因为，即使加入费用价格的利润**只有** 9%而不是10%，我也是受骗了。

斯密天真地一方面表述了资本主义生产当事人的想法，完全按照这种当事人所看到和所设想的样子，按照事物决定这种当事人的实践活动的情况，按照事物实际上呈现出来的样子，来描绘事物，另一方面，在有些地方也揭示了更为深刻的联系，——斯密的这种天真使他的著作具有巨大的魅力。

这里也可以看出，为什么斯密——尽管在这一问题上内心有很大的犹豫——把商品的价值只分解为地租、利润和工资，而略去了不变资本，尽管他自然也承认"单个"资本家的不变资本。因为不然的话，他就必须说商品的价值是由工资、利润、地租以及不由工资、利润、地租构成的那个商品价值部分构成的了。这样一来，就必须离开工资、利润和地租来确定价值了。

如果除了补偿平均工资等等的支出以外，商品的价格还提供平均利润，而在支出数包括地租的情况下，还提供平均地租，那么，商品就是**按其自然价格**，或者说，**费用价格**出卖，而且商品的费用价格就等于商品的**价值**，因为在斯密看来，商品的价值无非是工资、利润和地租的自然价值的总和。

[XI—551] 此外，斯密既然已经站在竞争的立场上，并且**假定了**利润率等是**既定的**，他也就正确地阐述了**自然价格**，或者说，**费用价格**，也就是不同于市场价格的那种费用价格。

"**自然价格**，**或者说**，使它〈商品〉进入市场所必须支付的地租、利润和工资的全部**价值**"。（同上，第112页）

商品的这种费用价格是和它的**实际价格**，或者说，**市场价格**不同的。（第112页）后者取决于需求和供给。

商品的**生产费用**，或者说，商品的**费用价格**，恰好是

"使这一商品进入市场所必须支付的地租、工资和利润的全部价值"。[（同

上，第1卷第113页）]

如果供求一致，市场价格就等于自然价格。

"如果进入市场的数量恰好足够满足实际需求而不超出这一限度，那么，**市场价格**当然就会和**自然价格**完全一致……"（同上，第1卷第114页）"因此，**自然价格**可以说是一个中心点，一切商品的价格都不断趋向这个中心点。各种偶然的情况有时会使商品的价格在某一时期内高于这一价格，而有时又会使它略低于这一价格。"（同上，第1卷第116页）

于是，斯密由此得出结论说，总的说来

"为了使某种商品进入市场而在一年内使用的勤劳总量"，将同社会的需要，或者说，"实际的需求"相适应。（第117页）

李嘉图所谓的总资本在各行业之间的分配，在这里还是以生产"某种**特定**商品"所必需的"劳动"这一比较素朴的形式出现的。**同一种商品的各个卖者之间的价格平均化**为**市场价格**，以及**各种不同商品的市场价格平均化**为费用价格，这两种情况在这里还是杂乱地相互交错在一起的。

在这里，斯密只是完全偶然地谈到商品实际价值的变动对自然价格，或者说，费用价格的影响。

他是这样说的：

在农业中"同量劳动在不同的年份会生产出极不相同的商品量，而在另一些行业中，同量劳动总是会生产出同量或差不多同量的商品。在农业中，同一数量的工人在不同的年份会生产出数量极不相同的谷物、酒、植物油、啤酒花等等。但是同一数目的纺纱工人和织布工人每年会生产出同量或差不多同量的麻布或呢绒……在其他行业〈非农业〉中同量劳动的产品总是相同的或者差不多相同的〈就是说，只要生产条件**相同**〉，产品能更加准确地适应实际的需求"。（第117—118页）

在这里，斯密看到了，"同量劳动"的生产率的单纯变动，从而，商品的实际价值的变动，会使费用价格发生变动。可是，他由于把整个问题归结为供求关系,又把这一点庸俗化了。根据他自己的论断,他对这一问题的阐述也是不正确的。因为,如果在农业中"同量劳动"由于季节变化等条件而提供不同量的产品,那么,斯密自己就已经说明,由于机器、分工等等,在制造业等部门中"同量劳动"提供的产品量也是极不相同的。可见,农业和其他产业部门之间的区别并不在**这一点**上。这种区别在于,在一种场合,"生产力"是"在事先决定了的程度上"被使用,而在另一种场合,生产力却取决于自然界的偶然性。但结果仍然是:**商品的价值**,或者说,根据劳动生产率必须花费在某种商品上的劳动量,会使商品的费用价格发生变动。

在下面的一段文字中,亚·斯密已经表述了这样一种思想,就是资本由一个行业向另一个行业的转移,会确立不同行业的费用价格。不过,对于这一点,斯密说得不像李嘉图那样明白,因为如果[XI—552]商品的价格降到其**自然价格以下**,那么,根据斯密的说法,这是由这种价格的要素之一降到自然水平即自然率**以下**造成的。因此,[要消除商品价格的这种下降,]不是靠**单单把资本**抽出或转移,而是靠把劳动、资本或者土地从一个部门转到另一个部门。在这里,斯密的观点比李嘉图的观点彻底,不过这种观点是错误的。

"不管这种价格〈自然价格〉的哪一部分是低于其**自然**率支付的,那些与此有利害关系的人,很快就会感到他们受到损失,并立即把若干土地,或若干劳动,或若干资本从这种行业中抽出,从而使这种商品进入市场的数量很快只够满足实际的需求。因此,这种商品的**市场价格**很快就会提高到它的**自然价格**的水平;至少在有完全自由的地方是这样。"(同上,第125页)

在这里,斯密和李嘉图对于平均化为**自然价格**的理解存在着根本的区别。斯密的理解是以他的错误的前提为基础的,即认为上述三个要素独立地决定商品的价值,而李嘉图的理解是以正确的前提为基础的,即只有**平均利润率**(在工资既定的情况下)才能确立费用价格。

"**自然价格**本身随着它的每一构成部分即工资、利润和地租的**自然**率的变动而变动。"(同上,第127页)

斯密试图在第一篇第八、九、十章和第十一章确定这些"价格的构成部分"即工资、利润和地租的"自然率",以及这种自然率的变动。

第八章《论工资》。

在论工资这一章一开头,斯密就抛开竞争的表面观点,首先分析剩余价值的真正的本质,把利润和地租看做只是剩余价值的形式。

在考察工资的时候,斯密有一个确定工资的"自然率"的出发点,即劳动能力本身的价值:**必要工资**。

> "一个人总要靠自己的劳动来生活,他的工资至少要够维持他的生存。在大多数情况下,他的工资甚至应略高于这个水平,否则,工人就不可能养活一家人,这些工人就不能传宗接代。"(同上,第 136 页)

不过,斯密的这一论点仍然没有任何意义,因为他从来没有向自己提出这样的问题:必要生活资料的价值,也就是说,**商品**的价值,是怎样决定的?因为斯密离开了他的基本观点,所以他在这里不得不说:工资的价格是由生活资料的价格决定的,而生活资料的价格是由工资的价格决定的。他先假定工资的**价值**是固定不变的,接着又准确地描绘了工资价值在竞争中表现出来的波动,以及造成这种波动的那些情况。这属于[斯密观点的]外在部分,在这里和我们没有关系。

([斯密]特别[论述了]资本的"增长",资本的积累,但是他没有告诉我们,资本的增长是由什么决定的。因为这种"增长"只有在下述两种情况下才能迅速进行:或者是工资率比较低,而劳动生产率高(在这种情况下,工资的提高始终只是先前一段时间工资持续保持低水平的结果);或者是积累率低,但劳动生产率高。在第一种情况下,斯密从他的观点出发,本应从利润率(即从工资率)得出工资率,而在第二种情况下,则从利润总量得出工资率。但是,这又有必要去研究商品**价值**。)

斯密想从作为[商品价值的]构成要素的劳动价值得出商品价值。另一方面,他又从以下事实得出工资的高度。

"……工资并不随着食物价格的波动而波动"(第 149 页),"各地工资的变

动比食物价格的变动大"。(同上,第150页)

事实上,这一章除了**最低限度的工资**,换句话说,劳动能力的价值这一规定以外,有关的问题一点也没有谈到。在这里,斯密本能地重新提到了他的比较深刻的观点,但是接着又把它抛弃了,以致上述规定没有任何[意义]。那么,必要生活资料的**价值**,也就是说,商品本身的**价值**,是由什么决定的呢?部分地由"劳动的自然价格"决定。而劳动的自然价格又是由什么决定的呢?由必要生活资料的价值,或者说,商品本身的价值决定。这是可怜地在没有出路的圈子里打转转。此外,这一章没有一个字谈到本题,没有一个字谈到劳动的**自然价格**,[XI—553]只是研究了工资怎样提高到"自然率"的水平以上,也就是说,工资的提高同资本积累的速度,同资本的累进的积累成比例。然后研究了产生这种情况的各种社会状况,最后,斯密给了商品的价值决定于工资,而工资的价值决定于必需品的价值这种规定以直接的打击,证明英国的情况似乎[不]是这样。在这当中,因为工资不仅决定于维持现有人口的生活所必需的生活资料,而且决定于现有人口的再生产所必需的生活资料,所以包含有一些马尔萨斯人口论的东西。

这就是,亚·斯密试图证明工资在18世纪,特别是在英国**已经提高**之后,提出这样一个问题:应当把这看做"对社会有利还是不利"(同上,第159页)。谈到这里,他又顺便回到他的比较深刻的观点,根据这种观点,利润和地租都只是工人劳动**产品**的一部分。他说,工人

"首先占社会的绝大部分。难道我们什么时候能够认为,这个整体的大部分的命运得到改善,是对这个整体不利的吗?如果社会的绝大部分成员都是贫困的和不幸的,毫无疑问,不能认为这个社会是幸福的和繁荣的。此外,单是从公道出发,也要求使那些供给整个国家吃穿住的人,在他们自己的劳动产品中享有这样一个份额,这一份额至少足够使他们自己获得可以过得去的吃穿住条件"。(第159—160页)

谈到这里,斯密又涉及人口论:

"虽然贫困无疑会使人不愿结婚,但它并不总是使人不能结婚;贫困似乎还

会促进繁殖……在上层社会的妇女中如此常见的不妊症,在地位低下的妇女中是极少见的……不过,贫困虽然不妨碍生孩子,但是会给抚养儿女造成极大的困难。柔弱的植物出世了,但是出生在那样寒冷的土壤里和那样严酷的气候里,它很快就会枯萎和死亡……各种动物都自然地与它的生存资料成比例地繁殖,没有一种动物的繁殖能够超过这个界限。但是在文明社会,只有在人民的下层阶级中,生存资料的缺乏才能限制人类进一步的繁殖……正像对其他任何商品的需求一样,对人的需求必然会调节人的生产;当人的生产过慢的时候,这种需求会使之加速,而当人的生产过快的时候,这种需求就使之缓慢……"(同上,散见第160—163页)

最低限度的工资和不同社会状况的关系是这样的:

"付给各种短工和佣工的工资,必须足以使他们的人口总的来说能够同社会〈社会!也就是资本〉对他们的需求的增加、减少或保持不变相适应。"(同上,第164页)

斯密接着指出,奴隶比自由工人"贵",因为后者的"**损耗**"**是由他本人照管**,而前者的"损耗"却由"不大经心的主人或玩忽职守的监工"监督。(第164页及以下几页)补偿"损耗"的"基金",自由工人使用得很"节约",而在奴隶那里却由于管理混乱而被浪费:

"用来补偿和抵补奴隶劳力因长年服务而造成的可以说是损耗的基金,一般都由不大经心的主人或玩忽职守的监工管理。在自由佣工那里,用于同一目的的基金,却由自由佣工自己管理得很节约。富人经营管理中常有的混乱,自然在前一种基金的管理上表现出来;穷人的极度节俭和精打细算,同样自然地表现在后一种基金的管理上。"(第164页)

在最低限度的工资,或者说,"劳动的自然价格"的规定中,还包括自由雇佣工人的"劳动的自然价格"比奴隶的低这样一点。斯密透露了这个思想:

"自由人手的劳动归根到底比奴隶的劳动便宜。"(第165页)"如果说优厚的劳动报酬是国民财富增长的结果,那么它也是人口增长的原因。对劳动报酬

优厚的抱怨，[XI—554] 就是对最大的公共福利的结果和原因的抱怨。"（第165页）

接着，斯密为高工资辩护说：

高工资"不仅会促进人口的增长"，而且会"增进普通人民的勤劳。工资是对勤劳的奖励，而勤劳，也和人的其他各种品质一样，越是受到奖励就越发展。丰富的食物会增强工人的体力，而改善自己状况……的向往会激励他极端卖力。因此我们看到，工资高的地方的工人总是比工资水平低的地方的工人更积极、更勤勉和更敏捷"。（同上，第166页）

但是，高工资也会使工人过度劳累，过早地毁坏自己的劳动能力：

"领取高额计件工资的工人，很容易进行过度劳动，在不几年内就把自己的健康和体质毁掉。"（第166—167页）"如果雇主始终听从理性和人道的支配，他倒是常常有理由去节制而不是去鼓励他的许多工人的勤奋。"（第168页）接着，斯密驳斥了"增加福利会使工人懒惰"的说法。（第169页）

然后，斯密研究了工人在丰年比在荒年懒惰的说法是否正确的问题，并且说明了工资和商品价格之间的关系一般是怎样的情况。这里他又表现出前后矛盾。

"劳动的货币价格必然决定于两种情况：对劳动的需求以及必需品和舒适品的价格……劳动的货币价格决定于购买一定量的物品〈必需品和舒适品〉所需要的货币额。"（同上，第175页）

接着，斯密研究了为什么——由于对劳动的需求——在丰年工资会提高，而在荒年工资会降低。（第176页及以下几页）

在好年景和坏年景，[工资提高和降低的]原因会互相抵消：

"物价高涨年份的贫乏，由于减少对劳动的需求，有降低劳动价格的趋势，而食物价格的昂贵又有提高劳动价格的趋势。相反，物价低廉年份的丰裕，由于增加对劳动的需求，有提高劳动价格的趋势，而食物价格的低廉，又有降低劳动价格的趋势。在食物价格的日常波动中，这两种对立的原因看来会互相抵

消；这一点也许部分地说明了，为什么劳动工资到处都比食物价格稳定得多。"（第 177 页）

最后，在作了所有这些反复曲折的论证之后，斯密又用他原来比较深刻的观点，即商品价值由劳动量决定的观点，来同工资是商品价值的源泉这一观点相对立；如果说在丰年或资本增长的时候工人得到**较多的**商品，那么他也生产出多得多的商品，也就是说，在这种情况下单位商品包含的劳动量少了。因此，工人可能得到数量较大而价值较小的商品，因此，——这是题中应有之义——尽管绝对工资提高，利润还可能增加。

"劳动工资的提高，由于使商品价格中分解为工资的部分扩大，必然会使许多商品的价格提高，并且相应地使这些商品在国内外的消费有缩减的趋势。但是，引起劳动工资提高的原因，即资本的增长，又有提高劳动生产能力的趋势，使较小量的劳动能够生产出较大量的产品……分工，使用机器，发明等等……由于这一切改良，现在有许多商品已经能够用比以前少得多的劳动来生产了。结果，这种劳动价格的提高，会由于劳动量的减少得到补偿而有余。"（第 177—178 页）

劳动得到较好的报酬，但单个商品包含的劳动少了，也就是说，必须支付报酬的劳动量少了。这样，斯密就用他的正确理论，即商品的价值决定于商品中包含的劳动量这一理论，消除了，或者更确切地说，抵消了、补救了他的错误理论，即工资作为构成价值的一个要素决定商品的价值的理论。

[XI—555] 第九章《**论资本利润**》。

因此，这里应当确定那种决定并构成商品的"自然价格"，**或者说**，商品的价值的第二个要素的"自然率"。斯密关于**利润率下降**的原因所说的话（第 179、189、190、193、196、197 等页）以后再考察。①

这里，斯密陷入了极其困难的境地。他说，工资的"平均率"这

---

① 见本卷第 495—496 页和第 531—533 页。——编者注

一规定只能归结为:这是"工资的普通率"(第179页),即实际上既定的工资率。

"但是对资本利润来说,就连这一点也未必能做到。"(第179页)除了企业主的成功或失败,"这种利润要受……商品价格每一次变动的影响"。(第180页)

然而,我们正是应当通过作为构成"价值"的要素之一的利润的"自然率",来决定这些商品的"自然价格"。在单个行业,对单个资本家来说,要确定平均利润率已经很困难了。

"要确定一个大的王国内所有行业的平均利润,必然更加困难。"(第180页)

但是,关于"资本的平均利润",可以"根据货币利息"得出一个概念:

"可以确定这样一个原则:凡是从使用货币中能获得大量利润的地方,通常为使用货币而付出的报酬就多,而在只能获得少量利润的地方,通常为使用货币而付出的报酬就少。"(第180—181页)

斯密不是说,利息率决定利润率。他所说的显然是相反的意思。但是关于不同时期的利息率等等,我们已有记载,而利润率则没有这种记载。因此,利息率是个征兆,根据它可以大体判断利润率的情况。但任务不是去比较既有的各种利润率,而是要确定**利润率的自然率**。斯密避开这个任务而去对不同时期的利息率的水平进行无关紧要的研究,这和他所提出的问题毫不相干。他粗略地考察了英格兰不同时期的情况,然后拿英格兰同苏格兰、法国、荷兰相比较,发现除美洲殖民地外,

"高工资和高利润,自然是很少同时出现的东西,只是在某种新殖民地的特定情况下才会同时出现"。(第187页)

这里,亚·斯密已经试图几乎像李嘉图那样(但在某种程度上更成功)说明高利润:

"新殖民地拥有的资本对领土范围的比例,以及人口对资本量的比例,有一

个时期总是要比其他大多数国家小。殖民者所拥有的土地多,而用来开发土地的资本量少;所以,他们所拥有的资本只是用来耕种最肥沃和位置最好的土地,也就是沿海和通航河流两岸的地区。而且购买这种土地的价格,往往低于其自然生长的产品的价值。〈可见,这种土地实际上不花费任何费用。〉用来购买和改良这种土地的资本,必然会提供很高的利润,因而使用资本也有可能付出很高的利息。在这样有利可图的企业中,这种资本的迅速积累,使种植场主有可能迅速增加自己的工人人数,以致在新的居留地无法找到这样多的工人。因此,他所能找到的工人就会得到优厚的报酬。随着殖民地的不断扩大,资本利润也逐渐下降。当最肥沃和位置最好的土地已全被占有的时候,耕种比较不肥沃和位置比较差的土地,只能提供较少的利润,因而对所使用的资本也只能支付较少的利息。正因为如此……利息率,在本世纪中,在我们的大部分殖民地,都大大降低了。"(第187—189页)

虽然推论的方式不同,但是这成了李嘉图说明利润下降的基础之一。总之,斯密在这里是用各个资本的竞争来说明一切,利润随着资本的增长而下降,随着资本的减少而增长,而与此相应,工资也相反地提高或降低。

[XI—556]"社会的资本,或者说,用于生产的基金减少,一方面使工人的工资降低,另一方面使资本利润提高,从而也使利息率提高。由于工资降低,社会上剩下的资本的所有者就能以比从前少的费用使自己的商品进入市场;由于现在是以较少量的资本实现对市场的供应,资本家就能够把自己的商品卖得贵些。"(第191—192页)

其次,斯密谈到尽可能高的和尽可能低的利润率。

"最高的利润率"是这样的利润率,"它从大部分商品的价格中吞并了所有应当归入地租份内的部分,而留下的部分仅仅足够支付生产商品并把商品运到市场所需的劳动的报酬,并且是按照某地最低的工资率支付的,就是说,按照只够维持工人生存的工资率支付的"。(第197—198页)

"最低的普通利润率,总是除了足够补偿任何投资都可能遇到的意外损失外,还须略有剩余。只有这个余额才是纯利润。"(第196页)

实际上，斯密自己对他关于**利润的自然率**的看法作了如下说明：

"在英国，人们认为，商人称之为**正当的**、**适度的**、**合理的**利润的，就是双倍的利息；我认为，这些说法的意思无非就是通常的、普通的利润。"（第 198 页）

确实，斯密并没有把"通常的、普通的利润"叫做适度的或正当的，但他还是把它称为"利润的**自然率**"；不过他根本没有告诉我们，这是什么样的东西，或者说，这种利润率是怎样确定的，不过按照斯密的说法，我们就应当利用这种"利润的自然率"来决定商品的"自然价格"。

"在财富迅速增加的国家里，在许多商品的价格中，高工资可以用低利润率来弥补，这样，这些国家就能够像它的财富增加没有那么迅速、工资也低的邻国那样便宜地出卖自己的商品。"（第 199 页）

低利润和高工资，在这里并不是作为互相影响的东西而彼此对立，二者都是由同一个原因，即资本的迅速增长，或者说，迅速积累造成的。二者都加入价格，**构成**价格。因此，如果一个高而另一个低，价格就保持不变，等等。

在这里，斯密把利润看做纯粹是［价格的］附加额，因为他在这一章的结尾说：

"实际上，高利润比高工资能在大得多的程度上促使产品价格提高。"（第 199 页）例如，如果在麻织厂工作的所有工人的工资一天各增加 2 便士，那么，"一匹麻布"的价格将要上涨的数额，只是等于生产这匹麻布所用的工人人数乘 2 便士，再"乘以工人生产麻布所用的日数。在生产商品的每一个阶段中，商品价格中分解为工资的部分，只按工资增加的算术级数增加。但是，如果所有雇用这些工人的各种企业主的利润都增加 5%，那么，在每一个生产阶段中，商品价格中分解为利润的部分，将按利润率增加的几何级数增加……工资提高对商品价格的提高所起的作用，就像单利对债务额的增加所起的作用一样。利润提高所起的作用却像复利一样"。（第 200—201 页）

在这一章的结尾，斯密还告诉我们，他这全部观点，即商品的价格,或者说,商品的价值由工资和利润的价值构成,是**从哪里来**的;那是从"商业之友"①,从实际的竞争信奉者那里来的。

"我国商人和制造业主,对于高工资使他们的商品的价格提高,从而减少商品在国内外销路的有害作用,常出怨言;但对高利润的有害作用却默不作声;他们对自己的盈利所产生的恶果保持沉默。〔XI—557〕他们只是对别人的盈利所产生的恶果愤愤不平。"(第201页)

第十章《论劳动和资本的不同使用部门的工资和利润》。它只涉及细节,所以是论述竞争的一章,并且独具特色。这是完全外在的东西。
(生产劳动和非生产劳动:

"法律职业的报酬,是十分不公平的;这一行,像其他大多数自由的、荣誉的职业一样,从金钱收入来说,所得的报偿显然太低了。"(第1卷第216—217页)(第1篇第10章)

他同样谈到**士兵**:

"他们的薪饷比普通工人的工资低,而他们在实际服役期中的劳累程度却大得多。"(第1卷第223页)(第1篇第10章)

关于海军的水兵:

"虽然他们的职业所要求的技能和熟练程度,几乎比其他一切行业都高得多,虽然他们的全部生涯充满着无穷无尽的辛苦和危险……他们的工资却不比海港普通工人的工资高,海港普通工人的工资调节着海员的工资率。"(第1卷第224页)(第1篇第10章)

他讽刺地说:

"拿教区牧师或礼拜堂牧师同短工比较无疑是不礼貌的。但是,我们完全可以认为,教区牧师或礼拜堂牧师的薪俸和短工的工资具有同样的性质。"(第1卷第271页)(第1篇第10章)

---

① "商业之友"是傅立叶的用语,原文是 amis du commerce。——编者注

至于"文人",斯密明确地认为,他们由于人数太多而报酬过低,而且他提醒说,在印刷术发明以前,"**大学生和乞丐**"(第 1 卷第 276[—277]页)(第 1 篇第 10 章)是一个意思,看来斯密认为,这在一定意义上也适用于文人。)

这一章充满着锐敏的观察和重要的评论。

"在同一社会或同一地区,不同投资部门的普通的利润的平均率,和不同种类劳动的货币工资相比,大大接近于同一水平。"(同上,第 228 页)

"**市场广阔**,由于容许使用较多的资本,会使表面利润减少;但是由于要求从更远的地方运来商品,又会使成本增加。这种利润的减少和成本的增加,在许多场合,似乎是接近于互相抵消〈指面包、肉类等商品的价格〉。"(同上,第 232 页)

"在小城市和乡村,由于**市场狭小**,商业并不能总是随着资本的增长而扩大。因此,在这些地方,虽然特定的个人的利润率可能很高,但是利润的总额或总量决不可能很大,从而他的年积累总额也不可能大。相反,在大城市,商业可能随着资本的增长而扩大,一个勤俭而又交财运的人的信用会比他的资本增长得更快。他的营业范围会随着二者的增长而日益扩大。"(同上,第 233 页)

关于工资水平的一些错误统计材料(例如 16、17 世纪等的),斯密很正确地指出,这里的工资只是例如茅舍贫农的工资。当这种茅舍贫农不在自己的小屋里干活或者不为自己的主人劳动的时候(他们的主人给他们"一座小屋,一小块菜地,一块够饲养一头母牛的草地,也许还有一两英亩坏的耕地",主人叫他们干活的时候,也只付给他们很低的工资),他们

"情愿把自己的空闲时间提供给愿意雇用他们的人去使用,并且挣比其他工人低的工资"。(第 241 页)"可是那些收集以前各个时代的劳动价格和食品价格资料的许多著作家,非常喜欢把这两种价格说得格外低廉,他们把这种偶然的额外收入看成这些工人的全部工资。"(第 242 页)

前面,斯密还作了正确的一般性评论:

"劳动和资本在不同部门使用的有利与不利在总体上的平衡,只有在那些被

人们作为惟一的或主要的职业来从事的部门中才可能发生。"（第 240 页）

不过，这一思想，特别是关于"人们开始珍惜时间"以来的农业的工资问题，斯图亚特已经很好地阐明了。

[XI—558] 关于**中世纪城市资本的积累**，斯密在这一章中很正确地指出，它主要来源于（商人和手工业者）对农村的剥削。（还有高利贷者，以及金融贵族，一句话，货币经营者。）

"诚然，每一个阶级〈**在实行行会制度的城市内**〉由于实行这种规约，不得不付出略高于没有规约时的价格，向城市其他阶级的商人和手工业者购买他们需要的商品。但是，为了弥补这一点，他们也可以按同样较高的价格出卖自己的商品。结果是正如一般所说，贵买贵卖，横竖一样。在城市内各个阶级之间进行交易时，他们都不会因这种规约而蒙受任何损失。但在与农村进行交易时，他们却都会得到很大的利益，而城市赖以维持和富裕起来的商业，也就是后面这种交易。每一个城市都从农村取得它的全部粮食和全部工业原料。对这些东西，它主要用以下两种办法来支付：第一，把这种原料的一部分加工以后运回农村，在这种场合，原料的价格就因工人的工资和他们的主人或者说直接雇用者的利润而增大了；第二，从城市把外国进口或由本国遥远地区运来的原产品或制造品运往农村，在这种场合，这些商品的原来价格就因水陆运输工人的工资和雇用他们的商人的利润而增大了。由第一类商业赚到的钱，构成城市从它的制造业得到的全部利益。由第二类商业赚到的钱，构成城市从它的国内外贸易得到的全部利益。工人的工资和雇主的利润，构成从这两个部门赚到的钱的全部。因此，目的是要把这些工资和利润提高到它们的自然水平以上的一切规约，其作用就是使城市能够以自己较小量的劳动购买农村较大量劳动的产品。"

〔可见，斯密在这里回到正确的价值规定上来了。这句话在第一卷第一篇第十章第 [258—] 259 页。价值由**劳动量**决定。在考察斯密对剩余价值的解释时应把这作为一个例子举出来。如果城市和农村相互交换的商品的价格是代表等量劳动，那么商品的价格就等于商品的价值。因此，这两个方面的利润和工资都不能决定这些价值，而是这些价值的分配决定利润和工资。因此，斯密也发现，以较小量劳动交换农村较大量劳动的城市，在同农村的交往中会取得超额利润和超额工资。如果城市不是把自己的商品**高于**其价值卖给农村,这种情况就不会发生。那样的话,"利润和工资"就不会提高到"**它们的自然水平**以上"。所以,如果利润和工资处于"它们的自然水平",那就不是由它们决定商品价值,而是它们自己由商品价值决定。那时,利润和工资就只能从**既定的**、作为它们前提的商品**价值**的分配中产生;但是这个价值不能由被设定为这个价值本身的前提的利润和工资决定,不能作为这种利润和工资的结果得出来。]

"这种规约,造成了城市的商人和手工业者对农村的土地所有者、租地农场主和农业工人的优势地位,并且破坏了城乡贸易中没有这种规约时存在的自然的平等。现有社会的全年劳动总产品,每年都是在这两部分不同的居民之间分配的。由于有这种〈城市的〉规约,城市居民就会得到比没有这种规约时较大的一部分产品,农村居民则得到较小的一部分。城市每年为输入的粮食和原料支付的价格,也就是城市每年输出的制造业产品和其他商品的量。后者的卖价越贵,前者的买价越便宜。因此,城市的产业就变得比较有利,农村的产业则变得比较不利。"(第258—260页)

这样,按照斯密本人的叙述,如果城市和农村的商品都按这些商品各自包含的**劳动量**出卖,那它们就是按照自己的**价值**出卖,因而,两方面的利润和工资都不能决定**这些价值**,倒是利润和工资由这些价值决定。关于因资本有机构成不同而有所不同的利润的平均化,在这里和我们无关;因为它不仅不会造成利润的差别,反而会使利润趋于同一水平。

[XI—559]"城市的居民,由于集中在一个地方,彼此间容易交往和结合起来。因此,城市中甚至最无关紧要的行业,也几乎到处都组成了行会。"(第261页)"农村的居民,由于居住分散,彼此距离较远,就不那么容易结合起来。他们不仅从来没有组织过行会,甚至连行会精神也从来没有在他们中间盛行过。人们从未想过,为了使人能够从事农业这种农村的主要产业,有必要建立学徒制度。"(第262页)

在这里,斯密还谈到了"分工"的不利方面。农民的劳动,比受分工支配的制造业工人的劳动,具有更大程度的脑力性质:

"从事那种必需随着季节的每一次变化和其他许多情况的变化而变化的工作,比从事那种同一的或者差不多同一的操作,要求更高得多的判断力和预见性。"(第263页)

分工使劳动的**社会生产力**,或者说,**社会**劳动的生产力获得发展,但这是靠牺牲工人的**一般生产能力**来实现的。所以,**社会生产力**的提高不是作为**工人**的劳动的生产力的提高,而是作为支配工人的权力即**资本**的生产力的提高而同工人相对立。如果说城市工人比农村劳动者发展,这只是由于他的劳动方式使他生活在**社会**之中,而农村劳动者的劳动方式则使他直接靠**自然**生活。

"在欧洲,城市产业到处都对农村产业占优势,这并不完全是由于行会和行会规约。这种优势还依靠许多其他的规定:对所有外国制造品和外国商人运来的一切商品课以**高额关税**,也是为了同样的目的。"(第265页)"这些规约保护着它们〈城市〉不受外国人的竞争。"(同上)

这已经不是城市的资产阶级的行动,而是作为国民的主要部分,或者甚至作为国会的第三等级,或者作为下院,在全国范围内实行立法的那个资产阶级的行动了。城市资产阶级为了反对农村而实行的特别措施,就是消费税和入城税,一般说来,是间接税,这种间接税起源于城市(见休耳曼的著作)①,直接税则起源于农村。看起来,例如,消费税只是城市间接课在自己身上的税。农村居民据说必须预先缴纳这种税,但他让别人在产品的价格内把它交回来。不过在中世纪,情况并不是这样。对于农村居民的产品的需求,——在农村居民要把自己的产品变为商品和货币的情况下,——局限于城市,在多数场合,都被强制地局限于城市管辖区域,所以农村没有可能把城市课税的全额都加到自己产品的价格上去。

"在英国,城市产业对农村产业的优势,过去似乎比现在更大。与上世纪

---

① 见卡·迪·休耳曼《中世纪城市》(四卷集)1827年波恩版第2卷第101页及以下几页。——编者注

〈17世纪〉和本世纪〈18世纪〉初期相比,现在农村的劳动工资和制造业的劳动工资更加接近了,而农业资本的利润也和商业资本和制造业资本的利润更加接近了。这种变化,可以看做是城市产业得到特别鼓励的必然结果,尽管这种结果出现得相当晚。城市积累起来的资本,随着时间的推移,变得如此之大,以致把它投入城市固有的产业中去,已经不可能获得以前的利润了。城市固有的产业,和其他一切产业一样,都有自己的界限,而资本的增长,由于[**使竞争**]加剧,必然会降低利润。城市中利润的降低,促使资本流入农村,这就造成对农业劳动的新的需求,从而提高农业劳动的工资。那时资本就可以说是遍布于地表面,并在农业中找到用途,于是原来在很大程度上是靠农村积累起来的城市资本又部分地回到了农村。"(第266—267页)

在**第一篇第十一章**,斯密试图确定构成商品价值的第三个要素即**地租的自然率**。我们准备再回过头去谈一谈李嘉图,然后就考察这一点。①

由上所述,很清楚:亚·斯密把**商品的自然价格**,或者说,**费用价格**和商品的**价值**等同起来,是由于他事先抛弃了他对**价值**的正确的观点,而代之以由竞争现象所引起的、来源于竞争现象的观点。在竞争中,并不是**价值**,而是**费用价格**作为**市场价格**的调节者,可以说,作为**内在价格**——商品的价值而出现。而这种费用价格本身,在竞争中又作为由工资、利润和地租的既定平均率决定的某种既定的东西而出现。因此,斯密也就试图离开商品的**价值**而独立地确定工资、利润和地租的平均率,更确切地说,把这种平均率确定为自然价格的要素。李嘉图的主要任务是推翻斯密的[XI—560]这种谬误说法,可是他也接受了这种说法的**必然的**,而如果他前后一贯的话,对他说来是**不可能有的**后果——**把价值和费用价格等同起来**。

选自《马克思恩格斯全集》第34卷,北京:人民出版社2008年版,第225—261页。

---

① 见本卷第383页及以下几页。——编者注

李嘉图的剩余价值理论

(对前面讲过的还要补充一点意见:

李嘉图不知道**价值**和**自然价格**有其他的差别,只知道自然价格是价值的货币表现,因此,在价值没有变动的情况下,由于贵金属的价值发生变动,自然价格也会变动。但是自然价格的这种变动只关系到价值的货币计量或货币表现。例如,李嘉图说:

"它〈对外贸易〉只能通过改变自然价格,但不是改变各国能据以生产商品的自然价值来调节,而这是通过改变贵金属的分配来实现的。"(同上,第409页)

李嘉图在任何地方都没有离开剩余价值的特殊形式——利润(利息)和地租——来单独考察**剩余价值**。因此,他对具有如此重要意义的资本有机构成的考察,只限于从亚·斯密(其实是从重农学派)那里传下来的,由流通过程产生的资本有机构成的差别(固定资本和流动资本);而生产过程本身内部的资本有机构成的差别,李嘉图在任何地方都没有涉及,或者说不知道。就是由于这个缘故,他把**价值**和**费用价格**混淆起来了,提出了错误的地租理论,得出了关于利润率提高和降低原因的错误规律等等。

只有在预付资本和直接投在工资上的资本是同一的情况下,利润和剩余价值才是同一的。(这里不考虑地租,因为剩余价值最初完全由资本家占有,不管他以后要把其中多大部分分给他的同伙。李嘉图自己也认为地租是从利润中分离、分割出来的部分。)李嘉图在考察利润和工资时,也把不投在工资上的资本不变部分撇开不谈。他是这样考察问题的:似乎全部资本都直接投在工资上了。因此,**就这一点说**,他考察的**是剩余价值**,而**不是利润**,因而才可以说他有剩余价值理论。但另一方面,他认为他谈的是利润本身,在他的著作中的确到处都可以看到从利润的前提出发,而不是从剩余价值的前提出发的观点。在李嘉图正确叙述剩余价值规律的地方，由于他把剩余价值规律直接当作利润规律来表述，他就歪曲了剩余价值规律。另一方面，他又想不经过中间环节直接把利润规律当作剩余价值规律来表述。

因此，当我们谈李嘉图的剩余价值理论时，我们谈的就是他的利润理论，因为他把利润和剩余价值混淆起来了，也就是说，他只是从对可变资本即投在工资上的那部分资本的关系来考察利润。至于李嘉图谈到同剩余价值有区别的利润的地方，我们留到后面再分析。①

剩余价值只能联系可变资本即直接投在工资上的资本来进行考察，——不认识剩余价值，就不可能有利润理论，——这显然是符合事情的本质的，以致李嘉图把全部资本都看做可变资本，而把不变资本**撇开不谈**，虽然他有时也以预付资本的形式提到不变资本。

[XII—637] 李嘉图谈到（第二十六章《论总收入和纯收入》），

"利润同资本成比例，而不是同所使用的劳动量成比例的工商业部门"。（［李嘉图《政治经济学和赋税原理》］第418页）

李嘉图的全部平均利润学说（他的地租理论是以此为基础的），无非就是确认利润"同资本成比例，而不是同所使用的劳动量成比例"，除此而外，还能是什么呢？如果利润"同所使用的劳动量成比例"，那么相等的资本就会提供极**不相等的**利润，因为这些资本的利润等于它们本部门生产出来的剩余价值，可是剩余价值不取决于全部资本的量，而取决于可变资本的量，或者说，取决于"所使用的劳动量"。因此，认为利润同资本的量成比例，而不同所使用的劳动量成比例，这一情况仅仅例外地适用于资本的某种特殊的使用，即适用于**特殊生产部门**，这究竟是什么意思呢？如果剩余价值率既定，对一定资本来说，剩余价值量就必然总是取决于所使用的劳动量，而不取决于资本的绝对量。另一方面，如果平均利润率既定，利润量就必然总是取决于所使用的资本的量，而不取决于所使用的劳动量。

---

① 见本卷第481—490页。——编者注

李嘉图明确地谈到这样一些部门，如

"运输业、同遥远的国家进行的对外贸易，以及需要昂贵机器装备的部门"。（同上，第418页）

这就是说，他谈的是那些使用不变资本较多而可变资本较少的部门。同时，这些部门同其他部门相比，预付资本的**总量**大，换句话说，这些部门只有依靠**大资本**才能经营。如果利润率既定，利润量就完全取决于预付资本的**量**。但这决不表示使用大资本和使用许多不变资本（这两者往往联系在一起）的部门比使用小资本的部门有什么特别之处，这不过是下述论点的一种运用：等量资本提供等量利润，因而较大的资本比较小的资本能提供更多的利润。这同"所使用的劳动量"没有任何关系。但是，利润率一般是大还是小，确实取决于整个资本家阶级的资本所使用的劳动总量，取决于所使用的**无酬**劳动的相对量，最后取决于花费在劳动上的资本同只是作为生产条件再生产出来的资本之间的比例。

李嘉图本人就反驳了亚·斯密的下述看法，即认为对外贸易中的较高利润率，"某些商人在对外贸易中有时赚得的大量利润，会提高国内的一般利润率"。（同上，第7章《论对外贸易》，第132页）李嘉图说：

"他们断言，利润的均等是由利润的普遍提高造成的；而我却认为，特别有利的部门的利润会迅速下降到一般水平。"（第132—133页）

李嘉图认为，特殊利润（如果不是由市场价格涨到价值以上所造成）**虽然会平均化**，但不会提高一般利润率；其次，他认为，对外贸易和市场的扩大**不**可能提高利润率，李嘉图的这一观点究竟正确到什么程度，我们留到后面再说①。但是，如果承认他的观点是正确的，如果一般承认"利润的均等"，那么，他又怎么能够把"利润**同资本成比例**"的部门与利润"同所使用的劳动量成比例"的部门区别开来呢？

---

① 见本卷第494—497页。——编者注

在前面引用的第二十六章《论总收入和纯收入》中，李嘉图说：

"我承认，由于地租的性质，除了最后耕种的土地以外，任何一块土地上用于农业的一定量资本所推动的劳动量，都比用于制造业和商业的等量资本所推动的劳动量大。"（第419页）

这句话完全是无稽之谈。第一，按照李嘉图的说法，在最后耕种的土地上使用的劳动量比所有其他土地上使用的劳动量大。在他看来，其他土地上的地租就是由此产生的。因此，怎么能说，**除了**最后耕种的土**地以外**，一定量资本在所有其他土地上推动的劳动量，一定会比在制造业和商业上推动的劳动量大呢？较好土地的产品的**市场价值**，**超过**用于耕种这种土地的资本使用的劳动量所决定的**个别**价值这一情况，同这个资本"所推动的劳动量比用于制造业和商业的等量资本所推动的劳动量大"这一说法，不是一回事吧？但是如果李嘉图说，撇开土地肥力的差别不谈，地租的产生一般说来是由于：农业资本所推动的劳动量，同资本的不变部分相比，比非农业生产中的平均［构成］的资本所推动的劳动量大，——如果他这样说，当然就对了。

［XII—638］李嘉图没有看到，**在剩余价值既定时**，有些原因会使利润提高或降低，总之会对利润发生影响。因为李嘉图把剩余价值和利润等同起来，所以，他现在要合乎逻辑地证明：利润率的提高和降低不过是由引起剩余价值率提高或降低的那些情况决定的。其次，他没有看到，——撇开在剩余价值量既定时影响**利润率**（虽然并不影响**利润量**）的那些情况不谈，——利润率取决于**剩余价值量**，而决不是取决于**剩余价值率**。如果剩余价值率，剩余劳动率既定，剩余价值量就取决于资本的有机构成，即取决于一定价值的资本例如100镑所雇用的工人人数。在资本有机构成既定时，剩余价值量就取决于剩余价值率。可见，剩余价值量决定于以下两个因素：同时雇用的工人人数和剩余劳动率。如果资本增大，那么，不管资本的有机构成如何，——假定资本虽然增大而其有机构成不变，——剩余价值量也会增加。但这丝毫不会改变下述情况：对于一定价值的资本例如100来说，剩余价值量保持不变。如果这

里剩余价值量等于 10，那么对于 1000 来说，剩余价值量就等于 100，比例并没有因此变动。

（**李嘉图**写道：

"在同一经济部门不可能有两种利润率；所以，在产品价值对资本的比例不同时，不同的将是地租，而不是利润。"（第 212—213 页）（第 12 章《土地税》）

这只适用于"同一经济部门"的正常利润率。否则就同前面引文①中的论点直接矛盾：

"一切商品，不论是制造业产品、矿产品还是土地产品，它们的交换价值始终不决定于在只是享有特殊生产便利的人才具备的最有利条件下足以把它们生产出来的较小量劳动，而决定于没有这样的便利，也就是在最不利条件下继续进行生产的人所必须花在它们生产上的较大量劳动；这里说的最不利条件，是指为了把需要的产品量生产出来而必须继续进行生产的那种最不利的条件。"（第 2 章《论地租》第 60—61 页））

在第十二章《土地税》中，李嘉图附带对萨伊提出了如下的反驳。在这里，我们也可以看到，这位英国人总是尖锐地看到了经济上的差别，而那位大陆人却经常忘记这种差别。

"萨伊先生〔在他所举的例子中〕假定，'一个地主由于勤劳、节俭和经营本领而使自己的年收入增加 5000 法郎'。但是，地主如果不是自己经营，他就不可能在他的土地上发挥他的勤劳、节俭和经营本领；如果地主自己经营，他就是以资本家和租地农场主的身份，而不是以地主的身份来进行改良。他不首先增加用于这一农场的资本量，单凭自己的**特殊**经营本领〔因而"经营本领"多少也只是一句空话〕就如此这般增加自己农场的产品，那是不可想像的。"（同上，第 209 页）

在**第十三章《黄金税》**（这一章对李嘉图的货币理论很重要）中，

---

① 见本卷第 225—226 页和第 349—350 页。——编者注

李嘉图提出了关于**市场价格**和**自然价格**的某些补充或进一步的规定。这些补充或规定可以归结为一点：这两种价格的平均化进行得是否迅速即短促，要看该经济部门所容纳的供给的增加或减少是快还是慢，也就是说，要看资本在该部门中**流入**或**流出是快还是慢**。李嘉图关于地租的考察，受到各方面（西斯蒙第等人）的指责，说他忽略了使用许多固定资本的租地农场主**抽出资本**的困难，等等。（1815—1830年英国的历史**充分地**证明了这一点）不管这种指责如何正确，它**根本没有**涉及理论，**完全没有触动**理论，因为这里谈的只不过是经济规律发生作用的大小快慢问题。但对于向新地投入新资本的**相反的**指责，情况就完全不同了。李嘉图的前提是，向新地投入新资本只能在**没有**地主**干预**的条件下进行，这里资本是［XII—639］在它的运动没有遇到阻力的领域中发挥作用的。然而这是**根本错误的**。为了证明这个前提，为了证明在资本主义生产和土地所有权已经发展的地方存在这种前提，李嘉图总是设想有以下的情况：土地所有权要么在实际上，要么在法律上并**不**存在，资本主义生产，至少农业本身的资本主义生产**还不**发展。

至于刚才谈到的李嘉图关于市场价格和自然价格的论点，那是这样的：

"商品价格由于课税或生产困难而上涨的现象，无论如何最终是要发生的；但市场价格和自然价格经过多长时间才会趋于一致，必然取决于这种商品的性质和它的数量能够减少的难易程度。如果被课税的商品数量不能减少，如果比方说租地农场主或制帽厂主的资本不能抽到别的部门去，那么，即使他们的利润因课税而降低到一般水平之下，也不会引起什么后果。除非对他们的商品的需求增加，租地农场主和制帽厂主决不可能把谷物和帽子的市场价格提高到这些商品增加了的自然价格的水平。即使他们扬言要放弃这个行业，把自己的资本转到更有利的部门中去，也会被看做是虚张声势，决不会实现；所以这类商品的价格不会靠缩减生产来提高。但是，实际上一切商品的数量都是可以减少的，资本也可以由利润较小的部门转到利润较大的部门，不过速度有所不同而已。一种商品的供给越是易于缩减而又无损于生产者，在由于课税或任何其他原因而使生产困难增加之后，该商品的价格就越是迅速地上涨。"（第214—

215页)

"一切商品的市场价格和自然价格的一致,总是取决于该商品的供给增减的难易程度。对于金、房屋、劳动以及其他许多物品来说,在某些情况下是不可能很快达到这种结果的。但是,像帽子、鞋子、谷物和衣服这样一些逐年消费又逐年再生产的商品,情况就不同了。这些商品在必要时可以减少,并且不需要很长时间就能使供给缩减到与增加了的生产费用相适应。"(同上,第220—221页)

李嘉图在这第十三章《黄金税》中说:

"地租不是财富的创造,只是财富的转移。"(同上,第221页)

难道利润是财富的**创造**,或者说,利润倒不是剩余劳动从工人到资本家的**转移**吗?至于**工资**,它事实上也不是财富的**创造**,但也不是财富的转移。它是劳动产品的一部分由生产这个产品的人占有。

在这一章中,李嘉图说:

"……对地面上的原产品所课的税,会落在消费者身上,并且决不会影响地租,除非这种税通过削减维持劳动的基金而压低工资,缩减人口并减少对谷物的需求。"(第221页)

李嘉图说,"对地面上的**原产品**所课的税"既不会落在土地所有者身上,也不会落在租地农场主身上,而会落在**消费者**身上,这是否正确,这在这里同我们没有关系。但是,我敢断言,如果他说得合理,这种税就会**提高地租**,可是李嘉图认为,这种税不会影响地租,除非它通过使生活资料等等涨价而减少资本等等,减少人口和对谷物的需求。问题在于,李嘉图以为,原产品的涨价只是在它使工人的**生活资料**涨价的限度内,才影响**利润率**。这里,说**原产品**涨价只是在这个限度内才能影响**剩余价值率**,因而影响**剩余价值**本身,并**因此**也影响利润率,那是对的。但是,在假定**剩余价值**既定时,"地面上的原产品"涨价,**会提高**与可变资本相比而言的不变资本的价值,会增大不变资本对可变资本的比例,**所以**,就会降低**利润率**,因而就会提高**地租**。李嘉图的出发点

304

是：〔XII—640〕既然**原产品**无论涨价或跌价都不影响工资，它也就不会影响利润；因为他断言〔有一段话除外，那一段话后面我们回过头来再谈①〕，不管预付资本的价值降低还是提高，利润率保持不变。因此，如果预付资本的价值增加，那么产品的价值也就增加，同样，产品中构成剩余产品即利润的那一部分也就增加。预付资本的价值降低时情况则相反。这种说法只有在下述场合才是正确的，即无论是由于原料涨价还是由于课税或其他原因，可变资本和不变资本的价值按**同一比例**发生变动。在这种场合，利润率保持不变，因为资本有机构成没有发生任何变动。即使在这种场合，也必须**设想**，——而在发生短暂变动的场合就有这种情况——即使原产品可能涨价或者跌价，工资仍然保持不变（也就是说，不管工资的使用价值在价值既定不变时是提高还是降低，工资仍保持不变）。

可能有以下一些情况。

首先说两种主要的差别。

（A）由于**生产方式的变动**，所使用的不变资本量和可变资本量之间的**比例**发生变动。在这种情况下，假定工资（按价值来说）不变，剩余价值率就保持不变。但是，如果同一资本所使用的工人人数，即可变资本发生变动，剩余价值本身就会发生变动。如果由于生产方式的变动，不变资本相对减少，那么剩余价值就会增加，因而利润率也就提高。反之，其结果也相反。

这里始终假定，一定量比如说100单位的不变资本和可变资本的价值保持**不变**。

在这里不可能出现下述情况：生产方式的变动在同样程度上影响不变资本和可变资本，也就是比如说，不变资本和可变资本在价值上不发生变动时必定以同样的程度增加或减少。因为在这里不变资本和可变资本的减少和增加的必然性总是同劳动生产率的变动相联系。生产方式的变动对不变资本和可变资本的影响是**不同的**，而不是相同的，在**资本有**

---

① 见本卷第484—490页。——编者注

机构成既定的情况下，这与必须使用的资本的大小没有关系。

（B）**生产方式不变**。在不变资本和可变资本的相对量不变（也就是它们各自在总资本中所占的份额不变）的情况下，**不变资本和可变资本之间的比例变动**，是由于加入不变资本或可变资本的商品的**价值有了变动**而发生的。

这里可能有以下几种情况：

［1］不变资本的价值不变；可变资本的价值提高或降低。这总是会影响剩余价值，因此也会影响利润率。

［2］可变资本的价值不变；不变资本的价值提高或降低。于是，在前一场合利润率会降低，在后一场合则会提高。

［3］如果不变资本的价值和可变资本的价值同时降低，但降低的比例不同，那么，一个的价值同另一个的价值相比，总是或者提高，或者降低。

［4］不变资本和可变资本的价值受到**同样程度**的影响，或者两者同时提高，或者两者同时降低。如果两者价值都提高，那么利润率就降低，但这不是因为不变资本**变贵**，而是因为可变资本**变贵**，从而剩余价值降低（因为只是可变资本的价值提高了，尽管这个资本所推动的工人人数照旧不变，甚至可能减少）。如果两者价值都降低，那么利润率就提高，但这不是因为不变资本的价值降低，而是因为可变资本（在价值上）降低，从而剩余价值增长。

（C）**生产方式的变动以及构成不变资本或可变资本的各要素价值的变动**。这里一种变动可能抵消另一种变动，例如，如果不变资本的量增加，而它的价值降低或保持不变（因而**一定量**比如说100单位的价值也相应降低），或者，如果不变资本的量降低，而它的价值按同一比例提高或保持不变（因而**一定量**的价值就相应提高）。在这种情况下，资本的有机构成不会发生任何变动。利润率会保持不变。但是，不变资本的量与可变资本相对来说减少，而它的价值却**增长**，这种情况，除农业资本以外，是决不可能发生的。

一种变动对另一种变动的这种抵消作用，对可变资本来说是不可能的（在实际工资不变的条件下）。

因此，除上述那一种情况以外，只有一种可能：同可变资本相比，不变资本的价值和量同时相对地降低或提高；因而，同可变资本相比，不变资本的价值绝对地提高或降低。这种情况我们已经考察过了。这种情况就是：不变资本的价值和量虽然同时降低或提高，［XII—641］但是比例不同。根据假定，这总是可以归结为：同可变资本相比，不变资本的价值提高或降低。

这也包括另一种情况。因为，如果不变资本的量增加，可变资本的量就相对减少，反之，结果也相反。对价值来说，情况也完全一样。

这里对于一个资本的**有机构成**内部的**变动**所作的考察，显然对于**各个不同资本**，对于各个不同生产部门的资本之间的**有机构成**的差别来说，也是适用的。

第一，**一个资本的有机构成的变动**，将代之以**各个不同资本的有机构成**的差别。

第二，同样，一个资本的两个部分的**价值变动**所引起的有机构成的变动，将［代之以］各个不同资本**所使用的原料**和**机器的价值**方面的差别。这不适用于可变资本，因为我们假定各个不同生产部门的工资相等。各个不同部门中的不同工作日在**价值上**的差别和这个问题毫无关系。如果说首饰匠的劳动比一个农工的劳动贵，那么首饰匠的剩余劳动时间的价值也按同一比例，高于农民的剩余劳动时间。

（见**第**632**页**）关于**房租**，亚·斯密说：

"全部房租中超过足够提供合理利润〈建造这所房屋的房主的利润〉的部分，自然归入地皮租；当土地所有者和房主是两个不同的人时，这一部分在大多数情况下全部付给前者。在远离大城市的乡村中的房屋，可以随意选择空地，只提供很少一点地皮租，或者说，不超过房屋所占土地用于农业时所能提供的地租。"（第5篇第2章）

在房屋地皮租上，**位置**是级差地租的决定性因素，正像在农业地租上，土地肥力（和位置）是级差地租的决定性因素一样。

亚·斯密同重农学派一样，特别偏爱农业和地主，并持有重农主义观点，认为农业和地主是最适当的课税对象。他说：

"地皮租和普通地租，都是地主往往无须亲自操劳费心而唾手可得的一种收入。这种收入如有一部分从他那里被拿去弥补国家开支，任何一种生产活动也不会因此受到损害。土地和社会劳动的年产品，即大部分居民的实际财富和收入，在实行这种税收以后，不会有任何变化。因此，地皮租和普通地租，大概是最宜于课以特别税的一种收入。"（第5篇第2章）

与此相反，李嘉图（第230页）①却提出了一种极其庸俗的反对意见。

在**第十五章《利润税》**中，李嘉图说：

"对通称为奢侈品的那些商品所课的税，只会落在这些商品的消费者身上……但是，对必需品所课的税，落到必需品消费者身上的负担，不是同他们的消费量成比例，而总是要高得多。例如，谷物税。""这会改变资本的利润率。凡是使工资提高的一切东西，都会减少资本的利润；因此，对工人消费的任何一种商品所课的任何一种税，都有降低利润率的趋势。"（第231页）

如果课税的对象不仅加入个人消费，而且加入生产消费，或者它只加入生产消费，那么，对消费者所课的税同时就是对生产者所课的税。但是，在这种情况下，这不仅仅适用于工人消费的必需品，而且适用于资本家在生产上消费的一切材料。每一种这样的税都会降低利润率，因为它会提高与可变资本相对而言的不变资本的价值。

我们就拿对亚麻或羊毛所课的税作例子。[XII—642]亚麻涨价了。因此麻纺业者用资本100就不可能买到同样数量的亚麻了。因为生产方式不变，所以，麻纺业者为了把原来数量的亚麻纺成纱，就需要和以前同样数量的工人。但是，与投在工资上的资本相对而言，亚麻现在比以前具有更大的价值。因而利润率降低。在这种情况下，麻纱价格的上涨并不会给他带来好处。这个价格的绝对高度，对麻纺业者根本无关紧要。全部问题只

---

① 指李嘉图《政治经济学和赋税原理》1821年伦敦第3版第230页。——编者注

在于这个价格超过预付价格的那个余额。如果麻纺业者想要提高整个产品的价格，以便不仅弥补亚麻价格的上涨，而且使同量的纱给他带来和以前一样多的利润，那么，原来由于麻纱的原料价格上涨而已经下降了的需求就会更加降低，因为现在为了提高利润，产品的价格又被人为地提高了。尽管平均利润率是既定的，这种加价在这里却是办不到的。

关于C的情况（第640页），还必须注意以下这一点：也许可能有这种情况：工资提高了，而不变资本**在价值上**，不是在**量上**，却降低了。如果提高和降低这两端彼此相适应，利润率就可能保持不变。例如，不变资本=60镑，工资=40镑，剩余价值率=50%，于是，产品=120镑，而利润率=20%。如果不变资本在它的量保持不变时降到40镑，如果工资提高到60镑，而剩余价值从50%降到 $33\frac{1}{3}$%，那么产品仍然会等于120镑，而利润率会等于20%。这是不对的。

根据假定，所使用的劳动量创造的总价值为60镑。因此，如果工资提高到60镑，剩余价值，因而利润率，就会等于零。即使工资不提高这么多，工资的任何提高也总会引起剩余价值的降低。如果工资提高到50镑，剩余价值就等于10镑；如果工资提高到45镑，剩余价值就等于15镑，依此类推。可见，在一切情况下，剩余价值和利润率都以同样程度降低。因为我们在这里是按保持不变的总资本来计算的。在资本（指总资本）量相同时，利润率必定不是随着剩余价值率一同提高和降低，而是随着剩余价值绝对量一同提高和降低。

如果在上述例子中〔不变资本由亚麻构成〕，亚麻价格下降到这样的程度，以致由同一数量的工人纺成纱的那个亚麻量，可以用40镑买到，那么我们就会得出如下结果：

不变资本	可变资本	剩余价值	产品价值	预付资本	利润率
40	50	10	100	90	$11\frac{1}{9}$%

这里利润率降到20%以下。

如果不变资本的价值降低到30镑，我们就会得出：

不变资本	可变资本	剩余价值	产品价值	预付资本	利润率
30	50	10	90	80	$12\frac{1}{12}\%$

如果不变资本的价值降低到 20 镑,我们就会得出:

不变资本	可变资本	剩余价值	产品价值	预付资本	利润率
20	50	10	80	70	$124\frac{2}{7}\%$

在我们假定的前提下,不变资本价值的降低始终只是部分地抵消可变资本价值的提高。在这种前提下,不变资本价值的降低不可能全部抵消可变资本价值的提高,因为要使利润率等于 20%,剩余价值 10 镑必须是整个预付资本的 $\frac{1}{5}$。但是,在可变资本等于 50 镑的情况下,只有在不变资本等于 0 时才有这种可能。如果我们假定,可变资本只提高到 45 镑,那么在这种场合剩余价值等于 15 镑。如果我们还假定,不变资本降低到 30 镑,那么,在这种场合我们就会得出如下结果:

不变资本	可变资本	剩余价值	产品价值	预付资本	利润率
30	45	15	90	75	20%

因而,在这种场合,两种变动完全相互抵消了。

[XII—643] 下面我们再举这样一种情况:

不变资本	可变资本	剩余价值	产品价值	预付资本	利润率
20	45	15	80	65	$23\frac{1}{13}\%$

因而,在这种场合,即使剩余价值降低了[1],但由于不变资本价值降低得更多,利润率会**提高**。同样使用 100 镑资本,尽管工资提高了,剩余价值率降低了,却能雇用更多的工人。虽然剩余价值率降低了,但

---

[1] 同最初的情况 60c+40v+20m 相比。——编者注

剩余价值本身却增加了,因而利润增加了,因为工人人数增加了。根据上述 20c+45v 这个比例,在投入资本 100 镑时,我们得出如下比例:

不变资本	可变资本	剩余价值	产品价值	预付资本	利润率
$30\frac{10}{13}$	$69\frac{3}{13}$	$23\frac{1}{13}$	$123\frac{1}{13}$	100	$23\frac{1}{13}\%$

剩余价值率和工人人数之间的比例在这里有极其重要的意义。李嘉图从来不考察这种比例。

李嘉图在**第十五章《利润税》**中说:

"我们在本书前面一个部分,已考察过资本划分为固定资本和流动资本,或者更确切地说划分为耐久资本和非耐久资本对商品价格的影响。我们曾经指出,两个制造业主使用的资本额可能完全相等,由此获得的利润额可能完全相等,但他们的商品的售价,将根据他们所用资本的消费和再生产的快慢而极不相同。其中一个制造业主的商品可能卖 4000 镑,而另一个制造业主的商品可能卖 10000 镑,虽然他们每人使用的资本都是 10000 镑,得到的利润都是 20%即 2000 镑。一个制造业主的资本,比如说,可能由必须再生产的流动资本 2000 镑以及建筑物、机器等固定资本 8000 镑所构成;相反,另一个制造业主可能有流动资本 8000 镑,机器、建筑物等固定资本却只有 2000 镑。如果现在这两个人中每人的收入都课税 10%即 200 镑,那么,一方为了获得一般利润率,必须把自己的商品价格从 10000 镑提高到 10200 镑;另一方也必须把自己的商品价格从 4000 镑提高到 4200 镑。在课税前,这二个制造业主中的一方出卖的商品比另一方的商品贵 1.5 倍;课税以后,则贵 1.42 倍。一方的商品的价格提高 2%,另一方的商品则提高 5%。因此,如果货币价值保持不变,所得税将改变商品的相对价格和价值。"(第 234—235 页)

错误就在于最后的"价格**和**价值"中的这个"和"字。价格的这种变动只证明(在资本按不同比例分为固定资本和流动资本的场合也完全一样),**一般利润率**是由此形成的。由一般利润率决定、调节的价格或费用价格,与商品的**价值**是极不相同的,而这个极为重要的观点,李嘉图是根本没有的。

在同一章,李嘉图说:

"如果一个国家不收税，而货币价值又下降，那么货币的充裕在每一个市场上〔这里李嘉图有一个可笑的想法：好像随着货币价值下降，每一个市场上都必然会出现货币的充裕。〕[XII—644] 会对每一种商品产生同样的影响。如果肉价上涨20%，那么，面包、啤酒、鞋子、劳动以及其他任何商品的价格也会上涨20%。只有这样才能使所有生产部门的利润率相等。但是，如果这些商品中有一种被课税，情况就不同了；如果这时所有商品的价格都按货币价值下降的比例上涨，那么利润就会不相等；对于被课税的商品来说，利润就会高于一般水平，在利润恢复平衡以前，资本就会从一个部门转移到另一个部门，但利润只有在相对价格发生变动之后才能恢复平衡。"（第 [236—] 237 页）

利润的这种平衡一般是这样形成的：各种商品的相对**价值**，它们的**实际价值**会发生变动，会互相适应，以致前者不是同自己的实际价值相符，而是同它们提供平均利润的情况相符。

在第十七章《原产品以外的其他商品税》中，李嘉图说：

"布坎南先生认为，谷物和原产品是按垄断价格出卖的，因为它们提供地租。他假定，一切提供地租的商品都必须按垄断价格出卖；他由此得出结论说，对原产品所课的一切税都会落在地主身上，而不会落在消费者身上。

布坎南说：'因为总是提供地租的谷物的价格不论从哪一方面来说都不受它的生产费用的影响，所以这种费用必须从地租中支付；因此，当这种费用有所增减时，结果不是价格的涨落，而是地租的增减。从这个观点来看，对农业工人、马匹或农具所课的一切税，实际上都是土地税，这种税的负担在整个租佃期内都落在租地农场主身上，而在租约重订时，则落在地主身上。同样，使租地农场主能够缩减生产费用的一切改良农具，例如脱粒机和收割机，以及便于租地农场主把产品运到市场的一切设施，例如良好的道路、运河和桥梁，虽然会减少谷物的原生产费用，但不会降低谷物的市场价格。因此，由于这类改良而节省下来的一切，都作为地租的一部分归地主所得。'①

很明显，〈李嘉图说〉如果我们承认布坎南先生立论的根据，即谷物价格总是提供地租，那么，当然就由此得出他所主张的一切结论。"（第 292—293 页）

这一点也不明显。布坎南立论的根据，并不在于一切谷物都提供地

---

① 大·布坎南《论斯密博士的〈国民财富的性质和原因的研究〉的内容》1814年爱丁堡版第37—38页。——编者注

租,而是在于提供地租的一切谷物都按**垄断价格**出卖,在于亚·斯密以及李嘉图所解释的那种意义的垄断价格,就是"消费者购买商品愿意支付的最高价格"。

但这恰好也是错误的。提供地租(把级差地租撇开不谈)的谷物,并不是按照布坎南所说的垄断价格出卖的。谷物只有在高于它的**费用价格**即**按它的价值**出卖的时候,才按垄断价格出卖。谷物的价格决定于实现在谷物中的劳动量,不决定于它的生产费用,而地租是价值超过费用价格的余额,因而是由费用价格决定的;与价值相比,费用价格越小,地租就越多,费用价格越大,地租就越少。一切改良都会使谷物的价值降低,因为它们使生产谷物所需要的劳动量减少。但它们会不会使地租降低,却取决于各种情况。如果谷物跌价,因而工资降低,那么剩余价值率就提高。而且,租地农场主用于种子、家畜饲料等等方面的费用也会降低。因此,其他一切非农业生产部门的利润率就会提高,从而农业的利润率**也**会提高。在非农业生产部门,直接劳动和积累劳动的相对量会保持不变;工人人数和以前一样(与不变资本相对而言),但可变资本的价值会降低,因而剩余价值[XII—645]会提高,就是说,利润率也会提高。**因此**,在农业部门中,剩余价值和利润率也会提高。在这里地租会降低,因为利润率提高了。**谷物便宜了,但它的费用价格增加了。因此,它的价值和它的费用价格之间的差额缩小**。

根据我们的假定,平均的非农业资本的比例=80c+20v,剩余价值率=50%;所以剩余价值=10,而利润率=10%。因而,平均[构成]的资本100的产品价值等于110。

现在假定,由于谷物跌价,工资降低$\frac{1}{4}$;这样,为不变资本80镑即同量原料和机器而雇用的**同一工人人数**,只花费15镑。而同量商品的价值将是80c+15v+15m,因为根据假定,这些工人所完成的劳动量等于30镑。因此,同量商品的价值仍旧等于110镑。但是,所投入的资本只有95镑,15镑比95镑,就是$15\frac{15}{19}$%。如果所投入的资本量照旧不变,或者说,按资本100镑计算,那就得出这样的比例:$84\frac{4}{19}c+$

$15\frac{15}{19}v$。利润等于 $15\frac{15}{19}$ 镑。产品价值 = $115\frac{15}{19}$ 镑。但是，根据我们的假定，农业资本 = $60c+40v$，而它的产品价值等于 120 镑。当费用价格是 110 镑时，地租等于 10 镑。现在地租总共只有 $4\frac{4}{19}$ 镑，因为 $115\frac{15}{19}$ 镑 + $4\frac{4}{19}$ 镑 = 120 镑。

这里我们可以看到：平均［构成］的资本 100 镑生产的商品，其费用价格是 $115\frac{15}{19}$ 镑，而不是以前的 110 镑。商品的平均价格会不会因此而提高呢？

商品的价值仍然和以前一样，因为要把同样数量的原料和机器转化为产品，需要同样数量的劳动。但同样的 100 镑资本推动了较大量的劳动，现在不是把以前的 80 镑不变资本，而是把 $84\frac{4}{19}$ 镑不变资本转化为产品。但是在同量的［新加］劳动中，无酬劳动比以前多了。因此，资本 100 镑生产的全部商品量的利润和**总价值**都增加了。单个商品的价值保持不变，但用资本 100 镑，生产出了更多的具有**同一价值**的单个商品。但是，各个不同的生产部门的费用价格的情况会怎样呢？

假设非农业资本由下列资本构成：

	为了使产品能够按照同一费用价格出卖，产品的价格应为：	费用价格和价值之间的差额
（1）$80c+20v$	110（价值 = 110）	= 0
（2）$60c+40v$	110（价值 = 120）	= −10
（3）$85c+15v$	110（价值 = $107\frac{1}{2}$）	= $+2\frac{1}{2}$
（4）$95c+5v$	110（价值 = $102\frac{1}{2}$）	= $+7\frac{1}{2}$
因此，平均［构成］的资本 = $80c+20v$		

（2）的差额=-10，（3）和（4）的差额加在一起=+10。对于全部资本400来说，这个差额是：0-10+10=0。如果资本400的产品卖440，那么，这笔资本生产的商品就是按**它们的**价值出卖。那就会得到10%〔利润〕。但是，（2）的商品比它们的价值低10镑出卖，（3）的商品比它们的价值高 $2\frac{1}{2}$ 镑出卖，而（4）则比它们的价值高 $7\frac{1}{2}$ 镑出卖。只有（1）的商品在按照它的费用价格（即100镑资本加10镑利润）出卖时，才是按其价值出卖。

〔XII—6〕但如果工资降低 $\frac{1}{4}$，比例关系将会怎样呢？

对资本（1）来说，现在已不是80c+20v，而是 $\mathbf{84\frac{4}{19}c+15\frac{15}{19}v}$，利润——$15\frac{15}{19}$，**产品价值**——$115\frac{15}{19}$。

对资本（2）来说，现在在工资上只投入30镑，因为40的 $\frac{1}{4}=10$，40-10=30。产品价值是：60c+30v+剩余价值30（因为**所使用的劳动〔创造〕的价值在这里等于60镑**）。〔工资〕按资本90镑计算占 $33\frac{1}{3}$%。对于资本100来说，比例是 $\mathbf{66\frac{2}{3}c+33\frac{1}{3}v}$；**价值**=$\mathbf{133\frac{1}{3}}$。利润率=$33\frac{1}{3}$%。

对资本（3）来说，在工资上只投入 $11\frac{1}{4}$ 镑，因为15的 $\frac{1}{4}=3\frac{3}{4}$，而 $15-3\frac{3}{4}=11\frac{1}{4}$。产品是：$85c+11\frac{1}{4}v$+剩余价值 $11\frac{1}{4}$（所使用的劳动新创造的价值等于 $22\frac{2}{4}$）。这里按资本 $96\frac{1}{4}$ 镑计算则工资占 $11\frac{53}{77}$%。对于资本100来说，**比例是 $\mathbf{88\frac{24}{77}c+11\frac{53}{77}v}$**，利润率=$11\frac{53}{77}$%，而产品〔价值〕=$111\frac{53}{77}$。

对资本（4）来说，现在工资上只投入 $3\frac{3}{4}$ 镑，因为 5 的 $\frac{1}{4}=1\frac{1}{4}$，而 $5-1\frac{1}{4}=3\frac{3}{4}$。产品［价值］是：$95c+3\frac{3}{4}v+$剩余价值 $3\frac{3}{4}$（因为全部劳动新创造的价值等于 $7\frac{2}{4}$）。这里按资本 $98\frac{3}{4}$ 镑计算［工资］占 $3\frac{63}{79}\%$。对于资本 100 来说，比例是 $96\frac{16}{79}c+3\frac{63}{79}v$。利润率 $=3\frac{63}{79}\%$。价值 $=103\frac{63}{79}$。

这样，我们就得出：

	利润率	为了使产品能够按照同一费用价格出卖，产品的价格应为：	费用价格和价格之间的差额
（1）$84\frac{4}{19}c+15\frac{15}{19}v$	$15\frac{15}{19}$	116（价值 $=115\frac{15}{19}$）	$=+\frac{4}{19}$
（2）$66\frac{2}{3}c+33\frac{1}{3}v$	$33\frac{1}{3}$	116（价值 $=133\frac{1}{3}$）	$=-17\frac{1}{3}$
（3）$88\frac{24}{77}c+11\frac{53}{77}v$	$11\frac{53}{77}$	116（价值 $=111\frac{53}{77}$）	$=+4\frac{24}{77}$
（4）$96\frac{16}{79}c+3\frac{63}{79}v$	$3\frac{63}{79}$	116（价值 $=103\frac{63}{79}$）	$=+12\frac{16}{19}$
总计：400	64（分数省略）		

利润是 16%，更确切些说，略高于 $16\frac{1}{7}\%$。计算是不完全准确的，因为我们在计算平均利润时，把分数省略了，没有计算在内，因此，（2）的负差大了一些，（1）、（3）、（4）的［正差］小了一些。但是，我们看到，如果计算精确，正差和负差就会相互抵消。但是我们也看到，一方面，（2）的**低于**本身价值出卖，［另一方面］（3）特别是（4）的**高于**本身价值出卖的情况更加显著。固然，对单个产品来说，这种高于或低于价值的程度不像表上的数字那么大，因为在所有这四类里，都使用了［比以前］更多的劳动，因而有更多的不变资本（原料和机器）转化为产品；所以上述这种高于或低于价值的数字是分摊在更大量的商品上。不过，这种高于或低于价值的情况还是很显著的。

由此可见，工资的降低，会引起（1）、（3）和（4）的费用价格的上涨，会引起（4）的费用价格的十分显著的上涨。这就是李嘉图在考察流动资本和固定资本的差别时所阐明的规律，但是他丝毫没有证明，也不可能证明：这一规律同价值规律是可以并行不悖的，并且产品的价值对总资本来说保持不变。

[XII—647]如果我们还注意到由流通过程产生的资本有机构成的差别，计算和平均起来会复杂得多。实际上，在我们计算时，我们是假定，全部预付**不变资本**都加入产品，也就是说，它只包含固定资本例如在一年内（因为我们必须按年度来计算利润）的损耗。如果我们不这样假定，产品量的价值就会极不相同，而这样假定时，产品量的价值只与可变资本一起变动。第二，在剩余价值率相同而流通时间不同的时候，与预付资本相对而言，**所生产的剩余价值量**会有很大的差别。这里，如果撇开可变资本的差别不谈，剩余价值量就与同量的各资本生产的不同价值量成比例。在不变资本的较大部分由固定资本构成的地方，利润率会低得多，在资本的较大部分由流动资本构成的地方，利润率会高得多；在可变资本与不变资本相比相对增大，同时在不变资本中固定资本部分又相对缩小的地方，利润率最高。如果不变资本中的流动资本和固定资本之间的比例在不同的资本中是相同的，那就只有可变资本和不变资本之间的差别是决定的因素了。如果可变资本与不变资本的比例是**相同的**，那就只有固定资本和流动资本之间的差别，即不变资本本身内部的差别是决定的因素了。

正如我们已经看到的，如果非农业资本的一般利润率由于谷物跌价而提高，那么，租地农场主的利润率无论如何都会提高。问题在于，租地农场主的利润率会不会直接提高，看来，这要取决于所实行的改良的性质。如果实行的这种改良使投在工资上的资本与投在机器等等上的资本相比显著减少，那么，租地农场主的利润率就不必直接提高。如果这种改良使租地农场主需要的工人减少$\frac{1}{4}$，那么，租地农场主现在只须在工资上投入30镑，而不是以前的40镑。因而他的资本现在是$60c+30v$，或者以 100 计算,就是 $66\frac{2}{3}c+33\frac{1}{3}v$。因为用 40 支付的劳动,提供剩余价值 20,所以,用 30 支付的劳动提供 15,而用 $33\frac{1}{3}$ 支付的劳动就提供 $16\frac{2}{3}$。这样一来,农业资本的有机构成与非农业资本的有机构成便接近了。在上述情况下,如果工资同时下降 $\frac{1}{4}$,两种资本构成〔的差距〕甚至还要**下降**。在这种情况下,地租(绝对地租)将会消失。

李嘉图在前面引用过的评论布坎南的那段话之后,继续写道:

"我希望我已经充分说明,在一个国家的土地尚未全部投入耕种,并且耕种尚未达到最高程度以前,总有一部分投在土地上的资本是不提供地租的,并且〈!〉正是这部分资本调节谷物的价格,这部分资本的产品,正像在制造业中一样,分为利润和工资。因为不提供地租的谷物价格,受谷物生产费用的影响,所以这种生产费用不可能从地租中支付。因此,生产费用增加的结果,将是价格上涨,而不是地租降低。"(同上,第 293 页)

既然绝对地租等于农产品价值超过它的生产价格的余额,那么,很明显,凡是能使谷物等等生产所需的劳动**总量**减少的东西,也能使地租减少,因为使价值减少,也就是使价值超过生产价格的余额减少。在生产价格由已支付的费用构成的情况下,生产价格的降低和价值的降低是一回事,而且是和价值的降低同时发生的。但是,在生产价格(或"费用")等于预付资本加平均利润的情况下,情况却恰好相反。产品的市场价值会降低,但其中等于生产价格的那一部分,在一般利润率由于谷物市场价值降低而提高时,会提高起来。因而,地租降低,是因为这个意义上的"费用"(李嘉图谈到生产费用时通常对费用是这样理解的)有了提高。促使不变资本与可变资本相比增长的农业改良,即使在所使用的劳动总量只是略有减少,或者说减少得十分有限,以致对工资根本没有影响(对剩余价值没有任何直接影响)的情况下,也会使地租大大降低。如果由于这种改良,资本 $60c+40v$ 变为 $66\frac{2}{3}c+33\frac{1}{3}v$

（例如由于移民、战争、新市场的发现、外国谷物的竞争、非农业生产部门的繁荣等等所引起的工资提高，租地农场主可能不得不设法使用较多的不变资本和较少的可变资本；而这些情况在实行改良之后还可能继续起作用，因此，尽管有这些改良，工资不会降低），〔XII—648〕那么，农产品的价值就会从120降到$116\frac{2}{3}$，即减少$3\frac{1}{3}$。利润率仍然等于10%。地租从10降到$6\frac{2}{3}$，而且地租的这种降低是在工资没有任何降低的情况下发生的。

由于工业的继续进步，一般利润率下降，因此绝对地租可能提高。由于农产品价值增加，从而农产品价值及其费用价格之间的差额增大，结果地租提高，因此利润率可能降低。（同时利润率还会由于工资提高而下降。）

由于农产品价值下降，一般利润率提高，绝对地租就可能降低。由于资本有机构成的变革，农产品价值下降，虽然利润率这时并不提高，绝对地租也可能降低。一旦**农产品的价值**和它的**费用价格**彼此相等，从而农业资本具有非农业资本的那种平均构成，绝对地租就会完全消失。

李嘉图的论点只有这样表达才是正确的：当农产品的价值等于它的费用价格的时候，不存在绝对地租。但是在李嘉图那里这个论点是错误的，因为他说：**由于**价值和费用价格一般是等同的，工业是这样，农业也是这样，所以，不存在绝对地租。实际上情况恰好相反：如果在农业中价值和费用价格等同，农业就是产业的一个例外的部门了。

李嘉图虽然承认，不支付地租的土地甚至是不存在的，可是他相信，援引下述情况作为他的论据是很重要的，这就是：至少投在土地上的资本有些份额是不支付地租的。前一种情况和后一种情况对理论来说同样是无关紧要的。真正的问题在于：是由这种土地或这种资本的产品来调节市场价值呢？还是这些产品由于其追加供给只能**按照**而不能**高于**这种并非由它们调节的市场价值出卖，因而不如说不得不**低于**自己的价值出卖呢？至于说到资本的有些份额，问题很简单，因为这里对于投入追加份额来说,**土地所有权**对租地农场主而言**是不存在的**,作为资本家,租地农场主只须关注费用价格;甚至当他自己是追加资本的所有者时,他与其把这笔资本**借出**,只取得利息,而得不到利润,还不如把它投在他租种的土地上,即使这里取得的利润**低于**平均利润,也总是更为有利。至于地段,那么,这些不支付地租的土地,构成支付地租的整个地产的组成部分;这些地段是同整个地产不可分割的,它们同整个地产一起出租,虽然这些地段不能单独租给任何一个资本主义农场主(但完全可以租给茅舍贫农以及小资本家)。这些小块土地也并不作为"土地所有权"与租地农场主相对立。或者土地所有者不得不自己耕种这些地段。租地农场主不可能为这些地段支付地租,而土地所有者也不会**毫无代价地**把它们租出去,除非他是想通过这种办法,自己不花费什么,就把自己的土地变为耕地。

如果在一个国家,农业资本的构成与非农业资本的平均构成相等,情况就不同了,而这是以农业的高度发展或工业发展水平很低为前提的。在这种场合,农产品的价值就会同它的费用价格相等。这时只可能支付级差地租。那些不提供级差地租、只能提供农业地租的地段,这时就根本不可能支付任何地租了。因为当租地农场主把这些土地的产品按它们的价值出卖时,它们只抵补他的费用价格。因而**租地农场主**不支付任何地租。这样一来,土地所有者只好自己耕种这些土地,或者在租金的名义下,把他的租佃者的一部分利润甚至一部分工资刮走。一个国家可能发生这种情况,这并不妨碍另一个国家可能发生完全相反的情况。但是在工业,从而资本主义生产发展水平很低的地方,是不存在农场主资本家的,因为农场主资本家的存在是以农业中实行资本主义生产为前提的。因此,在这里我们考察的关系,完全不同于土地所有权只是作为地租才在经济上存在于其中的那种经济组织的关系。

李嘉图也是在第十七章中说:

"原产品没有垄断价格,因为大麦和小麦的市场价格,同呢绒和麻布的市场价格一样,是由它们的生产费用调节的。惟一的差别在于:谷物价格是由用于农业的资本的一部分,即不支付地租的那一部分调节的,而在制造业产品的生产中，所用资本的每一部分都产生相同的结果；并且由于任何部分都不支付地租，所以每一部分都同样是价格的调节者。"（同上，第290—291页）

认为所用资本的每一部分都产生相同的结果，并且任何部分都不支付地租（不过，在这里叫做超额利润），这种说法不仅是错误的，而且，[XII—650] 正如我们在前面看到的①，已经被李嘉图自己所驳倒。现在我们就来考察李嘉图的剩余价值理论。

选自《马克思恩格斯全集》第34卷，北京：人民出版社2008年版，第418—446页。

[XI—575] 关于表（[手稿] 第574页）的说明

……

现在我们回过头来谈李嘉图。

———

不言而喻，当我们谈农业资本的构成时，其中并不包括土地价值或土地价格。土地价格**不过是**资本化的地租。

———

李嘉图著作的第二章《论地租》。首先遇到的是自斯密以来已经熟悉的"殖民理论"②。这里只要简单指出论述的逻辑联系就够了。

"初到一个地方殖民，那里有着大量富饶而肥沃的土地，为维持现有人口的生活只需耕种很小一部分土地，或者，这些人口所能支配的资本实际上只能耕种很小一部分土地，在这样的地方，不存在地租；当大量土地还没有被占有，因此〈因为**没有被占有**，李嘉图后来把这一点**完全忘记了**〉谁愿意耕种就归谁支配的时候，没有人会为使用土地付出代价。"（第55页）

〔因此，这里是假定不存在土地所有权。虽然这个过程的描述，对现代

———
① 见本卷第225、350页和第424页。——编者注
② 见本卷第252—254页和第262—264页。——编者注

民族的殖民来说**接近于**正确,但是,第一,它不适用于发达的资本主义生产;第二,如果把这个过程设想为旧欧洲的**历史**发展进程,那就错了。〕

"按照一般的供求规律,这样的土地是不可能支付地租的,其理由同以上所说的使用空气、水或其他任何数量上无限的自然赐予无须付任何代价一样……

使用这些〔XII—601〕自然力之所以不付代价,是因为它们取之不尽,每个人都可以支配……如果所有土地都具有同一特性,如果它们的数量无限、质量相同,使用土地就不能索取代价〈因为土地根本**不能**变成**私有财产**〉,除非它的位置特别有利〈李嘉图本应加上一句:并且归一个所有者支配〉。因此,只是由于土地在数量上并非无限,在质量上并不相同,又因为随着人口的增长,质量较坏或位置比较不利的土地投入耕种,使用土地才支付地租。随着社会的发展,就肥力来说属于二等的土地投入耕种时,在一等地上立即产生地租,这一地租的大小将取决于这两块土地质量上的差别。"(第56—57页)

正是在这一点上我们必须花点时间讨论一下。这里的逻辑联系是这样的:

如果土地,——李嘉图在谈到**初到一个地方殖民**时(**斯密**的殖民理论)是这样**假定**的——如果富饶而肥沃的土地对现有人口和资本来说作为**自然要素**而存在,实际上是无限的;如果"大量"这种土地"还没有被占有",**因此**——因为"还没有被占有"——"谁愿意耕种就归谁支配",在这种情况下,自然不会为使用土地付任何代价,不会有任何地租。如果土地——不仅相对于资本和人口来说,而且**实际上**也是一个无限的要素(像空气和水一样"无限")——"数量无限",那么,一个人对土地的占有实际上不可能排斥另一个人对土地的占有。这样,就不可能有任何私人的(也不可能有"公共的"或国家的)土地所有权存在。在这种情况下,如果所有的土地质量**相同**,那就根本不可能为土地支付地租。至多会向"位置特别有利"的土地的占有者支付地租。

因此,在李嘉图所假定的情况下——即在土地"**没有被占有**","**因此**",未被耕种的土地"谁愿意耕种就归谁支配"的情况下——支付地租,那只能是由于"土地在数量上并非无限,在质量上并不相同",就是说,因为有不同等级的土地存在,而同一等级的土地又是"数量有限"。我们说,在李嘉图的假定下只能支付级差地租。但是，李嘉图并没有这样加以限制，而是——撇开他的**不存在土地所有权**的假定——立刻作出结论说：使用土地，从来不支付绝对地租，只支付级差地租。

因此，问题的关键在于：如果土地对资本来说作为**自然要素**而存在，那么，资本在农业中的活动就会同它在其他任何产业部门中的活动**完全一样**。在这种情况下就不存在**土地所有权**，不存在地租。至多在一部分土地比另一部分土地肥沃的时候，像在工业中一样，能够有超额利润存在。在农业中，这种超额利润由于有土地的不同肥沃程度作为自然基础而固定为级差地租。

相反，如果土地（1）是有限的，（2）是被占有的，如果资本遇到作为前提的**土地所有权**——在资本主义生产发展的国家，情况正是这样，而在那些不是像旧欧洲那样存在着这种前提的国家，资本主义生产本身就为自己创造这种前提，例如美国就是这样，——那么，土地对资本来说一开始就不是自然要素那样的活动场所。因此，就会有〔绝对〕地租存在；这里撇开级差地租不谈。但是从一个等级的土地推移到另一个等级的土地，不论是按上升序列（Ⅰ、Ⅱ、Ⅲ、Ⅳ）还是按下降序列（Ⅳ、Ⅲ、Ⅱ、Ⅰ），也都和**李嘉图的假定**下发生的情况不同。因为，不论在Ⅰ还是在Ⅱ、Ⅲ、Ⅳ使用资本，都会遭到土地所有权的抵抗，如果倒过来从Ⅳ推移到Ⅲ等等，情况也是一样。从Ⅳ推移到Ⅲ等等的时候，Ⅳ的价格单是提高到使Ⅲ使用的资本能够得到平均利润，那是不够的，它必须提高到使Ⅲ能够支付地租。如果从Ⅰ推移到Ⅱ等等，那么，使Ⅰ能够支付地租的那个价格，不仅使Ⅱ能够支付这种地租，并且除此之外，还能够支付级差地租，这是不言而喻的。李嘉图提出的**不存在土地所有权**这一前提，当然排除不了由于**土地所有权**的存在并与**土地所有权**的存在一起存在的这个规律的存在。

李嘉图说明了**在他的前提下**怎样能够产生级差地租之后，接着说：

"三等地一投入耕种，二等地立刻产生地租，而且同前面一样，这一地租是由两种土地生产力的差别决定的。同时，一等地的地租也会提高，因为一等地的地租必然总是高于二等地的地租，其差额等于这两种土地使用同量的资本和劳动所获得的产品的差额。每当人口的增长迫使一个国家耕种质量较坏的土地

（但这决不是说，**人口的每一次增长都会迫使一个国家耕种质量较坏的土地**），

> 以增加食物的供应时，[XII—602]一切比较肥沃的土地的地租就会提高。"（第57页）

这完全正确。

李嘉图现在转而谈例子。但是这个例子（暂且撇开后面要谈的）假定的是**下降序列**。但是，这不过是**假定**而已。李嘉图为了把这个假定悄悄地塞进来，他说：

> "初到一个地方殖民，那里有着大量富饶而肥沃的土地……还没有被占有。"（第55页）

但是，对殖民者而言，那里即使有着"大量贫瘠而不肥沃的土地，还没有被占有"，情况也是一样。不是土地的富饶或肥沃成为不支付**地租**的前提，而是土地的数量无限、没有被占有以及质量相同（不管**这个质量在肥沃程度上可能是什么样**），才是这种前提。因此，李嘉图自己这样来进一步阐述他的**前提**：

> "如果所有土地都具有同一特性，如果它们的数量无限、质量相同，使用土地就不能索取代价。"（第56页）

他没有说而且不可能说，如果土地是"**富饶而肥沃**"的，因为这类条件同这一规律是**绝对无关**的。如果土地不是富饶而肥沃，而是贫瘠而不肥沃，那么，每一个殖民者都不得不耕种全部土地中的较大部分，因此，随着人口的增长，即使在土地没有被占有的情况下，他们也会很快接近于这样的状况：土地同人口和资本相比，实际上不再是绰绰有余，事实上不再是无限的了。

的确，毫无疑问，殖民者自然不会去选择最贫瘠的土地，而是选择最肥沃的土地，就是说，对他们所支配的耕作手段来说是最肥沃的土地。但是这并不是他们进行选择的惟一条件。对他们来说，首先具有决定意义的是**位置**，是位于沿海、靠近大河等。美洲西部等地区的土地可

以说要多么肥沃就有多么肥沃，但是移民自然而然会定居在新英格兰、宾夕法尼亚、北卡罗来纳、弗吉尼亚等地，总之，是东临大西洋的地区。如果说他们也选择最肥沃的土地，那他们只是选择**这个地区内的最肥沃的土地**。这并不妨碍他们后来当人口增加、资本形成、交通工具发达和城市兴建使他们有可能利用**较远**地区的**比较肥沃的土地**的时候，去耕种西部**比较肥沃的**土地。他们找的不是**最肥沃的地区**，倒是**位置最好的地区**，而在这个地区内，在其他位置条件**相同**的情况下，自然是找**最肥沃的**土地。但是，这当然不是证明，人们是从比较肥沃的地区转到比较不肥沃的地区，而只是证明，在**同一**地区内，在位置相同的情况下，自然是先耕种比较肥沃的土地，其次才耕种比较不肥沃的土地。

但是，李嘉图在把"大量富饶而肥沃的土地"这个说法正确地改为"同一特性、数量无限、质量相同"的土地这个说法以后，便去举例，接着就跳回到他最初的错误的前提：

"最肥沃的和位置最有利的土地首先耕种。"（第60页）

李嘉图感觉到了自己的弱点和错误，因而对"最肥沃的土地"又补充了一个**新的**条件："位置最有利的"；这个条件是他开头论述时所没有的。显然，他本来应该说"**在**位置最有利的地区**内**的最肥沃的土地"，那样，就不致荒谬到把偶然找到的位置最有利于新来移民同宗主国、故乡的老亲友以及同外界保持联系的那些地区，当作殖民者还没有踏查清楚也不可能踏查清楚的全部土地中"最肥沃的地区"了。

因此，李嘉图的从比较肥沃地区向比较不肥沃地区按下降序列推移的假定，完全是悄悄地塞进来的。只能这样说：因位置最有利而最早被耕种的地区**不支付任何地租**，直到**在**这个地区**内**从比较肥沃的土地推移到耕种比较不肥沃的土地为止。如果现在是推移到比第一个地区**更肥沃的**第二个地区，那么，依照假定，这第二个地区的**位置是比较不利的**。因此，很可能这一地区的土地的比较肥沃还不足以抵消位置方面的比较不利，在这种情况下，第一个地区的土地将继续支付地租。但是，因为"位置"是一个随着经济发展历史地发生变化的条件，因为它随着交通工具的开发、新城市的兴建、人口的增长等等而**必然**不断**改善**，所以很明显，第二个地区生产出来的产品，将逐渐按照一个必然使第一个地区的（同一产品的）地租下降的价格投入市场，而第二个地区，随着它的位置的不利条件的消失，将逐渐作为比较肥沃的土地出现。

[XII—603] 因此，很明显：

在李嘉图自己对产生级差地租的必要条件作了正确的和一般的表述（"所有土地都具有同一特性……数量无限、质量相同"[第56页]）的地方，**不包括从比较肥沃的土地推移到比较不肥沃的土地这种情况**。

这种情况，从历史上看，就他和亚·斯密所看到的美国的殖民过程来说，也是不真实的。正因为如此，凯里才在这一点上提出了合理的反对意见。

李嘉图自己又用"**最肥沃的**和**位置最有利**的土地首先耕种"这个涉及"位置"的补充说明，推翻了自己的理论；

李嘉图用一个**例子**来证明他**随意作出的**假定，而这个例子又**假定了**一个尚待证明的**情况**：从最好的土地推移到越来越坏的土地。

最后，李嘉图〔当然他已经打算用这一点来说明一般利润率下降的趋势〕之所以作出这样的假定，是因为他否则就不能解释**级差地租**，尽管级差地租完全不取决于从 I 推移到 II、III、IV 还是从 IV 推移到 III、II、I 的情况。

在李嘉图的例子里假定有三个等级的土地，即一等地、二等地、三等地，在投资相等的情况下它们分别提供 100 夸特、90 夸特、80 夸特谷物。"在新地区"一等地最先耕种。

"在新地区，肥沃的土地同人口对比起来绰绰有余，因而只需要耕种一等地。"（第57页）

在这种情况下，"全部纯产品"属于"土地耕种者"，"成为他所预付的资本的利润"。（第57页）这里〔我们不是谈种植园〕虽然**不以资本主义生产**为前提，却把这个"纯产品"立刻看做资本的利润，这也是不合适的。但是从"老地区"来的殖民者本人是可以这样看待自己的"纯产品"的。如果现在人口增加到必须耕种二等地的程度，那么一等地就会提供 10 夸特地租。这里自然要假定二等地和三等地"**没有**

被占有",而同人口和资本对比起来,它们实际上仍旧是"数量无限"。否则,事情就**可能**是另外一个样子。因此,在这个假定下,一等地将提供 10 夸特地租。

"因为二者必居其一:或者是,必定有两种农业资本利润率,或者是,必定有 10 夸特(或 10 夸特的价值)从一等地的产品中抽出来用于其他目的。不论是土地所有者还是其他任何人耕种一等地,这 10 夸特都同样形成地租;因为二等地的耕种者,不论他耕种一等地支付 10 夸特作为地租,还是继续耕种二等地不支付地租,他用他的资本得到的结果是相同的。"(第 58 页)

实际上农业资本有两种利润率,就是说,一等地提供 10 夸特**超额利润**(这种超额利润在这种情况下**可以**固定为地租)。但是在**同一生产领域**内,对同一种类的资本,因而对农业资本来说,不是有两种,而是有许多很不相同的利润率,这不仅是可能的,而且是必然的,——李嘉图自己在两页以后就谈到了这一点:

"最肥沃的和位置最有利的土地首先耕种,它的产品的交换价值,像其他一切商品的交换价值一样,是由生产产品并把产品运到市场这一整个过程中所必需的各种不同形式的劳动总量决定的。当质量较坏的土地投入耕种时,原产品的交换价值就会上涨,因为生产产品需要较多的劳动。一切商品,不论是制造业产品、矿产品还是土地产品,决定其交换价值的从来不是在那种只有享有特殊生产便利的人才具备的最有利条件下足以把它们生产出来的较小的劳动量,而是决定于没有这样的便利,也就是在最不利条件下继续进行生产的人所必须花在它们生产上的较大的劳动量;这里说的最不利条件,是指为了把需要的〈在原有价格下〉产品量生产出来而必须继续进行生产的那种最不利的条件。"(第 60—61 页)

因此,在每个**特殊**的产业中不仅有两种利润率,而且有**许多利润率**,就是说,有**许多**对一般利润率的偏离。

选自《马克思恩格斯全集》第 34 卷,北京:人民出版社 2008 年版,第 342—350 页。

(3) 剩余价值

如果撇开把劳动和劳动能力混淆起来这一点不谈，那么李嘉图倒是正确地规定了平均工资，或者说，劳动的价值。也就是说，按照李嘉图的说法，平均工资既不决定于工人得到的货币，也不决定于工人得到的生活资料，而是决定于**为生产这些生活资料所花费的劳动时间**，决定于**对象化**在工人的生活资料中的**劳动量**。李嘉图把这个叫做**实际工资**。（见下文。①）

并且，他得出这一规定是必然的。既然劳动的价值决定于该价值必须花费在上面的**必要生活资料的价值**，而［这些］**必需品的价值**同一切其他商品的价值一样，决定于**生产它们所花费的劳动量**，那么，由此自然会得出结论说，劳动的价值等于必需品的价值，等于**生产这些必需品所花费的劳动量**。

但是，不管这个公式多么正确（撇开劳动和资本的直接对立不谈），它还是不充分的。单个工人为补偿他的工资，虽然不是直接**再生产**（就是说，如果考虑到这个过程的连续性），不是直接**生产**供他维持生活的产品〔他可能生产完全不加入他的消费的产品；即使他生产必需品，但由于分工，他只生产其中的一部分，例如谷物，并且只赋予它一种形式（例如只是谷物，不是面包）〕，但他**生产**的商品具有他的生活资料的**价值**，或者说，他生产的是他的生活资料的**价值**。这就是说，——如果我们考察的是工人的一日平均消费的话，——他一日消费的必需品包含的劳动时间，是**他的工作日**的一部分。他用一日的一部分为再生产他的必需品的**价值**而劳动；在工作日的这一部分中生产出来的商品，同工人一日消费的必需品具有同样的价值，或者说，包含**同样多**的劳动时间。**他的工作日中有多大一部分**用于再生产或生产他的生活资料的**价值**，即他的生活资料的等价物，这**取决于这些必需品的价值**（因而，取决于劳动的社会生产率，而不取决于他劳动的那一个别生产部门

---

① 见本卷第 472—480 页。——编者注

的生产率)。

李嘉图自然假定，一日的必需品所包含的劳动时间，等于工人每天为了再生产这些必需品的价值而必须劳动的劳动时间。但是，这样一来，由于他没有把工人的**工作日的一部分**直接说成是用于再生产工人自己劳动能力的价值的工作日部分，他就造成了困难，模糊了对关系的明确理解。由此便产生了双重的混乱。**剩余价值的起源**变得不清楚了，因此后来的经济学家责备李嘉图没有理解、没有阐明剩余价值的性质。部分地也是由于这个原因，他们便尝试经院式地解释剩余价值的起源。但是，由于没有明确地把握剩余价值的起源和性质，便把剩余劳动加必要劳动，简单地说，也就是**总工作日**，看做某种固定的量，却忽略了剩余价值量方面的差别，不理解资本的生产性，不理解资本**强制要求剩余劳动**，一方面是强制要求绝对剩余劳动，其次是资本具有追求缩短必要劳动时间的内在欲望，也就是说，没有阐明资本**在历史上**的合理性。相反，亚·斯密已经提出了正确的公式。如果说把价值归结为劳动具有重要的意义，那么，把剩余价值归结为剩余劳动，并以鲜明的语言表述出来，这同样具有重要的意义。

李嘉图是从资本主义生产的现有事实出发的。劳动的价值小于劳动所创造的产品的价值。因此，产品的价值大于生产产品的劳动的价值，或者说，大于工资的价值。产品的价值**超过**工资的价值的余额，就是剩余价值。(李嘉图错误地说成**利润**，前面已经指出，他在这里把利润和剩余价值等同起来了，而他说的实际上是后者。) 在李嘉图看来，产品的价值大于工资的价值，这是事实。这个事实究竟是怎样产生的，仍然不清楚。整个工作日**大于**工作日中生产工资所需要的部分。为什么呢？这个问题并没有显露出来。因此，李嘉图错误地假定**总工作日的量是固定的**，并从这里直接得出了错误的结论。因此，李嘉图只能用生产必需品的社会劳动的生产率的提高或降低来说明剩余价值的增加或减少。这就是说，李嘉图只知道相对剩余价值。

[XII—656] 显然，如果工人为生产他自己的生活资料 (即同他自己的生活资料的价值相等的商品) 需要一整天，那就不可能有任何剩余价值，因而也不可能有资本主义生产和雇佣劳动。为了使资本主义生产

能够存在，社会劳动生产率的发展程度必须足以使总工作日中除了再生产工资所必需的劳动时间以外，还有余额，也就是说，要有或多或少的**剩余劳动**存在。但是，同样明显的是，如果说在劳动时间既定（工作日长度既定）的情况下，劳动生产率可以大不相同，那么，另一方面，在生产率既定的情况下，劳动时间即工作日长度也可以大不相同。其次，很明显，如果说**剩余劳动**能够存在，必定以劳动生产率的一定发展水平为前提，那么，这种剩余劳动的单纯的**可能性**（就是说，劳动生产率的那种必要的最低限度的存在）并不就造成它的**现实性**。为此，首先还要**强迫**工人进行超过上述限度的劳动，而资本就是强迫工人这样做的。这在李嘉图的著作中并没有谈到，因而也没有谈到争取规定正常工作日的全部斗争。

在劳动的社会生产力发展的低级阶段，也就是说，在剩余劳动相对说来还少的那个阶段，靠他人劳动过活的阶级同劳动者的人数相比一般是小的。这个阶级随着生产率的增长，也就是说，随着相对剩余价值的增长，可能大大（相对地说）增长起来。

其次，据认为，**劳动的价值**在同一国家的不同时期和在同一时期的不同国家是有很大变化的。但是，资本主义生产的故乡是温带。劳动的**社会**生产力可能很不发达，可是，正是在必需品的生产上，一方面由于自然因素（如土地）富饶，另一方面由于居民的需要极少（由于气候等），这一点能够得到补偿，例如在印度，这两种情况都存在。在原始状态中，由于社会需要还不发展，最低限度的工资可能很少（从使用价值的数量来看），可是要花费许多劳动。但是，即使生产最低限度的工资的必要劳动只是平均量，生产出来的剩余价值，虽然同工资（必要劳动时间）相比占很大的比例，就是说，即使剩余价值率很高，可是表现为使用价值，却同工资本身一样，还是极其微小的（相对地说）。

假定必要劳动时间=10小时，剩余劳动=2小时，整个工作日=12小时。如果必要劳动时间等于12小时，剩余劳动等于$2\frac{2}{5}$小时，整个工作日是$14\frac{2}{5}$小时，那么，生产出来的价值就大不相同。在第一种场合，生产出来的价值＝12小时，在第二种场合，生产出来的价值等于 $14\frac{2}{5}$ 小时。剩余价值的绝对量也大不相同。在第一种场合，剩余价值等于2小时，在另一种场合，等于 $2\frac{2}{5}$ 小时。可是，**剩余价值率**，或者说，**剩余劳动率**，是相同的，因为 $2:10=2\frac{2}{5}:12$。如果在第二种场合投入的可变资本更多，那么它占有的剩余价值或剩余劳动也会更多。如果在后一种场合剩余劳动不是增加 $\frac{2}{5}$ 小时，而是 $\frac{5}{5}$ 小时，从而剩余劳动就等于3小时，而总工作日就等于15小时，那么，虽然**必要劳动时间**，或者说，最低限度的工资增加了，**剩余价值率**还是会提高（因为 $2:10=\frac{1}{5}$，而 $3:12=\frac{1}{4}$）。如果由于谷物等涨价而最低限度的工资从10小时增加到12小时，这两种情况就可能同时发生。可见，即使在这种场合，剩余价值率不仅能够保持不变，而且剩余价值量和剩余价值率还会增长。

但是，我们假定，必要工资和以前一样等于10小时，剩余劳动等于2小时，其他一切条件不变（因此，这里完全不考虑不变资本的生产费用的减少）。如果工人现在多劳动 $2\frac{2}{5}$ 小时，其中2小时他自己占有，$\frac{2}{5}$ 小时成为剩余劳动，那么，在这种情况下，工资和剩余价值会以同一程度增加，但是前者代表的量大于必要工资，或者说，必要劳动时间。

如果我们取一个**既定量**，把它分成两个部分，那么，很清楚，其中一个部分只有在另一个部分减少的情况下才能增加，反过来也是一样。但是，如果这是增长量（变量），情况就决不是这样。而工作日（在没有争得正常工作日以前）正是这样的一个增长量。在这样的增长量的场合，两个部分都可以增长，或者以同一程度增长，或者两者以不同程度增长。一个部分的增长不是以另一个部分的减少为条件，反过来也是一样。这也就是工资和剩余价值两者就**交换价值**来看能够同时**增长**，甚至可能以同一程度增长的惟一情况。就使用价值来看，那是不言而喻的；[XII—657]虽然劳动的价值，比如说，减少了，使用价值也可能增加。在1797年到1815年间，英国的谷物价格和名义工资都大大提高，那时，在同样处于迅猛发展阶段的主要工业部门中，每天的劳动小时数大大增加，我认为，正是这种情况阻止了利润率的降低（因为它阻止了剩余价值率的降低）。但是，在这种场合，正常工作日不管怎样都延长了，工人的正常寿命，也就是说，他的劳动能力的正常期限，也相应地缩短了。如果工作日的延长是经常的，就会产生这种结果。如果这种延长只是暂时的，只是为了补偿暂时的工资涨价，那么，它除了在按劳动性质有可能延长劳动时间的企业中阻止利润率降低以外，也可能不产生其他后果（妇女和儿童劳动除外）。（在农业中这种情况最少发生）

李嘉图完全没有注意到这一点，因为他既不研究剩余价值的起源，也不研究绝对剩余价值，因而把工作日看做某种既定的量。可见，就上述场合来说，**他所说的剩余价值和工资**（他错误地说成利润和工资）**就交换价值来看彼此只能按反比例增加或减少这个规律是错误的**。

我们假定，必要劳动时间不变，剩余劳动也不变。就是说，这里是10+2；工作日＝12小时，剩余价值＝2小时；剩余价值率＝$\frac{1}{5}$。

现在假定，必要劳动时间仍然不变；而剩余劳动从2小时增加到4小时。工作日便是10+4，即14小时；剩余价值＝4小时；剩余价值率＝4∶10＝$\frac{4}{10}$＝$\frac{2}{5}$。

在两种场合，必要劳动时间是一样的；但剩余价值在一种场合比另一种场合多一倍，工作日在第二种场合比第一种场合大$\frac{1}{6}$。其次，虽然工资相等，生产出来的价值，根据劳动量，却大不相同；在第一种场合＝12小时，在另一种场合＝12+$\frac{12}{6}$＝14。因此，那种认为假定**工资相等**（就价值来说，就必要劳动时间来说），两个商品所包含的剩余价值之比就等于两个商品所包含的劳动量之比的说法，是错误的。只有在**正**

常工作日不变的情况下，这种说法才是正确的。

其次，假定由于劳动生产力提高，必要工资从 10 小时减到 9 小时（虽然就花费的使用价值而言，必要工资仍然不变），剩余劳动时间也从 2 小时减到 $1\frac{4}{5}$ 小时（即 $\frac{5}{9}$ 小时）。在这种情况下，$10：9 = 2：1\frac{4}{5}$。因此，剩余劳动时间和必要劳动时间以同一比例减少。在两种场合，剩余价值率是一样的，因为 $2 = \frac{10}{5}$，$1\frac{4}{5} = \frac{4}{5}$，而 $1\frac{4}{5}：9 = 2：10$。根据假定，用剩余价值可以买到的使用价值的量仍然不变。（但是，这一点只适用于作为必需品的使用价值。）工作日从 12 小时减到 $10\frac{4}{5}$ 小时。在第二种场合生产出来的价值量小于第一种场合。尽管劳动量不等，剩余价值率在两种场合却是一样的。

在考察剩余价值时，我们把剩余价值和剩余价值率区别开来了。就一个工作日来看，剩余价值等于它所代表的绝对时数，比如说，2、3 小时等。剩余价值率等于这一时数和构成必要劳动时间的时数之比。这个区别非常重要，因为它会表明工作日的不同长度。如果剩余价值等于 2 小时，那么，必要劳动时间为 10 小时，它就等于 $\frac{1}{5}$，必要劳动时间为 12 小时，它就等于 $\frac{1}{6}$。在一种场合工作日是 12 小时，在另一种场合工作日是 14 小时。在第一种场合剩余价值率较大，而工人一天劳动的时数较少。在第二种场合剩余价值率较小，劳动能力的价值较大，而工人一天劳动的时数较多。这里我们看到，在剩余价值不变（但工作日不等）时，剩余价值率可能不同。而在前面 $10：2$ 和 $9：1\frac{4}{5}$ 的情况下，我们看到，在剩余价值率不变（但工作日不等）时，剩余价值本身可能不同（在一种情况下是 2，在另一种情况下是 $1\frac{4}{5}$）。

我在前面（第二章）曾经指出，在工作日既定（工作日的长度既定），必要劳动时间既定，因而剩余价值率既定的条件下，剩余价值量取决于由同一资本同时雇用的劳动的**人数**。这个论点本来是同义反复。因为,如果1个工作日给我提供2小时的剩余劳动,那么,12个工作日就给我提供24小时的剩余劳动,或者说,提供2个剩余工作日。可是,对于利润的决定(利润等于剩余价值同预付资本之比,因而它取决于剩余价值的绝对量),这个论点具有极其重要的意义。这个论点所以具有重要意义,是因为量相等而有机构成不同的资本,使用的工人人数不等,因而生产的剩余价值就一定不等,也就是说,生产的利润就一定不等。在剩余价值率降低时利润可能提高,而在剩余价值率提高时利润可能降低,或者,如果剩余价值率的提高或降低由使用的工人人数的相反运动所抵消,利润可能不变。这里,我们一开始就看到,把剩余价值提高和降低的规律 [XII—658] 与利润提高和降低的规律等同起来是极端错误的。如果考察的只是单纯的剩余价值规律,那么,说在剩余价值率既定(以及工作日既定)时,剩余价值的绝对量取决于所使用的资本量,这似乎是同义反复。因为根据假定,这个资本量的增长和同时雇用的工人人数的增加是一回事,或者说,只是同一事实的不同表现。但是,如果考察的是利润,对于各个同量资本来说,当所使用的总资本量和所使用的工人人数的量大不相同时,那么,就可以看出上述规律的重要性了。

李嘉图是从考察具有一定价值的**商品**即代表**一定**量劳动的商品出发的。而从这一点出发,绝对剩余价值和相对剩余价值似乎总是一致的。(这无论如何说明了他的考察方法的片面性,而且也符合他的整个研究方法——从由商品中包含的劳动时间决定的商品**价值**出发,然后研究工资、利润等在什么程度上影响这个价值。)但是,这是假象,因为这里不是谈商品,而是谈资本主义生产,谈作为资本的产物的商品。

假定有一笔资本使用一定数量的工人,比如说20人,而工资等于20镑。为了简便起见,我们假定固定资本等于零,就是说,完全不把它计算在内。假定这20个工人一天劳动12小时,把价值80镑的棉花纺成纱。如果1磅棉花值1先令,20磅棉花就值1镑,80镑=1600磅棉花。如果20个工人用12小时纺1600磅棉花,那么1小时就纺$\frac{1600}{12}$

磅 = $133\frac{1}{3}$ 磅。因此，如果必要劳动时间 = 10 小时，剩余劳动时间就 = 2 小时，它就 = $266\frac{2}{3}$ 磅纱。1600 磅纱的价值等于 104 镑；因为，如果 10 劳动小时 = 20 镑，那么 1 劳动小时 = 2 镑，2 劳动小时 = 4 镑；因此，12 劳动小时 = 24 镑。(80 镑 + 24 镑 = 104 镑)。

但是，假定工人的剩余〔劳动〕时间等于 4 小时，那么他们的产品就 = 8 镑（我指的是工人创造的剩余价值，他们的产品实际上 = 28 镑）。总产品的价值 = $121\frac{1}{3}$ 镑，而这 $121\frac{1}{3}$ 镑 = $1866\frac{2}{3}$ 磅纱。因为生产条件不变，所以，1 磅纱和以前一样，其价值没有变；它包含的劳动时间还是这么多。根据假定，必要工资（它的价值、它所包含的劳动时间）也保持不变。

不论这 $1866\frac{2}{3}$ 磅纱是在第一种条件下还是在第二种条件下生产的，就是说，不论剩余劳动是 2 小时还是 4 小时，在两种情况下这些纱都具有同一价值。那就是，多纺的 $266\frac{2}{3}$ 磅棉花值 13 镑 $6\frac{2}{3}$ 先令。如果把它加到用于 1600 磅棉花的 80 镑上，就是 93 镑 $6\frac{2}{3}$ 先令，而在两种情况下 20 个人多劳动的 4 劳动小时等于 8 镑。全部〔新加〕劳动就是 28 镑，因而就是 121 镑 $6\frac{2}{3}$ 先令。在两种情况下，工资都是一样的。1 磅纱在两种情况下都值 $1\frac{3}{10}$ 先令。因为 1 磅棉花的价值 = 1 先令，所以，在 1 磅纱中包含的新加劳动在两种情况下都是 $3\frac{3}{10}$ 先令 = $3\frac{3}{5}$ 便士（或 $\frac{18}{5}$ 便士）。

可是，在假定的条件下，每磅纱中价值和剩余价值之比是大不相同的。在第一种情况下，因为必要劳动 = 20 镑，剩余劳动 = 4 镑，或者说，前者=10小时，后者=2小时，剩余劳动和必要劳动之比是$2:10=\frac{2}{10}=\frac{1}{5}$。（同样可以说，$4磅:20磅=\frac{4}{20}=\frac{1}{5}$。）因此，在这种情况下，［物化］在1磅纱中的［新加劳动］$3\frac{3}{5}$便士中，包含着$\frac{1}{5}$无酬劳动=$\frac{18}{25}$便士，或$\frac{72}{25}$法寻=$2\frac{22}{25}$法寻。而在第二种情况下，必要劳动是20磅（10劳动小时），剩余劳动=8磅（4劳动小时）。剩余劳动和必要劳动之比是$8:20=\frac{8}{20}=\frac{4}{10}=\frac{2}{5}$。因此，［物化］在1磅纱中的［新加劳动］$3\frac{3}{5}$便士中，全部无酬劳动是这一数目的$\frac{2}{5}$，即$4\frac{44}{25}$法寻，或1便士$1\frac{19}{25}$法寻。［XII—659］虽然在两种情况下1磅纱具有同一价值，并且在两种情况下支付同样的工资，但是1磅纱包含的剩余价值，在一种情况下比在另一种情况下多一倍。在作为产品的一定部分的单个商品中，劳动价值和剩余价值的比例，自然应当同全部产品中的比例一样。

在一种情况下［在12小时的工作日中把$1866\frac{2}{3}$磅棉花纺成纱］，用于棉花的预付资本=93镑$6\frac{2}{3}$先令，而用于工资的预付资本是多少呢？这里，用于把1600磅棉花纺成纱的工资等于20镑，因而用于把追加的$266\frac{2}{3}$磅棉花纺成纱的工资等于$3\frac{1}{3}$镑。因此，工资总共用了$23\frac{1}{3}$镑。而全部支出=资本93镑$6\frac{2}{3}$先令+$23\frac{1}{3}$镑=116镑$13\frac{1}{3}$先令。产品=121镑$6\frac{2}{3}$先令。多支出的$3\frac{1}{3}$镑资本只提供$13\frac{1}{3}$先令的剩余价值。20镑：4镑=$3\frac{1}{3}$镑：$\frac{2}{3}$镑=$13\frac{1}{3}$先令（$\frac{1}{5}$镑=4先令）。

相反，在另一种情况下［在14小时的工作日中把$1866\frac{2}{3}$磅棉花纺成纱〕，投资只有93镑6$\frac{2}{3}$先令+20镑=113镑623先令，而在4镑剩余价值上又加上了4镑。在两种情况下生产出来的纱的数量一样，纱的价值一样，就是说，这两种纱代表相等的劳动总量；但是这两个相等的劳动总量，虽然工资相同，却是由大小不等的两笔资本推动的；相反，工作日的长度是不等的，**因而**，无酬劳动的量就不同。就单独每一磅纱来考察，花费在它上面的工资，或者说，它所包含的**有酬**劳动的量，是不等的。这里，同样多的工资分配在较大量的商品上，不是因为劳动的生产率在一种情况下比在另一种情况下高，而是因为在一种情况下被推动的无酬剩余劳动总量比在另一种情况下大。因此，用**同量**的**有酬**劳动，在一种情况下生产的纱的磅数比在另一种情况下多，虽然在两种情况下总共都生产了等量的纱，两种等量的纱代表等量的总劳动（有酬劳动和无酬劳动）。相反，如果在第二种情况下劳动生产率提高的话，那么，无论如何（不论剩余价值同可变资本之比怎样）1磅纱的价值都要下降。

因此，在这种情况下，如果说，因为1磅纱的**价值**是既定的，等于1先令3$\frac{3}{5}$便士，其次，因为追加劳动的价值是既定的=3$\frac{3}{5}$便士，并且根据假定，工资**是相同的**，**即必要劳动时间**不变，所以剩余价值一定会相同，两笔资本在其他条件相同的情况下生产出来的纱一定会带来相同的利润，那么，这种说法是错误的。如果谈的是1磅纱，那倒是对的，但这里谈的是生产了1866$\frac{2}{3}$磅纱的一笔资本。为了要知道这笔资本从1磅纱中得到多大的利润（其实是剩余价值），我们必须知道工作日有多长，或者说，这笔资本（在生产率既定的情况下）推动的无酬劳动的量有多大。但是这从单个商品上是看不出来的。

可见，李嘉图只是阐述了我称做**相对剩余价值**的东西。他是从**工作日长度既定**这一前提出发的（斯密和他的前辈似乎也是从这一前提出发的）。（至多，在斯密著作中提到过**不同的**劳动部门中工作日长度的差别，而这种差别已由劳动的较大强度、困难、使人厌恶的性质等抵消或补偿。）从这个前提出发，李嘉图总的说来正确地阐述了相对剩余价值。但是在我们谈到他阐述的主要论点之前，我们还要引几段引文来说明李嘉图的观点。

"制造业中100万人的劳动总是生产出相同的价值，但并非总是生产出相同的财富。"（同上，第320页）

这就是说，他们一天劳动的产品总是100万工作日的产品，包含同一劳动时间，而这种说法是错误的，或者，只有在考虑到不同劳动部门的不同困难程度等等的情况下已普遍确立**同一**的正常工作日的时候，才可能是正确的。

可是，即使在这样的时候，在这里用一般形式表述出来的这个论点还是错误的。假定正常工作日等于12小时。假定一个人的年劳动产品用货币表示＝50镑，而且货币的价值不变。在这种情况下，100万人的劳动产品一年总是＝5000万镑。假定必要劳动＝6小时，那么用于这100万人的资本一年就＝2500万镑。剩余价值也＝2500万镑，不管工人得到2500万、3000万还是4000万，产品总是等于5000万。只是剩余价值在第一种情况下＝2500万，在第二种情况下＝2000万，在第三种情况下＝1000万。如果预付资本仅仅由**可变**资本组成，就是说，仅仅由用于这100万人的**工资**的资本组成，那么，李嘉图就对了。因此，他只有在**一种情况**下，即在全部资本等于可变资本的情况下才是对的，——在李嘉图的著作中就像在亚·斯密的著作中一样，这个前提贯穿着全部研究，[XII—660] 只要他谈的是整个社会的资本；但是，在资本主义生产条件下，无论在哪一个生产部门中，尤其在整个社会的各生产部门中，这种情况是不存在的。

加入劳动过程但不加入价值增殖过程的那**一部分不变资本**，不加入产品（**产品的价值**），因此，在这里，当我们讲的是**年产品的价值**的时候，无论这一部分不变资本对决定一般利润率多么重要，它都是同我们无关的。加入年产品的那一部分不变资本，却是另外一种情况。我们已经看到，这部分不变资本中的一部分，或者说，在一个生产领域表现为不变资本的东西，在另一个生产领域的同一年的**同一**生产期间却表现为劳动的直接产品；因而，一年投入的资本中有很大一部分，从单个资本家或特殊生产领域的角度来看**表现为**不变资本，而从社会或资本家阶级的角度来看却归结为**可变**资本。因此，这一部分是包含在5000万之内的，是包含在5000万中构成可变资本或用于工资的部分之内的。

但是，对于为了补偿制造业和农业中已消费的不变资本而消费的**那一部分不变资本**，对于生产不变资本，即生产最初形式的原料、固定资本和辅助材料的生产部门所使用的不变资本中已消费的部分，却是另外一种情况。这一部分不变资本的价值会在产品中重新表现出来，会在产品中被再生产出来。这一部分的价值以什么比例加入全部产品的价值，完全取决于它现有的量（前提是：劳动生产率保持不变；而且不管劳动生产率怎样变动，这一部分的价值的量总是**一定的**）。（如果不把农业中的某些例外计算在内，平均说来，就连产品的量，即100万人生产出来的被李嘉图看做不同于**价值的财富**，当然也取决于这个作为生产前提的不变资本的量。）如果没有100万人的新的年劳动，产品的这一部分价值就不会存在。另一方面，如果没有这个不以他们的年劳动为转移而存在的不变资本，100万人的劳动就不能提供同一产品量。这个不变资本作为生产条件加入劳动过程，但是为了把全部年产品的这一部分价值再生产出来，无须再花费哪怕是一小时的劳动。因此，作为价值，这一部分不是年劳动的结果，虽然**没有**这一年劳动它的价值就不能在产品中再生产出来。

假定加入产品的那部分不变资本＝2500万，那么，100万人的产品的价值就＝7500万；如果前者＝1000万，后者就只＝6000万，依此类推。因为在资本主义发展过程中，不变资本对可变资本的比例在增长，所以100万人的年产品的价值，就有同作为因素参加100万人一年生产活动的过去劳动的增长成比例地不断增长的趋势。从这里已经可以看到，李嘉图既不能理解积累的实质，也不能理解利润的本质。

随着不变资本对可变资本的比例的增长，劳动生产率也增长，已生产出来的、社会劳动借以发挥作用的生产力也增长。诚然，由于劳动生产率的这一增长，现有不变资本的一部分将不断贬值，因为它的价值不是决定于它原先已花费的劳动时间，而是决定于可以把它再生产出来的劳动时间，而这种劳动时间随着劳动生产率的增长会不断减少。因此，不变资本的价值虽然不是同它的量成比例地增长，但毕竟是在增长，因为不变资本的量的增长快于它的价值的减少。不过，关于李嘉图的积累观点，我们到后面再谈。①

无论如何，这里已经很明显，假定工作日既定，100万人的年劳动产品的价值，将根据加入产品的不变资本的量的不同而大不相同，尽管劳动生产率在增长，这个价值在不变资本构成总资本很大部分的地方，比在不变资本构成总资本较小部分的社会状态下要大。因此，随着社会劳动生产率的进步以及伴随而来的不变资本的增长，资本本身在劳动的全部年产品中所占的部分，相对说来将越来越大，因而资本财产（撇开资本家的收入不说）将不断增大，单个工人，甚至工人阶级所创造的那部分价值所占的份额，[XII—661] 与现在作为资本同他们对立的他们的过去劳动的产品相比，将越来越减少。因此，劳动能力和作为资本而独立化的劳动客观条件之间的异化和对立不断增长。（我们这里不谈可变资本，即年劳动的产品中为再生产工人阶级所必需的那一部分；但是，就连工人阶级的这些生存资料本身也是作为资本同他们对立的。）

李嘉图把工作日看做**既定的**、**有限的**、**固定的量**的观点，在他书中的其他地方也谈到过，例如：

"它们〈工资和资本的利润〉加在一起总是具有同一价值。"（同上，第499页；《马尔萨斯先生的地租观点》第32章）

换言之，这只不过是说：劳动时间（每天的）——其产品在工资和资本的利润之间进行**分配**——总是**同一**的，是**不变的量**。

"工资和利润加在一起具有同一价值。"（同上，第491页注）

这里我无须重复，利润在这些地方都应读作剩余价值。

"工资和利润加在一起将总是同一价值。"（第490 [—491] 页）

---

① 见本卷第534页及以下几页。——编者注

"工资应当按照它的实际价值计算,就是说,按照生产工资时使用的劳动和资本的量计算,不应按照它用衣服、帽子、货币或谷物来表示的名义价值计算。"(同上,第1章《论价值》第50页)

工人得到的(他用自己的工资购买的)生活资料(谷物、衣服等)的价值,决定于生产它们所需要的总劳动时间,这里既包括生产它们所必需的直接劳动量,也包括生产它们所必需的对象化劳动量。但是,李嘉图把问题搞糊涂了,因为他没有把问题表达清楚,他不是说:"它的[工资的]**实际价值**,即工作日中为再生产他[工人]自己的必需品的价值、为再生产支付给他,或者说,用以交换他的劳动的必需品的等价所需要的那一部分"。实际工资应由工人为生产或再生产他自己的工资在一天中必须劳动的平均时间来决定。[而李嘉图做了这样的表述:]

"工人只有在用他的工资能买到大量劳动的产品时,他的劳动才是得到真正高的价格。"(同上,第322页[注])

(4) 相对剩余价值

相对剩余价值——这实际上是李嘉图在**利润**名义下阐述的剩余价值的惟一形式。

为生产商品所需要的并包含在商品中的劳动量,决定商品的价值,因而商品的价值是一个**既定的**、**一定的量**。这个量在雇佣工人和资本家之间分配。(李嘉图同斯密一样在这里没有考虑不变资本。)很明显,一方的份额的增加或减少,只能同另一方的份额的减少或增加成比例。既然商品的价值全靠工人的劳动来创造,那么在任何情况下这种劳动本身都是前提,但是工人必须活着,维持自己的生命,也就是说,必须得到必要工资(与劳动能力价值相等的最低限度的工资),否则就不可能有这种劳动。因此,工资和剩余价值——商品的价值或产品本身分成的这两个范畴——不仅彼此成反比,而且最初的、决定性的因素是工资的运动。工资的提高或降低引起利润(剩余价值)方面的相反的运动。工资提高或降低,不是因为利润(剩余价值)降低或提高,相反,因为工资提高或降低，剩余价值（利润）才降低或提高。工人阶级从它自己的年生产中取得他自己的份额以后剩下的**剩余产品**（其实应当说**剩余价值**），成为资本家阶级赖以生活的材料。

既然商品的价值决定于商品包含的劳动量，而工资和剩余价值（利润）只不过是两个生产者阶级彼此之间分配商品价值的**份额**，比例，那么，很明显，工资的提高或降低虽然决定剩余价值率（利润率），但是并不影响商品的价值或价格（商品价值的货币表现）。一个整体在两个分配者之间进行分配的比例，既不会使这个整体本身变大，也不会使它变小。因此，认为**工资的提高会提高商品的价格**的看法，是一种错误的成见；工资提高只能使利润（剩余价值）降低。甚至李嘉图所举的一些例外情况，即工资提高会引起一些商品的交换价值降低和另一些商品的交换价值提高的情况，就**价值**而言也是错误的，只是就**费用价格**而言才是正确的。

[XII—662] 既然剩余价值（利润）率决定于工资的相对高度，那么后者又是由什么决定的呢？如果撇开竞争不谈，工资的相对高度决定于必要生活资料的价格。必要生活资料的价格又取决于劳动生产率，而土地越肥沃，劳动生产率就越高（这里，李嘉图假定是资本主义生产）。每一种"改良"都使商品、生活资料的价格降低。因此，工资，或者说，"劳动的价值"的提高或降低同劳动生产力的发展成反比，只要这一劳动所生产的是加入工人阶级日常消费的必需品。因此，剩余价值（利润）率的降低或提高同劳动生产力的发展成正比，因为这种发展使工资降低或提高。

工资不提高，利润（剩余价值）率就不可能降低；工资不降低，利润（剩余价值）率就不可能提高。

工资的价值不是按照工人得到的生活资料的量来计算的，而是按照这些生活资料所耗费的劳动量（实际上就是工人自己占有的那部分工作日），按照工人从总产品中，或者更确切地说，从这个产品的总价值中得到的**比例部分**来计算的。可能有这种情况，工人的工资用使用价值（一定量的商品或货币）来衡量，是提高了（在生产率提高的情况下），可是按价值却降低了，也可能有相反的情况。分析相对工资，或者说，比例工资,并把它作为范畴确定下来,是李嘉图的巨大功绩之一。在李嘉图以前,始终只对工资作了简单的考察,因而工人被看做牲畜。而这里工人是被放在他的社会关系中来考察的。阶级和阶级相互之间的状况,与其说决定于工资的绝对量,不如说决定于比例工资。

现在从李嘉图著作中引几段话,以证实前面所表述的论点。

"猎人一天劳动的产品鹿的价值恰好等于渔夫一天劳动的产品鱼的价值。不管产量多少,也不管普通工资或利润的高低,鱼和野味的比较价值完全由实现在它们自身中的劳动量决定。如果……渔夫……雇用10个人,他们的年劳动值100镑,他们劳动一天可捕得鲑鱼20条;如果……猎人也雇用10个人,他们的年劳动值100镑,他们一天为他捕鹿10只;那么,不论全部产品中归捕获者的份额是多少,一只鹿的自然价格就是两条鲑鱼。用来支付工资的份额对利润问题是极为重要的;因为一眼就可以看出,利润的高或低恰好同工资的低或高成比例;但是这丝毫不会影响鱼和野味的相对价值,因为在这两个行业中,工资要高就会同时都高,要低就会同时都低。"(第1章《论价值》第20—21页)

我们看到,李嘉图从被雇用者的**劳动**中得出商品的全部价值。在被雇用者和资本之间分配的,就是被雇用者自己的劳动,或者说,这一劳动的产品,或者说,这一产品的价值。

"工资的任何变动不可能引起这些商品的相对价值的变动,因为,假定工资提高,这两个行业中的任何一个并不需要更大的劳动量,但对这一劳动将支付更高的价格……工资可能提高百分之二十,因此利润会以或大或小的幅度降低,但这决不会使这些商品的相对价值发生丝毫变动。"(同上,第23页)

"利润不降低,劳动的价值就不会提高。如果把谷物在租地农场主和工人之间分配,后者得到的份额越大,留给前者的就越小。同样,如果把呢绒和棉织品在工人和雇主之间分配,分给前者的份额越大,留给后者的就越小。"(同上,第31页)

[XII—663]"亚当·斯密和一切追随他的著作家,据我所知,无一例外地都认为,劳动价格的上涨,必然会引起一切商品价格的上涨。我希望,我已成功地证明了这种意见是毫无根据的。"(同上,第45页)

"工资的提高,如果是由于工人得到比较优厚的报酬,或者由于那些用工资购买的必需品的生产发生困难,那么,除了某些情况以外,不会引起价格的提高,但对于利润降低却有很大的影响。"如果工资的提高是由"货币价值的变动"引起的,那是另一回事。"在一种场合〔即上述的场合〕,国家的年劳动中并没有花费更大的份额来维持工人生活,在另一种场合,却花费了更大的份额。"(同上,第48页)

李嘉图有意把价值和生产费用混为一谈:"马尔萨斯先生似乎以为,认定一物的费用和价值是一回事,这是我的学说的一部分;如果他所说的费用指包括利润在内的'生产费用',那么事情正是这样。"(同上,第46页〔注〕)

"随着食物和必需品价格的上涨,劳动的自然价格也上涨;随着这些东西的价格下降,劳动的自然价格也下降。"(同上,第86页)

"现有人口的需要满足之后剩下来的剩余产品,必然同生产的容易程度成比例,也就是说,从事生产的人数越少,剩余产品就越多。"(第93页)

"不论是耕种调节价格的那一等级土地的租地农场主,还是生产工业品的制造业主,都没有牺牲自己产品的任何部分来支付地租。他们的商品的全部价值只分成两部分:一部分构成资本的利润,另一部分构成工资。"(同上,第107页)

"假定丝绸、天鹅绒、家具以及其他任何不是工人需要的商品由于所费劳动增加而涨价,这会不会影响利润呢?当然不会。因为只有工资提高才能影响利润;丝绸和天鹅绒不为工人所消费,所以它们价格的上涨就不能提高工资。"(同上,第118页)

"如果10个工人的劳动在一定质量的土地上可以获得小麦180夸特,每夸特价值4镑,共计720镑(第110页)……在任何情况下,这720镑都必定分成工资和利润……不论工资或利润是提高还是降低,这两者都必定由720镑这个总额中提供。一方面,利润决不能提高到从这720镑中取出那样大一部分,以致余数不足以给工人提供绝对必需品;另一方面,工资决不能提高到使这个总额不剩下一部分作为利润。"(同上,第113页)

"利润取决于工资的高低,工资取决于必需品的价格,而必需品的价格主要取决于食物的价格,因为其他一切必需品的数量是可以几乎无止境地增加的。"(同上,第119页)

"虽然生产了一个较大的价值〈在土地变坏的情况下〉,但这一价值在支付地租以后剩下的部分中却有较大的份额是由生产者消费的〔李嘉图在这里把工人和生产者等同起来了〕,而这一点,并且只有这一点,却调节着利润的大小。"(第127页)

"改良的实质就是使生产商品所需要的劳动量比以前减少；而这种减少不能不使商品的价格，或者说，相对价值下降。"（同上，第70页）

"如果减少帽子的生产费用，尽管对帽子的需求增加一倍、两倍或者三倍，帽子的价格最后总要降到其新的自然价格的水平。如果降低维持人的生活的食物和衣服的自然价格，从而减少人的生存资料的生产费用，尽管对工人的需求［XII—664］可能大大增加，工资最后还是会降低。"（同上，第460页）

"工资分得的份额越小，利润分得的份额就越大，反过来也是一样。"（同上，第500页）

"本书的目的之一就是要说明，必需品的实际价值每有降低，工资也就降低，而资本利润则提高；换句话说，在任何一定的年价值中，支付给工人阶级的份额会减少，而支付给用基金使用这个阶级的人的份额会增加。"

〔只是在最后这句非常通俗的话里，李嘉图即使没有猜到，但毕竟说出了资本的本质。不是积累的劳动被工人阶级，被工人自己使用，而是"基金"，"积累的劳动""使用这个阶级"，使用现时的、直接的劳动。〕

"假定某个制造厂生产的商品价值为1000镑，这一价值在老板和他的工人之间分配〈这句话又反映了资本的本质；资本家是老板，工人是他的工人〉，工人得800镑，老板得200镑；如果这些商品的价值降到900镑，同时由于必需品降价而在工资上节省了100镑，那么，老板的纯收入丝毫不会减少。"（第［511—］512页）

"如果由于机器改良，生产供工人穿的鞋子和衣服所需要的劳动量只等于现在的四分之一，那么这些东西的价格也许会降低75%；但是，决不能由此得出结论说，工人因此就可以不再只消费一件上衣和一双鞋子，而可以经常消费四件上衣和四双鞋子了；由于竞争的影响和人口的刺激，他的工资也许不久就会同他们用工资购买的各种必需品的新价值相适应。如果这种改良推广到工人的一切消费品，大概过了几年以后我们就会看到，虽然与任何其他商品相比这些商品的交换价值已经大大降低，虽然这些商品现在是已经大大减少了的劳动量的产品，但工人的消费量即使有所增加也是十分有限的。"（同上，第8页）

"工资的增加，总是靠减少利润，工资降低时，利润总是提高。"（同上，第491页注）

"在本书中，我始终力图证明：工资不降低，利润率就决不会提高；用工资购买的各种必需品不跌价，工资就不能持久降低。因此，如果由于对外贸易的扩大或机器的改良，工人消费的食物和必需品能按较低廉的价格进入市场，利润就会提高。如果我们不自己种植谷物，不自己生产工人所用的衣服和其他必需品，而是发现一个新的市场，可以用较低廉的价格从那里取得这些商品，工资就会降低，利润就会提高；但是，如果由于对外贸易的扩大或机器的改良而以较低廉的价格取得的商品仅仅是供富人消费的商品，利润率就不会发生任何变动。葡萄酒、天鹅绒、丝绸及其他贵重商品的价格即使降低50%，工资率也不会受到影响，因而利润也会保持不变。

所以，对外贸易虽然对国家极为有利，因为它增加了用收入购买的物品的数量和种类，并且由于商品丰富和价格低廉而为节约和资本积累提供刺激〈为什么不是为消费提供刺激？〉，但是，如果进口的商品不属于用工人工资购买的那一类商品，就根本没有提高资本利润的趋势。

以上关于对外贸易的看法同样适用于国内贸易。利润率决不会由于分工的改进、机器的发明、道路和运河的兴修或者在商品制造或运输上采用任何其他节约劳动的方法而提高。"

〔李嘉图刚刚讲过完全相反的话；他的意思显然是说，除非由于上述改良减少了劳动的价值，否则利润率决不会提高。〕

"所有这些原因都影响价格，总是对消费者极为有利，因为它们使消费者能够用同样的劳动换得更多的在生产上实行了改良的商品；但是它们对于利润绝对没有任何影响。另一方面，〔XII—665〕工人工资的任何降低都使利润提高，但是对于商品价格毫无影响。前一种情况对一切阶级都有利，因为一切阶级都是消费者"

(但是，这怎么会对工人阶级有利呢？因为李嘉图假定，如果这些商品属于用工资购买的物品，它们会使工资降低，如果它们的减价不会使工资降低，它们就不属于用工资购买的物品)；

"后一种情况只对生产者有利；他们会得到更多的利润，但一切物品的价格仍旧不变"

(这又怎么可能呢？因为李嘉图假定，使利润提高的工资的降低，正是因为必需品价格降低才发生的，因此决不能说"一切物品的价格仍旧不变")。

"在前一种情况下,他们得到的数额同以前一样,但是用他们的所得来购买的一切物品〈这又错了;应该说除了必需品以外的一切物品〉的交换价值减少了。"(第137—138页)

我们看到,整个这一段都写得极为草率。但是,撇开这些形式上的缺点不谈,这一切,就像在整个关于相对剩余价值的这种研究中一样,只有在把"利润率"读成"剩余价值率"的情况下才是正确的。即使对奢侈品来说,上述改良也可以提高一般利润率,因为这些生产领域的利润率,同其他一切生产领域的利润率一样,也参加一切特殊利润率平均化为平均利润率的过程。如果在这种情况下,由于上述种种影响,不变资本的价值同可变资本相比降低了,或者周转时间的长度缩短了(就是说,流通过程有了变化),那么,利润率就会提高。其次,李嘉图在这里对于对外贸易的影响作了非常片面的理解。对于资本主义生产来说,非常重要的是产品发展成为商品,而这同市场的扩大,同世界市场的建立,因而同对外贸易,有极为重要的联系。

如果撇开这一点不谈,李嘉图倒是提出了一个正确的原理,就是说:一切由分工、机器的改进、运输工具的完善、对外贸易引起的改良,一句话,一切缩短制造和运输商品的必要劳动时间的方法,由于并且只要它们降低劳动的价值,都会增加剩余价值(就是说,也会增加利润),从而使资本家阶级发财致富。

最后,我们在这一节里还必须引用李嘉图阐明相对工资的本质的几段话。

"如果我必须雇用一个工人劳动一星期,我不是付给他10先令而是付给他8先令,而货币的价值并没有发生任何变动,这个工人现在用8先令买到的食物和必需品,可能比以前用10先令买到的还多。但是,这不是像亚·斯密和最近马尔萨斯先生所说的那样,由于他的工资的实际价值提高了,而是由于工人用他的工资购买的那些物品的价值降低了,这是完全不同的两回事。但是,当我把这叫做工资的实际价值降低时,有人却说我使用了同这门科学的真正原理不相容的新奇说法。"(同上,第11—12页)

"要正确地判断利润率、地租率和工资率,我们不应当根据任何一个阶级所获得的产品的绝对量,而应当根据获得这一产品所需要的劳动量。由于机器和农业的改良，全部产品可能加倍；但是，如果工资、地租和利润也增加一倍，那么三者之间的比例仍然和以前一样，其中任何一项也不能说有了相对的变动。但是，如果工资没有如数增加，如果它不是增加一倍而只增加一半……那么，在这种情况下，我认为，说……工资已经降低而利润已经提高，那是对的；因为，如果我们有一个衡量产品价值的不变的标准，我们就会发现，现在归工人阶级……所得的价值比以前少了，而归资本家阶级所得的价值比以前多了。"（同上，第49页）

"工资的这种降低，仍然不是真正的降低，因为它〈工资〉现在能够为工人提供廉价商品的量比他以前的工资所提供的还多。"（同上，第51页）

德·昆西指出了李嘉图所发挥的一些论点，并把它们同其他经济学家的观点作了对照。

李嘉图以前的经济学家的情况是这样的："当有人问他们究竟是什么决定一切商品的价值的时候，回答是：价值主要由工资决定。再问：究竟是什么决定工资？他们就会指出，工资必须同用它购买的商品的价值相适应；这个回答实际上就是说，工资由商品的价值决定。"（《三位法学家关于政治经济学的对话，主要是关于李嘉图先生的〈原理〉》，[XII—666]载于1824年《伦敦杂志》第9卷第560页）

就在这个《对话》中，谈到用**劳动量**计量价值的规律和用**劳动价值**计量价值的规律：

"这两个公式决不能认为仅仅是同一规律的两个不同表现，李嘉图先生的规律（即关于 A 的价值和 B 的价值之**比**等于生产它们的劳动量之比的论点）用否定式来表达，最好是说：A 的价值和 B 的价值之比不等于生产 A 的劳动的价值和生产 B 的劳动的**价值**之比。"[同上，第348页]

（如果在 A 和 B 中资本的有机构成相同，那么，确实可以说，A 和 B 之比等于生产它们的劳动的**价值**之比。因为 A 和 B 中的积累劳动之比等于 A 和 B 中的直接劳动之比？它们的有酬劳动量之比等于它们所使用的直接劳动总量之比？假定构成是 $80c+20v$，剩余价值率 $=50\%$。如果一笔资本 $=500$，而另一笔 $=300$，那么前者的产品 $=550$，而后者的产品 $=330$。于是，两种产品之比也等于工资 $5\times20=100$ 和［工资］$3\times20=60$ 之比；

$100:60=10:6=5:3$。$550:330=55:33$，或 $\frac{55}{11}:\frac{33}{11}$（$5\times11=55$，$3\times11=33$），因而=5:3。但是，即使在这种情况下，也只是知道它们之间的比例，而不知道所考察的两种产品的实际价值，因为各种极不相同的价值量都可以符合于5:3这一比例。）

"如果价格为10先令，那么工资和利润加在一起就不能超过10先令。但是，难道不是恰好相反，是工资加利润决定价格吗？不，那是陈旧的、过时的学说。"（托·德·昆西《政治经济学逻辑》1844年爱丁堡—伦敦版第204页）

"新的经济学证明，任何价格都是并且仅仅是由生产该商品的劳动的相对量决定的。既然价格本身已经决定，价格也就决定那个无论工资还是利润都必须从中取得自己的特殊份额的基金。"（同上，第204页）"凡是可能破坏工资和利润之间的现有比例的变动，必定从工资中发生。"（同上，第205页）

"李嘉图给地租学说增添了新的东西：他把地租学说归结为地租是否真的取消了实际价值规律的问题。"（同上，第158页）

（5） 利润理论

已经详细证明：剩余价值规律，或者更确切地说，剩余价值率规律（假定工作日既定），不是像李嘉图所解释的那样，直接地、简单地同利润规律相一致，或者说，可以直接地、简单地适用于利润规律；李嘉图错误地把剩余价值和利润等同起来；只有在全部资本都由可变资本组成，或者说，全部资本都直接用于工资的场合，剩余价值和利润才是等同的；因此，李嘉图在"利润"名义下考察的，一般说来只是剩余价值。也只有在上述这种场合，总产品才会简单地归结为工资和剩余价值。李嘉图显然同意斯密关于年产品的**总价值**归结为收入的观点。因此，他也就把价值和费用价格混淆起来了。

这里没有必要重复说，利润率不是由支配剩余价值率的那同一些规律直接支配的。

第一，我们已经看到，利润率可能由于地租的降低或提高而提高或降低，同劳动价值的任何变动无关。

第二，利润的绝对量等于剩余价值的绝对量。但是，后者不仅决定于剩余价值率，而且决定于所使用的工人人数。因此在剩余价值率降低而工人人数增加的情况下，或者在相反的情况下，利润量可能不变。

第三，**在剩余价值率既定**的条件下，利润率取决于资本的有机构成。

第四，**在剩余价值既定**（从而假定每 100 单位的**资本的有机构成**也既定）的条件下，利润率取决于资本的不同部分的**价值比例**，这些不同部分可能受到不同原因的影响：部分地由于在应用生产条件方面节省了力等等；部分地由于价值变动，这种价值变动可能影响资本的一部分而不影响资本的其他部分。

最后，还要考虑到从流通过程产生的资本构成的差别。

[XII—667]从李嘉图著作中已经隐约透露出来的一些想法，本来应该促使他把剩余价值和利润区别开来。由于他没有区别剩余价值和利润，看来，——正如在分析第一章《论价值》时已经指出的，——他在有些地方就滑到认为利润只是商品价值的加价这样一种庸俗观点上去了；例如，他在谈到固定资本占优势的资本的利润如何决定等等的时候就是如此[①]。他的追随者们的极其荒谬的言论，就是从这里产生的。如果不用一系列中间环节把平均起来**等量资本提供等量利润**，或者说，利润取决于所使用的资本量这个实际上是正确的论点，同一般价值规律等联系起来，简而言之，如果把利润和剩余价值等同起来（这只有对全部资本来说才是正确的），那么，就必然会产生庸俗观点。正因为如此，在李嘉图的著作中才见不到规定**一般利润率**的任何途径。

李嘉图懂得，商品价值的变动如果像货币价值的变动那样**以同一程度影响资本的一切部分**，这种变动就**不影响利润率**。李嘉图本来应该由此得出结论说，**影响利润率**的是商品价值的这样一些变动，这些变动**不会以同一程度**影响资本的一切部分；因此，在劳动价值不变的情况下，利润率可能变动，甚至可能朝着同劳动价值变动相反的方向变动。但是，他本来应该首先注意到，**剩余产品**，或者在他看来同样可以说是剩

---

① 见本卷第 199—200 页。——编者注

余价值，或者还可以说是**剩余劳动**，只要是从利润的角度来考察，就不能单纯按它同可变资本的比例来计算，而要按它同**全部预付资本**的比例来计算。

关于货币价值的变动，他说：

"不论货币价值的变动有多大，它都不会引起利润率的任何变动；因为，假定制造业者的商品从1000镑上涨到2000镑，即涨价100%，如果他的资本（货币价值的变动对他的资本和对产品的价值所起的影响是一样的），他的机器、建筑物和商品储备同样涨价100%，他的利润率将照旧不变……如果他用一定价值的资本，通过节约劳动的办法，能使产品数量增加一倍，而产品价格下跌到原先价格的一半，那么产品同生产产品的资本的比例将照旧不变，因而利润率也将照旧不变。如果他用同一资本使产品量增加一倍，同时货币价值由于某种原因降低一半，产品就将按两倍于以前的货币价值出卖；但是用来生产这种产品的资本也将具有两倍于以前的货币价值；因此，在这种情况下，产品价值同资本价值的比例也将照旧不变。"（同上，第51—52页）

如果李嘉图这里说的**产品**是指**剩余产品**，那么上述说法是对的。因为利润率 = $\frac{剩余产品（[剩余]价值）}{资本}$。所以，如果剩余产品 = 10，资本 = 100，那么利润率 = $\frac{10}{100} = \frac{1}{10} = 10\%$。但是，如果他指的是全部产品，问题就说得不确切。那样的话，李嘉图所说的产品价值同资本价值的比例，显然无非是指商品价值超过预付资本价值的余额。无论如何可以看出，李嘉图**在这里**没有把利润同剩余价值等同起来，没有把利润率同剩余价值率（等于 $\frac{剩余价值}{劳动价值}$，或者说，$\frac{剩余价值}{可变资本}$）等同起来。

李嘉图说：

"假定用来制造某些商品的原产品跌价，这些商品也将因此跌价。不错，这些商品将跌价，但是随着商品的跌价，生产者的货币收入并不会有任何减少。如果他卖出商品得到的货币减少，那只不过是因为用来制造商品的材料之一的价值已经减少。如果毛织厂主卖出呢绒不是得到1000镑，而是只得到900镑，那么，在用来纺织呢绒的羊毛的价值降低了100镑的情况下，他的收入仍然不会减少。"（同上，第32章第518页）

（其实，李嘉图在这里讲的问题——原产品跌价在某一实际场合下的影响——同我们这里毫无关系。羊毛突然跌价当然会对那些在仓库里有大批成品的毛织厂主的货币收入有（不利）影响，因为这些成品是在羊毛昂贵的时候生产的，却要在羊毛［XII—668］跌价之后拿去出卖。）

如果按照李嘉图在这里的假定，毛织厂主推动的劳动量同以前一样〔其实他们可以推动更大的劳动量，因为一部分游离出来的、以前**仅仅**用于原料的资本，现在可以用于原料+劳动了〕，那么，很明显，这些工厂主的"货币收入"按其绝对量来说"不会减少"，而他们的**利润率**却比以前**增长**了；因为同以前一样的那个量，比如说10%，即100镑，现在就不是按1000镑，而是按900镑计算。在第一种情况下利润率=10%，在第二种情况下就=$\frac{1}{9}$=11$\frac{1}{9}$%。何况李嘉图还假定用来制造商品的原产品普遍跌价，那就不仅仅是某一生产部门的利润率，而且一般利润率都会提高。李嘉图不理解这一点更加令人奇怪，因为相反的情况他倒是理解了。

就是说，李嘉图在第六章《论利润》中考察过这样的情况：由于必需品涨价（因为较坏的土地投入耕种从而使级差地租提高），第一，工资会提高，第二，地面上的一切原产品的价格会上涨。（这个假定决不是必要的。虽然谷物涨价，棉花、丝，甚至羊毛和亚麻却完全可能跌价。）

第一，李嘉图说，租地农场主的**剩余价值**（即他所说的利润）将降低，因为他雇用的10个工人的产品的价值仍然等于720镑，他必须从这个720镑的基金中拿出更大的一部分作为工资。李嘉图接着说：

"但是，利润率会降低得更多，因为……租地农场主的资本在很大程度上是由原产品，例如他的谷物、干草、未脱粒的小麦和大麦、马和牛等组成的，这一切都将因产品涨价而涨价。他的绝对利润将从480镑降到445镑15先令；但是，如果由于我刚才说的原因，他的资本从3000镑增加到3200镑，那么在谷物价格是5镑2先令10便士时，他的利润率将会降到14%以下。如果一个制造业者在他的企业中也投资3000镑，由于工资增加，他要继续经营这一企业，就不得不增加资本。如果他的商品以前卖720镑，现在他仍然要按同样的价格出卖；

但是，工资原来是240镑，当谷物价格是5镑2先令10便士时就会增加到274镑5先令。在第一种情况下，他还剩下480镑作为3000镑资本的利润，在第二种情况下，他的资本增加了，而利润却只有445镑15先令。因此，他的利润会同租地农场主的已经变动了的利润率相一致。"（同上，第116—117页）

可见，李嘉图这里把**绝对利润**（即**剩余价值**）和**利润率**区别开来了，并且指出，利润率由于预付资本价值变动而降低的幅度大于绝对利润（剩余价值）由于劳动价值提高而降低的幅度。这里，即使劳动价值保持**不变**，利润率也要降低，因为**同一**绝对利润要按更大的资本来计算。因此，在前面引用的他的例子即原产品价值降低的例子中，就会发生一个相反的情况，就是利润率提高（它不同于剩余价值的提高，或者说，不同于绝对利润的提高）。因此，这就说明，利润率的提高和降低，除了决定于绝对利润的增减和按用于工资的资本计算的绝对利润率的提高和降低以外，还决定于其他条件。

李嘉图在刚才引证的那个地方接着说：

"珠宝制品、铁器、银器和铜器不会涨价，因为它们的成分中没有地面上的原产品。"（同上，第117页）

这些商品的价格不会上涨，但是，这些部门的利润率会高于其他部门的利润率。因为在其他部门，减少了的剩余价值（由于工资增加而减少）是同由于双重原因——第一，工资支出增加，第二，原料支出增加——而增大了价值的预付资本相比的。在第二种情况下，[XII—669]减少了的剩余价值是同由于工资增加而只增大可变部分的预付资本相比的。

在这几个地方，李嘉图自己推翻了他自己的以剩余价值率和利润率被错误地等同起来作为基础的整个利润理论。

"所以，在任何情况下，如果随着原产品价格上涨工资也同时增加，农业利润和制造业利润都会降低。"（同上，第113—114页）

从李嘉图自己所说的话中可以得出结论，在原产品价格上涨时，即使工资不随之增加，由于由原产品组成的那部分预付资本涨价，**利润率**也会降低。

"假定丝绸、天鹅绒、家具以及其他任何不是工人需要的商品由于所费劳动增加而涨价，这会不会影响利润呢？当然不会。因为只有工资提高才能影响利润；丝绸和天鹅绒不为工人所消费，所以它们价格的上涨就不能提高工资。"（同上，第 118 页）

这些特殊部门的**利润率**当然要降低，尽管劳动价值——工资——保持不变。丝织厂主、钢琴厂主和家具厂主等的原料会变贵，因此同一剩余价值对支出的资本的比例会降低，从而利润率会降低。而**一般利润率**是所有工业部门的特殊利润率的平均比率。或者，上述那些工厂主会提高他们的商品的价格，以便像以前那样获得平均利润。价格的这种名义上的提高并不直接影响利润率，但是影响利润的支出。

李嘉图再次回到前面考察的情况：剩余价值（绝对利润）降低是因为必需品的价格（以及地租）提高。

"我必须再次指出，利润率的降低比我在计算中假定的要迅速得多；因为如果产品的价值像我在前面假定的情况下说过的那样高，租地农场主的资本的价值就会大大增加，因为他的资本必须由许多价值已经增加的商品组成。在谷物价格可能从 4 镑上涨到 12 镑以前，租地农场主的资本的交换价值也许就已经增加一倍，等于 6000 镑而不是 3000 镑了。因此，如果租地农场主的利润原来是 180 镑，或者说，是他原有资本的 6%，那么现在实际利润率不会高于 3%；因为 6000 镑的 3% 是 180 镑，而且一个持有 6000 镑的新租地农场主要经营农业，就只有接受这种条件。许多行业都会从这里得到或大或小的好处。啤酒业者、烧酒业者、毛织厂主、麻织厂主减少的利润，**由于他们储存的原料和成品价值提高，会得到部分的补偿**；但是，金属制品、珠宝制品和其他许多商品的制造业主以及资本完全由货币组成的人，就要承担利润率降低的全部损失而得不到任何补偿。"（同上，第 123—124 页）

这里重要的只是李嘉图所没有觉察到的一点，那就是：他推翻了自己把利润和剩余价值等同起来的观点，并且，利润率会受不变资本价值变动的影响，而与劳动价值无关。此外，他的例子只有部分是正确的。租地农场主、毛织厂主等等从他们现有的和上了市场的商品储备涨价中得到的好处，当他们的这些商品脱手时，自然就没有了。一旦他们的资本必须消费掉而被再生产出来，这一资本价值的提高就同样不再给他们带来任何好处。到那时候，他们的处境就都和李嘉图自己提到的新的租地农场主一样，为了获得3％的利润，就不得不预付6000镑资本。相反，[XIII—670]珠宝业者、金属制品制造业主、货币资本家等的损失起初虽然没有得到任何补偿，但是他们会实现高于3％的利润率，因为价值有了提高的只是他们用于工资的资本，而不是他们的不变资本。

这里，在李嘉图提到的利润降低由资本价值的提高来补偿的问题上，还有一点是重要的，就是对资本家来说，——以及一般地就年劳动产品的分配来说，——问题不仅在于产品在参与收入分配的不同人们之间进行分配，而且在于这种产品分为资本和收入。

一般利润率的形成。（平均利润）（或者说"一般的利润率"。）（"普通利润"。）

李嘉图的理论观点在这里决不是清楚的。

"我曾经指出，某种商品的产量可能不敷新的需求，因此它的市场价格可能超过它的自然价格，或者说，必要价格。但是，这只是暂时的现象。用来生产这种商品的资本所获得的高额利润，自然会把资本吸引到这个生产部门中来；一旦有了必要的基金，商品量有了相当的增加，商品价格就会下跌，这一生产部门的利润就会同一般水平相一致。一般利润率的降低同个别部门的利润的局部提高决不是不相容的。正由于利润不等，资本才由一个部门转移到另一个部门。因此，当一般利润由于工资提高以及向日益增长的人口供应必需品的困难增加而降低并逐渐稳定在较低的水平时，租地农场主的利润可能在一个短时间内超过原来的水平。从事对外贸易和殖民地贸易的个别部门在一定时间内也可能获得异常的刺激。"（同上，第118—119页）

"应当记住，市场上价格经常变动，这首先取决于供求的对比状态。虽然呢绒可以按每码40先令的价格供应，并为资本提供普通利润，但由于时装样式改变……它可能上涨到60或80先令。毛织厂主将暂时得到非常利润，但资本将自然流入这个制造业部门，直到供求再达到适当的水平为止，那时呢绒的价格将再降到40先令，也就是降到它的自然价格，或者说，必要价格。同样，每当谷物的需求增加时，其价格也可能上涨到使租地农场主的利润高于一般利润。如果肥沃的土地很多，那么，在使用了必要的资本量来生产谷物之后，谷物的价格将再降到它原来的水平，利润也将和以前一样；但是，如果肥沃的土地不多，如果为了生产追加的谷物量需要比通常更多的资本和劳动，那么谷物的价格就不会降到它原来的水平。它的自然价格就会上涨，租地农场主就不能长久

地获得较高的利润，而不得不满足于降低了的利润率，这是必需品涨价使工资提高的必然结果。"（同上，第119—120页）

如果**工作日**既定（或者说，如果在不同生产部门只有工作日长度的差别，而这种差别又为不同种类的劳动的特点抵消），那么，**一般剩余价值率**，即**一般剩余劳动率**也是既定的，因为工资平均起来是相同的。李嘉图念念不忘这一点。所以，他把这种**一般剩余价值率**同**一般利润率**混淆起来了。我已经指出，在**一般剩余价值率**相同的情况下，如果商品按照各自的**价值**出卖，各个不同生产部门的**利润率**必然是完全不同的。

一般利润率是用社会的（资本家阶级的）总资本除生产出来的全部剩余价值而得出来的；因此，每一特殊生产部门的每一笔资本，都表现为具有同一［XIII—671］**有机构成**（不论从不变资本和可变资本的构成来说，还是从流动资本和固定资本的构成来说）的总资本的**相应**部分。这笔资本作为这样的相应部分，按照它的量的大小，从资本总额所生产的剩余价值中获得自己的股息。这样分配的剩余价值，即在一定时期（比如说一年）内分给一定量（比如说100）资本的一份剩余价值，就形成**平均利润**，或者说，**一般利润率**，而这一利润会加入每一部门的费用价格。如果这一份等于15，那么普通利润就是15%，费用价格 = 115。如果，比如说，只有一部分预付资本作为损耗加入价值增殖过程，那么费用价格可能小些。但是费用价格总是等于已消费的资本加15，即加预付资本的平均利润。如果在一种情况下有100加入产品，在另一种情况下只有50加入产品，那么在一种场合费用价格等于100+15 = 115，而在另一种场合等于50+15 = 65；这样，两种资本就会按照**同一费用价格**，即按照为两种资本提供同一利润率的价格出卖自己的商品。显然，**一般利润率**的出现、实现和确立，使得**价值必然转化为**不同于价值的**费用价格**。李嘉图却相反，他假定价值和费用价格是等同的，因为他把利润率和剩余价值率混淆起来了。因此，他一点也没有想到，早在有可能谈论一般利润率以前，确立一般利润率的过程已经引起商品**价格**的普遍变动。他把这种利润率当作一种最初的东西，因此在他的著作里它甚至包含在**价值**规定中。（见第一章《论价值》。）李嘉图从**一般利润率**这个前提出发，只考察了价格的一些特别的变动情况，这些变动是**保持**这种**一般利润率**，使这种一般利润率继续存在下去所必需的。他一点也没有想到，为了**造成一般利润率**，必须先有价值向费用价格的转化；就是说，他由于把一般利润率当作基础，就不再直接同商品的**价值**发生关系了。

在前面引用的一段话里表达的也**只是**斯密的观点，但是连对斯密的观点的阐述也是片面的，因为李嘉图内心始终抱有**一般剩余价值率**的思想。在他看来，在特殊生产部门中，利润率所以会高于**平均水平**，只是因为在这些部门中由于供求关系，由于生产不足或生产过剩，市场价格会高于自然价格。那时，竞争，新资本流入一个生产部门或旧资本从另一生产部门抽出，就会使市场价格同自然价格趋于一致，并使特殊生产部门的利润**恢复**到一般水平。这里，利润的实际水平被假定为**不变的**、既定的东西，问题只在于使特殊生产部门中由于供求关系而高于或低于这个水平的利润**恢复到**这个水平。同时，李嘉图甚至总是假定，如果商品价格提供的利润大于平均利润，这种商品就是**高于**其价值出卖，如果商品价格提供的利润低于平均利润，这种商品就是**低于**其价值出卖。如果通过竞争，商品的**市场价值**同它的价值达到一致，那么，利润的平均水平就确立起来了。

李嘉图认为，这个**水平**本身，只有在工资降低或提高（相对持久地降低或提高）的时候，也就是在**相对剩余价值率**降低或提高的时候，才能提高或降低；而这在价格没有变动的时候也会发生。（虽然这里李嘉图自己就承认，在不同的生产部门，根据其流动资本和固定资本的构成不同，价格会发生很显著的变动。）

但是，即使**在一般利润率**已经确立，因而**费用价格**也已经确立的情况下，在各个特殊生产部门，由于**劳动时间延长**，也就是由于**绝对剩余价值率**提高，**利润率**也可能提高。工人之间的竞争并不能把这种差别拉平，**国家的干涉**已经证明这一点。在这里，在这些特殊生产部门，即使市场价格并不高于自然价格，利润率也会提高。当然，资本之间的竞争可能而且终将使这种超额利润不是全部落入这些特殊生产部门的资本家手中。他们将不得不把自己商品的价格降到其"自然价格"之下，而其他生产部门将把**自己的价格**提高一些（如果事实上没有提高——这种提高可能被这些商品的**价值**的降低抵消——那么无论如何，〔XIII—

672〕它们的价格总不致降得像本部门中劳动生产力的发展所要求的那样低）。一般水平将提高，费用价格将发生变动。

其次，如果出现一个新的生产部门，使用的活劳动很多，同积累劳动不成比例，因此这个部门的资本构成大大低于决定平均利润的平均构成，那么，供求关系就可能容许这个新的部门高于它的**费用价格**，以比较接近于它的**实际价值**的价格出卖产品。竞争要把这种差别拉平，只有通过提高**一般水平**才有可能，这是因为资本实现即推动了更大的**无酬的剩余劳动量**。在上述情况下，供求关系不是像李嘉图所认为的那样，使商品**高于它的价值**出卖，而只是使商品按接近**它的价值**、高于它的费用价格的价格出卖。因此，平均化的结果不可能使利润率恢复到原来的水平，而是确立一个**新的水平**。

例如在**殖民地贸易上**，情况也是如此；在殖民地，由于奴隶制和自然的富饶力（或者由于土地所有权在实际上或在法律上还不发达），劳动价值比在宗主国低。如果宗主国的资本可以自由地转入这个新的部门，这些资本固然会使这个部门的特殊超额利润降低，但是将提高利润的一般水平（正如亚·斯密正确地指出的那样）。

李嘉图在这里经常求助于这样一种说法：要知道，在旧的生产部门，使用的劳动量以及工资是保持不变的。但是，一般利润率决定于无酬劳动对有酬劳动和对预付资本的比例，这不是就某个生产部门，而是就资本可以自由转入的所有部门来说的。这个比例，在十个部门中可能有九个保持不变；但如果十个部门中一个有了变动，一般利润率在所有十个部门中都必然要发生变动。每当一定量资本所推动的无酬劳动量有了增加的时候，竞争的结果只能是：等量资本取得相等的股息，即在这个增大了的剩余劳动中的相等的一份；竞争的结果不可能是：尽管剩余劳动同全部预付资本相比已经增加，每一笔资本的股息却保持不变，仍然是剩余劳动中原来的那一份。既然李嘉图承认这一点，他就没有任何理由反驳亚·斯密的下述观点：单是因资本积累而加剧的资本竞争就会使利润率降低。因为在这里他自己就承认，即使剩余价值率有所提高，单单由于竞争，利润率也会降低。李嘉图的这个观点当然是同他的第二个错误前提联系着的，那就是，利润率（撇开工资的降低或提高不谈）

所以能够提高或者降低，仅仅是由于市场价格暂时偏离自然价格。而什么是自然价格呢？这个价格等于预付资本加平均利润。所以，又归结到这样一个前提：平均利润只能同相对剩余价值一起降低或提高。

因此，李嘉图用下面的话来反对斯密，是错误的。他说：

"从对外贸易的一个部门转移到另一个部门，或者从国内贸易转移到对外贸易，据我看来，都不能影响利润率。"（同上，第413页）

李嘉图认为，因为利润不影响价值，所以利润率也不影响费用价格，他这种看法也是错误的。

李嘉图认为，如果对外贸易的某一部门条件特别有利，那么，利润的一般水平总是通过使那里的利润降到原来水平的办法，而不是通过提高利润的一般水平的办法来确立的。他的这种看法是错误的。

"他们断言，利润的均等是由利润的普遍提高造成的；而我却认为，特别有利的部门的利润会迅速下降到一般水平。"（第132—133页）

由于李嘉图对利润率抱着完全错误的观点，他就根本不懂得对外贸易在不直接降低工人食物价格时所发生的影响。他看不到，对于例如像英国这样的国家，取得［XIII—673］较低廉的工业用原料具有多么重大的意义，他不了解，在这种情况下，正如我前面指出的那样，［用较低廉的原料制成的产品］**价格虽然下跌**，**利润率**却会提高，相反，［用较贵的原料制成的产品］**价格上涨了**，利润率却可能降低，即使工资在这两种情况下保持不变，也是如此。

"因此，利润率不会由于市场扩大而提高。"（同上，第136页）

利润率不是取决于单个商品的价格，而是取决于用一定的资本能够实现的剩余劳动量。李嘉图在其他地方对**市场**的重要意义也估计不足，因为他不了解货币的本质。

选自《马克思恩格斯全集》第34卷，北京：人民出版社2008年版，第457—495页。

卡·马克思

政治经济学批判
（1861—1863年手稿）第四部分（节选）

[各种收入及其源泉]

[XV—891] 收入的形式和收入的源泉以**最富有拜物教性质的**形式表现了资本主义生产关系。这是资本主义生产关系从外表上表现出来的存在，它同潜在的联系以及中介环节是分离的。于是，**土地**成了**地租**的源泉，**资本**成了**利润**的源泉，劳动成了**工资**的源泉。现实的颠倒借以表现的歪曲形式，自然会在这种生产方式的当事人的观念中再现出来。这是一种没有想象力的虚构方式，是庸人的宗教。庸俗经济学家——应该把他们同我们所批判的经济学研究者严格区别开来——实际上只是翻译了受资本主义生产束缚的资本主义生产承担者的观念、动机等等，在这些观念和动机中，资本主义生产仅仅在其外观上反映出来。他们把这些观念、动机翻译成学理主义的语言，但是他们是从进行统治的那一部分即资本家的立场出发的，因此他们的论述不是素朴的和客观的，而是辩护论的。对必然在这种生产方式的承担者那里产生的庸俗观念的偏狭的和学理主义的表述，同诸如重农学派、亚·斯密、李嘉图这样的政治经济学家渴求理解内在联系的愿望，是极不相同的。

然而，在所有这些形式中，最完善的物神是**生息资本**①。在这里，我们看到资本的最初起点——**货币**，以及 G—W—G′ 这个公式被归结为它的两极 G—G′ 即创造更多货币的货币。这是被缩减成了没有意义的简

---

① 见本卷第312页、第346—349页和第353—354页。——编者注

化式的资本最初的一般公式。

土地，或者说**自然**，作为**地租**即土地所有权的源泉具有充分的拜物教性质。但是，由于把使用价值和交换价值随意地混淆起来，通常的观念就还有可能求助于自然本身的生产力，而这种生产力借助某种魔术在土地所有者身上人格化了。

劳动是**工资**即工人在他的产品中所占有的由劳动的特殊社会形式决定的份额的源泉；劳动是下述事实的源泉：工人用自己的劳动从产品（即从物质上考察的资本）中为自己购买从事生产的许可权，并在劳动中占有一个源泉，由于有了这个源泉，他的一部分产品才以报酬的形式从这个作为雇主的产品中流回他那里，——这种说法也是够妙的。但是，在这里，通常的观念在如下的限度内还算是与事实本身相符的，即尽管它把劳动同雇佣劳动混淆起来，从而把雇佣劳动的产品即工资同劳动的产品混淆起来，然而对健全的人类理智来说，有一点仍然是清楚的，这就是劳动本身创造它的工资。

资本，就在**生产过程**中对它进行考察来说，总还是或多或少地保存着这样一种观念：资本是猎取他人劳动的一种工具。无论把这一点看做是"合理的"还是"不合理的"，有根据的还是无根据的，——资本家和工人的关系在这里总是被当做前提，总是被当做思考的基础。

就**资本**出现在**流通过程**来说，通常的看法所特别注意的是，它表现为**商人资本**，即一种仅仅从事这种业务的资本，所以利润在这里有时与普遍欺诈这个含糊的观念联系在一起，有时更明确地与下述概念联系在一起：商人欺诈产业资本家，就像产业资本家欺诈工人那样，或者，商人欺诈消费者，就像生产者相互欺诈那样。不管怎样，这里利润是用交换，就是说，用社会关系而不是用物来解释的。

相反，在**生息资本**上物神达到了完善的程度。这是已经完成的资本，——因而是生产过程和流通过程的统一，——因而是在一定期间内提供一定的利润。在生息资本的形式上，只剩下了这种规定性，没有生产过程和流通过程作中介。尽管由于利润和剩余价值的不同，由于所有资本具有形式单一的利润——一般利润率，资本已经［XV—892］非常模糊不清了，已经变得难以理解和神秘莫测了，但是在资本和利润中，也还是有对过去的记忆。

在生息资本上，这个**自动的物神**，自行增殖的价值，创造货币的货币，达到了完善的程度，并且在这个形式上再也看不到它的起源的任何痕迹了。社会关系最终成为物（货币、商品）同它自身的关系。

对于利息以及利息与利润的关系的进一步研究不属于这里考察的范围，对于利润按怎样的比例分为产业利润和利息的研究，也不属于这里考察的范围。有一点是清楚的，这就是：在资本和利息上，资本作为利息的神秘的、自行创造的源泉，即作为资本自行增长的源泉已达到了完善的程度。正因为如此，照［通常的］观念看来，资本特别存在于这种形式中。这就是**真正意义上**的资本。

既然在资本主义生产的基础上，体现在货币或商品中——真正说来是体现在货币即商品的转化形式中——的一定价值额赋予一种从工人身上无偿地榨取一定量的劳动，占有一定的剩余价值，剩余劳动，剩余产品的权力，那么很清楚，货币本身可以作为资本，作为特殊种类的商品出卖，或者说，资本可以在商品或货币的形式上被购买。

资本可以作为利润的源泉出卖。通过货币等等，我使另一个人能够占有剩余价值。因此，我取得这个剩余价值的一部分，是很自然的。土地具有价值，是由于它使我能够捞取一部分剩余价值，因此我在土地上不过是为借助于土地所捞取的这部分剩余价值而支付；同样，我在资本上不过是为借助于资本所创造的剩余价值而支付。因为在资本主义生产过程中，除了资本的剩余价值外，资本的价值还会永恒化，会再生产出来，所以自然而然，货币或商品作为资本出卖时，会在一定时期之后又流回卖者手中，卖者永远不会像转让商品那样转让货币，而是保留对货币的所有权。在这种场合，货币或商品不是作为货币或商品出卖，而是按它们的二次方，作为**资本**，作为自行增大的货币或商品价值来出卖了。它不仅会自行增大，而且会在总生产过程中把自己保存下来。因此，对于卖者来说，它仍旧是资本，会流回卖者手中。出卖就在于：一个把它作为生产资本使用的第三者，必须从他只是因有这笔资本而获取的利润中，支付一定的部分给资本所有者。像土地一样，货币是作为创造价值的物租出的，这个物在这个创造价值的过程中自行保存下来，不断地流回，因而也可能流回最初的卖者手中。只是由于流回最初的卖者手中，货币才成为资本。否则，他就是把它作为商品来卖，或是用它作为货币来买了。

但是不管怎样，形式就其本身来考察（实际上，货币作为榨取劳动的手段，作为获得剩余价值的手段，是定期转让的）是这样的：物现在表现为资本，资本也表现为单纯的物，资本主义生产过程和流通过程的全部结果则表现为物所固有的一种属性；究竟是把货币作为货币支出，还是把货币作为资本贷出，取决于货币的占有者，即处在随时可以进行交换的形式上的商品的占有者。

这里我们看到的是作为本金的资本和作为果实的资本的关系，资本提供的利润由资本自己的价值来计量，并且这个价值不会因这个过程而消失（这是符合资本的性质的）。

由此可以明白，为什么肤浅的批判完全像它想要保存商品而反对货币那样，现在却要用它那改良派的智慧去反对生息资本，同时毫不触动现实的资本主义生产，而只是攻击这种生产的一个结果。这种从资本主义生产的立场出发对于生息资本的反驳，今天竟自诩为"社会主义"，其实这种反驳，作为资本本身的发展因素，例如在17世纪就已出现，那时，产业资本家还必须首先同当时还比自己强大的旧式高利贷者进行斗争，以维护自己的利益。

[XV—893] 作为生息资本的资本的充分的**物化、颠倒**和**疯狂**，——而资本主义生产的内在本性，它的疯狂性，只不过是在生息资本上以最明显的形式表现出来罢了，——就是生"复利"的资本，在这里，资本好像一个摩洛赫，他要求整个世界成为献给他的祭品，然而由于某种神秘的命运，他永远满足不了自己理所当然的、从他的本性产生的要求，总是到处碰壁。

货币或商品流回它们的起点即资本家手中，是资本在生产过程和流通过程中具有特征的运动，这一方面表示现实的形态变化，即商品转化为它的生产条件，生产条件再转化为商品形式：再生产；另一方面又表示形式上的形态变化，即商品转化为货币，货币再转化为商品。最后，这还表示价值的增长，G—W—G′。原有的、但是在过程中增大的价值始终保留在同一个资本家手中。改变的只是资本家占有这个价值的形式——或者是货币形式，或者是商品形式，或者是生产过程本身的形式。

资本**流回**到它的起点，在生息资本的场合，取得了一个完全**表面的**、同现实运动（资本的回流就是这种运动的形式）相分离的形态。A把他的货币不是作为货币，而是作为资本支出。在这里，货币没有发生任何变化。它不过转手而已。它只是在B手中才实际转化为资本。但对A来说，货币变成资本是由于它从A手中转到了B手中。资本由生产过程和流通过程实际流回的现象，是对B来说的。而对A来说，流回是以和让渡相同的方式进行的。货币由B手中再回到A手中。A是**贷出货币，而不是支出货币**。

货币在资本的实际生产过程中的每一次换位，都表示再生产的一个要素：或者是货币转化为劳动，或者是完成的商品转化为货币（生产行为的结束），或者是货币再转化为商品（生产过程的更新，再生产的重新开始）。在货币作为**资本贷出**时，就是说，在它不是转化为资本，而是作为资本进入流通时，货币的换位不过表示同一货币从一个人手里转到另一个人手里。所有权留在贷出者手中，而占有［权］则转到产业资本家手中。但对贷出者来说，货币转化为资本是从他把货币不是作为货币而是作为资本支出时开始的，即从他把货币交到产业资本家手中开始的。（对贷出者来说，即使他把货币不是贷给产业家，而是贷给浪费者，或者贷给交不起房租的工人，货币也仍然是资本。全部典当业［就是建立在这个基础上的］。）诚然，另外一个人把货币转化为资本，但这是一个在贷出者和借入者之间发生的行为之外的行为。**在这个行为中，这种中介消失了**，看不见了，不直接包含在内了。这里显示的，不是货币到资本的实际转化，而只是这种转化的没有内容的形式。像在劳动能力的场合一样，**在这里，货币的使用价值是创造交换价值，创造一个比它本身所包含的交换价值更大的交换价值**。货币作为自行增殖的价

值贷出，作为商品贷出，不过是作为这样一种商品，它恰恰由于这种属性而同商品本身相区别，从而也**具有特殊的让渡形式**。

资本的起点是商品所有者，货币所有者，简单地说，是资本家。因为资本的起点和回归点是一致的，所以资本又流回到资本家手中。但是在这里，资本家是以双重身份存在的：既作为资本所有者，又作为把货币实际转化为资本的产业资本家。事实上，[XV—894] 资本是从产业资本家那里流出，然后又流回到他那里。但他仅仅是占有者。资本家是以双重身份存在的：法律上的和经济上的。因此，资本作为所有物，也就回到法律上的资本家那里，回到非正式的丈夫那里。然而资本的回流（这种回流包含着资本价值的保存，它使资本成为自行保存的和永久化的价值）只是对资本家Ⅱ起中介作用，而不是对资本家Ⅰ起中介作用。因此，资本的回流在这里也不是表现为一系列经济过程的归宿和结果，而是表现为买者和卖者之间的特殊的法律上的交易的结果，这就是，资本在这种场合是**被贷出，不是被卖出，即只是暂时让渡**。事实上，**被卖出的只是它的使用价值**，使用价值**在这里就在于创造交换价值**，生产利润，生产比它本身所包含的价值更多的价值。作为货币，资本并不由于使用而改变。但它是作为货币被支出，也是作为货币再流回。

资本流回的形式，取决于资本的再生产方式。如果资本作为货币贷出，它就以流动资本的形式流回，[包括] 它的全部价值+剩余价值（在这个场合就是剩余价值或利润中归结为利息的部分），即贷出的货币额+由它产生的增长额。

如果资本以机器、建筑物等形式贷出，简单地说，以资本在生产过程中必须借以执行固定资本职能的物质形式贷出，那么，它就以固定资本的形式流回，作为年支付流回，也就是说，例如每年流回的数额＝对损耗的补偿额，即固定资本中进入流通的价值部分+剩余价值中算做固定资本（不是因为它是固定资本，而是因为它是一定量的资本一般）利润的部分（在这里是利润的一部分，即利息）。

在利润本身中，剩余价值，从而它的真正源泉，已经模糊不清了，神秘化了：

（1）因为，从形式上考察，利润是以全部预付资本计算的**剩余价值**，因此资本的每个部分，不管是固定资本还是流动资本，是投在原料、机器上还是投在劳动上，都提供相同的利润；

（2）因为，某一单个的已知资本，例如500，如果它的剩余价值等于50，资本的每个部分，例如每五分之一，就都提供10%。**这样**，由于**一般利润率**的确立，现在每个500或100的资本，不管它用于哪个部门，不管其中可变资本和不变资本的比例如何，也不管它的周转时间如何不同等等，它同其他任何一个具有完全不同的有机条件的资本一样，在相同的期间，总要提供相同的平均利润，例如10%。这就是说，因为孤立地加以考察的各个单个资本的**利润**和由这些资本本身在其各自的生产领域创造的**剩余价值**，实际上是不等的量。

其实，第二点只是把第一点已经包括的东西作了进一步的阐述。

不过，作为利息的基础的，正是剩余价值的这种已经外表化的、不同于它的最初的简单形态（它在这种形态上还露着出生的脐带）而且绝非一眼就可以辨认出来的形式，也就是剩余价值作为**利润**而存在的形式。利息不是直接以剩余价值为前提，而是直接以**利润**为前提，利息本身只是被归入特殊范畴、特殊项目内的一部分利润。因此，在利息上比在利润上识别剩余价值要困难得多，因为利息只同利润形式上的剩余价值直接相关。

回流的时间取决于实际的生产过程；就生息资本来说，它作为资本的回流**看来**仅仅取决于贷出者和借入者之间的契约。所以，就这种交易来看，资本的回流不再表现为由生产过程决定的结果，而是表现为资本似乎一刻也没有丧失货币的形式。当然，这些交易是由实际的回流决定的，但是这一点不会在交易本身中**表现出来**。

［XV—895］利息和利润不同，它代表**单纯的资本所有权的价值**，就是说，它使**货币**（价值额，任何形式的商品）所有权本身成为资本所有权，从而使商品或货币本身成为自行增殖的价值。当然，劳动条件只有当它们作为工人的非所有物，从而作为他人的所有物同工人相对立来执行职能的时候，才是资本。但是只有同劳动相对立，它们才能作为

这样的物执行职能。**这些条件和劳动的对立存在，使它们的所有者成为资本家**，使资本家占有的这些条件成为资本。但是，在货币资本家 A 手中，资本不具有这种使自己成为资本，从而也使货币所有权表现为资本所有权的对立性质。**货币或商品借以成为资本的现实的形式规定性消失了**。货币资本家 A 不是同工人相对立，而只是同另一个资本家 B 相对立。他卖给 B 的，事实上是货币的"使用权"，是货币转化为生产资本时将会产生的结果。但是使用权事实上并不是他直接出卖的东西。如果我出卖商品，我就是出卖一定的使用价值。如果我用商品购买货币，那我就是购买了作为商品的转化形式的货币所具有的执行职能的使用价值。我不是在出卖商品的交换价值的同时出卖商品的使用价值，我也不是在购买货币本身的同时购买货币的特殊的使用价值。但是，作为货币的货币，在转化为资本并执行资本的职能（货币在货币贷出者手中没有执行这种职能）之前，它所具有的使用价值，不外是它作为商品（金、银——货币的物质实体）或作为货币，作为商品的转化形式所具有的使用价值。事实上，货币贷出者卖给产业资本家的，即在这次交易中发生的，不过是他把货币所有权让给产业资本家一段时间。他在一定期间让渡自己的所有权，也就是产业资本家在一定期间购买这个所有权。因此，他的货币在被让渡之前就已经表现为资本；单纯的货币或商品所有权，在脱离开资本主义生产过程的情况下，就已经表现为资本。

货币只有在让渡之后才表现为资本，这丝毫也不会改变事情本身，正像棉花的使用价值只有在棉花让渡给纺纱业者之后才表现出来，或者肉的使用价值只有在肉从肉铺里转到消费者的餐桌上才表现出来，并不改变棉花或肉的使用价值一样。货币一旦不用于消费，商品一旦不再为它的所有者的消费服务，它们就会因此而使它们的所有者成为资本家，而它们自己——在脱离开资本主义生产过程的情况下，并且**在转化为"生产"资本之前**——就已经是资本，也就是说，已经是自行增殖、自行保存、自行增长的价值。创造价值、提供利息是它们内在的属性，就像梨树的属性是结梨子一样。货币贷出者就是把自己的货币作为这种生息的东西出卖给产业资本家的。因为货币会自行保存，是自行保存的价值，所以产业资本家能够按照随意约定的期限把它归还。因为货币每年创造一定的剩余价值，一定的利息，确切些说，因为在每一段时间内它的价值都在增长，所以，产业资本家也能够每年或在契约规定的其他任何期限内把这个剩余价值支付给贷出者。要知道，作为资本的货币，和雇佣劳动一样，每天都提供剩余价值。利息虽然只是利润中**固定在特殊名称下的部分**，它**在这里**却**表现**为由资本本身所产生、同生产过程相分离的东西，因而由单纯的资本所有权即货币和商品的所有权所产生、同造成这种所有权和劳动的对立从而使这种所有权具有资本主义所有权性质的那些关系相分离的东西；表现为由单纯的资本所有权所产生，因而是资本所固有的独特的**剩余价值的创造**。相反，**产业利润**却表现为借入者通过自己生产性地使用资本（或者像人们所说的：通过自己作为资本家的劳动；资本家的职能在这里被说成＝劳动，甚至被说成和雇佣劳动等同，因为［XV—896］真正在生产过程中执行职能的产业资本家，事实上是作为从事活动的生产当事人，作为劳动者而与游手好闲、无所事事的货币贷出者相区别，这种贷出者同生产过程相分离并且处在这个过程之外执行所有者的职能），即借助于借入的资本对工人进行剥削而挣得的单纯的附加额。

这样，**利息**，而不是**利润**，表现为从资本本身，因而从单纯的资本所有权中产生的资本的**价值创造**；因此利息表现为由资本真正创造出来的收入。因而庸俗经济学家也是在这种形式上理解利息的。在这种形式上，一切中介都消失了，资本的**物神的形态**也像**资本物神**的观念一样已经完成。这种形态之所以必然产生，是由于资本的法律上的所有权同它的经济上的所有权分离，而且在利息的名义下被占有的一部分利润，流归完全离开生产过程的**自在的资本**或**资本所有者**手上。

对于要把资本说成是价值和价值创造的独立源泉的庸俗经济学家来说，这个形式自然是他们求之不得的，在这个形式上，利润的源泉再也看不出来了，资本主义过程的结果也离开这个过程而取得了独立的存在。在 G—W—G′ 中，还包含有中介。而在 G—G′ 中，我们看到了资本的没有概念的形式，看到了生产关系的最高度的颠倒和物化。

一般**利息率**，或者说，一般**利率**当然是和**一般利润率**相适应的。在这里，我们不打算进一步阐明这个问题，因为对生息资本的分析不属于概论这一篇，而属于论**信用**那一篇。但是，为了完全弄清楚资本的这些表现形式，指出如下一点是重要的：一般利润率远远不像**利息率**，或者说**利率**那样表现为可以捉摸的、明确的事实。诚然，利率在不断地波动。今天（在向产业资本家贷款的货币市场上，我们所谈的只是这个方面）利率是2%，明天是3%，后天又是5%。但这个2%，3%或5%的利率是适用于所有借入者的。提供2%，3%，5%，是任何一个100镑货币额的一般比率，而同一个实际执行资本职能的价值额，在各个特殊的生产部门所提供的实际利润却极为不同，这些实际利润对理想的平均水平的偏离，使这个平均水平始终只有通过某种过程，通过某种反作用才能建立起来，而这一点又始终只有在较长的资本流通期间才能做到。一定部门的利润率在若干年间较高，而在以后若干年间则较低。把这若干年或一系列这样的演变综合在一起，**平均起来**就得出平均利润。但这样一来，平均利润就不表现为直接既定的东西，而只表现为各种相互矛盾的波动的平均结果。利率却不是这样。它在其**一般性**上是每天确定的事实，这个事实对产业资本家来说，甚至是他们从事活动时计算上的前提和项目。一般利润率在用来估计实际利润时，事实上仅仅作为理想的**平均数**存在；在它被固定为现成的、确定的、既定的东西时，它仅仅作为平均数、作为一种抽象而存在；但是，在现实生活中，它仅仅作为在各种不同的实际利润率的平均化运动中起决定作用的趋势存在，而不管这些利润率是属于同一部门的单个资本，还是属于不同生产部门的不同资本。

［XV—897］贷出者向资本家要求的，是根据**一般利润率**（平均利润率）计算，而不是根据资本家个人那里发生的同一般利润率的偏离情况计算。**平均数**在这里成了**前提**。利息率本身在**变动**，但是这种变动对所有的**借入者**都适用。

相反，确定的、相同的利息率不仅存在于平均数中，而且事实上也是存在的（虽然它根据借款人是否被认为是第一流的债务人而在最低限度和最高限度之间变动),对它的偏离宁可说是由特殊情况所造成的例外。同记载气压状况的气象报告相比,这种不是为这个或那个资本编制,而是为**货币市场上现有的资本即借贷资本**编制的记载利息率状况的证券交易所报告,其准确性毫不逊色。

与一般利润率的较难捉摸的形式相比较和相区别,借贷资本的利息率具有较大的固定性和等同性;至于这种固定性和等同性从何而来,这里不是适合阐述的地方。这样的阐述属于论信用那一篇。不过有一点是明显的:每个部门内的**利润率**的波动,——把同一个生产部门内的单个资本家享有的特殊优惠完全撇开不谈,——都取决于当时市场价格的状况和市场价格围绕费用价格的波动。**不同部门**的**利润率**的差别,只有通过**不同部门**的市场价格即**不同商品**的市场价格和这些商品的费用价格的比较才能知道。某个特殊部门的利润率下降到理想的平均水平之下,如果时间拖得很久,就足以使资本离开这个部门,或者使这个部门不能吸收平均规模的新资本的供给。因为,新的追加资本的供给,同已经投入的资本的分配相比,更能使资本在各特殊部门的分配平均化。而特殊部门的**超额利润**只有通过市场价格和费用价格的比较才能知道。只要差别以某种方式表现出来,资本就开始从一些特殊部门流出而流入另一些特殊部门。撇开这种平均化行为需要时间这一点不谈,每个特殊部门本身的平均利润,也只有根据资本的性质,通过例如在七年等等的周期内所实现的利润率的平均数表现出来。因此,单是**上下波动**,如果不超过平均程度,不采取异常的形式,就不足以引起资本的转移,何况固定资本还会给资本的转移带来困难。一时的行情只能在有限的程度上产生影响,而且它对追加资本的吸引或排斥的影响,要大于对已经投入不同部门的资本的再分配的影响。

我们看到,所有这一切是一个非常复杂的运动,这里要考察的,既有每个特殊部门的市场价格、不同商品的比较费用价格、每个部门的供求状况,也有不同部门的资本家的竞争;此外,平均化的快慢在这里取决于各个资本的特殊有机构成(例如,固定资本多还是流动资本多)和它们的商品的特殊性质,就是说,要看商品作为使用价值的性质是否易于允许按照市场价格的状况把它们较快地撤出市场、减少或增加它们的供给。

货币资本的情况则相反。在货币市场上，互相对立的只是两个范畴：买者和卖者，需求和供给。一方面是借款的资本家阶级，另一方面是贷款的资本家阶级。商品具有同一形式——货币。资本按其投在特殊生产领域或流通领域而采取的一切特殊形态，在这里都消失了。在这里，资本是以独立的交换价值即货币的没有差别的彼此等同的形态而存在的。特殊部门之间的竞争在这里停止了；它们全体一起作为借款人出现，资本则以这样一个形式与它们全体相对立，在这个形式上，资本使用形式问题对资本来说还是无关紧要的事。如果说生产资本［XV—898］**只是在特殊部门之间的运动和竞争中表现为一个阶级的共有资本，那么，资本在这里则是现实地充分地在资本的需求中表现为这样的东西**。另一方面，货币资本（货币市场上的资本）也实际具有这样一个形态，在这个形态上，它是作为共同的要素，而不问它的特殊使用方式如何，根据每个特殊部门的生产需要，被分配在不同部门之间，被分配在资本家阶级之间。并且，随着大工业的发展，出现在市场上的货币资本，会越来越不由个别的资本家来代表，即越来越不由市场上现有资本的这个部分或那个部分的所有者来代表，而是被集中起来，组织起来，并且完全不同于实际生产，表现为受代表资本的银行家所控制的东西。因此，就需求的形式来说，和货币资本相对立的是一个阶级的力量；但就供给来说，这个资本**作为群体**表现为借贷资本，表现为集中在少数蓄水池里的社会借贷资本。

这就是为什么**一般利润率同固定的利息率**相比，表现为模糊不清的东西的一些原因。利息率的大小固然也会变动，但并不妨碍它对所有借款人来说都一样地发生变动，所以它在他们面前总是表现为固定的、既定的量，像货币的价值虽然发生变动，但并不妨碍它对一切商品来说都具有相同的价值一样；像商品的市场价格虽然每天发生波动，但并不妨碍它逐日都有**牌价**一样，利息率的变动也不妨碍它作为货币的**价格**有规则地在牌价中标示出来。这是因为资本本身在这里是作为一种特殊的商品——**货币**——提供的；因此，它的价格的确定，和其他一切商品的情形一样，就是它的**市场价格**的确定；因此，利息率总是表现为**一般利息率**，表现为这样多的货币取得这样多的利息。而利润率甚至在同一个部门内，在商品市场价格相等的情况下，也会不同（由于各单个资本生产相同的商品时的条件不同；因为特殊利润率不是取决于商品的市场价格，而是取决于市场价格和费用价格之间的差额），而不同部门的利润率，只是在过程中通过不断的波动才能达到平均化。一句话：只是在货币资本上，在借贷货币资本上，资本才成为**商品**，这种商品的自行增殖的属性具有一个**固定的价格**，由当时的利息表示出来。

因此，作为**生息资本**，而且正是在其作为**生息货币资本**的直接形式上（生息资本的其他形式在这里与我们无关，这些其他形式也是由这个形式派生出来的，并以这个形式为前提），资本取得了它的纯粹的物神形式。第一，这是由于资本作为**货币**的不断存在；在这样的形式上，资本的一切规定性都已经消失，它的现实要素也看不出来；它仅仅作为独立的交换价值的存在而存在，作为独立化的价值而存在。在资本的现实过程中，货币形式只是一个转瞬即逝的要素。在货币市场上，资本总是以这个形式存在。**第二**，资本所生产的剩余价值，又是在货币形式上，表现为资本本身应得的东西，表现为货币资本，即同资本的过程相脱离的资本的单纯所有者应得的东西。G—W—G′在这里成了G—G′，而且，正像资本形式在这里是没有差别的货币形式一样，——因为货币正好是这样一个形式，在这个形式上，商品作为使用价值的差别消失了，从而**由这些商品的存在条件构成的生产资本的差别，生产资本的特殊形式本身**也消失了，——货币资本所产生的剩余价值，它所转化成或表现出来的剩余货币，也表现为根据货币额本身的量来计算的一定的比率。利息率是5%时，作为资本的100镑就等于105镑。这样就得出一个自行增殖的价值的，或者说，创造货币的货币的十分明显的形式。它同时又是毫无内容的形式，不可理解的、神秘的形式。我们在分析资本时是从G—W—G出发的，G—G′不过是结果而已。现在我们发现G—G′**作为主**

体。正像生长是树木固有的属性一样，生出货币（τόnos）① 是资本在其作为货币的纯粹的形式上固有的属性。我们在外表上发现的、因而曾经作为我们分析的出发点的这个不可理解的形式，现在又作为过程的结果被我们碰到了，在这个过程中，资本的形态越来越和它的内在本质相异化，越来越和它的内在本质脱离关系。

[XV—899] 我们从作为商品的转化形式的货币出发。现在我们到达**作为资本的转化形式的货币**。这和我们曾经把商品看成是资本生产过程的前提和结果完全一样。

资本在自己这种最奇特同时又和普通观念最接近的形态上，既是庸俗经济学家的"基本形式"，又是肤浅的批判的最直接的攻击点。就前者来说，部分地是因为内在联系在这里最少表现出来，而资本以这样一种形式出现，在这种形式上，它**表现**为价值的独立源泉；部分地是因为在这种形式上资本的**对立**性质完全被掩盖了，被抹杀了，资本和劳动的对立不见了。另一方面，资本所以受到攻击，是因为它具有这样一种形式，在这种形式上，它极不合理地表现出来，给庸俗社会主义者②提供了最容易突破的攻击点。

17世纪资产阶级经济学家（柴尔德、卡耳佩珀等人）反对把利息看做剩余价值的独立形式，这种论战只是新兴的产业资产阶级反对旧式高利贷者——当时货币财富的垄断者——的斗争。在这里，生息资本还是一种洪水期前的资本形式，这种形式只是刚刚不得不从属于产业资本，处于依附产业资本的地位，这是生息资本在资本主义生产基础上从理论和实践上都必须占有的地位。资产阶级在这里也像在其他场合一样，毫不迟疑地去求助于国家，使现存的、旧时遗留下来的生产关系适合于它自己的生产关系。

显然，按另一种办法在不同种类的资本家之间分配利润，即靠降低利息率来提高产业利润或者相反，都决不会触动资本主义生产的本

---

① 产物，利息。——编者注
② 庸俗社会主义者是指皮·约·蒲鲁东及其追随者。——编者注

质。因此，把生息资本当做资本的"基本形式"来反对的社会主义，就不仅是本身完全局限于资产阶级视野的问题。而且，就它的论战并非一种出于误解的、盲目向资本本身发起的攻击和批判来说（不过，在这里把资本和资本的一种派生形式等同起来了），它无非是一种披着社会主义外衣的、要求发展资产阶级信用的愿望，因此，它只是表示，在这种论战披上社会主义外衣的国家里，现存关系是不发达的。这种社会主义本身只是资本主义发展的一个理论上的征兆，尽管这种资产阶级的努力可能采取非常惊人的形式，例如"无息信贷"的形式。圣西门主义及其对于银行制度的赞美就是属于这一类（以后又出现过"动产信用公司"）。

商业形式和利息形式比资本主义生产的形式即产业资本更古老。产业资本是在资产阶级社会占统治地位的资本关系的**基本形式**，其他一切形式都不过是从这个基本形式派生的或次要的，——派生的，如生息资本；次要的，也就是执行某种特殊职能（属于资本的流通过程）的资本，如商业资本。所以，产业资本在它的产生过程中还必须首先使这些形式从属于自己，并把它们转化为它自己的派生的或特殊的职能。产业资本在它形成和产生的时期碰到了这些更为古老的形式。产业资本碰到它们时把它们作为**前提**，但不是作为由它本身确立的前提，不是作为它自己生活过程的形式。这如同它最初碰到了商品，但不是作为它自己的产品，它碰到了货币流通，但不是作为它自己的再生产要素。一旦资本主义生产在它的诸多形式上发展起来，成了占统治地位的生产方式，生息资本就会受到产业资本的支配，商业资本就会仅仅成为产业资本本身的一种从流通过程派生的形式。但是，作为独立形式存在的［XV—900］生息资本和商业资本必须先被摧毁并从属于产业资本。对生息资本实施暴力（国家），强行降低利息率，使生息资本再也不能把条件强加于产业资本。但是，这是一种属于资本主义生产最不发达阶段的形式。产业资本使生息资本从属于自己而使用的真正方式，是创造一种产业资本所特有的形式——**信用制度**。强行降低利息率还是产业资本本身从以前的生产方式的方法中借用来的形式，一旦产业资本强大了，夺取了地盘，它就把这个形式当做无用的、不合目的的东西扔掉。**信用制度**是它自己的创造，信用制度本身是产业资本的一种形式，它开始于工场手工业，随着大工业而进一步发展起来。信用制度最初是反对旧式高利贷者（英国的金匠、犹太人、伦巴第人等等）的**论战形式**。17世纪揭示信用制度的最初秘密的著作，全是以这种论战形式写成的。

商业资本也以各种不同的形式从属于产业资本，或者也可以说，它成了后者的职能，成了执行某种特殊职能的产业资本。**商人**不是购买商品，而是购买雇佣劳动，用以生产供他进行商业销售的商品。但是，这样一来，商业资本本身就失去了它和生产相比所具有的固定形式。中世纪的行会因此而受到工场手工业的抵制，手工业被限制在比较狭小的范围之内。在中世纪，**商人**（意大利、西班牙等国工场手工业发达的个别分散的点除外）不过是城市行会或农民所生产的**商品的包买商**。

商人向产业资本家的这种转化，同时也是商业资本向单纯的产业资本形式的转化。另一方面，**生产者**成了商人。例如，呢绒生产者不再是一小批一小批地逐次从商人那里获得自己所需要的材料，然后为商人劳动，而是自己按照自己资本的大小去购买材料等等。各种生产条件，都作为他自己买来的商品进入〔生产〕过程。呢绒生产者现在不是为个别商人或某些顾客生产，而是为商业界生产了。

在第一种形式上，商人统治着生产，商业资本统治着由它推动的手工业和农民家庭工业。这些手工行业是它的附属物。在第二种形式上，生产转化为资本主义生产。生产者自己就是商人；商业资本只是在流通过程中起中介作用，在资本的再生产过程中执行一定的职能。这是两种形式。商人作为商人成为生产者、产业家。产业家、生产者成为商人。

起初，因为产业资本只是在商品流通并且是发展为商业的商品流通的前提下形成的，所以**商业**是行会的、农村家庭的和封建的农业生产转化为资本主义生产的前提。它使产品发展成为商品，这有时是因为它为产品创造了市场，有时是因为它提供了新的商品等价物，有时是因为为生产提供了新的材料，并由此开创了一些一开始就以商业为基础的生产部门，它们既以替市场生产为基础，也以世界市场造成的生产要素为基础。

在 16 世纪，各种发现和商业冒险引起了工场手工业。一旦工场手工业相当巩固了，尤其是大工业相当巩固了，它就又为自己创造市场，夺取市场，一部分是采用暴力手段来开辟市场，但市场是它用自己的**商品**本身来夺取的。以后，商业就只不过是工业生产的奴仆，而对工业生产来说，市场的不断扩大则是它的生活条件，因为不断扩大的大量生产不受现有的商业界限（就它仅仅反映现有需求而言）的限制，而是仅仅受现有的资本量和劳动生产力发展水平的限制，它不断地使现有市场商品充斥，从而不断地促使市场界限扩大和延展。在这里，商业是产业资本的奴仆，它执行从产业资本的生产条件中产生的一项职能。

产业资本在其发展的初期，试图用**殖民制度**（同时用禁止性关税制度）以暴力手段为自己确保一个市场和若干市场。产业资本家面对着世界市场；因此，他要［XV—901］把自己的费用价格不仅同国内的市场价格相比较，而且同整个世界市场的市场价格相比较，同时必须经常这样做。他在生产时总是要考虑世界市场的市场价格。以前，这种比较只是商人阶层的事，这样就保证了商业资本对生产资本的统治。

选自《马克思恩格斯全集》第 35 卷，北京：人民出版社 2013 年版，第 302—321 页。

恩格斯

致卡尔·考茨基

苏黎世

1884年2月16日于伦敦

亲爱的考茨基：

我今天有一点空闲时间，因此马上回信。

杰维尔的书①，不仅**历史**部分，而且叙述部分（工作日、合作社、工场手工业、大工业等等）都需要修改。只要仔细读它几章，您就会确信这一点。暂时我给迈斯纳什么也不写，只给他寄去这本法文书，并通知他：这本书正在修改，到时候我会把详细情况告诉他。

巴黎也要出《贫困》的法文新版。我在给它写序言；在德文版的序言②中，我要揭穿关于洛贝尔图斯的神话。这个神话来源于鲁·迈耶尔的著作，并在德国、英国甚至美国流传开来，需要予以澄清。我要证明：（1）在1850年我们没有机会从洛贝尔图斯那里学到什么东西；（2）我们根本不知道他；（3）他那些伟大发现还在1848年就已成了老生常谈；（4）他那些独特的社会主义万应灵丹还在他发现它们**之前**已在《贫困》③中遭到批判。

您会看到，对于您，仍然有足够的工作可做，但是上面所说的事，能够做的只有**我**，因为这是我亲身经历的，还因为只有我一个人掌握着1840—1850年的有关材料。

---

① 加·杰维尔《卡尔·马克思的〈资本论〉》。——编者注
② 弗·恩格斯《马克思和洛贝尔图斯》。——编者注
③ 卡·马克思《哲学的贫困》。——编者注

洛贝尔图斯的租的理论是一种谬论；在1861—1863年《资本论》的第一个手稿中，有马克思用相当讽刺的笔调写的对这种理论的详尽批判，这一批判包括在篇幅浩繁的《剩余价值理论》这一部分里，这部分我可能把它印在第二卷末尾，或者是作为第三卷。

但是为了写我的序言，我需要洛贝尔图斯的《给德国工人协会委员会的公开信》（1863年莱比锡版）。您或者是爱德能不能在几天之内给我弄到这本东西？我作完摘录就立即归还。

旧《社会民主党人报》上关于蒲鲁东的那篇文章，爱德答应了寄来，我还没有收到，也许今天晚上能到。很可能为了法文版，我要把它译出来。

要是爱德能突然来到这里，我是很高兴的，况且我现在又能陪他喝酒了（极少量的）。

现在来谈您上上封信。狄茨早就想得到《工人阶级状况》。我有条件地表示了同意，说先得弄清楚我跟老出版商**维干德**的关系。李卜克内西答应通过弗莱塔格替我弄清楚这事（即我同维干德的法律关系）已经十五年了，可是我仍然什么也不知道。① 无论如何，狄茨比谁都更有这个权利，而我终究会自己设法弄清楚我有权做些什么。

如果有人肯花点力气用**爪哇**（国家社会主义在这里极为盛行）的实例来说明猖獗一时的国家社会主义，那倒是一件好事。全部的材料都包括在莫尼律师著的《爪哇，或怎样管理殖民地》（1861年伦敦版，共两卷）这本书里。从这里可以看到，荷兰人怎样在古代公社共产主义的基础上以国家的方式组织生产，并且怎样保证人们过一种他们所认为的非常舒适的生活。结果是：人民被保持在原始的愚昧状态中，而荷兰的国库却每年得到七千万马克的收入（现在大概还要多）。这种情况是很有意思的，而且很容易从中吸取有益的教训。这也附带证明了，那里的原始共产主义，像在印度和俄国一样，今天正在给剥削和专制制度提供最好的、最广阔的基础（只要现代共产主义的因素不去震动这种原始共

---

① 见本卷第22页。——编者注

产主义),并且在现代社会条件下,它和瑞士各旧州的独立的马尔克公社一样,成为极其引人注目的(或者应当被克服或者应当得到进一步发展的)历史遗迹。

在论述社会的原始状况方面,现在有一本像达尔文学说对于生物学那样具有**决定**意义的书,这本书当然也是被马克思发现的,这就是摩尔根的《古代社会》(1877年版)。马克思曾经谈到过这本书,但是,当时我正在思考别的事情,而以后他也没有再回头研究;看来,他是很想回头再研究的,因为根据他从该书中所做的十分详细的摘录①中可以看出,**他自己**曾打算把该书介绍给德国读者。摩尔根在他自己的研究领域内独立地重新发现了马克思的唯物主义历史观,并且最后还对现代社会提出了直接的共产主义的要求。他根据蒙昧人的、尤其是美洲印第安人的氏族组织,第一次充分地阐明了罗马人和希腊人的氏族,从而为上古史奠定了牢固的基础。假如我有时间,我倒想利用马克思的札记来把这些材料加加工,为《社会民主党人报》的杂文栏或《新时代》写点东西,但是,目前不可能去考虑这一点。泰罗、拉伯克及其同伙所搞的整个骗局,不管是族内婚、族外婚,还是其他各种荒诞无稽之谈,现在都被彻底揭穿了。这些们在这里拼命抵制这本书,它是在美国印刷的,五个星期以前我就订购了这本书,但直到现在还没有收到!虽然在扉页上还印着一家伦敦书局作为共同出版者。

衷心问好。

您的　弗·恩·

选自《马克思恩格斯全集》第36卷,北京:人民出版社1974年版,第110—113页。

---

① 卡·马克思《路易斯·亨·摩尔根〈古代社会〉一书摘要》。——编者注

恩格斯

致劳拉·拉法格

勒-佩勒

1894 年 12 月 17 日于伦敦

亲爱的小劳拉：

你说在结束第三卷①开始第四卷之前，我应当稍稍休息一下。好吧，我现在就来给你说说情况。

我要观察欧洲五个大国和许多小国运动的情况，还有美利坚合众国运动的情况。为此我收到三份德国报纸、两份英国报纸、一份意大利报纸，从 1 月 1 日起还有一份维也纳报纸，总共七份**日报**。我收到的**周报**有：德国两份，奥地利七份，法国一份，美国三份（两份是英文的，一份是德文的），意大利两份，以及波兰、保加利亚、西班牙和捷克的各一份，这几种文字中有三种我现在还在逐步掌握。除此之外还有种各样的来访者（几分钟前波拉克从阿姆斯特丹送来的一个德国雕刻家还在我这里，他一文不名，正在找工作），还有越来越多的记者（比国际时期还要多！），其中许多人都希望得到详细的说明，他们都要占去时间。以上这些再加上第三卷的工作，使我甚至在看校样期间，即整个 1894 年，只能读完**一本书**。

其次，我面前的另一项工作是公布拉萨尔给摩尔的书信。杜西已经把这些信件打字，放在我的书桌里，但由于搬家我还未能动它们一下。需要加注释，要引用很久以前的一些事实，也还要引用我自己以前和摩

---

① 指《资本论》。——编者注

尔的通信，还要写一篇讲究辞令的序言。

还有一大堆积压下来的我个人的著作。第一，要全盘加工《农民战争》；这本书已多年售缺了，我曾答应在完成第三卷后首先做这一工作。而这需要深入的钻研。我原打算把它和看校样同时进行，但不可能。无论如何我必须设法把这项工作完成。

然后——且不说我遇到的其他小事了——我还想编写摩尔的政治传记，至少是主要的几章：1842—1852年和国际。后一章最重要也十分必要，我打算先写这一章。这就要求摆脱各种打扰，但是，什么时候我才能够得到这种条件呢？

所有这些事情都等我去做，而且还要再版摩尔和我个人的早期的零星作品。我已在收集这些作品，但不很顺利。有些存放在柏林党的档案馆里。但是缺的仍很多，如第一个《莱茵报》就没有。如果我能收集到1842—1850年的文章的三分之二，我就要着手工作，因为我相信到第二版时还会发现很多。但直到现在我们还做不到这点。

还有第四卷。这部分手稿**很粗糙**，现在还能说可用的部分有多少。这次我不能像处理第二卷和第三卷那样担任辨认字迹和口述全部手稿的工作了。否则，我做不了一半工作视力就要完全断送了。多年以前我就这样认为，并一直在寻找别的出路；如果能从年青的一代中找出一两个精明之士学会辨认摩尔的笔迹，那就好了。我曾考虑过考茨基和伯恩施坦。考茨基当时（大约六、七年前）还住在伦敦；我同他谈了，他同意。我说，全部"誊清的手稿"我将付一百英镑的报酬，如果有些地方他辨认不出我可以帮忙。他已开始工作，后来他离开了伦敦并带走一个笔记本，许多年来他从未向我提及此事。他为出版《新时代》忙得不可开交；因此我曾要他退还原稿和已完成的誊清稿——可能有全书的八分之一或六分之一①。伯恩施坦不仅也很忙，而且疲劳过度；他的神经衰弱还没有全好，因此我不便求他。我想看看杜西是否同意。如果伯恩施坦自己愿意帮忙，最好；否则，我不打算让别人说我加重了他的工

---

① 参见本卷第57页。——编者注

作量，因而使他的病复发。

我的状况如下：七十四岁，我才开始感觉到它，而工作之多需要两个四十岁的人来做。真的，如果我能够把自己分成一个四十岁的弗·恩格斯和一个三十四岁的弗·恩格斯，两人合在一起恰好七十四岁，那么一切都会很快就绪。但是在现有的条件下我所能做的，就是继续我现在的工作，并尽可能做得多些好些。

现在你该了解我的状况了，如果你时常收不到我的信，你也知道原因在哪里了。

昨晚博尼埃从爱丁堡来，今天又到牛津去了。他最初由于我的《农民问题》产生的怒火已大大平息；他给我写信说，你们把我们都看成了笨蛋。无论如何他是十分满意的，而且我认为，他已认识到他们在南特是失策了。事实上他曾认为，在当前和下届普选之间，不仅可能而且必须把法国的基本农民群众吸引到社会主义一边。

该发信了，就此停笔。

根据桑南夏恩出版社的计算，
为《资本论》（英文版）的出版我应分给你 1 英镑 3 先令 1 便士
从《新时代》收到的第三卷①的两章稿
费五英镑的三分之一　　　　　　　　1 英镑 13 先令 4 便士
请允许我为即将到来的圣诞节再加上　5 英镑
附去支票一张总额为　　　　　　　　7 英镑 16 先令 5 便士

今年我们不能做布丁了，路易莎的小女孩（她长得很好，每周体重增加约一磅）不让这样做。但是保尔可以收到他爱吃的点心。

永远是你的　**弗·恩格斯**

选自《马克思恩格斯全集》第 39 卷，北京：人民出版社 1974 年版，第 328—331 页。

---

① 指《资本论》。——编者注

第五部分　附　录

附录 I 《剩余价值学说史》编者序[①]

编者序

  1885年恩格斯印行《资本论》第二卷时，曾在序言上，关于马克思《经济学批判》的遗稿报告说，那包含有"四开本1472页，计分二十三册"，"系由1861年8月至1863年6月间写成的。那是1859年在柏林以同一标题刊行的第一辑的续稿。该稿由第1页至220页，再由第1159页至1472页，是论究《资本论》第一卷所论究的各个题目，由货币的资本化开始。这是论究此等问题的最初草稿。由第973页至1158页，系讨论资本利润，利润率，商人资本与货币资本等，那是此后要在第三卷详细说明的题目。然属于第二卷的题目及此后在第三卷中讨论的许多题目，都不曾细加编纂。这些题目，都不过顺便地特别在标题为'剩余价值学说'那一部分（那是这个草稿的主要部分，由草稿第220页至972页）中，讨论到。这一部分草稿，包含经济学核心即剩余价值学说之详细的批判的历史，同时并采取一种论战方法（对前驱学者的论战），去说明此后分别在第二卷第三卷但在逻辑联系上论到的大多数问题。这一部分草稿，除开第二卷第三卷所包括的许多点外，其残余的批判部分，我打算保留下来，刊行《资本论》第四卷。"

  至可痛悼的，是恩格斯不克将他这个意思实行。有许多的事情，许多的工作，许多的疾病，使第三卷不能依照他自己和我们全体的愿望，迅速编辑好。第三卷，直到1894年才出版，而正当恩格斯准备着手编

[①] 本文选自〔德〕马克思：《剩余价值学说史》，郭大力译，北京：北京理工大学出版社2011年版，第1—10页。

辑这里的第四卷时,还有充分工作兴趣和工作计划的他,就丢下他的笔,与世长辞了。

要完成马克思和恩格斯未曾完成的工作,是一种困难的任务。马克思遗稿的继承人,把这个任务,交到我身上来。这种遗稿,对于我,并不是未曾加工的,因为若干年以前,恩格斯曾经指示我,万一他不幸,这个草稿,即所谓第四卷,应由我去编辑;他还把这个难于认识的草稿,和它的思想进程指示给我。虽然是这样,当这个艰巨的任务实际交到我手上时,我这是觉得惊惧——或不如说,正因为恩格斯已经叫我认识了这个任务,从而完全可以推测到这个任务是怎样重要,怎样艰难。所以我是觉得惊惧。

不过,当初我并不能摆脱一切,专心来做这一件事。恩格斯去世后不久,在我们的队伍中,就发生了一个激烈的关于农业问题的讨论。这种讨论虽未产生任何实际的结果,可是告诉了我,在这方面,我们的理论和我的认识,都有许多缺陷,亟待我去调整。我总以为,只要这个最迫切的问题一经解决,我就可以着手来编辑马克思的遗稿了。可是,我的《农业问题》还未曾完成,又有一种新的叫我不得不费心的讨论发生了,那是由倍伦斯泰因(Bernstein)发动的。这种讨论,比农业问题的讨论,还更无结果得多,又像农业问题一样,不能使我们取得任何新的见解,不过这种讨论的发生,并不是由于个人的高兴;它在实际的事态中,尤其是在恩格斯去世后不久的惊人的科学迈进中,有深的根基,而西欧大多数国家社会民主党权力的大增加,对于这种讨论,也很有关系。这种讨论,并不单纯是文字上的争论,参加与否,可以随意的。那其实是一种历史的必然。我屡次想把它丢开,因为在那种讨论上,没有什么要我学习,而我本来可以用来从事重要工作——当前的这个工作,又是最重要的——的时间,却被横夺去了。不过,环境终究比我们的力量大。

直到最近几年,修正派的运动才再熄灭,其理论方面才完全予以肃清,因此我才略有时间和余暇,来贡献于这个巨大的工作。当然,就在现今,也因有日常不可避免的要求,引起许多新的实际问题,不时中断我的研究，所以，我还是不能依照这种工作的需要，把我的精力，完全用来进行这种艰巨的工作。

所以，这个著作，在《资本论》第二卷出版后 20 年，第三卷出版后 10 年，方才能够问世。并且，这里公表的，还只是《剩余价值学说史》全书的 1/3。

在这个著作的整理工作上，我越是向前进，我越是明白，要照恩格斯的预期，把它编成《资本论》第四卷，是我的能力办不到的。依照马克思的计划，这个第四卷应该是讨论学说史。恩格斯却想从《经济学批判》这个草稿，"除开第二卷第三卷所包含的许多点外"，至少，编出一本《剩余价值学说史》来。我不知道，恩格斯自己想怎样删除，但这种工作，对于我，总是做不到的。我在进行中，曾尽可能把这些已经编在第二卷第三卷内的部分勾销，但这些文字，大都这样与全书密切地交织着，单是勾销，是不可能的。这样做，全书的重要部分，必须重新改作；在这个任务面前，我当然有种种理由，可以退缩。不过，当我让这一切文句照样留在书里，它就不能算是《资本论》的第四卷，不能算是前三卷的续篇了。这样，它就成了与前三卷并行的著作，像第一辑《经济学批判》，与《资本论》第一卷第一篇相并行一样了。

《资本论》第四卷会在这个形式上像这样出版，在我看，并不是不幸的事。恩格斯在 1885 年如果知道了，第三卷必定会留下一个断片来，从而，这所谓第四卷不能成为全著作的终结，他自己也许不会想到，要把我们当前这一卷，照那个样子去编辑。第三卷已经包含的各种争论，使下面这种办法很觉得合适；那就是，不从《批判》原稿，删去那已在第二卷第三卷包括的文句，而由此编成第四卷，却把它当做一部与《资本论》并行的著作来出版。好像第一辑《经济学批判》对于《资本论》第一卷第一篇（商品与货币）所包括的部分，曾经投下许多光明一样，我们也在《批判》原稿内，发现了许多叙述，尤其是剩余价值与利润的关系的叙述，对于这个如此广阔的争论范围，投下了许多新的光明。不过，这里所说，对于这里当前的第一部分，并不怎样明白，对于以下接着讨论里嘉图的地方会更明白的。

所以，我把这一部《剩余价值学说》（*Theorien über den Mehrwert*），不当做《资本论》的第四卷来整理，却照它原来的姿态编辑时，我并不把这个当做是一种损失，却认它是一种利益。《资本论》第四卷应当包括的一切，都可以在这里见到，但在此外，它还包括许多不会包括在第四卷内的材料。在某种限度内，那只是复述，但这种复述，是把以前讲过的话，就别一个关联加以复述，从而，对于同一个问题，将会指示一些新的方面。

我不无懊恼的，发觉这个草稿不能当做《资本论》第四卷来编辑时，我已经在这个草稿的整理上，进行到相当的远了。不过，编辑的活动一经开始，这个问题就没有再烦恼我了。

我的第一种工作，是把原稿抄成一个可读的草稿。凡是知道马克思书法的人，都知道那是怎样难于辨认；都知道，他的笔迹，有许多地方，费人猜索。所以，要进一步加工，必须先写成一个毫无疑问的稿本，作为根据。原稿一部分，是由我亲手抄写的；但我的工作是山积着，这样亲手抄下去，一定会非常延迟的，这时候，我很有造化，得着居尔维齐博士（Dr. Theodor Gurwitsch）这样一个诚实而又有深理解力的助手，替我抄写草稿的最大部分。这样，我只要加以料理就行了。

工作的第二步，是把材料分成一节一节。马克思的草稿，不是准备付印的。它的整个形态，表示那只是为著者自己理解的。那只是一个概念，依照一定的计划草成的，但全是顺笔直书，想到什么就写什么。

思想的进行，并无一定的归结点，说明常常为附随的不过与别一些部分有联系的问题所打断；并且，全书是一气撰成，几乎没有分章节。

这个著作的布局，使我们处理起来，自始就感觉非常困难。我们在第一辑《经济学批判》中也见到这种布局；那就是，在一个理论的思想之解说上，会有这种思想的历史发展的说明跟到来，但这种说明，又不单是记述的，并且是批判的，包含这种思想的进一步的解说。书的内容，越是由单纯的现象进到复杂的现象，历史的说明，理论的批判，和新思想之积极的展开，就越是交织着，成为益益错综的说明。所以，无论怎样严格整理，剩余价值及其现象形态的历史的说明，还是被插在

《资本论》的再生产过程的解释中。草稿中包含的概念，都是供作者自己理解的，不曾把材料具体地分成一节一节，所以，除了作者自己，任何人看来，它都有混沌一团的性质。

要在既成的布局上，把这些材料，予以一目了然的整理，是会益益更感到困难的。我相信，就是这种困难，就是这益益增加的困难，使马克思在1863年把那全部草稿搁起来，预备依照新的更明了的布局，重新开始编过一下。1867年出版的《资本论》，就是这样。在这年出版的《资本论》中，学说史的部分，是完全删去了。他预备把这些部分，当做终卷特别研究的对象，而重新考量。

现在，我面前最大的困难，是怎样整理这个外观上的混乱，使那个在事实上当做基础的布局，不会因此受损害，却会因此完整起来。最先，当然要明白什么应当割弃，什么应当采取。一切未曾完成的部分，如其中没有包含我们尚不认识的思想，是不得不割弃的。许多复述，如其目的仅在使同一思想表现得更明白，也被我限制在最小限度内。但在另一方面，我不仅考察了草稿第220页至972页，并且考察了全部1472页，印起来，那大约有3000面。并且，除开恩格斯注意到的700页外，我还发现许多注解，是属于史的方面。我把它们插到适当的地方去了。本书前29页至斯杜亚为止——完全是由这样搜集的注解编成的。因此，那都有断片的体裁。

我分清什么应当割弃，什么必须采取以后，问题就是为它们寻出适当的位置来。同一个思想的说明，往往被分裂在极不相同的地方。原来安插在什么地方，不是看说明上的逻辑联系，却看马克思在何处想起它，为了怕忘记，随时记下来的。这里，我屡屡感到不敢自信：因为，对于一个问题，可以发现种种位置是适合的，那要看我们着重的，是年代的次序，还是逻辑的联系。我希望，我到处都能得其当。但为要使读者能够判断，在什么程度内，联系是以马克思的说明为根据，在什么程度内，联系是由我擅自定下的，所以在各章，我都把草稿的页次标示出来了。

全书各章的划分及其标题，完全是我定下的。对此，我应负全责。

我把几个插入的注解编成附录这一回事，也应由我负责。这种附录由特别的字体标示出来了。只想研究剩余价值学说史的读者，尽可以把它们忽略过去。

这样，最困难的，使我担忧的，只要想到它，我就怀疑我是否能把任务完成的工作，就完成了。我的工作的最后部分，虽然更不困难，但也够麻烦：那就是，编成一个可以付印的稿本。

我们已经讲过，马克思的草稿，不是为发表，只是为自己的理解而写的。这一点，顶明白的，由它的形式显示出来了。不错的，文体是和马克思准备付印的草稿一样简洁而精密。就在他不是对别人讲话的地方，他也不能用别种笔法去写。不过，在这里，他的行文方法是更随便的。他是这样看重文章形式，在一篇文稿决定拿去付印以前，会再三不厌的，把文体加以推敲。在这里，这种推敲是全然没有的；有些题目，只提示了，没有申论。对于若干人的批判，是露骨得叫人想起亚里士多芬尼；尤足表示原稿未准备付印的一点是，德文法文英文是在草稿里面交错着。马克思对于这三种文字，是一样精通，他可以随意使用它们中的任何一种。所以，在一个地方，他究竟是用哪一种文字，那要看哪一种文字，最容易表示他的意思，或是哪一种文字，最先被他想起；在这场合，引用的文句，有多少关系。有时，草稿内有一长节全是法文或英文；其中还发现这样的句子，德文之后继以英文或法文，或英文法文之后，继以德文。

以草稿第 621 页为例：

"Hier in der Tat Konfusion. Ist das tout nicht le fruit de son travail？Und ist es nicht umgekehrt die übertragung der Verhaltnisse der kapitalistischen Produktion——worin mit der Trennung der Arbeit von ihren objektiven Bedingungen auch der ouvrier, capitaliste und propriétaire sich als trois différents caractéres gegenübertreten——auf diesen jardinier, dass der fruit de son travail or rather the value of that produce is regarded, part of it as wages, in payment of his labour, part of it as profit on account of the capital employed and part of it as rent, as the portion falling due to the land or rather the proprietor of the land?"

有时，英文字带上德文字的语尾，或者用英文字代替德文字。例如564页，我们看见这样的字句："Es ist viel queeres darin。"在同页，还看见这样的字句："zu usenden Schatzen。"第604页，他说："was hier nichts als Maktwert meint"，（用 means，不用 bedeutet）。又如，"Revenue wird gespendet"，（用 spend，不用 verausgabt）等等。

和这有关系的一件事是，马克思在他的用语上，往往用英文的或法文的名词，不用德文的。在《资本论》上我们也相当看到这种情形，例如他常常用 Surpluswert 代替 Mehrwert，用 Surpluspopulation 代替 übervoölkerung。这是不足怪的，如果我们想到，德国没有一本经济学著作叫马克思看重。在经济学方面，他所学的，都是从英文书法文书得来的。但他研究经济学，最先是在法国。就连英国的古典派，他最初也是从法文译本学习，才认识。这里运用的草稿内，亚当·斯密和里嘉图的话，还往往是从法文本抄引的。所以，马克思应用的经济术语，起先也是法文的，想到后来再用英文的术语去代替，并且使这种英文术语，在德国出版界德文化。

在《批判》草稿内，法文的术语，还是极占优势。所以那里，几乎全是用 Salaire 代替 Arbeitslohn，用 matières instrumentales 代替 Hilfsstoffen，用 déchet 代替 Verschleiss，并且像 capital constant，prix suffisant，prix réel 等字样，也常被采用。

德文的术语，也不完全是《资本论》上的；在这里，他不用 Arbeitskraft，而用 Arbeitsvermögen；他不用 produktionsmittel，却常用 Arbeitsbedingungen；他不用 Arbeitsmittel，却用 Arbeitsinstrument。

这种术语，往往会使已经读过《资本论》的人，感到迷惑。并且他在《资本论》第三卷叫做 produktionspreis 的东西，在这里，也有时被叫做 Kostenpreis 或 Durchschnittspreis。在《资本论》第三卷，Kostenpreis 一词，是指一种全然两样的东西。

注意，恩格斯在第三卷，通例是用"Kostpreis"。马克思在《批判》草稿内，通例是用英国字"costprice"。但草稿第753页，他曾一度用

"Kostenpreisen"。我以为，这个形态，比那个模仿英文字的"Kostpreis"，更与德文字的构造习惯相符合。所以，我只采用前者。不过，这一点，要到本书第二卷，才和我们有关系。在第一卷，生产价格和成本价格都是没有位置的。

人们一定会懂得，我是把新的术语，代替那些陈旧的和《资本论》所用新术语过于冲突的术语。并且，我会把那些过于露骨的骂人话除掉，（我必须假设，马克思如能亲自整理这个著作，他也会把那些字眼除掉，比如称某一些经济学家为狗，为无赖汉，为巧舌妇，称某一些官吏为臭小子之类），我会把一切非德文的用语译成德文，最后我还由我自己插入若干字句，把文体上及其他种种的缺陷填补起来，都是用不着说明的。不过，在那些一看就自然明白的地方，我没有做任何标记。而马克思会不会如此做，尚有疑问的地方，以及字迹不明或笔误的地方，我都把我插入的字句或校正的字句，用角形的括弧括着。

引语在本书占有重要的地位。它们差不多占有全书一半的篇幅。我曾参照原文来校正它们，翻译它们。有一本德文书（Schmalz 的书），也是由法文译本抄引的。这种引语，我当然要恢复它本来的面目。在翻译时，我不能利用前人的译本。哪怕最好的翻译，例如多方面被人推荐的波谟斯达克（Baumstark）所译的里嘉图著作，就是我不能够利用的。里嘉图在他的《原理》内，曾在论地租的一章说，"如果亚当·斯密意思是价值由劳动量决定的法则，能依任一方法（at all），因土地的占有和地租的支付而改变，他就错了"。波谟斯达克不把"at all"译成"irgendwie"，却把它译成"gänzlich"（完全的）。这样，他就把一个完全错误的意思插进去了。

所以，我不能信任任何翻译。一切引语我要亲译一遍。并且，马克思所引用的著作，也大多数，一直到现在，还没有译成德文。

这一切都很要时间。只要知道我还有别的工作，人们就会了解，为什么我不能把本书早一点编辑成功了。为要使读者不至于渴望得过久，我决定，在全书编完以前，先把已经编好的第一部分付印。全书将包含三卷；第二卷讨论里嘉图；第三卷讨论马尔萨斯和里嘉图学派的解体。

我希望，后二卷能够在二年内编好，如果这二年间的政治斗争不会过于激烈。这三卷的每一卷，都独立成书，虽然其中有一个统一的思想过程，把它们联在一起。

不过，这种工作虽然给予了我许多麻烦，我却也曾在这种工作上，得到各式各样的帮助。除了上面讲过的居尔维齐博士（德国社会民主党干部），我还得到了拉法格夫人（Frau Lafargue），友仁·狄慈根（Eugen Dietzgen），培尔（M. Beer），海曼（Hugo Heimann），维尔谟（Emanuel Wurm），海勒尔（Hugo Heller）诸君的帮助。他们或曾为我补充罕见的珍本，替我指证那些在柏林不易找到的著作上的引语，或由别的方法以工作的材料供给于我，或使这种材料易于取得。对于他们全体，我都要致最内心的感谢。

但除了这种种帮助，这种工作所给予我的精神上的快乐和丰富的见解，也使工作的进行，更觉得容易。这种工作将播下丰收的种子的期待，又鼓励着我。也许，这粒种子，现在正好播在一块特别丰饶的土地上了。

历史学派的不孕症，在资产阶级世界的更广大的范围内开始了；所以，在国民经济学的后进中，也发生了一种要求，要在理论方面求深刻化。为这个目的，古典经济学的更深的理解，是无条件必要的。但对于这种理解，经济学后进们是缺乏各种准备，也缺乏各种兴趣的。在我看，马克思的著作，比任何别的著作，都更叫我们要恢复这种理解和兴趣，并指示了，在旧的古典派中，还有怎样多的宝藏未被发现，并指示了应该用什么方法去发现它们。古典派当做资产阶级指导人的时代，是益益过去了；资产阶级世界正在迷惑中；对于它的指导人，不，对于一切的指导人，它都不肯置信了。不过，它的怀疑不是批判的，不曾导向任何更新的认识，却只是一种对于更深的认识之懊丧的退缩；那只会使我们忘记资产阶级经济思想上的最好的成就，使我们在理论方面成为全然无智的。

至少，在资产阶级经济学内一切肯用思想的分子看来，现在有一个回转的时期快要降临了。这些肯用思想的分子，维持着一种理论意识，去抗拒历史学派的理论虚无主义；不过，他们是不能拿奥地利学派做基础的，因为在经济理论上，我们的任务，是说明全社会的生产过程（从最广义说的），不是说明个人与其周围事物间的心理关系。他们研究古典经济学时，不可再把古典派的命题，单单拿来接受，拿来宣传，却要批判地使它们深刻化。

这本书，对于他们，将会成为最强的刺激和最好的指导。这本书，不过继续发展了《资本论》已经发生的影响。不仅社会主义，即资产阶级经济学，也应当对马克思致最深的感谢。资产阶级经济学晚一代的更有造就的著作家，所以能够超出五十年代六十年代的庸俗经济学，就赖有一些从马克思那里借来的要素。——不待说，他们不但没有感激他，反而拿一些轻蔑的话去责骂他，好像这是每一个德国大学私讲师的职分和事业一样。

我希望，这部《剩余价值学说史》的出版，不但可以加深并且加强《资本论》第二卷第三卷的见解，并且不仅会在社会主义圈内，并且会在资产阶级圈内，引起一种新的研究古典经济学的精神。

这个著作，真是应了这句话：Nonum prematur in annum。它经过40余年，才与世相见。其内容一部分，已在数十年前，由著者自己，在更完全的形态上，整理了，出版了。但它的意义不曾丧失丝毫，它原来不是一个死的历史的文件，而是一个有新的知识不断流出的活源泉。我希望，它现今所采用的形态，不会不适合，也不会把它玷辱才好罢。

卡尔·考茨基
1904年10月于扶里德诺

附录Ⅱ　研究文献精选

一　〔德〕曼弗雷德·缪勒:《1861—1863年〈政治经济学〉手稿的价值》[①]（节选）

1861年6月10日，马克思在致恩格斯的信中说："一星期以来，我在认真写我的著作。"[②] 大约经过了两个月的准备工作和重新研究，马克思才着手写作他的这一《政治经济学批判》手稿，后者的标题是:《第三章资本一般》。1863年8月15日，马克思在致恩格斯的信中谈到，"我的工作（整理手稿，准备复印），一方面进行得很好"[③]。这不仅表明，一部新的草稿，即涉及《资本论》全三卷的一部草稿的写作行将开始，而且表明，1861—1863年手稿的写作已经结束。至于这部新草稿，直到1865年12月才完成。

这两封信勾画出马克思在研究和叙述资本主义社会经济运动规律以及分析资产阶级政治经济学方面所从事的创造性工作的一个重要阶段。本来，马克思在撰写《政治经济学批判大纲》，即《资本论》的初稿时，已经详细探讨了狭义的价值理论和剩余价值理论，他撇开价值和剩余价值的特殊形式，对这二者作了表述。从此，由于已取得某些基本发现，价值理论和剩余价值理论便告完成。在《资本论》的第二稿中，马克思

[①] 本文节选自前德国统一社会党中央马列主义研究院、马丁·路德大学（哈雷-维腾堡）编:《论〈资本论〉第二稿——分析·观点·论据》，王锡君、张钟朴等译，济南:山东人民出版社1992年版，第1—44页。

[②] 《马克思恩格斯全集》第30卷，北京:人民出版社1974年版，第172页。

[③] 同上书，第364页。

超出原有的论题，第一次以成熟的形式阐述了自己的政治经济学的根本认识。这首先指的是平均利润率理论和生产价格理论，关于剩余价值的特殊形式即产业利润、地租和利息的学说，以及有关再生产理论和危机理论的某些重要原理。在手稿中还对相对剩余价值理论第一次作了系统的叙述，其中包括对资本主义制度下科学技术发展的详细论证。手稿还由于包含有剩余价值理论批判史而具有重大价值。这部分批判史材料马克思冠以《（5）剩余价值理论》这一标题。这部分材料原先是打算作为纯粹形态的剩余价值的叙述部分的附录而写作的，但是包含了马克思对资产阶级政治经济学关于价值和价格理论，关于利润、平均利润、地租以及利息理论的批判，因而扩展成为一部关于广义剩余价值的理论史。这样，正如马克思后来所说的，由此就形成了《资本论》第四卷的草稿。[①] 这部手稿以实例表明，马克思的学说是在不断地批判资产阶级政治经济学的过程中发展起来的。1861—1863年手稿在《资本论》的创作史中所以具有特殊的价值，尤其是因为在这里马克思关于自己的基本著作的最终构想已经成熟，即他关于资产阶级社会经济运动规律的合乎逻辑的和自成一体的叙述的最终构想已经成熟。

马克思原来曾准备完成《政治经济学批判》第二分册的誊清稿本，然而不久就改变了想法。正当他期望对已取得的认识作出某种尽可能完善的、最终的叙述的时候，他由于碰到一些从前没有充分弄清的问题而产生一些想法。"此外，我还有这样一个特点：要是隔一个月重看自己所写的一些东西，就会感到不满意，于是又得全部改写。"[②] 这一特点，也就是马克思的这种科学彻底性，使他在批判资产阶级经济学的过程中获得一些新的重要认识，并使得手稿本身依然具有研究性手稿的特征。

《资本论》的一部重要准备著作

马克思从1859年起开始刊行自己的政治经济学著作，当时他首先

---

① 参见《马克思恩格斯全集》第34卷，北京：人民出版社1972年版，第285页。
② 《马克思恩格斯全集》第30卷，北京：人民出版社1974年版，第617页。

发表了自己对劳动价值理论本质要点的系统阐述。他依据在《政治经济学批判大纲》中取得的研究成果，在《政治济学批判》第一分册中主要对劳动产品的商品形式和对价值这一商品的经济本质作出科学的论证，并且首先指明了商品的二重性以及体现在商品中的劳动的二重性。这一分册最后还包含了关于货币的本质、起源和职能的崭新学说的详尽论述。

弗·伊·列宁把《政治经济学批判》说成是同《资本论》一起使政治经济学这门科学革命化了的著作。① 无疑，列宁在这里指的不仅是马克思对商品和货币的分析，而且也包括马克思在序言中对唯物史观所作的概括的、经典的表述。

正是这一学说成为马克思的经济学研究的导线。这一学说作为世界观和方法论原理用来考察资本主义生产方式时，要求指明这一生产方式的历史存在条件，要求从每种经济形式的产生和消失的过程中来把握这些经济形式。资产阶级政治经济学的古典学家由于受制于他们的原则上的反历史主义，他们把商品、价值和货币看成是永恒存在的、自然发生的现象。因此，他们只去研究商品价值的量，而不是研究其实质，即形成价值的劳动的性质，他们认识不到生产商品的劳动的二重性；并且他们只是从货币的物质方面来考察货币。相反地，马克思首先去揭示资本主义商品生产的矛盾，并证明商品、劳动和货币的一切矛盾归根到底都根源于每个商品生产者的劳动的社会性质同这些生产者单个进行的、以私人形式支出的劳动之间的矛盾。明确地指出：曾有过这样的历史时代，在这一时代下，个人劳动"直接"表现为"社会机体的一个肢体的机能"②，并且将来会出现这样一种社会形态，在这种形态下，存在着"个人劳动实际转化为社会劳动以及相反的情况"③。从这个意义上说，资本主义商品生产的基本矛盾以及由此产生的种种矛盾都带有某种

---

① 《列宁全集》第1版第21卷第31页。
② 《马克思恩格斯全集》第13卷，北京：人民出版社1962年版，第22页。
③ 《马克思恩格斯全集》第46卷上册，北京：人民出版社1979年版，第220页。

特殊社会的、从而暂时的性质。①

马克思认为他自己要做的事情，就是全面揭示资本关系中所包含的矛盾。在此以前人们所说明的商品和货币的对立，只包括"资产阶级劳动所包含的一切对立的抽象的一般的形式"②。然而，资本主义生产关系不能只归结为交换价值的简单概念。如果作这样的归结，那就必定"从规定性中分离出来"，必定"把具有特殊规定性的全部关系抽掉，退回到商品同商品相交换的不发达关系"③。马克思把在分析资本时采取这种做法的一切企图，称之为"玩弄抽象概念的儿戏"，"**无法理解现实差别的彻底无能**"④。因此，资本主义政治经济学的最抽象部分应通过揭示资本家和雇佣工人之间的对抗性矛盾，通过有系统地阐述剩余价值理论而走向具体化。可见《政治经济学批判》第一分册问世后，应有第二分册继之出版，还在《政治经济学批判大纲》中，马克思就探讨了剩余价值理论的最重要成分，即纯粹形态上的剩余价值。在这部手稿中，马克思提出了劳动力商品的学说，第一次把资本进一步区分为不变资本和可变资本，并通过绝对剩余价值和相对剩余价值的生产揭示了增大剩余价值的各种形式和途径。同时，马克思在手稿中还阐述了有关资本积累和资本周转的基本思想，并说明了决定剩余价值率和利润率的各种规律。

马克思始终理解自己所从事的科学活动的意义，他把他的著作的《第三章》的写作和发表看作一项"直接的革命任务"⑤。本来，马克思曾打算把《商品》、《货币》和《资本一般》这三章作为第一分册出版。因为这个分册将是"一部比较完整的著作"，其中"包括整个叙述的基础"⑥。但是，后来出于政治上的原因，马克思决定把最后一章扣下来不予发表，"因为真正的战斗正是从第三章开始，我认为一开始就使人

---

① 参见《马克思恩格斯全集》第29卷，北京：人民出版社1972年版，第445页。
② 《马克思恩格斯全集》第13卷，北京：人民出版社1962年版，第86—87页。
③ 《马克思恩格斯全集》第46卷上册，北京：人民出版社1979年版，第202页。
④ 同上。
⑤ 《马克思恩格斯全集》第30卷，北京：人民出版社1974年版，第563页。
⑥ 《马克思恩格斯全集》第29卷，北京：人民出版社1972年版，第534页。

感到害怕是不明智的"①。而在写作这一章的过程中的情况表明，有些问题还需要加以说明。

这些问题之一就是价值和价格的联系问题。马克思在《政治经济学批判大纲》中注意到，价值和价格总是不一致，二者同一的情况只是例外。他还发现，通过竞争，通过资本家争夺投资场所，会形成某种"一般利润率"，后者使价值变为价格，同量的不同资本，由于其有机构成不同，会生产出不同量的剩余价值，但是这些资本都只能实现一个平均利润。这样一来，商品价值决定于商品中所包含的劳动时间的基本规律，通过竞争就获得了进一步的形式规定。这种形式规定就是"需求、供给、价格"；也就是"价格作为市场价格，或一般价格"②。总之，这里阐述了这样一种思想：雇佣工人所创造的全部剩余价值在一定程度上是经过价格的单纯的平均化而在资本家之间进行分配的。③ 不过，在这里，价值转化为生产价格理论的一个最重要的中间环节，即市场价值的形成，还没有得到说明。此外，马克思还只是大致提到竞争条件下的价值的某些规定所使用的概念还没有固定下来。这些问题的根本解决，最终是通过1861—1863年手稿中所包含的经过详细制定的和精确限定的各个概念而趋于完善的。

在《剩余价值理论》中，马克思达到这样的认识：竞争的二重作用引起资本的两种不同的运动，从而发生价格的"两种平均化运动"④。他把这种价格又理解为市场价值和生产价格，只要它被看作符合平均利润率。这一认识是同对大卫·李嘉图的批判联系在一起的。李嘉图同亚当·斯密一样，假定价值和生产价格是一致的，他没有能力说明商品的价值决定和同量资本提供同量利润这一现象之间的明显矛盾，因为他"不理解一般利润率的起源"⑤。同时，马克思强调价值规律和生产价格

---

① 《马克思恩格斯全集》第29卷，北京：人民出版社1972年版，第568页。
② 《马克思恩格斯全集》第46卷下册，北京：人民出版社1980年版，第166页。
③ 同上书，第344页。
④ 《马克思恩格斯全集》第26卷第2册，北京：人民出版社1973年版，第135页。
⑤ 《马克思恩格斯全集》第26卷第3册，北京：人民出版社1956年版，第194页。

规律之间必然存在某种"中介",并通过指明各个最重要的中介环节而逐步解决了一般形式同转化形式即派生形式之间的明显矛盾,他把剩余价值和利润(或剩余价值率和利润率)之间的差别看作就是这样一个中介环节,再就是资本的有机构成以及各生产部门中有机构成的差别,或有机构成的变化,最后,还有不同生产领域中利润率平均化为平均利润率本身的过程,这样他就令人信服地证明,生产价格"只有在价值和价值规律的基础上才能理解,没有这个前提,它们的存在就是不可思议的和荒谬的。"①

在1861—1863年手稿中,关于剩余价值的派生的、转化的形式,即关于产业利润、地租和利息的学说也同价值转化为生产价格的学说一道成熟起来了。在《资本论》第一卷出版之际,马克思曾指出他在这里"首先研究剩余价值的一般形式",而剩余价值的各个特殊部分暂时还不加以说明。他把这一点看作他的著作的"崭新的因素"之一。② 资产阶级政治经济学没有能力作出这种区分。它总是把纯粹形态的剩余价值本身同剩余价值的各种特殊形式混淆起来,或者说混为一谈。马克思把这一点看作资产阶级政治经济学的根本缺点。甚至在英国古典学家斯密和李嘉图的体系中,也存在某些前后不一致之处和无法解决的矛盾之处。马克思在《剩余价值理论》中对这些地方作了仔细的、极为详尽的剖析。马克思在《政治经济学批判大纲》中就已经明了自己应进行的批判的中心点,他在这部手稿中为自己的学说奠定了下述重要前提:

第一,马克思在这里制定了狭义剩余价值理论,已彻底区分剩余价值和利润这两个概念。他把利润称作"剩余价值的**第二级的**、派生的和变形的形式,只是资产阶级的形式,在这个形式中,剩余价值起源的痕迹消失了"③。**第二**,表述了地租理论、商业利润理论和利息理论的原初命题。例如,马克思注意到农业生产诚然实质上是由现代资本主义租

---

① 《马克思恩格斯全集》第26卷第3册,北京:人民出版社1956年版,第85页,又见海因茨·阿本德的文章。
② 参见《马克思恩格斯全集》第32卷,北京:人民出版社1974年版,第11页。
③ 《马克思恩格斯全集》第46卷下册,北京:人民出版社1980年版,第95页。

地农场主负责经营的，不过后者不得不向土地所有者缴纳地租。这种地租是"一种与资本具有不同特点的""财富形式"①，因而土地所有权表现为"特殊的经济关系"②，同时，马克思指出，商人资本和高利贷资本固然一方面可以看作产业资本的"较早的财富形式"③，然而，另一方面，在发达的资产阶级社会中，它们受工业支配，④表现为资本的派生的、转化的形式。

马克思的地租理论是从下面这一点出发的：当时农业中平均生产条件以及劳动生产率低于工业。工业和农业之间存在"资本有机组成部分的比例的**历史性差别**"⑤，因而农业中所生产的剩余价值超出工业中所获得的剩余价值的平均水平。而农业中的价值又例外地不被化作生产价格，因而土地所有者实现一个超额利润。土地所有者利用自己对土地的垄断，就可以使这种超额剩余价值不致落入资本家阶级的手中，从而不加入竞争所引起的平均利润率形成过程。马克思认为，由于价值和生产价格的差别就产生绝对地租；而这就表明，在农业中生产也是以价值规律为基础的。这样一来，马克思就把他在平均利润率理论中所一般表述的一个设想，即关于价格"平均化"过程的设想加以具体化了。因此，维·索·维戈茨基完全正确的指出，绝对地租理论首先是从平均利润和生产价格理论中得出的结论，因而是鉴别这些理论正确与否的试金石。⑥

1861—1863年手稿所以具有特殊意义，还因为这一手稿包含有关于相对剩余价值理论的首次的全面而连贯的叙述。马克思在《政治经济学批判大纲》中就已经区分出绝对剩余价值和相对剩余价值，并认为相

---

① 《马克思恩格斯全集》第46卷上册，北京：人民出版社1979年版，第233页。
② 《马克思恩格斯全集》第29卷，北京：人民出版社1972年版，第300页。
③ 《马克思恩格斯全集》第46卷上册，北京：人民出版社1979年版，第507页。
④ 参见《马克思恩格斯全集》第46卷下册，北京：人民出版社1980年版，第384、389页。
⑤ 《马克思恩格斯全集》第26卷第2册，北京：人民出版社1973年版，第111页，并见第269—270页。
⑥ 参见维·索·维戈茨基：《卡尔·马克思的一个伟大发现的历史》，北京：中国人民大学出版社1979年版。

对剩余价值在说明资产阶级社会的经济运动规律方面具有特殊的意义，同时把这一剩余价值看作加强对雇佣工人的剥削的最重要的方法。在按资本主义方式应用的机器体系的基础之上，资本和雇佣工人之间的矛盾变成公开的、敌对性的矛盾。马克思把相对剩余价值的生产描绘为这样一种形式，"在这种形式上，以资本为基础的生产方式的产业性质和特殊的历史性质直接表现出来了"①。在机器体系中，资本在生产过程内部取得作为使用价值的最适当的形式，它变成了"由资本本身规定的并与资本相适应的形式"②。

在1861—1863年手稿的第Ⅲ—Ⅴ、ⅩⅨ和ⅩⅩ笔记本中，包含有丰富的经验材料，并且这些材料经过批判地加工。跟据这些材料来看，可以分三个阶段来说。在第一个阶段上，马克思表述了相对剩余价值规律，他第一次对相对剩余价值的生产方法作出分析，也就是对简单协作、工场手工业分工以及机器体系作出分析，并指出了按资本主义方式应用机器所带来的社会后果。在以《剩余价值理论》这一手稿为标志的第二阶段上，马克思比以往更加精确地说明了关于工人阶级地位和状况的基本观点，这就是：在资本主义条件下，工人被机器游离出来，工人阶级的生存更加没有保障。马克思在写作手稿的这一部分时，显然还取得了一项最新突破，也就是考察了工具和机器的区别，而这一点是当时的经济学家、机械师和工艺学家没有明确加以说明的。总之，这就是马克思在第ⅩⅨ和ⅩⅩ笔记本中重新探讨相对剩余价值问题时面临的对象。在这里，他第一次说明了产业革命所带来的工作机的特征，评价了资本利用科学的现象，并且最后论证了所应用的劳动资料的革命会在多大程度上导致资本主义生产方式的完全形成。③

在1861—1863年期间，还建立起了无产阶级政治经济学的一系列基本要素，其中包括生产劳动和非生产劳动的理论，在生产理论和危机理论的主要成分，级差地租理论，工资学说以及人口理论的基本点。最

---

① 《马克思恩格斯全集》第46卷下册，北京：人民出版社1980年版，第291页。
② 同上书，第208页。
③ 参见尤·容尼克尔的文章。

后，由于这全部发现的合乎逻辑的结果，就形成了《资本论》的最终结构。在《政治经济学批判大纲》中马克思所论证的三分法，即分为**"资本的生产过程""资本的流通过程"**以及**"资本和利润"**这三个部分的分篇法，现在在 1863 年 1 月的计划草案①中大大改善了。马克思在这里除了注意到纯粹形态上的价值和剩余价值的表述以外，首先还注意到考察平均利润和生产价格概念，以及剩余价值的各种特殊形式，例如产业利润、地租和利息。这样，他就为撰写自己的基本著作直接做好了准备。因此，1861—1863 年手稿从其理论内容来看，可以算作《资本论》的第二稿，只不过还没有对所有各点都作出充分的加工。

总之，在第 I 到 V 和 XIX—XXIII 笔记本中，马克思考察了《第一篇：资本的生产过程》，也就是后来《资本论》第一卷中的《货币转化为资本》、《绝对剩余价值》、《相对剩余价值》、《工资和剩余价值的关系》、《劳动对资本的形式上的从属和实际的从属》、《资本的生产率，生产劳动和非生产劳动》，和《剩余价值再转化为资本》等各个题目，而按恩格斯的说法是"该书现有的最早文稿"②。

诚然，在手稿中没有发现同《资本论》第二卷论题有关的任何设想。但是，**一方面**，马克思使资本流通过程的各个叙述要素更加完善了，这些要素在写作《政治经济学批判大纲》时是作为资本的规定而出现的，其中包括资本作为商品资本、货币资本和生产资本所发生的形态变化，以及生产资本作为固定资本和流动资本所采取的形式规定性。这也适用于对资本周转的考察，马克思在这里区分出周转时间、生产时间和流通时间。**另一方面**，该卷的核心点，即对社会总资本的再生产和流通的叙述，也趋于成熟了。马克思在《剩余价值再转化为资本》这一章内，从批判斯密教条和李嘉图的积累理论出发，并依据对魁奈经济表的分析，还表述了关于积累过程的"现实"形式的观点，也就是说明了社会总资本实现的基本条件问题。这是以许多图表的形式对再生产

---

① 《马克思恩格斯全集》第 26 卷第 1 册，北京：人民出版社 1972 年版，第 446—448 页。

② 《马克思恩格斯全集》第 24 卷，北京：人民出版社 1972 年版，第 4 页。

理论作出的概括的和一目了然的表述。① 其中的图表之一，即"**再生产总过程的经济表**"② 还被写进马克思于1863年7月6日致恩格斯的一封信中，同时信中对该表的要点作了极概括的说明。列宁曾研究过马克思和恩格资之间的这封通信，十分珍视这一研究成果。他指出："第二卷初稿（I、II 部类的再生产过程等等）。很清楚!!"③ 马克思的另外一些根本性考虑也表明，在写作1861—1863年手稿过程中，未来第二卷关于资本流通过程的叙述方法实际上已经被发现。④

最后，标题为《第三章：资本和利润》的手稿部分，还包括了未来《资本论》第三卷最初各基本篇的最早的草稿。在第 XVI 笔记本中，马克思阐述了剩余价值到资本的转化，平均利润理论（和生产价格理论）以及利润率下降规律。当然，在《剩余价值理论》中，只是通过研究过程为系统地论述剩余价值的各特殊形式即派生形式作好了准备，或者说，只是局部地论述了这些形式。这一点既适用于绝对地租理论和级差地租理论，也适用于商业利润理论和利息理论；就后一理论来说，在第 XVII 和 XVIII 笔记本中以《商业资本，货币资本》为标题进行的考察，可以看作是基础。总而言之，写作《资本论》本身的全部重要前提在这里都提供出来了。

1862年12月28日，马克思在一封信中告知路德维希·库格曼，他的著作的第二部分"将以《**资本论**》为标题单独出版，而《政治经济学批判》这个名称只作为副标题"⑤。可见，在1861—1863年手稿写作过程中，马克思不仅在很大程度上考虑好了他的基本著作的理论内容和结构，而且第一次明确地说出了他的著作的书名，马克思始终打算进行某种历史文献形式的批判，以补充他对资产阶级经济学说进行的批判的系统叙述。有时，他显然设想通过"历史概述"或者对他的学说的基

---

① 参见沃尔夫冈·缪勒的文章。
② 《马克思恩格斯全集》第48卷，北京：人民出版社1985年版，第171页。
③ 列宁：《〈马克思和恩格斯通信集（1844—1883年）〉提要》，北京：人民出版社1982年版，第353—354页。
④ 参见《马克思恩格斯全集》第48卷，北京：人民出版社1985年版，第125页。
⑤ 《马克思恩格斯全集》第30卷，北京：人民出版社1974年版，第636页。

本论点的"插入部分"来实现他的上述打算。至少,《剩余价值理论》最初就是预计作为《(1)货币转化为资本》、《(2)绝对剩余价值》和《(3)相对剩余价值》这三个部分的"插入部分"来写作的。第四部分马克思没有列举出来,这个部分将考察绝对剩余价值和相对剩余价值的结合情况。① 另外,《剩余价值理论》"在分篇中还包括有第(5)部分。1863年1月的计划草案②也表明,剩余价值理论的详细批判史中所包含的、以文献形式反映广义政治经济学核心问题历史的这些材料,归根到底应当附于理论部分的各个篇章之后。这个想法是在写作《政治经济学批判大纲》时形成的;并且在那里也得到贯彻,后来在写作《政治经济学批判。第一分册》的两章时就曾附加历史附录部分,这样,上述想法就作为实用的分篇原则而同公众见面。

同《资本论》三卷理论卷的写作相联系,马克思决定围绕资产阶级政治经济学的历史写出某种相对独立的、连贯的叙述,也就是把各种问题"以历史的形式重述一遍"③。几乎在两年以后,他还曾明确说到理论史部分的考察对象。这个部分应当是"**十七世纪中叶以来的政治经济学理论史**"④。诚然,马克思原来设想在叙述自己的观点时"有时不能不对其他经济学家进行批判",但是"政治经济学和社会主义的批判和历史整个说来应当是另一部著作的对象"⑤(在资本、地产、雇佣劳动、国家、国际贸易、世界市场这六册书之外)。然而,后来在马克思的理论的制定过程中,这种想法发生了很大变化,与此同时,经济学著作本身的结构也发生了很大变化。在这里我们只想指出一点:马克思在写作1861—1863年手稿时确立了关于资本这个一般概念的最终的写作方案,后来这一方案在《资本论》中付诸实现。马克思还产生了这样的想法:使叙述同《政治经济学此判》第一分册脱离开来并独立地进

---

① 参见《马克思恩格斯全集》第47卷,北京:人民出版社1979年版,第351页。
② 参见《马克思恩格斯全集》第26卷第1册,北京:人民出版社1972年版,第446—448页。
③ 《马克思恩格斯全集》第31卷,北京:人民出版社1972年版,第135页。
④ 同上书,第544页。
⑤ 《马克思恩格斯全集》第29卷,北京:人民出版社1972年版,第531页。

行，也就是说，不再以不定期分册的形式发表自己的理论。这一思想的付诸实现，又必然导致这样的想法：对价值理论和剩余价值理论的历史作出某种完整的、专门的阐述，并以此作为《资本论》的对称部分。

在《剩余价值理论》中，马克思的《资本论》结构计划发生变化，这一手稿是马克思为了自己重新认识各个基本理论问题和方法论问题而写的。因此，如果说马克思后来说明他写《资本论》的顺序是"从第三部分——历史部分"① 开始，那么这并不只是因为这个部分所探讨的问题的广度和丰富程度非常接近于《资本论》，倒不如说，这是因为这一文献史的叙述从根本上说可以看作是已经经过润色的。无疑，马克思如果有机会对《剩余价值理论》再进行某种修订，他一定会删掉《资本论》中所解决了的和反映自我理解过程的那些段落。除了某些编辑上的加工而外，一些问题的叙述会得到补充，在某些地方冒出的思想会进一步发挥下去。不过，十分熟悉1861—1863年手稿并曾打算出版《剩余价值理论》的恩格斯也认为，理论史"基本上写完了"②。

马克思在1863年5月写作XXII笔记本时对威廉·配第所作的一段历史概述，在某种程度上就可证明上述说法。在这一概述中，包含有配第关于生产劳动和非生产劳动、价值、"劳动价值"、剩余价值、地租和利息等问题的观点。③ 一方面，这使得计划中的理论史所应考察的问题的范围一目了然，也就是说，这里探讨的是广义的价值理论和剩余价值理论。另一方面，这又表明，叙述应从现代政治经济学的奠基者配第开始，——以后马克思曾说到这一点——并且应包括1691—1752年期间出现的一些著作，如约翰·洛克、达德利·诺思及直到大卫·休谟的著作；因为这一时期"对研究政治经济学的逐渐产生来说是最重要的时期"④。在1861—1863年手稿的最后写作阶段，马克思为完善自己的理

---

① 《马克思恩格斯全集》第34卷，北京：人民出版社1972年版，第285页。
② 《马克思恩格斯全集》第36卷，北京：人民出版社1974年版，第204页。
③ 参见《马克思恩格斯全集》第26卷第1册，北京：人民出版社1972年版，第378—385页。
④ 《马克思恩格斯全集》第20卷，北京：人民出版社1973年版，第259页。

论史写作又作了准备性的分析。①

马克思在写作中为说明他的学说的某些重要的而又新鲜的论点，常常"离开本题"。尽管如此，《剩余价值理论》的叙述方法仍然是可以认识的。经济学说的历史反映了资本主义生产方式发生和发展的基本特征，从而以特殊方式补充了《资本论》的方法，并且在本质上同后者的方法相一致。因此，《剩余价值理论》——甚至在遗留下来的原稿的形式上——是马克思的基本著作的不可缺少的部分，并且应当以原有形式出版。②

1861—1863年手稿是《资本论》的又一部重要的准备著作，在这部手稿中，马克思的价值理论和剩余价值理论已经完全形成。四十年代和五十年代的摘录笔记本、《经济学哲学手稿》、《哲学的贫困》以及《雇佣劳动与资本》等著作表明，马克思占有详细材料并寻找"内在联系"的过程是如何展开的。同时，也建立起了方法论的前提，并制定了他未来的价值理论和剩余价值理论的各个要素。不过，马克思毕竟还没有从理论上说清楚资本和雇佣劳动的交换这一根本问题，因而这一时期只应看作是《资本论》的前史。显然，抽象化以及具体化过程的最重要阶段，是从1857年秋天写作《政治经济学批判大纲》时开始的。马克思为了自己弄清问题而不是为了付印才写作的这部手稿，既包含有关于狭义价值和剩余价值的发现，又包含有在研究方法上经过论证的"资本一般"这一概念以及这一概念的三个环节——资本的生产过程、资本的流通过程、资本和利润。自此以后，马克思经济学著作的结构始终受到这一概念的影响。马克思为了自己弄清问题而取得异常丰富成果的阶段，随着1861—1863年获得的各种认识而宣告结束。

1861—1863年的《政治经济学批判》手稿，同1857—1858年的手稿《政治经济学批判大纲》以及1859年的著作《政治经济学批判。第一分册》合在一起，以文献的形式表明，马克思对经验材料和资产阶级

---

① 参见《马克思恩格斯全集》第26卷第1册，北京：人民出版社1972年版，第390—393、400—404、385—389、408—409页。

② 参见沃尔夫冈·杨和托马斯·马克斯豪森的文章和克里斯特尔·桑德尔的文章。

经济学家的理论进行了批判性的探讨,由此展开了对资本关系这一历史上暂时的现象所进行的合乎逻辑的、自成体系的叙述。

1885年,恩格斯在研读《资本论》第三卷手稿时所看到的各种发现,给了他以深刻印象。当时他写道:"直到1859年前后",马克思的政治经济学批判"不仅在纲要上已经完成,而且在最重要的细节上也已经完成"[①]。恩格斯在几年以后又指出,马克思于四十年代开始的政治经济学批判工作,到五十年代末便告完成。[②] 然而,恩格斯最终多少改变了自己的看法,他指马克思在五十年代固然创立了剩余价值理论,不过他总是想在"完全弄清这一理论的所有结论"以后,才发表他的著作,"因此,《政治经济学批判》的第二分册及以下各分册都没有出版"[③]。总之,关于《资本论》形成的历史,恩格斯的基本看法就是如此。可见,1857年至1863年之间形成的手稿,在无产阶级政治经济学的制定上具有特殊的意义。

……

资本一般和基本著作的最终方案

在1857年到1863年期间,马克思对资本主义经济运动规律的研究和叙述,实质上深深地带有资本一般概念的印记,不过,这一概念中所包含的各种关系的范围显然并不完全等同于《资本论》中所叙述的资本主义生产方式的"一般类型"[④],但是从方法论上来说,这种类型作为资本又可以依据其概念来确定[⑤]。不管怎样说,在《政治经济学批判大纲》中,资本一般曾多次作为资本的"一般概念"或"简单概念"来描述[⑥],同时马克思注意到,资本的"现实"运动即竞争使"符合资

---

① 《马克思恩格斯全集》第24卷,北京:人民出版社1972年版,第11页。
② 参见《马克思恩格斯全集》第22卷,北京:人民出版社1965年版,第234页。
③ 参见《马克思恩格斯全集》第39卷,北京:人民出版社1974年版,第25页。
④ 《马克思恩格斯全集》第25卷,北京:人民出版社1974年版,第160页。
⑤ 同上书,第160、262页。
⑥ 参见《马克思恩格斯全集》第46卷上册,北京:人民出版社1979年版,第384、444页;《马克思恩格斯全集》第46卷下册,北京:人民出版社1980年版,第158页。

本本性，符合以资本为基础的生产方式，符合资本概念的东西"① 表现为单个资本的外在必然性。可见，到这个时候，资本的"一般概念"和资本"概念"已经区分开来，而在后一概念中显然包含了对资本"现实"运动的叙述。②

《政治经济学批判大纲》表明，资本一般概念起初包含商品价值和货币概念，包含劳动力商品学说，包含不变资本和可变资本的划分，包含关于工作日、剩余价值率和剩余价值量的全部思考，包含绝对剩余价值和相对剩余价值的生产，最后，包含关于资本积累即单个资本积累的一般条件的说明。这样一来资本的呈现在直接生产过程中的基本结构就在本质要点上被勾划出来，在这一抽象阶段上，资本是作为雇佣劳动和资本之间的立足于物质生产关系之上的、包含在这种关系之中的和不断深化的矛盾而加以说明的。马克思知道，通过生产过程这一规定还只能把握资本形成史上的一个要素。资本的生活过程还包含另一个要素，这就是流通。因为没有交换，价值增殖本身就不能存在，从这个意义上说，资本形态变化的规定以及固定资本与流动资本的概念也应当包括在马克思的设想之中。由于利润被描述为剩余价值的派生的、转化的形式，马克思的构想使最终完备化，这方面的说明也和决定剩余价值率与利润率时各种规律一样，都同资本一般密不可分。因为这里要考察的利润，"不是某一单个资本靠牺牲另一个资本所获得的利润，具体来说，是**资本家阶级的利润**"③。

但是，当马克思写作 1861—1863 年手稿时，他决定不仅探讨价值的一般规律，而且也研究平均利润和生产价格的理论。他打算不仅仅只去叙述剩余价值本身，而且还要叙述剩余价值的各种特殊的、派生的形式，如工业利润、地租和利息。最后，除劳动力商品的使用价值和价值

---

① 《马克思恩格斯全集》第46卷下册，北京：人民出版社1980年版，第159页。
② 参见阿·马·科甘：《马克思〈资本论〉的若干方法问题》，载《经济手学》1966年第2期；阿·马·科甘《没有研究过的马克思的研究计划》，载《哲学问题》1967年第9期。诺·阿·鲍尔迪列夫：《关于马克思1857—1858年经济学手稿中的"资本一般"的分析问题》，载奥德萨师范学院《学报》1958年第21卷。
③ 《马克思恩格斯全集》第46卷下册，北京：人民出版社1980年版，第289页。

外，还考察了工资。这样一来，马克思就对自己原来关于资产阶级经济学体系的著作分为六册的设想以及其中包含的关于第一册分为四篇的设想，作了相当大的修改。

他决定放弃把资本一般和资本"现实"运动严格划分开来的做法，并把竞争、信用、土地所有权和雇佣劳动等概念中包含的社会关系的一般的、本质的东西，同叙述资本一般时触及的社会关系的一般的、本质的东西有机地结合起来。因此，在考察资本的基本结构时，马克思已经打算揭示竞争、信用、土地所有权和雇佣劳动同价值和剩余价值的直接的、内在的、必然的联系。马克思在1863年1月草拟的《资本的生产过程》和《资本和利润》的计划，就证实了这一点。[①] 这一计划构成基本著作的几乎是最终的方案。而这种方案正是在写作1861—1863年手稿过程中形成的。

马克思认为，资本的本质由于竞争的作用而颠倒地表现出来，因而以虚假的形式出现。固然，在资本主义经济的各种现象中反映着这样的事实：雇佣工人受资本家剥削，雇佣劳动和资本之间的不平等的、不等价的交换是建立在雇佣工人一无所有这一基础之上的。但是，构成现象的基础的这种关系不是直接就能认识的，因为在竞争中"一切规定同它们在资本一般中的情形相比，都显得是**颠倒过来了**"[②]。由于竞争，本质和现象之间看起来就存在一种矛盾的关系。"竞争在表面上把资本的在规律全部颠倒过来，而把它们作为外在必然性强加给资本。**它把这些规律歪曲了。**"[③] 因此，马克思有意地把资本的"现实"运动撇开，而先来考察资本一般。

在《政治经济学批判大纲》中，马克思注意到，资本一般是一个抽象，它是"抓住了与所有其他财富形式或（社会）生产发展方式相区别的资本的特征的一种抽象，资本一般，这是每一种资本作为资本所

[①] 参见《马克思恩格斯全集》第26卷第1册，北京：人民出版社1972年版，第446—448页。
[②] 《马克思恩格斯全集》第46卷下册，北京：人民出版社1980年版，第166—167页。
[③] 同上书，第282页。

共有的规定"①。同时,马克思又明确补充说,这种抽象决不是简单的或任意的抽象。"例如,如果我考察某个国家内与总雇佣劳动(或者也与地产)相区别的总资本,或者说,我把资本当作与另一个阶级相区别的某一阶级的一般经济基础来考察,那我就是在考察资本一般。"② 马克思把资本的**一般**形成史看作资本一般概念的内容③。前者无非是以系统形式表述出来的资本关系的形成过程,按照马克思的说法,我们在这一规定中面临的既不是资本的特殊形式,也不是同其他单个资本相区别的某一单个资本,"我们研究的是资本的产生过程"④。马克思认为,这一过程的叙述包括资本的直接生产过程和简单流通过程,后者也就是资本的成长、它的生活过程⑤,马克思正是在这个意义上又把《资本一般》章称作他自己的经济学著作的"主要的一章"⑥,其中包含了整部著作的"**精髓**"⑦。

总之,马克思在论证资本一般时已经对这一概念的界限有所认识。通过抽象,一切个别资本的共同本质就突出出来。但是,在现实中,资本不是作为"孤立的个别"而彼此无关或毫不相干。资本的产生、运动和变化,也就是资本作为个别资本的存在,是建立在这样的基础之上的:它们是社会总资本的环节或要素,处于相互作用之中。它们尽管有一定的区别——正因为如此,每一资本才成其为个别和特殊——但是它们只能作为总资本的一个要素而实现增殖。最后,每一种由私人进行的劳动必须得到社会的承认,这就使这些劳动不可分离地联系在一起,而这些劳动的客观存在的内聚力也就在于此。因此,个别的运动是由一般所决定的,而这个一般就是这种生产方式的本质的社会关系。

---

① 《马克思恩格斯全集》第46卷上册,北京:人民出版社1979年版,第444页。
② 《马克思恩格斯全集》第46卷下册,北京:人民出版社1980年版,第382页。
③ 参见《马克思恩格斯全集》第46卷上册,北京:人民出版社1979年版,第21页。
④ 同上书,第270页。
⑤ 参见《马克思恩格斯全集》第46卷下册,北京:人民出版社1980年版,第7页。
⑥ 《马克思恩格斯全集》第29卷,北京:人民出版社1972年版,第568页。
⑦ 《马克思恩格斯全集》第30卷,北京:人民出版社1974年版,第431页。

在资本一般的概念中，个别资本之间的这种联系只是形式上得到揭示，也就是说，在这里个别资本只是表现为总体的一部分。这也就表明，资本作为占统治地位的制度是从部分当中，也就是从个别资本中产生的，或者说是历史的东西，在叙述的这个阶段上，还不存在资本的真正的互相作用，还不存在明显的竞争。资本的内在规律还没有"确立为规律"。① 资本还不是"完成了的"，还没有在生产过程和流通过程的统一中表现为"规律"②。因此，马克思又把研究和叙述的这一抽象阶段上的个别资本之间的关系表述如下："到目前为止，我们在价值增殖过程中只是指出了各个要素互不相关的情形，它们在内部是互相制约的，在外部是互相寻求的，但是可能寻求得到也可能寻求不到，可能互相一致也可能不一致，可能互相适应也可能不适应。联系在一起的一个整体的内在必然性，和这个整体作为各种互不相关的独立要素而存在，这已经是［IV—22］种种矛盾的基础。"③ 所以，马克思起初没有去分析竞争，虽然他知道，资本实际上只能存在于许多单个资本的形态上，并且这些资本的自我规定只能表现为竞争。"资本的内在规律，资本的趋势只有在竞争中，即在资本对资本的作用中，才能得到实现。"④

从这方面来看，马克思对资产阶级政治经济学家研究方法的原则性批判是很有意义的。他把他们的抽象法称作形式上的，但是同时也指出，在英国古典学家，特别是在大卫·李嘉图那里，这种做法也具有自己的历史存在权利。李嘉图曾有意把竞争现象抽象掉，以便把握规律本身。马克思对此表示赞许，同时又责备他没有去简述一般规律，而是直接把各种表现形式看作规律的确证。李嘉图把本质和现象的一致理解为"现象在形式上从属于本质，而不是理解为本质的展开过程。但是，从这一观点出发来达到现象的特殊内容，这是不可能

---

① 《马克思恩格斯全集》第46卷下册，北京：人民出版社1980年版，第159页。
② 《马克思恩格斯全集》第26卷第3册，北京：人民出版社1974年版，第534页。
③ 《马克思恩格斯全集》第46卷上册，北京：人民出版社1979年版，第398页。
④ 《马克思恩格斯全集》第46卷下册，北京：人民出版社1980年版，第271页。

的"①。谁只有能够说明似乎同规律相矛盾的各种现象，因而指出资本主义的矛盾，同时在这样做时彻底遵守历史主义的原则，他才有资格认识真理。

马克思正是在批判资产阶级政治经济学，也就是写作《剩余价值理论》的过程中，越来越明确地认识到资本一般概念在全面叙述资本方面的局限性，并且通过制定三个本质的理论要素而最终突破了这一概念。

第一，这指的是平均利润和生产价格理论。马克思指出，平均利润率"不表现为直接既定的东西，而只表现为各种相互矛盾的波动的平均结果"②。他又把这种利润率称作"观念上的**平均数**"③或者又称之为抽象物，因为这种平均化是"一个非常复杂的运动"④。总之，平均利润应看作是这样一个原则，正是通过这个原则，剩余价值在个别资本家之间，也就是在各资本家集团之间的分配实质上得到调节。"资本家们既作为同伙又作为敌手来瓜分赃物——他们所占有的别人劳动，于是他们每个人占有的无酬劳动，平均说来，同其他任何一个资本家占有的一样多。"⑤正是资本的竞争造成生产价格，后者被马克思理解为"对竞争现象的抽象"⑥。在竞争条件下，价值是以变形的形态直接作为生产价格而表现出来的，因此马克思决定把两者联系起来作为价值转化为生产价格的学说进行相连贯的叙述。

第二，关于剩余价值的特殊的、转化的形式，即关于工业利润、地租和利息的学说。也是突破资本一般概念的一个重大要素。在1861—1863年手稿中，马克思不仅揭示了绝对地租的存在，而且完成了级差地租理论，并且第一次详细论证了这样的问题，生息资本和商人资本怎样和在多大程度上从工业资本家的利润中获得一个份额，后者表现为利息和商业利润。他首先在《补充部分，收入及其源泉》中强调指出，

---

① 《马克思主义辩证法》1974年柏林版，第264页。
② 《马克思恩格斯全集》第26卷第3册，北京：人民出版社1974年版，第512页。
③ 同上书，第513页。
④ 同上书，第514页。
⑤ 《马克思恩格斯全集》第26卷第2册，北京：人民出版社1973年版，第21页。
⑥ 同上书，第399页。

这只是统一体的一些相对独立的方面，并说明了这些特殊形式的只是表面独立性，这也就表明有必要从起源形式上，即从纯粹形态的剩余价值上来说明这些特殊形式，并且也是作为有机的整体来说明。

第三，把工资当作劳动力商品价值的转化形式来分析，这也是叙述经济运动规律的一个重要方面。马克思在《政治经济学批判大纲》中就已经发现，工人作为商品出卖给资本家的不是自己的劳动，而是劳动力；而资本家支付的也不是"劳动价值"。但是资产阶级经济学家却是这样认为的。当他们说到"劳动价值"时，他们当然不能理解，为什么这一价值同劳动的价值产品不等。马克思对此作了说明，并且同时注意到，资产阶级使用的"劳动价值"这一用语使价值概念转化为它的反面，造成一种假象：似乎工人被支付的是他自己的一个工作日的产品。因此，马克思决定在叙述资本关系时除说明劳动力商品学说外，还要阐述自己关于工资的观点，并且在这里也舍象本质和现象的脱离现象不谈，一定要说明这样一点："在实际上和在直接的**现象中，劳动力价值**是以什么形式出现的①，因为工资不是某种错误的考察方法的结果，而是资本主义生产关系的必然产物，"但是，在现实的竞争过程中，劳动力的价值也以这种歪曲的形式出现，因为在竞争过程中，不论在工人的意识中还是在资本家的意识中一切都表现为歪曲的形式。"②

这样一来，就从根本上说明了，资本关系就其一般性来说是不可能局限于抽象一般性的研究和叙述的，而必须始终当作具体一般性来把握。马克思在1857年11月草拟的关于资本册的第一份计划草案中就为最终的叙述方式提出了初步解决方法，在这里他划分出三个部分："**I. 一般性**"，"**II. 特殊性**"，"**III. 个别性**"③。这样，马克思的初稿即《政治经济学批判大纲》同《资本论》本身之间的联系从原

---

① 《马克思恩格斯全集》第47卷，北京：人民出版社1979年版，第621页。
② 同上。
③ 《马克思恩格斯全集》第46卷上册，北京：人民出版社1979年版，第232—233页。

则上说也就清楚了。总之，资本一般同资本"现实"运动的严格区分是马克思的分析的一个重要的，并且首先是在研究方法上经过论证的前提条件。这是马克思在1857年至1863年期间作出的全部发现的基础。

二　〔苏〕C. M. 格里哥里扬：《马克思〈1861—1863年经济学手稿〉中关于技术进步问题的论述》[①]

科学共产主义创始人卡尔·马克思的创造性的遗著篇幅巨大。他在自己的著作中，研究了有关人类社会发展历史的大量资料，并对资本主义生产方式，对无产阶级反对资产阶级、争取自身社会解放的斗争经验，作了深刻的科学分析。世界名著《资本论》是马克思的主要科学著作。

在这部科学共产主义的基本著作完成之前，马克思曾进行大量研究工作。他极为详尽地研究了资本主义的生产方式，探讨了政治经济学、哲学和历史的许多问题，同时对技术问题也产生了极大兴趣。他阐明了技术在社会生产中的作用和地位，阐明了生产力、技术的发展对雇佣工人的劳动和生活条件的影响。早在1844—1845年，马克思就曾细致地研究了英国数学家、力学家和经济学家拜比吉的著作《论工厂生产的经济》，英国化学家和经济学家安·尤尔的著作《工厂哲学》以及其他人的著作。马克思在四十年代写的著作，在一定的程度上利用了这几年所收集的材料。在《德意志意识形态》（1845—1846年）、《哲学的贫困》（1847年）、《雇佣劳动与资本》（1849年）以及其他一些著作中，提出了关于生产力，关于资本主义制度下生产力的发展，关于技术发展和社会发展之间的相互联系和相互依赖，关于机器和一般技术的应用对工人阶级状况的影响等许多重要原理。

---

① 本文选自陈征、严正编：《〈资本论〉创作史研究——〈资本论〉教学研究参考资料（一）》，福州：福建人民出版社1983年版，第253—266页。

继 1848—1849 年革命所起引的短时间的中断之后,马克思又开始了自己的科学研究,在 1850—1853 年中,马克思除研究大量的政治经济学著作外,还研究技术、工艺学和自然科学方面的著作,特别是研究德国工艺学史的考察者波佩的《工艺史》(1807—1811 年哥丁根版第 1~3 卷)、《一般工艺学教程》(1809 年美因河畔法兰克福版)、《物理学更适合于手工业、工场手工业和其他有用的行业》(1830 年杜宾根版),安·尤尔的《技术词典》(三卷集),李比希的《化学在农业和生理学中的应用》,约翰逊的《农业化学和地质学教程》,莱特麦耶尔的《采矿业和冶金业的历史》,奈特的《资本和劳动》以及其他人的许多著作。

为了对所收集的材料进行系统的整理和概括,马克思在 1857 年以前作了大量的准备工作。经过准备工作后,马克思在 1858 年 6 月写成了《政治经济学批判大纲(草稿)》这一手稿,1859 年写成并出版了《政治经济学批判》第一分册。

这本书问世之后,马克思又重新着手研究有关技术和工艺学的著作。

马克思对材料进行了研究和综合,并于 1861 年 8 月开始了新手稿的工作,到 1863 年中便完成了这一工作。① 1861—1863 年手稿也叫作《政治经济学批判》,该手稿是《政治经济学批判》第一分册的直接继续,由二十三本笔记本组成,页码编号为 1—1472,是"整个四卷《资本论》的第一个经过比较系统整理的稿本,虽然只是草稿,而不是完成稿。"② 因此,这部手稿是马克思的《资本论》写作过程中的一个阶段。

在这部手稿中,有一节用希腊字母"γ"表示,标题为《机器。自

---

① 马克思研究技术文献和自然科学文献是比较晚的,例如,马克思在 1863 年才钻研德国工艺学家和经济学家贝克曼的《发明史》一书,1865—1868 年才详细研究拉姆梅尔斯柏格的《关于光和热的生产资料》、罗斯科-肖莱马的《化学教科书》、赖尔的《地质学基础》等著作,七十年代至八十年代初,才研究瓦格纳的《金属》一书、恩格尔加尔特的《农业的化学基础》、加斯克耳的《手工业者和机器生产》、费克的《自然力之间的相互关系》、安斯特德的《地质学》、艾伦的《地质学和历史》等著作。

② 《马克思恩格斯全集说明汇集》第 399 页。

然力和科学的应用》。这一节是《资本论》第一卷第十三章《机器和大工业》的最初稿本。①

如果对1861—1863年手稿中标以"γ"的这一节的内容同《资本论》第一卷第十三章的内容作一比较分析和对照，那么可以看出，"γ"这一节要比第十三章丰富得多；在这一节中有大量关于技术史的材料以及关于某些技术经济和社会技术问题的材料。

本篇的任务不是对这一手稿的上述部分的全部内容进行分析，也不是把它拿来同《资本论》的相应章节进行比较。研究这份手稿的全部丰富内容和阐述它的意义，是一项专门的任务。作者要考察的只是手稿的一些片断，在这些片断中论述了资本主义的生产力和技术进步。

*　　　*　　　*

在已发表的马克思的著作中，劳动力作为社会发展的一切阶段上的主要的和起决定性作用的社会生产力，已经得到详细的论述。同样，马克思对作为生产资料的生产力也作了彻底的研究。因此，在本文中，我们对这些问题只提一下就行了。

然而，除了劳动力和生产资料外，马克思指出，科学也是重要的生产力。如大家所知道的，在《资本论》中指出了资本主义大工业掌握巨大的自然力和自然科学，同时它逐渐地"把科学作为一种独立的生产能力与劳动分离开来，并迫使它为资本服务"②。马克思在补充说明这一思想时又写道，生产过程的智力同体力劳动分离了，智力变成资本的权力，变成支配劳动的权力。③

在1861—1863年手稿未发表的部分中，对科学的作用进行了分析，马克思指出科学也是生产力。马克思写道："科学的力量也是不费资本家分文的另一种生产力。"④ 随着科学的发展，科学越来越成为强大的

---

① 在一些书刊中，其中包括发表在1963年《经济科学》杂志第12期上的我的那篇文章，都不准确地把这些笔记本称为"技术笔记本"或"技术手稿"。——C. M. 格里哥里扬
② 《马克思恩格斯全集》第23卷，北京：人民出版社1972年版，第400页。
③ 同上书，第464页。
④ 《马克思恩格斯全集》第47卷，北京：人民出版社1979年版，第553页。

生产力。而且，由于科学促进了自然力的应用，它逐渐成为生产过程的独立因素，被公认是生产财富的手段。

科学和劳动的关系经历了极其重大的变化。手稿指出，在资本主义条件下，应用于生产的科学同直接劳动相分离，然而在此之前，知识和经验是同劳动本身直接联系在一起的。从事科学研究变成了一种专门职业。在资本主义制度下，科学同劳动相对立，"科学对于劳动来说，表现为**异己的、敌对的和统治的权力**"。① 资本把物质的生产过程变为科学应用于生产的过程，变为应用于实践的科学，它使劳动从属于自己，压制了劳动本身的智力发展和职业上的发展。

马克思详细分析了资本同科学的关系，指出，体现在机器、生产方法、化学过程中的科学，像机器和其他生产资料一样，被资本占有。马克思指出"资本不创造科学，但是它为了生产过程的需要，利用科学，占有科学。"② 因此，资产阶级一方面剥削科学——人类理论的进步，另一方面利用科学作为自己致富的手段。马克思关于科学和技术的主要原理证明了，在资本主义制度下，科学和技术的进步也就是剥削工人的技巧的进步。

马克思把生产过程的社会结合，协作和分工，以及其他生产组织的形式和方式，或者像马克思所说的，人们的"共同活动的方式"，③ 看作是重要的和有效的社会生产力。马克思认为，协作和分工是社会劳动的天然生产力，而机器的生产是创造出来的生产力。

马克思指出，资本主义协作和分工中的极其重要的因素是："通过简单协作和分工来提高生产力，资本家是不费分文的。"④ 为了进一步说明这个思想，马克思写道："生产过程中劳动的分工和结合，是不费资本家分文的机构。"⑤ 资本家支付报酬的只是单个劳动力，而不是劳

---

① 《马克思恩格斯全集》第47卷，北京：人民出版社1979年版，第571页。
② 同上书，第570页。
③ 《马克思恩格斯全集》第3卷，北京：人民出版社1956年版，第33页。
④ 《马克思恩格斯全集》第47卷，北京：人民出版社1979年版，第363页。
⑤ 同上书，第553页。

动力的结合,不是劳动的社会力。

马克思深入研究这些问题后得出结论说,在资本主义制度的条件下,一切自然力,或劳动的社会力,"**是资本的力量**"。① 马克思在《资本论》中指出,从各种类型的劳动结合中产生的生产力是资本的生产力。在马克思的手稿中,下面的思想补充了这个原理:"资本是不给它报酬的,正象资本并不因工人会思考而付给他报酬一样。"②

马克思认为,自然所形成的和由人类所利用的力,也就是他所说的"自然力","自然的生产力",也是社会生产力的重要要素。

人用自己的劳动改变自然物质时,要利用自然力,特别是凭借自然力的相互作用。随着机器的广泛采用,自然力开始大范围地从属于生产过程。马克思强调指出,资本家占有资本,特别是机器形式上的资本,他"才能攫取这些无偿的生产力:未开发的自然资源和自然力,以及随着人口的增长和社会的历史发展而发展起来的劳动的全部社会力"③。

对于技术发展史,首先是对于机器以及机器在资本主义制度下的应用的研究,在1861—1863年手稿的上述部分中占有重要地位。例如,马克思关于机器生产率的论点具有巨大的科学意义和实际意义。

早在六十年代初期,马克思就阐明了和推断出技术发展的趋势,并对生产的机械化和自动化问题表示了极大关注。他考察了和详细描述了钢笔尖、纸张和其他制品的自动化生产工艺。马克思在评述当时业已存在的制作纸张的自动化机器时,指出了自动化所显现出的两大原则:生产的连续性和自动化。马克思指出:"加工工业中采用的最完善和最经济的机器,是能够**连续**生产的机器。"④

马克思在谈到用自动化机器装备起来的企业时强调指出,企业"是适应机器体系的完善的生产方式,而且它越是成为完备的机械体系,要

---

① 《马克思恩格斯全集》第47卷,北京:人民出版社1979年版,第515页。
② 同上书,第515页。
③ 同上书,第553页。
④ 同上书,第442页。

靠人的劳动来完成的个别过程越少……它也就越完善。"① 在手稿中表述了关于生产力发展和社会进步之间的相互联系的一条重要原理。马克思分析了技术发展史,他确认,后一个社会经济形态的技术基础是在前一个形态的范围内开始发展起来的。马克思写道,正像各种不同的地质层系相继更迭一样,在各种不同的社会经济形态的形成上,不应该相信各个时期是突然出现的,相互截然分开的。规律在于:"后一个［生产］形式的物质可能性——不论是工艺条件,还是与其相适应的企业经济结构——都是在前一个形式的范围内创造出来的。"② 马克思为说明这个原理,举了下面这个例子:"在手工业内部,孕育着工场手工业的萌芽,而在有的地方,在个别范围内,为了完成个别过程,已经采用机器了。后面这一点在真正工场手工业时期更是如此,工场手工业在个别过程中采用了水力和风力……"③

马克思揭示了技术进步的辩证法和作为生产力发展因素的技术发展同资本主义生产关系之间的矛盾。马克思在《资本论》中指出,社会,特别是资本主义社会,使生产工具不断发生变革和革命,从而使生产关系和整个社会关系发生变革。④ 马克思写道:"随着一旦已经发生的、表现为工艺革命的生产力革命,还实现着生产关系的革命。"⑤ 马克思用下面的历史事实证实了这一点:"只有在行会组织的物质基础、工艺基础不再占优势,因此丧失了自己的革命性和进步性,不再适应自己的时代,并且一面与工场手工业,而稍后又同大工业斗争之后,——它才作为**反动**因素而得到反动政府和与其有联系的阶层的支持。"⑥

技术是生产力的重要的和最活动的因素,技术及其利用,技术发展的速度和方向取决于生产关系的性质。马克思指出,生产关系是在一定的生产力基础上发生的,它们本身对生产力的进一步发展产生积极的影

---

① 《马克思恩格斯全集》第 47 卷,北京:人民出版社 1979 年版,第 518 页。
② 同上书,第 472 页。
③ 同上。
④ 《马克思恩格斯全集》第 23 卷,北京:人民出版社 1972 年版,第 553 页。
⑤ 《马克思恩格斯全集》第 47 卷,北京:人民出版社 1979 年版,第 473 页。
⑥ 同上书,第 475 页。

响，不是加速它们的发展，就是延缓它们的发展。因此，技术进步的性质是由占统治地位的生产关系决定的。例如，资本主义生产关系使技术进步具有片面的、畸形的、矛盾的性质；它们不顾整个社会的利益限制充分利用现代技术的可能性。

在马克思的手稿中，对资本主义制度下技术进步的社会经济结果的研究，占有重要的位置。马克思指出，在资本主义制度下技术革命化的第一个成果，一方面是资本家所得到的剩余价值增加了，资产阶级的财富和实力增大了；另一方面是对工人的剥削加重了，劳动群众的状况恶化了。按恩格斯的话说，在资本主义制度下技术进步造成了"利益被提升为人的统治者。利益霸占了新创造出来的各种工业力量并利用它们来为自己服务；由于私有制作祟，这些本应属于全人类的力量便为少数富有的资本家所独占，成为他们奴役群众的工具。"①

在我们所考察的这部分手稿中，像在《资本论》中一样，马克思详细阐明了机器对剩余价值增长的影响。手稿对这些问题进行了研究，得出了一系列使人颇感兴趣的原理，这些原理补充了《资本论》。

机器减少了某一资本所使用的工人人数。但这是不是意味着，由于工人人数的减少，该资本家的剩余价值也就随之减少了呢？马克思指出，由于使用机器，一定量资本可能给资本家带来更多的剩余价值，工人人数的减少可能比从前工人人数多时生产出更多的剩余价值。马克思在手稿中阐明了机器的应用不会改变剩余价值的性质，即被剥削工人的无偿劳动的性质。他写道："资本通过使用机器而产生的剩余价值，即剩余劳动，——无论是绝对剩余劳动，还是相对剩余劳动，并非来源于机器所**代替**的**劳动力**，而是来源于机器使用的劳动力。"②

资本家只是为了自身的利益才发展生产力，发展技术，提高社会劳动生产力。无论是在马克思那个时代，还是在目前，情况都是一样。事实证明，在现代资产阶级条件下，实现生产自动化不是为了减轻劳动和

---

① 《马克思恩格斯全集》第 1 卷，北京：人民出版社 1960 年版，第 674 页。
② 《马克思恩格斯全集》第 47 卷，北京：人民出版社 1979 年版，第 371 页。

改善劳动者的生活条件，而是为了减少工人人数，从而减少工资的支出和相应地增加利润。

随着生产机械化和自动化的过程所引起的剩余价值的增加，劳动者的状况恶化了。发展生产的手段变成了奴役和剥削生产者的手段。

资本主义制度下生产力的增长，技术的发展，首先在生产职能和社会地位上产生了不利于工人的变革。马克思写道，资本主义工业"通过机器、化学过程和其他方法，使工人的职能和劳动过程的社会结合不断地随着生产的技术基础发生变革。"① 工人的职能及其在生产中的状况由于越来越广泛地使用新技术而发生变化，在考察这种情况时，必须注意到，在资本主义条件下，生产力和技术的发展不仅使部分工人成为"过剩人口"，而且增加了失业大军。马克思在手稿中写道："……资本不仅是使活的劳动力贬值的手段，而且也是使它变为**过剩**劳动力的手段；或者对于一定的过程来说使它成为完全过剩的；或者在一般情况下**把它缩减到最低数量**。"② 由于使用机器，资本主义生产方式还在它的发展初期就产生了大量的失业人口。例如，英国在生产中使用了蒸汽织布机，结果使八十万织工失掉工作。随着自动化机器的应用，纺织工人的职能开始由机器来执行，于是纺纱工人便补充到失业队伍中去。

不是由于经济危机时期的生产周期的缩小，而是由于技术改造和现代化，由于生产的整套设备机械化和自动化而引起的失业，对工人来说是尤为严重的。工人失去工作，即使不是终生的，也比在危机时丧失工作要长得多。身受排挤的工人的经验和熟练程度不断失去作用，不再适应新的要求了。要根据他们的专长和熟练程度寻找工作，已经是非常困难的了。为了不致饿死，工人只好同意去作任何一种报酬低微的工作。马克思指出，技术进步的实现多少是持续不断的，无止境的。在资本主义制度下，技术进步造成对劳动力的需求相对地减少，雇佣劳动对资本依赖加强，工人首先对最近的未来往往失去信心。应当指出，失业不仅

---

① 《马克思恩格斯全集》第 23 卷，北京：人民出版社 1972 年版，第 533—534 页。
② 《马克思恩格斯全集》第 47 卷，北京：人民出版社 1979 年版，第 564 页。

对失业的人是一种灾难,而且对在业的人也是一种灾难,因为资产阶级利用失业和失业的扩大来压低或冻结工资,提高劳动强度。

在资本主义制度下,技术进步的另一个后果是工人阶级的结构发生了变化。生产的新技术和新工艺使劳动者的性质和职能发生了变化,使许多旧职业废除了,形成了工人的新范畴,产生了新的职业和专业。例如,根据官方材料,在美国经济中每年平均出现四百至六百个新的专业。① 随着生产的发展,许多旧的不再需要的专业被废除了。在资本主义条件下,这个过程给大多数工大带来了极大痛苦。不仅青年工人处于艰难境地,而且中年以上的工人也是如此,他们最先遭到解雇,最后找到工作。

资本家应用技术革新的目的,是要用不太熟练的工人以及妇女儿童,也就是用报酬低微的劳动力来代替熟练工人,马克思详细考察的这个现象在垄断资本主义条件下表现得特别尖锐。

技术进步不仅使工人阶级的结构发生了变化,而且使一切有独立收入的居民的结构也发生了变化。从前在物质生产领域工作的人越来越多地转向国民经济的其他领域。卡·马克思预见到了这种发展,虽然当时在非物质生产领域中的劳动者人数的增长趋势还很不明显。他指出,随着工人人数的增加和工人劳动生产率的增长,不直接从事物质生产的居民阶层将增长,也就是说,在流通和服务等领域就业的人数将增长。现代资本主义的实际材料完全证实了马克思的这个预见。

在考察技术进步的社会经济后果时,马克思详细地阐述了技术进步对尚未失去工作,还在资本主义企业中劳动的那一部分工人阶级状况的影响。马克思写道,机器使千百万人摆脱了劳动,使他们丧失了生存资料,同时大大加强了劳动者的劳动强度。马克思指出,随着技术、生产力的发展,随着社会财富的增加,在业工人的状况一般都恶化了,就是说工人在社会财富中的比重减少了,无产阶级为生活而付出的代价提高了,尽管这一点对无产阶级各阶层来说是程度不同的和不是同时发生

---

① 《就业保险周报》1957 年 12 月第 23 页。

的，不是连续地和直线地发生的，而是"经常**波动**"的。①

因此，我们来研究一下工人工资的变动情况。在资本主义国家里，名义工资，尤其是实际工资，不会随着使用更加完善的机器和其他技术，不会随着劳动生产率在这一基础上的提高而相应地提高。相反地，由于价格和税收的提高，往往不仅工资总额下降了，而且大部分工人的工资也下降了。

在资本主义制度下，随着生产力日益提高，实际上劳动变得越来越紧张和疲惫不堪。马克思谈到劳动强度的提高在历史上的地位时，在手稿中指出，由于简单协作和分工提高了劳动强度，"更多的是由于机器而更加提高了……这个整体如在机械工厂中那样，是以死的自然力即某种铁的机构的有节奏而均匀的速度和不知疲倦的动作而工作着"。② 马克思列举了许多明显的例子，说明由于使用新的或更加完善的机器而提高了劳动强度。例如，当采用机器织机时，开始一个人可看管两台，后来变成三台，甚至四台。

马克思指出，劳动强度提高的另一种形式是劳动速度加大，机器运转加快，因而工人的动作也得加快。劳动的紧张化和劳动浓缩意味着体力的极大紧张，大量消耗智力和精力。这样，导致了加速工人的力量消耗、衰老，以至出现"四十岁的老头"。③

马克思关于资本主义社会劳动紧张化的原理，光辉地经受住了时间的考验，并完全保持了自己的现实性。现在，当企业用更完善的机器装备起来时，工人的劳动紧张程度更加提高了。在半自动线上和自动线上劳动的工人对此感觉最明显。

甚至连资产阶级经济学家也不得不承认，自动线上的工人所消耗的精力比非自动化企业的工人所消耗的体力要多得多。《纽约时报》指出："自动化消灭了笨重的体力劳动，但是监督和看管设备的紧张程度使工人变成神经衰弱者。从体力上说劳动是轻了，但是工人一到家，感

---

① 《马克思恩格斯全集》第47卷，北京：人民出版社1979年版，第566页。
② 同上书，第406页。
③ 参见《马克思恩格斯全集》第23卷，北京：人民出版社1972年版，第704页。

到的不是腰酸背痛,而是神经活动失常。"① 美国劳动研究协会把美国精神病的剧增同工人和职员的精神过度紧张、同美国绝大多数劳动群众的生活水平普遍下降联系起来。据消灭精神病全国协会的材料证明,美国每十个人中至少有一人患有需要求医的精神病或神经病。美国每年大约有一百二十四万人在国立和私立精神病院或普通医院精神病科接受治疗。②

这说明了剥削制度下的技术进步,特别是生产自动化,只不过是增加剩余价值的手段,是资产阶级靠直接生产者即工人的生活条件的恶化,靠损害他们的健康和工作能力来发财致富的手段。

在马克思的 1861—1863 年手稿中还详细地研究了机器的资本主义应用对工作日延长的影响,这也是同加强剥削这一问题息息相关的。马克思指出,在资本主义生产方式条件下,机械化不是减少,而是加大了工人的日常劳动。他写道:"……一旦这些机器作为资本的形式成为同工人对立的独立的权力,**绝对劳动时间**即总工作日,不是缩短,而是延长了。"③ 为了进一步说明这一论点,马克思在手稿的另一个地方指出,在资本主义制度下,机器生产的目的绝"不在于缩短工作日,而在于——凡是在资本主义基础上发展生产力的场合都是如此——缩短工人为再生产其劳动力所必需的劳动时间……并通过缩短这一部分而延长他无偿地为资本劳动的工作日部分,即工作日的**无酬**部分,他的**剩余劳动时间**"。④

技术进步本应用来改善劳动条件。但是在资本主义制度下却产生了截然相反的结果。如果说在工场手工业和手工生产中工人迫使工具为自己服务,那么在资本主义工厂里,如马克思所说的,工人却被迫为机器服务,并通过机器为资本家服务。机器自动化在资本主义制度下成了专制君主,工人不得不屈服于它。因此,铁人奴役有血有肉的人。世界的

---

① 《纽约时报》1963 年 4 月 26 日。
② 《美国劳动人民状况真相(1959—1960)》1962 年莫斯科版第 111 页。
③ 《马克思恩格斯全集》第 47 卷,北京:人民出版社 1979 年版,第 373 页。
④ 同上书,第 359 页。

主宰者——人成了机器的奴隶。马克思在手稿中指出,随着机器的出现,"过去劳动对活劳动的统治……不仅成为表现在资本家和工人之间的关系上的社会真实,而且还成为可以说是**工艺上的**真实"。①

当然,近一百年来的技术进步使工人的劳动条件发生了巨大变化,某些方面(例如劳动场所)变好了。但是工厂制度的专制不会消除机器对工人的奴役。人类智慧和劳动成果,例如自动线,成了对付工人的最凶狠的东西,因此马克思写道,自动线劳动完全把工人变成了"没有意识的、动作单调的机器体系的有生命的附件,有意识的附属物"。②

工人在自动机上劳动的新形式,看起来好象是悠闲自在或从容不迫的。其实它们要求严格遵守制度、注意力高度集中和反应灵活。除此之外,劳动的新形式十分枯燥,它们迫使工人在机器旁边一坐或一站就是几小时,直到出现某种信号才需要在短时间内排除故障。

除了疲惫不堪,还担心失业,丢掉饭碗等等。

劳动强度的加强,劳动和生活条件的恶化,担心失业丢掉饭碗,这一切引起了过度紧张,过早的精力和体力衰竭。这种现象的最为明显的表现就是在生产中发生不幸事故的次数增加了。

在资本主义制度下,如马克思所证明的,"一切发展生产的手段都变成统治和剥削生产者的手段,都使工人畸形发展,成为局部的人,把工人贬低为机器的附属品,使工人受劳动的折磨,从而使劳动失去内容,并且随着科学作为独立的力量被并入劳动过程而使劳动过程的智力与工人相异化;这些手段使工人的劳动条件变得恶劣,使工人在劳动过程中屈服于最卑鄙的可恶的专制,把工人的生活时间转化为劳动时间,并且把工人的妻子儿女都抛到资本的札格纳特车轮下。"③

马克思的这个结论在帝国主义条件下也是完全适用的。况且同从前相比,现代资本主义生产方式更是劳动者的健康的消耗者,不仅消耗他们的筋骨和血肉,而且消耗他的精神和大脑。

---

① 《马克思恩格斯全集》第47卷,北京:人民出版社1979年版,第568页。
② 同上书,第526页。
③ 《马克思恩格斯全集》第44卷,北京:人民出版社1979年版,第743页。

资本主义曾一度发展了生产力,现在它已成为社会进步路上的障碍。资本主义国家的劳动人民的利益要求打破腐朽的资本主义外壳,要求解放强大的生产力,并利用它为全体劳动人民造福。

三 李善明:《〈剩余价值理论〉手稿与〈资本论〉第四卷》[①]

曾经在一个长时期中,人们只知道《资本论》有三大卷,即一、二、三卷;而不知道有第四卷。后来人们又把《剩余价值理论》手稿直接当作或等同于《资本论》第四卷,例如苏共中央马克思列宁主义研究院编译的《马克思恩格斯全集》俄文第二版,就在第26卷《剩余价值理论》这一书名之后注上了"(《资本论》第四卷)"的字样。《剩余价值理论》手稿与《资本论》第四卷之间究竟是不是一种"等同"或"等于"的关系?我认为,《剩余价值理论》手稿只是马克思准备写作的《资本论》第四卷的一堆文稿或"初稿",它们之间虽然有着极为密切的联系和关系,但毕竟不是一回事情。

一

马克思所设想的《资本论》第四卷,是一部全面、完整而系统的政治经济学史;《剩余价值理论》从它写作的初衷和整体结构来看,则是一部专题理论史,即剩余价值学说史,这说明《剩余价值理论》手稿并不直接等于《资本论》第四卷。

众所周知,《资本论》前三卷是"理论部分",而第四卷则是"历史部分"、"历史文献部分"或"历史批判部分"。前三卷是政治经济学原理或以政治经济学原理为主体,而第四卷则是政治经济学史或以政治经济学史为主体。它们两者的任务虽然紧密地联系在一起,但确实又是

[①] 本文选自《经济学家》1991年第4期,第92—100页。

各不相同的。前三卷主要是阐明经济范畴的演绎和发展,从完成状态的横断面或平面的描述和论证政治经济学的各个重要原理本身;第四卷则是要阐明政治经济学上各个重要原理的产生和发展过程,说明这些原理的历史发展,说明政治经济学史上各个重要经济学派、重要经济学家的经济思想、观点、学说或理论的批判、继承和发展的关系。政治经济学史或《资本论》第四卷当然也要阐明政治经济学原理,但它主要是概括性的阐述,并且是呈现为立体式的,而非平面式的。所以,如果说《资本论》前三卷是一部平面政治经济学的话,那么第四卷则是一部立体政治经济学。

为了以后分析的方便,我先在这里说明自己对《剩余价值理论》手稿所作的概括。对于这部手稿,我作了如下两种理解。即:(一)狭义的《剩余价值理论》手稿,主要是指总计为23册笔记本的《1861—1863年经济学手稿》中的第6—15册笔记本全部内容和第18册笔记本的绝大部分内容,也就是《马克思恩格斯全集》第26卷第Ⅰ册开头"《剩余价值理论》手稿目录"(即马克思写在第6—15册笔记本的封面上的目录)所涉及的内容。(二)广义的《剩余价值理论》手稿,则除了上述内容外,还包括马克思后来补写在第20—23册笔记本中的一些历史材料。所谓广义的《剩余价值理论》手稿,基本上就是考茨基所编辑的《剩余价值学说史》或苏共中央马克思列宁主义研究院所编译的《马克思恩格斯全集》俄文第二版中的第26卷全三册的内容。

马克思把他的《资本论》第四卷作为政治经济学史的内容,而与它的前三卷"理论部分"相对应的观点是非常明确的。1865年7月31日,当马克思快要写完《资本论》第三稿,即《1863—1865年经济学手稿》时,曾写信给恩格斯说:"至于说到我的工作,我愿意把全部真情告诉你。再写三章就可以结束理论部分(前三册)。然后还得写第四册,即历史文献部分;对我来说,这是最容易的一部分,因为所有的问题都在前三册中解决了,最后这一册大半是以历史的形式重述一遍"①。

---

① 《马克思恩格斯全集》第31卷,北京:人民出版社1972年版,第135页。

这里马克思第一次提到《资本论》的第四册,认定其内容是"历史文献部分",并且是与前三册"理论部分"相对应的。1867年4月30日,即《资本论》第一卷出版前夕,马克思在写给济·迈耶尔的信中明确地提出他的《资本论》的最后一卷,即《资本论》第四卷,是"十七世纪中叶以来的政治经济学理论史"。① 在 1867 年 9 月 14 日出版的《资本论》第一卷中,马克思则直截了当地把他阐述理论史的著作第一次称为《资本论》第四卷。② 可见,在马克思的心目中和各种说法里,所谓《资本论》第四卷或最后一卷,就是与前三卷"理论部分"即政治经济学原理相对应的"历史部分"、"历史文献部分"或"历史批判部分",即政治经济学史。

然而马克思撰写《剩余价值理论》手稿的初衷,并不是把它当作一部系统、完整的政治经济学史著作来写作,而是把它作为剩余价值理论史来写作的。也就是说,马克思是把《剩余价值理论》手稿当作《政治经济学批判》第二分册即第三章"资本一般"的历史附论来写作的,甚至是当作这一章的第一篇"资本的生产过程"的历史附论来写作的。具体说,马克思最初确定要写作的《剩余价值理论》,只是《政治经济学批判》第三章"资本一般"的第一篇"资本的生产过程"的第(5)节,也就是作为该篇的第(5)节,而被放在:"(1)货币转化为资本,(2)绝对剩余价值,(3)相对剩余价值,(4)相对剩余价值和剩余价值的结合"这样四个阐述理论问题的"节"之后的一个叙述历史问题的"节"。所以,《1861—1863年经济学手稿》的第6—15册笔记本的每册封面上的《剩余价值理论》手稿目录,都冠有"(5)剩余价值理论"的字样,其意义即为:它是第三章第一篇的第(5)节,内容是"剩余价值理论(史)"。可见马克思最初打算写作的《剩余价值理论》手稿,只是一部专题理论史,即剩余价值学说史,而不是一部系统、完整的政治经济学史。当然,从性质上讲,它也属于政治经

---

① 《马克思恩格斯全集》第 31 卷,北京:人民出版社 1972 年版,第 544 页。
② 《马克思恩格斯全集》第 23 卷,北京:人民出版社 1972 年版,第 556 页。

济学史即立体政治经济学的范畴,但这与系统、完整的政治经济学史著作毕竟有所不同,它只是这样一部政治经济学史的一个部分。

从马克思最初写作《剩余价值理论》手稿所要完成的任务或所要达到的目的来讲,他根本没有必要把它当作一部系统、完整的政治经济学史著作来写作,完全不需要把它写成一部系统、完整的政治经济学史著作。这是因为:(一)马克思此时仍然准备用《政治经济学批判》的书名,以第一、二、三……分册的形式陆续出版自己的经济学著作;决定改用《资本论》为书名,将《政治经济学批判》只是作为副标题,并将《政治经济学批判》第一分册中的内容概述在《资本论》第一卷第一章(现在的第一篇)中,则是1862年底和1863年以后的事情了。(二)马克思已经将商品、货币理论或劳动价值理论的历史附论写进了1859年出版的《政治经济学批判》第一分册之中,因而完全没有必要再将其写进只包括第三章"资本一般"的《政治经济学批判》第二分册之中,即写进这一分册的历史附论《剩余价值理论》手稿之中。可见马克思原定写作的《剩余价值理论》手稿,是不包括商品、货币理论或劳动价值学说的历史附论的,因而不是一部系统、完整的政治经济学史,而只是一部剩余价值学说史,只是一部专题理论史。

马克思认为《资本论》第四卷是一部系统、完整的政治经济学史,因而其起点应当是十七世纪中叶的威廉·配第;而《剩余价值理论》手稿的起点则是十八世纪中期的詹姆斯·斯图亚特,这也证明《剩余价值理论》手稿并不直接就是《资本论》第四卷。

前面已经指出,马克思认为他的《资本论》第四卷或最后一卷是十七世纪中叶以来的政治经济学理论史。所谓"十七世纪中叶以来",就是确定威廉·配第在1662年出版的《赋税论》为政治经济学史的开篇章或起点。这是勿容置疑的,因为在这一时期,除了配第,除了配第的这一本著作之外,没有其他经济学家和经济学著作,因而马克思除了提到和论述过配第和他的这一本著作之外,没有提到和论述过其他的经济学家以及他们的著作,更没有把这些经济学家以及他们的经济学著作摆放在配第之前。并且,在马克思的著作中,许多地方都直截了当地肯定配第是政治经济学，从而是政治经济学的起点。

然而《剩余价值理论》手稿，特别是狭义的《剩余价值理论》手稿，其起点却不是十七世纪中叶的威廉·配第，而是十八世纪中期的詹姆斯·斯图亚特。马克思为什么要从斯图亚特开始撰写《剩余价值理论》手稿呢？其原因就是：他并不是在写作《资本论》第四卷，写作系统、完整的政治经济学史著作；而是在写作《政治经济学批判》第二分册，即第三章"资本一般"的"历史附论"，也就是写作剩余价值理论史。因此，他不是从作为政治经济学的基础的劳动价值理论开始，而是从剩余价值特别是它的具体形式"商业利润"或"工业利润"开始写，就工业利润而论，真正开始接触到这一问题的实质的，接触到产业利润是由劳动生产出来的，则是斯图亚特。因此马克思从斯图亚特开始撰写作为剩余价值学说史这一专题理论史的《剩余价值理论》手稿。由于马克思直接写作剩余价值理论史，因此他不可能从配第开始写作。这里也证明《剩余价值理论》手稿，并不直接等于《资本论》第四卷或最后一卷。

二

综上所述，可见绝对不能把《剩余价值理论》手稿直接当作或等同于《资本论》第四卷，两者并不是一回事情，然而我也同样地绝对不能赞同这样的观点：《剩余价值理论》手稿只是《政治经济学批判》第二分册即第三章"资本一般"的历史附论，甚至只是《资本论》第一卷的历史附论；马克思绝对没有《资本论》第四卷。

我的具体意见是：《剩余价值理论》手稿，特别是广义的《剩余价值理论》手稿，虽然不是一部系统、完整的政治经济学史著作，不是《资本论》第四卷；然而确实如卡尔·考茨基所说，它包含了《资本论》第四卷所应当包含的一切内容，从而也就是包含了政治经济学史所应当包含的一切内容。所以在马克思看来，《剩余价值理论》就是《资本论》第四卷的初稿，即政治经济学史。

为什么说广义的《剩余价值理论》手稿包含了《资本论》第四卷即政治经济学史所应当包括的一切内容,从而是《资本论》第四卷或政治经济学史的"初稿形式"呢?有下述理由可以说明之。

第一,《剩余价位理论》的写作情况后来发生了变化,它的内容和范围已经大大地扩充和发展了。马克思随着写作工作进行和思路的不断深入、扩展,他已经冲破了原来的樊篱,不再拘泥于以前的构想。它已经涉及了"资本一般"的后两篇,即"资本的流通过程"和"资本是结果实的资本"的内容,而不再局限于"资本的生产过程"这二篇的范围,尤其是从现行的《剩余价值理论》第二册开始,马克思基本上是从全面考察经济学家的经济思想及其经济学著作着手撰稿的,并且涉及了主要的经济学家和主要的经济学著作,分析得十分详尽、具体,有好些地方甚至是逐章、逐节地进行的,因而不可避免地囊括了许多重要经济学家和重要经济学著作的许多经济理论问题,探讨了它们历史发展。例如涉及了价值理论、费用价格理论、积累理论、危机理论、地租理论、利润理论、工资理论、资本理论,等等。而且对于这些理论问题的历史,一般都是专门系统的考察,并非只是围绕剩余价值理论史进行。例如对于地租理论史的探讨,就用了第二册一半以上的章节和篇幅。对于价值理论史和生产价格理论史,其篇幅和份量也是相当大的。因此,《剩余价值理论》手稿,已经远远不只是关于剩余价值理论方面的历史理论,更不只是关于剩余价值起源等方面的历史理论,因而它已经超出了剩余价值理论史方面的内容,更是已经超出了狭义剩余价值理论史方面的内容。

第二,《剩余价值理论》手稿后来又补充了新的材料,使手稿具有了政治经济学史所需要的必备材料。例如,马克思在快要写完《1861—1863年经济学手稿》时,曾在该手稿的第21、22册笔记本中写下了一个同前后文都没有任何直接关系和内在联系的材料,即关于威廉·配第以及洛克、诺思、马西、休谟等人的历史材料。在这里,马克思涉及了上述古典经济学家的所有主要的经济学著作,并从这些著作入手,全面地分析和评论了他们的经济思想。尤其是对于配第的《赋税论》,考察得更为详尽,还特别地作了"补录"。可见对于政治经济学史来说,他把配第这一著作看得十分重要。在这里,马克思不仅分别阐释了这些古典经济学家的经济思想,还把这些经济思想作了对比分析,阐明它们之间的批判、继承和发展关系。在第22、23册笔记本中,马克思还对重农学派作了补充分析,并且考察研究了这个学派的一些后继者和追随者的著作,马克思所作的这些补充,显然是为了弥补他开始撰写《剩余价值理论》手稿时的不足,是专门为他的"历史部分"、"历史文献部分"或"历史批判部分"补充材料,是要把他开初作为专题理论史的《剩余价值理论》手稿扩充为政治经济学史,因为《剩余价值理论》手稿最初是作为剩余价值学说史,因而从说明剩余价值起源等问题的历史着手写作的,所以从斯图亚特开始;而要把该手稿当作政治经济学史著作来写作,当作十七世纪中叶以来的政治经济学理论史来写作,这就不够了,必须从这部政治经济学史的起点,即十七世纪中叶或1662年配第发表第一篇古典政治经济学著作《赋税论》开始写作。因此,他补写了配第,特别详细地分析了他的《赋税论》的经济思想和经济观点,还补写了从配第到斯图亚特或斯密之间的一大串经济学人物,补写了对重农学派的一些经济学观点、人物和著作的分析研究。所以这件事完全说明了马克思后来至少是晚期已经把《剩余价值理论》手稿当作政治经济学史著作来写作或准备了。

第三,马克思已经确认《剩余价值理论》手稿是他的整部《资本论》的"历史部分"即与前三卷"理论部分"相对应的《资本论》第四卷。

正是因为马克思已经在事实上把《剩余价值理论》手稿当作政治经济学史著作,因而手稿不仅包括了《资本论》第一卷的历史附论,而且包括了第二、三两卷的历史附论;正是因为马克思后来补写了从配第到斯图亚特或斯密之间的一大串古典经济学家,全面而深刻地分析了他们的经济学著作及经济思想;还补充评论了重农学派的经济学观点,以及它的一些后继者和追随者的经济学著作,因而手稿已经包括了《资本论》第四卷所应当包括的内容,已经在事实上成了《资本论》前三卷的"历史部分"。所以马克思已经把《剩余价值理论》手稿看成是《资本论》的"历史部分",即《资本论》第四卷,或者看成是这样一部著作的"初稿"或"初稿形式"。

请看下面的事实:大约在马克思写完《剩余价值理论》手稿十年之后,他在1877年11月3日写信给德国资产阶级作家和政治活动家济格蒙德·肖特的信中曾说道:"实际上,我开始写《资本论》的顺序同读者将要看到的顺序恰恰是相反的(即从第三部分——历史部分开始写),只不过是我最后着手写的第一卷当即做好了付印的准备,而其他两卷仍然处于研究工作最初阶段所具有的那种初稿形式"。① 这段话显然包括以下两层意思:(一)马克思说明,他是先写《资本论》的"历史部分",后写"理论部分";具体说,是先写第三部分,后写第一、二部分。这里所说的第三部分或历史部分,就是指《资本论》第四卷或现行《剩余价值理论》;第一部分则是现行《资本论》第一卷,第二部分指现行《资本论》第二、三卷,因为马克思当时还准备把《资本论》的"资本的流通过程"和"总过程的各种形式"合为一卷即第二卷出版。所以写作顺序是:历史部分,理论部分;或《资本论》第三卷,《资本论》第一、二卷。而出版顺序或读者将要看到的顺序是:理论部分,历史部分;或《资本论》第一、二卷,《资本论》第三卷。这两种顺序当然是相反的、颠倒的。(二)马克思说明,他最后着手写的《资本论》第一卷,当时就做好了付印的准备工作,这大概是指在写完《1863—1865年经济学手稿》之后,即对其中的第一部分进行加工、整理,并以《资本论》第一卷的名称出版;而《资本论》的第二卷(实际上是现行《资本论》的第二、三两卷)和第三卷(实际上是《资本论》第四卷),则仍然是以"初稿形式"出现的。因为现行《资本论》第二、三两卷是在马克思逝世后于1885年和1894年由恩格斯整理出版的,《剩余价值理论》是在马克思和恩格斯逝世后于1905—1910年由考茨基编辑出版的。这三卷书,马克思生前均未能亲自进行加工整理和出

---

① 《马克思恩格斯全集》第34卷,北京:人民出版社1972年版,第285页。

版，而仍然以"初稿形式"存在。所以，马克思的这一段话充分说明：他是把自己的《剩余价值理论》手稿确认为他的整部《资本论》的"历史部分"的，确认为《资本论》第三卷（如果"理论部分"按当初设想分为两卷出版的话）或第四卷（如果"理论部分"按恩格斯后来分为三卷出版的话）的。因为只有《剩余价值理论》手稿才是马克思早已写好的，并且先于"理论部分"而写成的"历史部分"，也是以"初稿形式"出现的。除此之外，是再也找不到任何其他的《资本论》的所谓"历史部分"或"第三卷"的。《剩余价位理论》手稿是马克思生前遗留下来的唯一的《资本论》的"历史部分"或"第三卷"。所以马克思虽然没有要求后人把《剩余价值理论》手稿整理成《资本论》第四卷出版的直接遗言，但认定手稿是他的《资本论》的"历史部分"，或"第三卷"即终卷，则是毫无疑问的。

还有一件事可以佐证：马克思确实是把他的《剩余价值理论》手稿肯定为《资本论》的历史部分或终卷的。这便是马克思在《资本论》第一卷出卷前夕的1867年4月30日写给德国和美国工人运动的活动家、社会主义者齐格弗里特·迈耶尔的信。信中说道："我希望全部著作能够在明年这个时候出版。**第二卷是理论部分的续篇和结尾，第三卷是十七世纪中叶以来的政治经济学理论史**"。① 那么作为《资本论》的"第三卷"或终卷的"十七世纪中叶以来的政治经济学理论史"又在哪儿呢？过了十年之后，马克思在写给济·肖特的上述书信中告诉了我们，这就是他先于《资本论》的"理论部分"而早已写成的"历史部分"，即"第三部分"、"第三卷"或终卷，只不过还是以"初稿形式"存在罢了。这个"初稿形式"的"历史部分"、"第三部分"或"第三卷"即终卷，便是《剩余价值理论》手稿。

大概就是因为马克思认为他的《1861—1863年经济学手稿》中已经包含有《资本论》的"历史部分"或终卷的材料，因而在1865年分部分地写完《资本论》的前三册稿子之后，没有紧接着去重新写作

---

① 《马克思恩格斯全集》第31卷，北京：人民出版社1972年版，第544页。

"第四册"——"历史文献部分"的稿子。并且在他看来,这个"第四册"的稿子又是很容易的,只是"以历史的形式重述一遍"而已,因而即着手于整理第一部分,并以《资本论》第一卷的书名出版。

由此可见,我们虽然不能把《剩余价值理论》手稿直接"等同"或"等于"《资本论》第四卷,但也不能认为马克思没有政治经济学史的著作,没有《资本论》第四卷或终卷,没有与前三卷"理论部分"相对应的"历史部分"。因为《剩余价值理论》手稿包含了《资本论》第四卷所应当包括的一切内容,手稿是第四卷的"初稿"。这一点马克思本人以及恩格斯、考茨基都是承认的。

三

把《剩余价值理论》手稿直接"等同"或"等于"《资本论》第四卷,就会产生许多误解,其危害性是很大的。例如:

第一,认为《剩余价值理论》手稿就是《资本论》第四卷,就会荒唐地把詹姆斯·斯图亚特当做政治经济学史的起点。有人曾经认为政治经济学史的起点不应当是威廉·配第,而应当是詹姆斯·斯图亚特[1],其根据就是马克思的《剩余价值理论》手稿是从斯图亚特开始写的。因为他认为《剩余价值理论》手稿,甚至狭义《剩余价值理论》手稿是《资本论》第四卷,从而是一部政治经济学史。他由此断言,马克思是把斯图亚特作为政治经济学史的起点的。这样一来就给政治经济学史的教学和研究带来了一系列的麻烦和困难,使政治经济学史成为一盆浆糊。它既无法处理历史上的许多经济学人物,也同马克思的一系列论述相抵触。

如果把斯图亚特作为政治经济史的起点,就无法处理在斯图亚特之前的许多英国经济学家,如配第、洛克、诺思、马西、休谟等。这些人究竟还算不算英国古典经济学家?甚至还算不算英国经济学家?按照上

---

[1] 见《四川大学学报》1985年第3期,第30—40页。

述观点，他们既不能算做英国古典经济学家，也不能算做英国经济学家，因为政治经济学只是到了十八世纪中期的斯图亚特才开始，而上述那些人却都是生活在斯图亚特之前的。但是这样认识问题是根本错误的。因为这些人确实是英国经济学家和英国古典经济学家，他们对英国古典政治经济学作出了许多贡献，马克思甚至不止一次地指出配第是英国古典政治经济学，从而是世界政治经济学的鼻祖。绝对不能把他们排除在政治经济学史之外，政治经济学史没有任何理由和根据把他们一笔勾销。可是另一方面，如果承认他们是英国经济学家和古典经济学家，承认他们在政治经济学史上的应有地位，那么，又应当把他们排列在什么地方呢？他们应当占有什么地位呢？根据客观的历史事实，把他们排在斯图亚特之前吗？如果这样排列，那么，斯图亚特还能算是政治经济学史的起点吗？！这样排列显然说明政治经济学早在斯图亚特之前就已经产生了，势必推翻和否定斯图亚特的政治经济学史起点的地位。按照作者毫无根据的主观意愿，把配第等人排在斯图亚特之后吗？如果这样排列，那么，政治经济学史还能算是一部历史吗？！这样排列显然违背了客观的历史事实，违背了历史逻辑。

如果把斯图亚特作为政治经济学史的起点，也无法处理法国古典政治经济学的杰出代表，特别是布阿吉尔贝尔和弗朗斯瓦·魁奈。因为他们都生活在斯图亚特之前很久，其著作的出版也远远早于斯图亚特的《政治经济学原理研究》。同样的道理，如果按照历史的本来面目，在世界政治经济学史中把他们排在斯图亚特之前，则必然推翻斯图亚特的起点地位，这是作者所根本不愿意的。如果按照作者的主观想法，把他们排在斯图亚特之后，则将使世界政治经济学史变得混浊不清。

持斯图亚特起点论的具体意见是：政治经济史的起点是斯图亚特，是重商主义，因为斯图亚特是一个重商主义者。这样一来，又发生了一个问题，怎样处理斯图亚特之前的其他重商主义者？按照该论者的观点，斯图亚特是生活在18世纪中叶的晚期重商主义者。然而重商主义却产生于15世纪，盛行于16世纪和17世纪上半期，因而在斯图亚特之前还有许多重商主义的重要代表，如安徒生·德·孟克列钦（1575—

1622年)、让·巴蒂斯特·柯尔培尔（1619—1683年）、约翰·海尔斯（?—1571年）、托马斯·曼（1571—1641年）等。既然认为重商主义属于政治经济学史的范围，那么上述重商主义的著名代表自然也属于政治经济学家或政治经济学人物，因而应当列入政治经济学史。于是同样发生了一个困难和矛盾，即把他们究竟排在斯图亚特之前还是之后？无论排在前面或后面，他都不能自圆其说。

第二，认为《剩余价值理论》手稿就是《资本论》第四卷，就会毫无根据地把剩余价值理论史等同于政治经济学史，从而把剩余价值理论等同于政治经济学，把剩余价值理论看成是政治经济学的全部内容。我过去就曾一度犯过这个错误，认为剩余价值理论史就是政治经济学史，从而不知不觉中把剩余价值理论等同于政治经济学或作为它的全部内容。细想起来，这两者是根本不能混淆的。剩余价值理论不等于政治经济学，它只是政治经济学的一个组成部分，虽然是一个重要的组成部分，是它的中心内容或核心理论。剩余价值理论显然包括在政治经济学之中，这是没有问题的；但政治经济学或它的一切理论明显地不能全部包括在剩余价值理论之中。剩余价值理论和政治经济学是不能直接等同起来的，因而剩余价值理论史和政治经济学史也不是一回事情。

总之，我们绝对不能把《剩余价值理论》手稿直接等同于《资本论》第四卷，认为两者是一回事情，否则将产生不少严重恶果。

四 汤在新：《〈资本论〉第二稿的写作阶段和思想进程》[①]

马克思在1861—1863年写了编号从Ⅰ到ⅩⅩⅢ的23册笔记本，共1472页。这部庞大的手稿被称为《资本论》第二稿，它奠定了广义剩余价值理论的基础，标志着《资本论》形成过程中的一个极其重要的阶段。

手稿是作为1859年出版的只包括商品和货币两章的《政治经济学

---

① 本文选自《经济学家》1991年第4期，第101—109页。

批判》一书的续篇而写的,马克思在手稿的封面上注明:"《政治经济学批判。第三章。资本一般》"①。1861年夏天,马克思拟定了写作提纲,计划把《资本一般》章分为三篇:第一篇《资本的生产过程》,第二篇《资本的流通过程》,第三篇《资本和利润》②。但是,在写作过程中,马克思并未撰写第二篇,而且第一篇、第三篇以及后来作为《资本论》第四卷的《剩余价值理论》也不是按照顺序考察的,而是穿插着互相交叉地进行写作的。③ 对于马克思写作手稿的这一特殊进程,似乎至今还没有人作过全面的说明,而这点首先又是由于对手稿写作阶段的传统划分掩盖了这个问题。

在国内外有关的一切论著中,基本上都是把手稿划分为三个写作阶段。在这方面最具权威的,是苏联和民主德国的马克思经济史学家组成的《马克思恩格斯全集》国际版的编著。他们认为,"'手稿'很清楚地可以分为三个部分或者三个写作阶段。"即第一阶段写作第一篇,第二阶段写作第一篇的历史批判部分——"剩余价值理论",第三阶段写作第三篇,并补写完第一篇。也就是说,手稿基本上是按顺序写作的。具体划分如下表④:

写作阶段	写作日期	笔记本编号	手稿内容
一	1861年8月—1862年3月	I—V	第一篇《资本的生产过程》:"货币转化为资本"、"绝对剩余价值"、"相对剩余价值"(未完)

① 《〈资本论〉研究资料和动态》第3集,南京:江苏人民出版社1982年版,第58页。
② 参见马克思:《〈政治经济学批判〉第三章提纲草案》,见《马克思恩格斯全集》第46卷下册,北京:人民出版社1980年版,第541—548页。
③ 苏联在编辑手稿时,抽出部分内容编成"第二篇《资本的流通过程》"(见《马克思恩格斯全集》第48卷)。这并不反映手稿的写作过程。参看拙文:《马克思1861—1863年手稿对〈资本论〉第三卷结构形成的重大意义—译俄文版(马克思恩格斯)第48卷的编排》,见《中国社会科学》1987年第1期。
④ 参见《马克思恩格斯全集》国际版编著:《1861—1863年经济学手稿二十三个笔记本资料》,见《〈资本论〉研究资料和动态》第3集,南京:江苏人民出版社1982年版,第40—49页。

续表

写作阶段	写作日期	笔记本编号	手稿内容
二	1862年3月—1862年12月	VI—XV	第一篇《资本的生产过程》："剩余价值理论"
三	1862年12月—1863年7月	XVI—XXIII	第三篇《资本和利润》第一篇《资本的生产过程》（续完）

我认为，这个三阶段的划分并没有准确反映手稿的写作过程。为了便于比较，现将我对手稿写作阶段的划分列表于下：

写作阶段	写作日期	笔记本编号	手稿内容
一	1861年8月—1861年12月	I—V	第一篇《资本生产过程》："货币转化为资本"、"绝对剩余价值"、"相对剩余价值"（未完）
二	1861年12月—1862年3月	XVI—XVII	第三篇《资本和利润》
三	1862年3月—1862年12月	XI—XV VI—XV	第一篇《资本的生产过程》："剩余价值理论"
四	1862年12月—1863年7月	XVIII—XXIII	第三篇《资本和利润》（补充部分） 第一篇《资本的生产过程》（续完）

需要说明的是，以上两个表都是从总体上来划分阶段的，至于一些小的交叉以及同一笔记本分属于两个阶段等情况，没有反映在表上。例如，"剩余价值理论"的写作在两个表中都作为一个阶段，实际上这一部分结尾的三章多是在间隔了一段时间后，在《资本和利润》篇的"补充部分"结束时补写的。

从两个表的对照中可以看出，主要分歧点是在第三篇《资本和利润》的写作上。《全集》国际版编者断定，整个这一篇是在基本上结束了"剩余价值理论"之后完成的，而我则认为，这一篇是在"剩余价值理论"之前写的,只是根据后来形成的新的结构计划而增写的"补充部分"① 才是在"剩余价值理论"之后完成的。判断这个问题的关键,首先是要确定写有《资本和利润》的第 XVI 册和第 XVII 册(前 7 页)笔记本的写作时间。

手稿的 23 册笔记本大多未注明写作时间,但与我们讨论的问题有关的几册笔记本,马克思在封面上却恰好标明了写作日期:第 XVI 册是"12 月",第 XVII 册是"1862 年 1 月"。在内容上,第 XVII 册第 XVI 册的继续,因此第 XVI 册的"12 月"应是 1861 年的 12 月。但是,《全集》国际版编者则根据"剩余价值理论"的最后一册即 XV 册写于 1862 年 10 月和 11 月,认定第 XVI 册应是 1862 年 12 月,并进而断定第 XVII 册写于 1863 年 1 月,而不是马克思亲笔注明的"1862 年 1 月"。他们猜测说,手稿出现这个"错误的年数",是由于"当时虽然新的一年已经到来,他(指马克思)还没有习惯用新的一年的年数。"②

《全集》国际版编者对手稿第 XVI 册和第 XVII 册笔记本写作时间的"订正",民主德国和日本的学者都曾提出过质疑。在我国,最先独立提出不同意见的是马健行同志。他在《1861—1863 年经济学手稿第 XVI 本和第 XVII 本前七页写作时间考》③ 一文中指出,这部分手稿在平均利润和生产价格理论上的成熟程度低于"剩余价值理论",因而它的写作日期必然早于"剩余价值理论",也就是说,第 XVI 册和第 XVII 册(前 7 页)不是写在第 XV 册之后,马克思标明的写作年数并没有

---

① 马克思在第 XIV 册笔记本封面上写下了后几册笔记本的内容提要,其最后两行是:"理查·琼斯。(这第五部分结束)";"补充部分。收入及其源泉"。既然"第五部分"即"剩余价值理论"结束于琼斯,因此后面这个"补充部分"并不是"剩余价值理论"的补充部分,而是《资本和利润》篇的补充部分(参见《全集》第 26 卷 I,第 5 页)。这个"补充部分"的内容,除了"收入及其源泉"(见《全集》第 26 卷 II"附录")外,还包括接着写作的"利润分为产业利润和利息。商业资本。货币资本"(见《全集》第 48 卷第 12 章)和"资本主义再生产中的货币回流运动"(见《全集》第 48 卷第 10 章)。

② 《〈资本论〉研究资料和动态》第 3 卷,南京:江苏人民出版社 1982 年版,第 48 页。

③ 参见《〈资本论〉研究资料和动态》第 7 集,南京:江苏人民出版社 1986 年版,第 109—116 页。

错。我认为，马健行同志的论证是无可辩驳的，无须再作更多的说明。

与此相联系的，对于第一阶段的终止时间也出现了分歧。第一阶段从笔记本第 I 册写到第 V 册。马克思在第 I 册的第二封页上注明写于"1861 年 8 月"①，但第 V 册没有注明写作时间：这一册手稿的编码是从第 175 页至 219 页。现在可以肯定的是，它的最后一小部分写于 1863 年 1 月，因为手稿第 210 页上引用了 1862 年 11 月《泰晤士报》上的一段话；而且马克思注明的作为"笔记本 V 的续篇"的第 XIX 册笔记本是写于"1863 年 1 月"的②。问题是在于第 V 册笔记本前面的大部分写于何时。《全集》国际版编者认为，第 V 册中断后转入"剩余价值理论"的写作，因而"剩余价值理论"的首册即第 VI 册的写作时间——1862 年 3 月——也就是第 V 册的终止时间。实际上，如前所述，第 V 册中断后是写《资本和利润》篇，而这篇的写作日期是 1861 年 12 月。因此第一阶段的终止时间也应是 1861 年 12 月。至于第 V 册是在手稿的哪一页上中断，现在还难于作出准确的判断。据手稿见证人描述，"马克思在第 208 页上'第八点'以前留下了一个很大的空白"③；同时，第 209 页上的《孟加拉公报》和《孟买商会报告》的引文，是马克思摘自自己的另一个笔记本，时间是在 1862 年 2 月底以后。因此，第 208 页有可能是一个分界点，在此之前写于 1861 年 12 月，在此之后写于 1863 年 1 月。

导致《全集》国际版编者判断失误的一个重要原因，是把笔记本的编号顺序和笔记本的写作顺序混淆起来了。一般来说，编号顺序反映各个笔记本在内容上的关联，它对于编辑手稿和分篇具有重要意义，但是，它并不就是写作顺序。各个笔记本的写作顺序，只能依据这些笔记本的写作时间来判断。

---

① 《〈资本论〉研究资料和动态》第 3 集，南京：江苏人民出版社 1982 年版，第 58 页。

② 马克思在第 XIX 册笔记本的第一封页上写有"1863 年 1 月"的日期，第二封页上注明这研笔记本是"笔记本 V 的续篇"。参见《〈资本论〉研究资料和动态》第 5 集，南京：江苏人民出版社 1984 年版，第 68—69 页。

③ 《〈资本论〉研究资料和动态》第 3 集，南京：江苏人民出版社 1982 年版，第 58 页。

手稿的实际写作顺序是，一开始是按照《提纲草案》写《资本一般》章的第一篇《资本的生产过程》。但从笔记本第 I 册写到第 V 册的"相对剩余价值"一节中论机器的部分时，中断了第一篇的写作，然后转入第三篇《资本和利润》。这一篇写在两册笔记本上，第二册笔记本只用了前 7 页。《资本和利润》是《资本一般》章的最后一篇，所以马克思在这两册笔记本的封面上注明"《政治经济学批判最后的笔记本》"。由于第一篇未写完，第二篇没有写，因而作为"最后的笔记本"的这两册手稿，当时没有编号，页码也与前五册笔记本不同，是用字母顺序编页的①。马克思在按原计划内容写完了《资本和利润》篇后，才进入写历史批判部分——"剩余价值理论"。这部分开始是作为第一篇的第五节来写的，马克思标明"5）剩余价值理论"。它的前面四节是"货币转化为资本"、"绝对剩余价值"、"相对剩余价值"、"绝对剩余价值和相对剩余价值的结合"。"剩余价值理论"是马克思在前四节中正面阐述自己首创的剩余价值理论的历史批判部分，所以接着前五册编号为 VI 册。这部分由于内容的扩展，一直写到第 XVII 册的第 28 页。这时，马克思形成了《资本和利润》篇的新的结构计划，因此又回头来写《资本和利润》篇的"补充部分"。大约在这个时期，马克思才把原已写好的两册"最后的笔记本"编号为第 XVI 和第 XVII 册。而"补充部分"则按顺序依次写在以下三册笔记本中：一、第 XV 册的后面 83 页（前面 28 页是"剩余价值理论"）；二、编号为第 XVII 的第二本"最后的笔记本"的第 7 页以后②；三、第 XVII 册的前 16 页。在按新计划结束了《资本和利润》篇后，马克思在第 XVIII 册笔记本的后面 76 页中补写了"剩余价值理论"的最后部分：拉姆赛、舍尔比利埃、理查·琼斯。接着，补写了第一篇《资本的生产过程》余下的各

---

① 参见《〈资本论〉研究资料和动态》第 5 集，南京：江苏人民出版社 1984 年版，第 65—66 页。

② 马克思在第 XVII 册笔记本的第 8 页（手稿编码为第 1024 页）上注明："续笔记本 XV。"这又是一个证明，表明第 XVII 册的前 7 页和后面的"补充部分"在写作时间上是不相同的。参见《〈资本论〉研究资料和动态》第 5 集，南京：江苏人民出版社 1984 年版，第 67 页。

个理论问题,首先写了第 V 册笔记本后面空白的约 10 页,然后写第 XIX 册笔记本,一直写到第 XXIII 册全部手稿结束,其中有的篇幅是历史批判部分的插段和引文摘录。

既然手稿的写作过程并不是简单的、一目了然的三个阶段,这就提出了一些需要探讨的问题,以弄清马克思写作这部手稿的思想进程。

关于第一篇《资本的生产过程》在手稿中会出现两个写作阶段,原因是较为简单的。这一篇是写到第三节"相对剩余价值"中的机器问题时中断的,这是因为在这里遇到了一些技术性的具体问题,如工具和机器的关系以及机器在劳动过程中的职能等问题,需要依据工艺史和实际技术知识来回答。为了充实和消化这方面的知识,马克思重新阅读了他过去写的工艺学和工艺史的笔记,并到伦敦的地质学院听韦利教授为工人开设的实验课[①]。这段时期,马克思专写其他篇章,在彻底弄清了这些技术上的具体问题以后,才回头来续写第一篇,这样就出现了两个写作阶段。

应该注意到,在写作这部手稿时,《资本的生产过程》篇实际上已经基本完成。早在 1857—1858 年写的《资本论》初稿中,马克思已经创立了劳动力商品学说和资本生产过程二重性学说,并在此基础上首次创立起科学的剩余价值理论。这就是说,在初稿中已经具备了后来《资本论》第一卷后六篇的几乎所有的构成要素,同时也大体形成了后来《资本论》第一卷后六篇的结构。正因如此,1862 年底,即在《资本论》第二稿尚未补写"相对剩余价值"及其以后各节的时候,马克思已经不无根据地宣称,他的这一部分著作"已经脱稿,只剩下誊清和付排前的最后润色了。"[②] 这种情况同样说明,第一篇的写作出现两个阶段,是由于需要一些时间来弄清技术性的具体问题,而不是由于理论结构和思想进程发生了重大变化。这和我们下面将要说明的第三篇出现两个写作阶段的情况是不相同的。

---

① 参见马克思 1863 年 1 月 28 日致恩格斯信,《马克思恩格斯〈资本论〉书信集》,北京:人民出版社 1976 年版,第 173 页。

② 同上书,第 170 页。

在中断了第一篇的写作后,按照计划,应转入对第二篇《资本的流通过程》的创作。事实上,《资本论》初稿就是按照这个顺序写作的。但是,在《资本论》第二稿中却没有《资本的流通过程》篇。这部手稿对流通理论,特别是对社会资本再生产理论,虽然有重大的推进,但有关论述都是作为插段散见各处,而没有构成一个专篇。这种情况的出现,可能是由于马克思当时对这一篇构思尚未成熟。1861年夏天,马克思为写作《资本一般》章而拟定的《提纲草案》中,第一篇《资本的生产过程》有较为完整的结构,第三篇《资本和利润》概括出几个考察要点,而第二篇《资本的流通过程》则只列出了36个未加整理和归纳的项目①,这表明马克思直到写作这部手稿时,对于第二篇的结构尚没有明确的概念。还应该注意到,第二篇涉及经济生活中的许多实际情况,马克思为了了解这些情况,从50年代后期开始的几年间曾多次写信向作为"实践家"的恩格斯求教。例如,1858年1月29日信中向恩格斯了解"关于资本的周转,周转在不同种类的企业里的差别,以及它对利润和价格的影响"的"实际材料";3月2日征询关于"机器设备更新的平均时间";1862年8月20日提出折旧基金在实践中是否作为积累基金的问题②,等等。很可能,正是由于这些原因,马克思在第一篇中断后,会暂时撇开第二篇,而转入第三篇的创作。

关于第三篇的写作,如前所述,存在两个相隔近一年的阶段,而在这个阶段之间是写作"剩余价值理论"。由于传统的三阶段划分掩盖了这一实际的写作过程,因而对于这一篇出现两个写作阶段及其与"剩余价值理论"的关系就成为一个需要着重探讨的新的问题。

《资本一般》章所考察的,"是每一种资本作为资本所共有的规定,或者说是使任何一定量的价值成为资本的那种规定。"③ 前两篇是分别

---

① 参见《马克思恩格斯全集》第46卷下册,北京:人民出版社1980年版,第545—547页。

② 参见《马克思恩格斯〈资本论〉书信集》,北京:人民出版社1976年版,第122、124—125、168—169页。

③ 《马克思恩格斯全集》第46卷上册,北京:人民出版社1979年版,第444页。

就生产过程和流通过程来考察资本的这种规定性,第三篇是从生产过程和流通过程相统一的总过程来考察资本的规定性。在总过程中,作为资本本质规定的剩余价值获得了新的规定,表现为利润和平均利润,表现为全部预付资本的产物,而不再是可变资本的产物。在这个意义上,马克思曾经把这一篇标题为"资本是结果实的东西",而揭示这个拜物教的秘密就成为第三篇的考察要点。这点,我们可以从马克思写在第XVI册笔记本封面上的《资本和利润》的提要①和这部分手稿的内容得到证明。在那里,概括说来,依次论述的是以下三个问题:一、剩余价值转化为利润;二、利润转化为平均利润的最基本的一般要素;三、利润率趋向下降的规律。可见,那里考察的是资本在总过程中采取的抽象的一般的形式。至于因利润的分割而出现的各种具体形式,则不属于《资本一般》章中的《资本和利润》篇的研究对象。马克思说:"这是属于对资本的现实运动,亦即对各个资本的现实运动的考察,而我们这里涉及的是资本的一般形式。"②按照当时的计划,资本在总过程中,在现实运动中采取的具体形式,如产业资本和产业利润、商业资本和商业利润应在《资本一般》章之后的《竞争》章中考察,生息资本和利息应在《信用》章中考察,而地租则属于与《资本》并列的另一个专册书——《土地所有制》研究的对象。马克思正是以"资本一般"的原则结构为依据,把仅仅考察了资本在总过程中的较为抽象的一般形式的第XVI册和第XVII册(前7页)笔记本,称为"最后的笔记本",表明它们是《资本一般》章的最后一篇,是《资本一般》章理论部分的终结。

在全部理论部分(除第二篇)结束之后,马克思转而写作历史批判部分,即系统地考察资产阶级经济学关于政治经济学各个基本原理的演变过程;这种考察,是以历史的形式重述理论部分的内容。按照当时设计的结构,理论部分和历史批判部分是按专题分散在各章中结合的。在1859年发表的《政治经济学批判》一书中,商品章和货币

---

① 参见《马克思恩格斯全集》第48卷,北京:人民出版社1985年版,第251—252页。
② 《马克思恩格斯全集》第26卷第3册,北京:人民出版社1974年版,第522页。

章的理论部分之后都附有历史批判部分,作为它的续篇而写的《资本一般》章当然也应有相应的各个历史批判部分。马克思首先写作的是"剩余价值理论",准备把对资产阶级经济学家关于剩余价值见解的历史考察,作为第一篇自己的剩余价值理论的历史性附题。但是,实际写作的内容远远超过了原有的设想。这是因为资产阶级经济学家"不是就剩余价值的纯粹形式,不是就剩余价值本身,而是就利润和地租这些特殊形式来考察剩余价值"①。因此,马克思在论述剩余价值理论的历史时,势必扩展到考察资产阶级经济学关于剩余价值的各种具体的转化形式的理论。这样,"剩余价值理论"实际上扩展为政治经济学各个基本原理的理论中,从而基本上完成了《资本一般》一章的各个历史批判附题②。

值得注意的是,马克思在写作"剩余价值理论"的过程中推进和发展自己的一系列理论,而与我们考察的问题有直接关系的是生产价格理论的制定。应该说,在"剩余价值理论"之前写的第 XVI 册和第 XVII 册(前 7 页)笔记本中,马克思在论述利润转化为平均利润和生产费用问题时,实际上已经提出了生产价格的概念。马克思指出,在平均利润形成后,除了价值和"实际价格"即市场价格外,还出现了由生产费用加平均利润所决定的"正常价格"构成市场价格的基础③。显然,这里考察的既不同于价值,也不同于市场价格的"正常价格",就是后来所说的生产价格。不过,这里并没有展开论述。马克思说:"对这个问题的详细研究属于论**竞争**那一章"④。在写作"剩余价值理论"

---

① 《马克思恩格斯全集》第 26 卷第 1 册,北京:人民出版社 1972 年版,第 6 页。
② 马克思在写作"剩余价值理论"的后期所拟定的《资本一般》章第一篇和第三篇的结构计划中的各个历史附题,在"剩余价值理论"中都可以找到。诸如"剩余价值理论"、"关于生产劳动和非生产劳动的理论"、"亚·斯密和李嘉图关于利润和生产价格的理论"、"所谓李嘉图地租规律的历史"、"利润率下降规律。亚·斯密、李嘉图、凯里"、"利润理论"、"庸俗经济学"等。参见《马克思恩格斯全集》第 26 卷第 1 册,北京:人民出版社 1972 年版,第 446—447 页。
③ 参见《马克思恩格斯全集》第 48 卷,北京:人民出版社 1985 年版,第 259、289—290 页。
④ 同上书,第 289—290 页。

的过程中，马克思在考察洛贝尔图斯的地租理论和李嘉图的"费用价格"理论时又回到了这一问题，并获得了新的认识，全面推进了生产价格理论。马克思考察了部门内部竞争和部门之间竞争的关系，揭示了生产价格形成的机制，并以此为基础把生产价格归结为价值的原则上的变形，而不是价格和价值相背离的市场运动的表现这一新的认识。使马克思有可能把生产价格问题从以考察许多资本相互关系的市场价格变动为对象的《竞争》章中抽出来，纳入《资本一般》章中。同时，马克思还进一步认识到，剩余价值的各个具体的转化形式必须以价值的转化形式为中介环节才能加以说明。在"剩余价值理论"中，马克思正是依据生产价格是价值的转化形式的理论，首次解决了李嘉图所遇到的绝对地租的存在和价值规律之间的矛盾问题。马克思认为，弄清生产价格是价值在成熟的资本主义经济中的必然的表现形式，是他的一个新的重大发现。他在1862年6月，即正在写作关于洛贝尔图斯的地租理论的第Ⅹ册笔记本时，兴奋地告诉恩格斯说："现在我终于顺便把地租这个烂摊子（但是在这一部分我一点也不打算涉及它）清理出来了。很久以来，我就怀疑李嘉图的学说是否完全正确，现在我终于揭穿了骗局。"紧接着，马克思又写道："在我们没有见面的这一时间，我又发现了一些有意思的极其新鲜的东西，准备加到这一卷里去。"① 前一段话，是指"现在"创立的绝对地租理论；后一段话，是指地租理论之外"又发现"的东西，即作为价值转化形式的生产价格，因为正是这个发现，才"顺便"清理出地租这个烂摊子。同时，这封信还指出，在现在正在写作的"这一卷"（指《资本一般》章）中，前者，地租问题，"不打算涉及"，后者，生产价格问题，则准备加进去。不久，马克思就根据新发现的这个"有意思的极其新鲜的东西"，拟定了一个新的第三篇的结构计划。这个计划除了保留前面的"最后的笔记本"的内容外，还要考察价值转化为生产价格，并以之为基础考察剩余价值的各个具体

---

① 《马克思恩格斯〈资本论〉书信集》，北京：人民出版社1976年版，第161页。

的转化形式①。这样,第三篇的研究范围就由"资本和利润"扩展为"总过程的各种形式",即大体相当于后来的《资本论》第三卷。由于原来的"资本一般"的原则结构已经发生了重大变化,1862年底,马克思首次确定把他的著作"以《资本论》为标题单独出版"。②

既然《资本和利润》篇形成了新的结构计划,考察范围不再限于总过程的抽象的一般形式,而扩大到总过程的各种具体形式,因而就必须按照新的计划加写"补充部分"。这样,在"剩余价值理论"之后,马克思又写下了收入及其源泉、利润分为产业利润和利息、商业资本、货币资本以及总过程中的货币回流等部分。所以,《资本和利润》篇在"剩余价值理论"之后会出现第二个写作阶段,是由于理论认识的深化和由此决定的结构计划的调整的结果。

可以看出,对于手稿笔记本写作时间的确定,对于《资本和利润》篇写作阶段的划分,决不是没有意义的经院式的考证;它揭示了《资本论》第三卷理论和结构形成过程中的一个决定性的阶段,反映了马克思经济理论结构的复杂的制定过程。如果按照我们对写作阶段的理论,把手稿第XVI册和第XVII册(前7页)笔记本(《全集》第48卷第11章)和"剩余价值理论"的有关部分(《全集》第26卷I第9、10章)对照起来研究,就可以了解马克思是如何推进和深化平均利润和生产价格理论的;在此基础上进而研究《资本和利润》篇的"补充部分"和"计划草案"③,就可以看到理论的深化在体系结构上的反映,就可以看到《资本论》第三卷从总过程的一般形式上升到具体形式的结构是如何逐步形成的。考察《资本论》手稿的写作阶段和思想进程,是研究马克思经济理论发展的一个不应忽视的重要课题。

---

① 参见《马克思恩格斯全集》第26卷第1册,北京:人民出版社1972年版,第447—448页。

② 《马克思恩格斯〈资本论〉书信集》,北京:人民出版社1976年版,第170页。

③ 参见《马克思恩格斯全集》第26卷第1册,北京:人民出版社1972年版,第447—448页。

五　张钟朴：《马克思的一八六一——一八六三年经济学手稿》[①]

长期以来，我国读者比较熟悉马克思写的《剩余价值理论》（旧译《剩余价值学说史》）这一名著。这部著作以剩余价值理论为中心，从历史上批判地考察了资产阶级经济学各流派的理论，现在收入了《马克思恩格斯全集》第二十六卷。其实，这部著作只是马克思一八六一——一八六三年经济学手稿中的一个部分。最近几年，这个手稿的其余部分才陆续发表，和世人见面。一九七九年我国翻译出版了《马恩全集》第四十七卷，其内容主要就是这个手稿的开头部分。今年又将出版这部手稿的最后部分，即《马恩全集》第四十八卷。这是很有意义的事情。我国读者见到这部手稿的全貌的日子已经不远了。这部手稿从它写成起直到今天中译本全部发表，中间经历了一百二十年左右的时间。马克思的这部经济学手稿是继一八五七——一八五八年经济学手稿之后写成的又一篇幅巨大的手稿，它的全部发表对于人们更好地研究马克思的经济理论无疑具有重要作用。

一八六一——一八六三年手稿的写作经过

本来，马克思在写完一八五七——一八五八年手稿之后，打算紧接着把它整理出版。原定内容包括三章：第一章商品；第二章货币或简单流通，第三章资本。后来马克思从政治上考虑，认为"真正的战斗正是从第三章开始，我认为一开始使人感到害怕是不明智的"。所以决定先把前两章整理出版，作为《政治经济学批判》第一分册，然后再把第三章写成第二分册。一八五九年一月第一分册由敦克尔出版社出版。

然而，在这个时期里革命形势大为发展，马克思忙碌不堪。他本人贫病交迫，而敌人又不时对他和工人运动加以攻击污蔑。正当他要着手

[①] 本文选自《读书》1984年第3期，第3—9页。

写作第二分册的时候,被路易·波拿巴出钱收买的德国庸俗民主主义者福格特跳了出来,写书肆意攻击马克思及其战友在共产主义者同盟中的活动,把他们描绘成同警察有秘密联系的阴谋者,甚至说马克思勒索告密革命者,印制假钞票等等。这显然不是针对他个人的攻击,而是企图使正在形成的无产阶级政党信誉扫地。马克思在这样的原则问题面前,不得已只好暂时放下经济学的研究,在一八六〇年用了近一年的时间写成了《福格特先生》这一著名的论战著作,彻底揭露了福格特的嘴脸。

直到一八六一年夏天,马克思才得到了写作这个第二分册的机会。这时,马克思先写了一个《我自己的笔记本的提要》,主要是把一八五七——一八五八年手稿按照专题作了初步归纳,接着又写了一个《〈政治经济学批判〉第三章提纲草稿》。后者显然是为写作一八六一——一八六三年手稿做准备的提纲。从一八六一年八月到一八六三年七月,马克思写成了二十三个笔记本的手稿,折合中文约一百四十万字。这就是一八六一——一八六三年经济学手稿,通常被认为是《资本论》的第二稿。

这部手稿的写作过程大致可分为四个阶段。第一个阶段是一八六一年八月至一八六二年初,写成了手稿的第 I—V 笔记本,内容和《资本论》第一卷的前半部大体上一致。第 V 笔记本还没有写完,刚刚写到机器生产,马克思就转入了"剩余价值理论"的写作,即转入了第二写作阶段。马克思从一八六二年初直到年底,把理论史的内容写在第 VI—XV 笔记本中。按照马克思的提纲,这部分本应在第四部分"其他问题"项下来写,但现在马克思把这部分的写作提前了。这可能是因为,马克思认识到要完成经济理论的研究,就必须弄清价值和剩余价值范畴是如何在社会表面上表现出来的,即利润、地租等问题。而只有在批判资产阶级经济理论的过程中,才能把这些问题研究清楚。手稿写作的第三个阶段大约从一八六二年十二月至一八六三年一月,马克思在写完理论史之后,继续写成了第 XVI—XVIII 笔记本手稿,内容主要是"资本和利润",这可以说是《资本论》第三卷内容的最初概述。到这时候,马克思本打算结束这部手稿。例如,一八六二年十二月二十八日马克思致库格曼的信中说:"第二部分(即第二分册——引者)终于已经脱稿，只剩下誊清和付排前的最后润色了"。

就在这时，马克思考虑到原来第 V 笔记本中的机器生产问题还没有论述完，他又回过头来接着研究机器生产问题，从这时起，手稿的写作可以说进入第四阶段。一八六三年一月二十八日马克思在致恩格斯的信中说："我正在对机器这一节作些补充。在这一节里有些很有趣的问题，我在第一次整理时忽略了。为了把这一切弄清楚，我把我的笔记（摘录）全部重读一遍，并且去听威利斯教授为工人开设的实习课……"在此基础上，从一八六三年一月底起，马克思写完了第 XIX 和 XX 两个笔记本。这些手稿是关于机器生产问题的重要补充。紧接下去，马克思又写了第 XXI—XXIII 笔记本，内容主要是：劳动对资本的形式上的从属和实际上的从属，剩余价值再转化为资本即资本积累问题，原始积累问题，再生产问题和货币回流问题等。这些相当于《资本论》第一卷的后半部和第二卷的一部分内容。直到一八六三年七月，这部手稿终于全部写完。上述第三阶段和第四阶段写的这些手稿，除第 XIX 和 XX 本收入《马恩全集》第四十七卷以外，其余的均收入《马恩全集》第四十八卷。换句话说，第四十八卷包括的内容相当于《资本论》第一卷后半部分、第二卷的再生产以及第三卷的前半部分的初步草稿。

在批判中制定平均利润和生产价格理论

一八六一——八六三年手稿最重要的理论贡献，是制定出了平均利润和生产价格理论、地租理论、生产劳动和非生产劳动理论等等。如果说一八五七——八五八年手稿制定了剩余价值理论，那么这部手稿则把这个理论发展成为严整而完备的体系，阐明了剩余价值范畴在资产阶级社会表面上的各种表现形式，也可以说完成了广义的剩余价值理论。

平均利润问题是资产阶级古典学派李嘉图的理论碰壁的关键之一。李嘉图曾坚持劳动价值理论，认为商品的价值取决于商品中包含的劳动时间，这是对的。但在资产阶级社会中，各个资本的有机构成不同，周转时间不同，各自推动的劳动量不同，可是等量资本却能得到相等的利润，这是什么原因呢？从表面看来，这是同劳动价值理论相矛盾的。李嘉图没有能科学地解释这个问题，这成了李嘉图学派解体的原因之一。马克思在这部手稿中第一次科学地解决了平均利润和生产价格的理论。讲清楚了从剩余价值范畴过渡到平均利润的各个中间环节。马克思指出，平均利润的形成是由于两种竞争的作用造成的。一方面，同一部门内部各个资本家之间竞争的结果，使这一部门生产的所有商品的价值都取决于这个部门平均需要的劳动时间，从而确立这个部门的市场价值。另一方面，各个部门之间由于市场价值不同，利润率有高有低，资本从利润率低的部门转入利润率高的部门。这样竞争的结果，使得不同部门之间形成同一的平均利润率。这时，各个资本不论使用多少劳动，都按照统一的平均利润率取得利润，这种利润是平均利润。平均利润的形成，表明资本家阶级把他们共同剥削的工人阶级的剩余价值拿来在自己中间重新分配。而平均利润加到生产成本上，就形成生产价格。在商品经济高度发达的资本主义时代，市场上的商品价格不再是围绕着价值波动，而是围绕着生产价格波动。这样，马克思就科学地阐明了平均利润不但和剩余价值并不矛盾，而且是剩余价值的必然发展，从而在经济学史上第一次解决了这个难题。

在批判中制定地租理论和生产劳动理论

马克思制定平均利润和生产价格理论是同批判李嘉图的地租理论相联系的。李嘉图承认级差地租存在，但否认绝对地租。这是他的价值理论的错误造成的结果。另外，李嘉图虽然承认级差地租，但他把级差地租理论同"土地肥力递减规律"联系起来，这也是错误的。马克思在这部手稿中批判了李嘉图的错误，比别处更充分地论证了绝对地租理论。马克思的价值和生产价格的理论是阐明绝对地租的前提。农业中资本的有机构成比工业中低，因此农业中商品的价值高于社会的生产价格，由此在农业中形成超额利润。由于存在着土地私有权，这部分超额利润不能像工业中那样参加一般利润率的平均化，而是落入土地所有者的腰包。这就形成了绝对地租。而李嘉图把价值和生产价格直接等同起来，当然不能找到绝对地租。绝对地租理论的阐明揭露了土地私有制的寄生性，论证了土地国有化的进步意义。另外，在级差地租理论方面，马克思阐明级差地租来源于土地的有限性和土地的肥力各不相同。由于农业中的市场价值由坏地上的产品价值决定，好地上的产品的较高利润就形成级差地租。马克思批判了"土地肥力递减规律"，认为土地的生产率不是越来越下降，相反，每次追加投资通常都伴随有土地质量的改善，从而提高土地肥力。因此，土地肥力递减规律是站不住脚的。

在这部手稿中，马克思还比别处更详尽地专门论述了生产劳动和非生产劳动的理论。在资产阶级政治经济学中，研究这个问题的代表人物是亚当·斯密等人。马克思正是在批判地分析斯密等人的理论中制定自己的生产劳动理论的。马克思首先认为，生产劳动是一个历史范畴，总要联系一定的生产关系来考察。在资产阶级生产方式下，生产劳动就是为资产阶级创造剩余价值的劳动，换句话说就是直接同资本相交换的劳动。而非生产劳动则是同收入相交换的劳动，这种劳动不创造剩余价值，而是收入的单纯消耗。除了这个主要定义之外，马克思还有一个关于生产劳动和非生产劳动的补充定义，即认为生产劳动是物化在商品中的劳动。在这部手稿中，关于生产劳动和非生产劳动的理论作了非常详尽的论述。

把马克思的生产劳动和非生产劳动的理论运用到社会主义社会的实践中有重要意义。人们一直在讨论这个问题并有不同看法。在我国，一种意见认为，既然资本主义社会中生产剩余价值的劳动是生产劳动，那么社会主义下的基本经济规律是满足人民的物质文化需要，因此凡是能满足人民物质文化需要的劳动就是生产劳动。按照这种意见，不仅从事物质生产的劳动，而且服务部门、教育卫生等部门的劳动，都应算作生产劳动。另一种意见则认为，社会主义下只有从事物质生产的劳动才是生产劳动，因为只有这种劳动才创造国民收入。而服务、教育卫生等部门不创造国民收入，只是国民收入的再分配，因而不能算作生产劳动。另外还有介于这两种意见之间的第三种主张。

关于工人阶级绝对贫困的一种论述

关于工人阶级的绝对贫困问题，长期以来人们一般理解为工人阶级的生活水平越来越坏。而在这部手稿中，马克思却从另外的角度作了论述。马克思写道："劳动能力表现为**绝对的贫困**，因为整个物质财富世界以及物质财富的一般形式即交换价值，都作为别人的商品和别人的货币与他相对立，而劳动能力本身只是工人活的机体中存在的和具有的从事劳动的可能性，但是这种可能性却与实现劳动能力的一切物的条件，即同它本身的现实性完全分离了，失去了这些条件而独立的存在着。"（《马克思恩格斯全集》第四十七卷第38页）马克思还说："劳动能力由于被剥夺了劳动资料即被剥夺通过劳动占有自然因素所需的物的条件，它也就被剥夺了**生活资料**……因此，被剥夺了劳动资料和生活资料的劳动能力是绝对贫困本身。"（同上，第39页）至少从这些论述可以知道，马克思这里所说的绝对贫困是指工人首先丧失生产资料，从而丧失生活资料，而不是像通常所理解的工人生活水平越来越坏。

关于再生产、个人所有制和其他问题的论述

马克思在《资本论》中分析再生产过程时抽象掉了很多因素，是单纯就两个生产部类之间的关系来分析的。而在这部手稿中，马克思在分析再生产过程时却联系了一些方面，因而给我们以启发。首先，马克思论述了再生产是生产和流通的统一，提醒人们注意流通在再生产中的重要性。一个生产部门并不是单纯生产出产品就能进行再生产，它还必须把这些产品卖出去才能进行再生产。其次，马克思强调指出，要进行再生产，除了资本这种物化劳动的积累以外，还必须有"工人个人技能的**不断积累**，其方式是把已获得的技能传授给正在成长的新一代工人"，"**科学**就其被应用于生产的物质过程来说，其积累也与这里的问题有关。这种积累就是规模不断扩大的不断再生产"。（《马克思恩格斯全集》第四十八卷第154页）马克思的这些论述对于我们今天从事经济建设具有重要的现实意义，要想很好地进行再生产，不仅要积累资金，还必须积

累技能，掌握科学，特别是青年一代更是如此。不然也是搞不好再生产的。

在《资本论》第一卷第二十四章的最后，马克思有一段著名论述。马克思预见到，资本主义的丧钟就要响了，剥夺者就要被剥夺了。马克思运用否定的否定规律，指出资本主义私有制是对以个人劳动为基础的私有制的第一个否定，但随着资本主义的发展，又会造成对资本主义私有制的否定，这是否定的否定，即在资本主义成就的基础上，在共同占有生产资料的基础上，重新建立个人所有制。那么，这里所说的"重新建立个人所有制"是指什么呢？长期以来人们认为是生活资料的个人所有制。但最近也有人认为应是生产资料的个人所有制，还有人认为是指社会主义下的劳动力的个人所有制。这个问题一直争论不休。而这部手稿新发表的部分却能给我们以新的启发。马克思有一段话告诉我们，在资本主义社会中，劳动和所有权已经在事实上分离了，"所有制和劳动的这种分离，是生产条件的所有制转化为**公有制**的必要过渡阶段……资本家对这种劳动的**异己的所有制**，只有通过他的所有制改造为非孤立的单独个人的所有制，也就是改造为**联合起来的社会个人**的所有制，才可能被消灭。"（《马克思恩格斯全集》第四十八卷第21页）马克思的这段话告诉我们，作为资本主义私有制的否定而重新建立起来的个人所有制，应是"联合起来的社会个人的所有制"，换句话说，即社会主义或共产主义的公有制。

在这部手稿中，马克思在论述机器生产的部分，特别对我们祖先的三大发明所起的推动历史的作用，给予了高度的评价。马克思写道："**火药、指南针、印刷术**——这是预告资产阶级社会到来的三大发明。火药把骑士阶层炸得粉碎，指南针打开了世界市场并建立了殖民地，而印刷术则变成了新教的工具，总的来说变成科学复兴的手段，变成对精神发展创造必要前提的最巨大的杠杆。"（《马克思恩格斯全集》第四十七卷第427页）

附录Ⅲ 参考文献

1. 《马克思恩格斯文集》第 10 卷，北京：人民出版社 2009 年版。
2. 《马克思恩格斯全集》第 30 卷，北京：人民出版社 1995 年版。
3. 《马克思恩格斯全集》第 31 卷，北京：人民出版社 1998 年版。
4. 《马克思恩格斯全集》第 32 卷，北京：人民出版社 1998 年版。
5. 《马克思恩格斯全集》第 33 卷，北京：人民出版社 2004 年版。
6. 《马克思恩格斯全集》第 34 卷，北京：人民出版社 2008 年版。
7. 《马克思恩格斯全集》第 35 卷，北京：人民出版社 2013 年版。
8. 《马克思恩格斯全集》第 44 卷，北京：人民出版社 2001 年版。
9. 《马克思恩格斯全集》第 45 卷，北京：人民出版社 2003 年版。
10. 《马克思恩格斯全集》第 46 卷，北京：人民出版社 2003 年版。
11. 《马克思恩格斯全集》第 19 卷，北京：人民出版社 1963 年版。
12. 《马克思恩格斯全集》第 26 卷第 1 册，北京：人民出版社 1972 年版。
13. 《马克思恩格斯全集》第 26 卷第 2 册，北京：人民出版社 1973 年版。
14. 《马克思恩格斯全集》第 26 卷第 3 册，北京：人民出版社 1974 年版。
15. 《马克思恩格斯全集》第 29 卷，北京：人民出版社 1972 年版。
16. 《马克思恩格斯全集》第 34 卷，北京：人民出版社 1972 年版。
17. 《马克思恩格斯全集》第 36 卷，北京：人民出版社 1975 年版。
18. 《马克思恩格斯全集》第 37 卷，北京：人民出版社 1971 年版。
19. 《马克思恩格斯全集》第 39 卷，北京：人民出版社 1974 年版。

20. 《马克思恩格斯全集》第 46 卷，北京：人民出版社 1979 年版。

21. 〔德〕卡尔·马克思：《机器·自然力和科学的应用（1861—1863年）》，中国科学院自然科学史研究所译，北京：人民出版社 1978 年版。

22. 〔德〕卡尔·马克思：《直接生产过程的结果》，田光译，北京：人民出版社 1964 年版。

23. 〔德〕考茨基：《剩余价值学说史》第 1 卷上，郭大力译，上海：三联书店 1957 年版。

24. 〔英〕彼罗·斯拉法主编：《政治经济学及赋税原理》，北京：商务印书馆 1997 年版。

25. 〔英〕大卫·李嘉图：《李嘉图著作和通信集》第二卷，北京：商务印书馆 1979 年版。

26. 〔英〕大卫·李嘉图：《李嘉图著作和通信集》第六卷，北京：商务印书馆 1980 年版。

27. 〔英〕大卫·李嘉图：《政治经济学赋税原理》，北京：商务印书馆 1962 年版。

28. 〔英〕约翰·穆勒：《政治经济学原理》，伦敦：朗曼和格林公司 1911 年版。

29. 〔英〕约翰·穆勒：《穆勒经济学原理》，郭大力译，上海：世界书局 1936 年版。

30. 〔英〕马尔萨斯：《人口论》，郭大力译，北京：商务印书馆 1959 年版。

31. 〔英〕亚当·斯密：《国民财富的性质和原因的研究》上卷，北京：商务印书馆 1974 年版。

32. 〔美〕大卫哈维：《跟大卫哈维读〈资本论〉》，刘英译，上海：上海译文出版社 2014 年版。

33. 〔日〕冈本博之、宇佐美诚次郎、横山正彦、木原正雄、林直道主编：《马克思〈资本论〉研究》，刘焱、赵洪、陈家英译，济南：山东人民出版社 1993 年版。

34. 〔日〕见田石介：《〈资本论〉的方法》，沈佩林译，济南：山东人民出版社 1992 年版。

35. 〔日〕见田石介：《〈资本论〉的方法》，张小金、郑桦、尹栾玉、邓习议译，北京：中国书籍出版社 2013 年版。

36. 〔苏〕艾·瓦·伊林柯夫：《马克思〈资本论〉中抽象和具体的辩证法》，济南：山东人民出版社 1993 年版。

37. 〔苏〕图舒诺夫：《〈剩余价值理论〉及其在马克思的经济学说中的地位》，北京：人民出版社 1982 年版。

38. 〔苏〕维·索·维戈茨基：《〈资本论〉创作史》，福州：福建人民出版社 1976 年版。

39. 〔苏〕维哥德斯基：《〈剩余价值学说史〉在马克思经济学遗产中的地位》，何易译，北京：生活·读书·新知三联书店 1965 年版。

40. 前德国统一社会党中央马列主义研究院、马丁·路德大学（哈雷-维腾堡）编：《论〈资本论〉第二稿——分析·观点·论据》，王锡君、张钟朴、王全民、左海娴、柴野、章丽莉、卢晓萍、王燕华译，济南：山东人民出版社 1993 年版。

41. 〔德〕尤尔根·容尼克尔：《〈政治经济学批判〉（1861—1863 年手稿）中的相对剩余价值理论》，卢晓萍译、冯文光校，转引自陈征、严正编：《〈资本论〉创作史研究——〈资本论〉教学研究参考资料（一）》，福州：福建人民出版社 1983 年版。

42. 〔苏〕С. М. 格里哥里扬：《马克思〈1861—1863 年经济学手稿〉中关于技术进步问题的论述》，刘焱译，转引自陈征、严正编《〈资本论〉创作史研究——〈资本论〉教学研究参考资料（一）》，福州：福建人民出版社 1983 年版。

43. 〔苏〕И. Г. 卡兹米娜：《关于马克思制定平均利润和生产价格理论的历史》，马健行摘译，转引自陈征、严正编：《〈资本论〉创作史研究——〈资本论〉教学研究参考资料（一）》，福州：福建人民出版社 1983 年版。

44. 〔德〕卡尔·马克思：《政治经济学原理》，厦门大学经济系翻译组译，北京：商务印书馆 1962 年版。

45. 《〈资本论〉研究资料和动态》第 7 集, 南京: 江苏人民出版社 1986 年版。

46. 张一兵: 《回到马克思: 经济学语境中的哲学话语》, 南京: 江苏人民出版社 1999 年版。

47. 黄楠森、庄福龄、林利主编: 《马克思主义哲学史》, 北京: 北京出版社 1972 年版。

48. 陈文通: 《〈资本论〉第四卷概要》, 北京: 中央党校出版社 1999 年版。

49. 陈征、严正编: 《〈资本论〉创作史研究——〈资本论〉教学研究参考资料（一）》, 福州: 福建人民出版社 1983 年版。

50. 陈征、严正编: 《〈资本论〉的对象、方法和结构——〈资本论〉教学研究参考资料（二）》, 福州: 福建人民出版社 1982 年版。

51. 陈征、严正、林述舜: 《评价国外部分学者对〈资本论〉的研究》, 福州: 福建人民出版社 1986 年版。

52. 褚一纯: 《〈资本论〉方法论研究》, 合肥: 安徽大学出版社 1999 年版。

53. 李善明主编: 《〈资本论〉第二稿研究》, 济南: 山东人民出版社 1992 年版。

54. 刘炯忠: 《〈资本论〉方法论研究》, 北京: 中国人民大学出版社 1991 年版。

55. 孙承叔: 《真正的马克思——〈资本论〉三大手稿的当代意义》, 北京: 人民出版社 2009 年版。

56. 〔德〕米夏埃尔·亨利希: 《存在马克思的危机理论吗？——进一步理解马克思〈政治经济学批判〉手稿中的"危机"概念》, 夏静译, 载《马克思主义与现实》2009 年第 4 期。

57. 〔美〕诺曼·莱文: 《黑格尔与〈资本论〉1861—1863 年手稿》, 赵辛译, 载《马克思主义与现实》2002 年第 2 期。

58. 〔苏〕Л. Н. 柯冈: 《论〈政治经济学批判〉和 1861—1863 经济学手稿中的异化问题》, 宣燕音译, 载《哲学译丛》1985 年第 1 期。

59. 〔意〕M. 利萨：《评介马克思1861—1863年手稿——"工具"与"机器"篇》，杨国顺译，载《国外社会科学》1984年第8期。

60. 曹天予：《马克思对科学时代的预言》，载《马克思主义研究》1984年第2期。

61. 陈实：《〈剩余价值理论〉是〈资本论〉的第四卷吗？》，载《马克思主义研究》1987年第2期。

62. 丁冰：《怎样划分生产劳动和非生产劳动》，载《学术月刊》1982年第5期。

63. 董瑞华：《劳动与资本关系发展过程的科学论述——学习马克思〈1861—1863年经济学手稿〉札记》，载《南昌大学学报（人文社会科学版）》1984年第4期。

64. 董瑞华：《新技术革命研究指南——学习马克思〈1861—1863年经济学手稿〉札记》，载《江西社会科学》1985年第2期。

65. 顾海良：《正确评价恩格斯对〈剩余价值理论〉的理解——与李善明同志商榷》，载《经济科学》1991年第1期。

66. 郭继严：《〈政治经济学批判（1861—1863年手稿）〉在〈资本论〉创作史上的历史地位》，载《马克思主义研究》1985年第1期。

67. 兰宗政：《〈剩余价值理论〉不是从重农学派开始研究的》，载《学术月刊》1989年第3期。

68. 李明泉：《论"社会个人所有制"》，载《学习与探索》1990年第5期。

69. 林慧勇：《论马克思社会个人所有制思想来源与内涵》，载《学习与探索》1990年第3期。

70. 林述舜：《马克思1861—1863年经济学手稿中的商业资本理论》，载《福建师范大学学报（哲学社会科学版）》1984年第4期。

71. 李善明：《政治经济学史的起点绝非斯图亚特》，载《学术月刊》1990年第4期。

72. 李善明：《〈剩余价值理论〉手稿与〈资本论〉第四卷》，载《经济学家》1991年第4期。

73. 李善明：《恩格斯并不完全了解〈剩余价值理论〉手稿——兼评考茨基和苏联学者的有关论点》，载《经济科学》1989 年第 4 期。

74. 李善明：《评考茨基为〈剩余价值学说史〉（第一卷）撰写的"编者序"——兼论〈剩余价值理论〉手稿是政治经济学史著作》，载《天府新论》1988 年第 1 期。

75. 李善明：《应当充分肯定〈剩余价值理论〉的历史地位——与陈实同志商榷》，载《马克思主义研究》1987 年第 4 期。

76. 李善明、杨致恒：《再论〈剩余价值理论〉手稿的起点问题》，载《财经科学》1989 年第 3 期。

77. 李善明、赵晓燕：《再谈恩格斯对〈剩余价值理论〉手稿的评述——答顾海良同志》，载《经济问题探索》1992 年第 4 期。

78. 刘焱：《日本学术界近年来研究〈资本论〉及其手稿的概况》，载《国外理论动态》1998 年第 11 期。

79. 卢晓萍：《马克思的 1861—1863 年经济学手稿在〈马克思恩格斯全集〉中文第二版中的编排情况》，载《当代经济研究》1997 年第 2 期。

80. 孟捷：《产品创新与马克思的分工理论——兼答高峰教授》，载《当代经济研究》2004 年第 9 期。

81. 商德文：《马克思的平均利润和生产价格学说》，载《马克思主义研究》1987 年第 3 期。

82. 沈志求：《十九世纪五十年代马克思对生产价格问题的研究状况》，载《中国人民大学学报》1990 年第 2 期。

83. 孙常敏：《〈马恩全集〉新国际版完整发表〈资本论〉第二稿》，载《现代外国哲学社会科学文摘》1984 年第 1 期。

84. 宋涛：《研究〈资本论〉第四卷的意义——〈资本论第四卷研究〉序》，载《贵州社会科学》1988 年第 1 期。

85. 杨端茹、刘荣军：《〈资本论〉及其手稿中财富思想的哲学读解》，载《西南大学报（社会科学版）》2007 年第 6 期。

86. 汤荣光：《马克思精神生产理论导源》，载《毛泽东邓小平理论研究》2013 年第 5 期。

87. 汤在新：《〈剩余价值理论〉和〈资本论〉结构的形成》，载《四川大学学报（哲学社会科学版）》1981 年第 4 期。

88. 汤在新：《〈资本论〉第二稿的写作阶段和思想进程》，载《经济学家》1991 年第 4 期。

89. 汤在新：《从经济学手稿到〈资本论〉》，载《中国社会科学》1992 年第 5 期。

90. 汤在新：《从经济学手稿到〈资本论〉》，载《新经济杂志》2005 年第 3 期。

91. 汤在新：《马克思 1861—1863 年手稿对〈资本论〉第 3 卷结构形成的重大意义——评俄文版〈马克思恩格斯全集〉第 48 卷的编排》，载《中国社会科学》1987 年第 1 期。

92. 汤在新：《〈资本论〉第二稿的写作阶段和思想进程》，载《经济学家》1991 年第 4 期。

93. 王代敬：《〈政治经济学批判〉（1861—1863 年草稿）是马克思的宝贵遗产——中国〈资本论〉研究会〈资本论〉创作史组第二次学术讨论会简介》，载《中州学刊》1984 年第 5 期。

94. 王辅民：《〈剩余价值理论〉编辑出版的历史与版本比较研究》，载《中国人民大学学报》1987 年第 5 期。

95. 王振贤：《〈政治经济学批判（1861—1863 年草稿）〉中的平均利润和生产价格理论》，载《东北师大学报》1985 年第 5 期。

96. 许光伟：《马克思劳动价值论的由来及其假说体系》，载《当代经济研究》2006 年第 2 期。

97. 徐觉哉、孙常敏：《马克思恩格斯手稿纪事》，载《马克思主义研究》1984 年第 2 期。

98. 颜鹏飞：《马克思关于产业革命的理论——〈政治经济学批判（1861—1863）〉研究》，载《南开经济研究》1987 年第 4 期。

99. 于俊文：《十九世纪五六十年代马克思再生产理论的形成过程》，载《社会科学战线》1988 年第 2 期。

100. 张存威：《〈马克思经济学手稿的方法论〉简介》，载《马克思主义与现实》1991 年第 3 期。

101. 张富厚：《科学技术转化为生产力的途径》，载《辽宁大学学报（哲学社会科学版）》1983 年第 2 期。

102. 张钟朴：《马克思的一八六一——一八六三年经济学手稿》，载《读书》1984 年第 3 期。

103. 张钟朴：《马克思经济学手稿研究领域领先之作——评汤在新的著作〈马克思经济学手稿研究〉》，载《经济评论》1995 年第 2 期。

104. 周成启：《〈1861—1863 年经济学手稿〉在马克思剩余价值理论形成中的地位》，载《贵州社会科学》1987 年第 5 期。

图书在版编目（CIP）数据

马克思《1861—1863年经济学手稿》研究读本 / 李怀涛
编著 . —北京：中央编译出版社，2014.12
（马克思主义经典著作研究读本 / 杨金海，李惠斌主编）

ISBN 978-7-5117-2442-7

Ⅰ.①马… Ⅱ.①李… Ⅲ.①马克思主义政治经济学-马克思著作研究 Ⅳ.①A811.66

中国版本图书馆 CIP 数据核字（2014）第 302005 号

马克思《1861—1863年经济学手稿》研究读本

出 版 人：	刘明清
责任编辑：	盛菊艳
责任印制：	刘　慧
出版发行：	中央编译出版社
地　　址：	北京西城区车公庄大街乙5号鸿儒大厦B座（100044）
电　　话：	（010）52612345（总编室）　　（010）52612335（编辑室）
	（010）52612316（发行部）　　（010）52612317（网络销售）
	（010）52612346（馆配部）　　（010）55626985（读者服务部）
传　　真：	（010）66515838
经　　销：	全国新华书店
印　　刷：	北京文昌阁彩色印刷有限责任公司
开　　本：	710毫米×1000毫米　1/16
字　　数：	430千字
印　　张：	30
版　　次：	2014年12月第1版
印　　次：	2018年6月第3次印刷
定　　价：	99.00元
网　　址：	www.cctphome.com　　邮　箱：cctp@cctphome.com
新浪微博：	@中央编译出版社　　微　信：中央编译出版社（ID：cctphome）
淘宝店铺：	中央编译出版社直销店（http://shop108367160.taobao.com）　　（010）52612349

本社常年法律顾问：北京市吴栾赵阎律师事务所律师　闫军　梁勤
凡有印装质量问题，本社负责调换。电话：（010）55626985